对外经济贸易大学中央高校基本科研业务费专项资金资助（23CB01）
Supported by "the Fundamental Research Funds for the Central Universities" in UIBE (23CB01)

二语文化教学与学习导论

Second Culture Teaching and Learning: An Introduction

〔法〕Thomas SZENDE 著
（托马·森迪）
王新霞　申华明　译

对外经济贸易大学出版社
中国·北京

图书在版编目（CIP）数据

二语文化教学与学习导论 /（法）托马 · 森迪著 ；
王新霞, 申华明译. -- 北京 : 对外经济贸易大学出版社,
2024. 6. -- ISBN 978-7-5663-2615-7

Ⅰ. H09

中国国家版本馆 CIP 数据核字第 20248J98U1 号

著作权合同登记-图字：01-2024-5864 号

二语文化教学与学习导论
Second Culture Teaching and Learning: An Introduction

〔法〕Thomas SZENDE（托马 · 森迪） 著

王新霞　申华明　译

责任编辑：陈培风

出版发行：对外经济贸易大学出版社	邮政编码：100029
社　　址：北京市朝阳区惠新东街 10 号	邮购电话：010－64492338
网　　址：www.uibep.com	发行部电话：010－64492342
资源网址：www.uibepresources.com	E-mail：uibep@126.com

成品尺寸：170mm×240mm	印　　刷：北京九州迅驰传媒文化有限公司
印　　张：23.5	版　　次：2024 年 6 月北京第 1 版
字　　数：396 千字	印　　次：2024 年 6 月第 1 次印刷
ISBN 978-7-5663-2615-7	定　　价：75.00 元

序

“让陌生的变得熟悉……让熟悉的变得陌生。”

乔治·斯宾德勒 & 路易丝·斯宾德勒

——《学校教育人种志研究》（*Doing the Ethnography of Schooling: Educational Anthropology in Action*）

乔治·斯宾德勒、霍尔特、莱因哈特、温斯顿　编著

纽约，1982 年，第 43 页

I.

一切寻求改变的动力都来源于不满足。在学习外语的过程中，我们会遇到一个瓶颈期，仿佛从此停滞，再难突破，而导致这一困境的主要症结就是对正确语言形式的不恰当使用。这是因为，如果一个人对其所学外语的社会背景知识缺乏足够的了解，他便无法驾驭这门语言，无法进行真正意义上的语言实践。因此，当意识到自己所获取的语言知识远远不能满足有效的理解、表达和交际时，无论是教师还是学生，都会尝到其中的苦涩。

那么，语言中的哪些元素有助于了解目标文化的运行机制与模式呢？Neustupný（1968：413）研究发现，语言中“有序集结”着一些高度浓缩的文化领域（如礼貌用语）。当我们在语言中寻找集体表征的痕迹时，我们更倾向于从词汇中寻找答案，特别是观察词汇在特定历史时期所承载的文化内容，或者它们所蕴含的内涵意义与情感价值，这些都是解码语言信息不可或缺的钥匙。词汇首先是词的集合，具有不规则性和异质性，极易受到社会发展的影响，同时，词汇还包括社群内部词与词之间的全部组合方式。

一旦走出国门，我们便会发现，外面的语言习惯与我们所在的社群完全不

同。在社会交往中，习惯界定着各种空间及其特定规则，从而构建出所谓的“社会场景”（Weber，2007：38）。语言单位铭刻在说话者的记忆之中，说话者会根据具体的交际需求对它们进行调用和组合：“生物学赋予了我们基本的说话能力，但怎么说，说什么，却取决于我们自己”（Searle，2007：35）。

因此，任何社会都需要通过特定的语句来传达意义。语义内容或许具有普遍性，但由于语言形式的多样性，每种语言所使用的语句各不相同，而且都要遵循一定的规范。准确地识别和产出符合特定情境的话语，也是文化能力的体现。根据巴赫金的观点（Bakhtin，1984：285），说话者通过各种话语类型直接体验语言，因为话语类型如同语法形式一样，也在组织我们的表达。由词汇元素构成的词语和句子具有一定的可预测性，同样，话语和互动模式也会被打上文化烙印，而且从这个意义上讲，它们有可能引起交际中断，成为沟通的主要障碍。

逐步获取有助于信息顺畅传递的表达方式是二语学习的唯一途径。实际上，陈述、辩论或吸引注意力的方式都体现了表征的建构、改变或消失。

II.

外语的理解需要一系列良好的技能。无论是语言信息还是非语言信息，其理解都意味着知识和表征的共享。对信息的正确解读需要各种语言技能和超语言技能。面对大量的未知事物，非母语者会首先寻找安全的避风港，继而学习新的元素。例如，在法国生活的人迟早会知道，每月第一周的星期三中午会进行警报测试，由三组长而尖锐的信号组成，每组持续 1 分 41 秒，中间间隔 5 秒。如果对这些法国民防每月一次的例行警报测试毫不知情，那么即使没有什么实际影响，也仍然代表了一个百科知识盲区。这样的盲区可能会被视为对社群内语言行为规则的“失聪”。我们来设想一条警告信息：

—Nous vous demandons de quitter les lieux par les sorties les plus proches !（请从最近的出口撤离现场！）

要想理解这句话所传达的基本信息，必须熟知其中细微的语义差异。在这里，我们需要知道，法语中的 le lieu 和 les lieux 是不同的：1. le lieu（地方，即场合）；2. les lieux（现场，即某事发生的地方）。这个例子适用的是第二种情况。再比如：

—Au feu ! Au feu ! Veuillez évacuer le bâtiment s'il vous plait !（着火啦！着火啦！请疏散楼内人群！）

要想理解这一信息，我们必须清楚法国人在说 le feu 和“au feu !”时的区别：le feu 的意思是“火”（还有“发光”“火焰”“热源”等丰富的含义）；短语“au feu !”的意思是“有火！”（实际是指“注意，着火了”）。在法语中，人们在遇到危险时会喊“Au secours !”（“救命！”）、“Au meurtre !”（“杀人啦！”）、“Au voleur !”（“抓贼啊！”）和“Au feu !”（“着火啦！”）。每种语言都会以自己的方式大声示警，提醒人们去救火（表 1）、抓贼（表 2），等等。

表 1　　着火啦！

英语	法语	匈牙利语	俄语	阿拉伯语	汉语
Help! There is a fire!	Au feu!	Tűz van!	Пожар! Горим!	حريقـــــــــــة!	着火啦！
救命啊！有火！	去火那儿！	有火！	火！ 我们在燃烧！	火！	

表 2　　抓小偷！

英语	法语	匈牙利语	俄语	阿拉伯语	汉语
Stop thief!	Au voleur!	Tolvaj, fogják meg!	Воры! Держите вора! Грабят!	حرامي!	抓小偷！
拦住小偷！	去小偷那儿！	小偷，抓住他！	小偷！抓小偷！ 我/我们被抢了！	小偷！	

对上述任何一条信息的识别，都需要对情境进行某种推理，并求助于超越严格语言界限的资源。毫无疑问，从 feu 到“Au feu !”（“火”→“着火啦”），feu 的特定用法使我们更加接近社会习俗。但是，如果认为我们因此便从语言世界跨入了文化世界，那肯定是错误的。在思维层面，语言与文化密不可分：语言是文化的组成部分，也是文化的载体之一。而文化则同时涵盖了“做”（物质文化）、“信”（非物质文化）和“说”（语言）这三个层面。语言是文化的基本组成部分，就整体文化现象而言，语言发挥着基石或者普遍性基础的作用（Jakobson，1973：35）。

III.

我想借此机会向悉心教导过我的老师们、与我并肩工作过的同事们，以及那些以独特的方式和非凡的个性魅力深深影响我思考的朋友们，表示衷心的感谢，他们是：Ilma Kovács、Imre Szabics、Imre Vörös、Jolán Kelemen、Miklós Magyar、Ilona Kovács、Mihály Péter、Ferenc Papp、Béla Tatár、Robert Galisson、Sophie Moirand、Francine Cicurel、Marie-Rose Simoni-Aurembou、André Clas、Igor Mel'čuk、Jean-Luc Moreau、Lajos Nyéki、Georges Kassai、Anne-Marie Laurian。

此外，我还要感谢 Joël Bellassen、Claire Bourguignon、Patrice Pognan、Heba Lecocq、George Alao、Elli Suzuki、Jin-Ok Kim、Soyoung Yun-Roger、Louise Ouvrard、Arnaud Arslangul、Odile Issa、Delombera Negga、Martine Derivry、Diana Lemay、Anthippi Potolia、Nozomi Takahashi、舒长瑛、Miao Lin-Zucker、廖敏、Monika Szirmai、Birgit Schädlich、Márta Fazekas、Mihály Bácskai、Szergej Tóth、Ferenc Fodor、Michel Bozdémir、Ardian Marashi、Frosa Bouchereau、Tatiana Sirotchouk、Jean-Paul Narcy-Combes、Gudrun Ziegler、Cristiana Teodorescu、Jean-Marc Dewaele、Aline Gohard-Radenkovic、Danielle Lévy、Claire Kramsch、Christiane Fäcke、Mojca Schlamberger-Brezar、Anne Pauwels、Itesh Sachdev、Noriko Iwasaki 等朋友和同仁，他们或多或少都曾为本书的成稿提供过帮助，请恕我不能在此一一列举。

本书中所列表格的内容由 Delphine Taussig（法语）、王新霞（汉语）、Iman Sridi（埃及阿拉伯语）和 Elena Akborisova（俄语）协助完成，我也想借此机会，向她们表示最热烈和最诚挚的感谢。另外，感谢 Sophie Loumanis 的付出，使本书最终得以出版，同时，还要感谢 Mags Harnett 为我审读手稿并提出批评意见。

我要特别感谢法国国立东方语言文化学院（INALCO）的 Geneviève Zarate 教授，感谢她使我成为 PLIDAM[①]的一员，她的研究也一直丰富着我的思考。此外，她的专著 *Enseigner une culture étrangère*（《外国文化教学》）（法国 Hachette 出版社于 1986 年出版）为外国文化教学法的发展做出了至关重要的贡献，该书出版近三十年来，一直是该领域不可多得的重要著作。

① PLIDAM 研究小组，全称为“语言与文化属性的多元化：教学、习得与媒介”，隶属于法国国立东方语言文化学院。——译者注。

序言

正像爱情是文学永恒的主题，文化是外语教学须臾不可或缺的话题。但是，如果说在当今全球化与文化多元化交织发展的时代，语言教学和文化教学应当融为一体，学习者的语言能力和（跨）文化能力必须融合发展，早已成为国内外外语学界的广泛共识的话，如何将这二者融为一体并同步发展却是见仁见智，百家争鸣。法国作为世界的外语教学和教育大国与强国，在上述领域向来不甘沉寂，多有振聋发聩之见识和大作面世，法国学者托马·森迪（Thomas SZENDE）的英文著作《二语文化教学与学习导论》（*Second Culture Teaching and Learning: An Introduction*）便是其中一例，它为语言学习者和教育者提供了一套全面而深入的理论和实践指南。

作者森迪现任法国国立东方语言与文化学院教授、博士生导师，PLIDAM研究中心主任。他精通法、英、俄以及匈牙利等10多种语言，早年师从法国著名外语教学法大家罗贝尔·加里松（Robert Galisson）教授，主要研究外国语言文化教学法，专攻法语词汇学，同时具有丰富的外语教学经验。

这部《二语文化教学与学习导论》集作者长年研究成果与教学经验之大成，从外语教学、二语习得、跨文化交际、语用学和社会语言学等多学科视角，辅以丰富生动的多语文化语料及其交际实例，对如何培养学习者的外语文化能力进行了全面、深入、细致的分析，其中最值得研读的内容有：作者梳理探讨了外语文化教学理论基础，包括语言习得理论、跨文化交际理论、社会文化理论等；归纳提出了多种文化教学的实践策略，如通过文学作品、影视资料、日常交际情境等引导学生了解和体验对象国文化，特别强调了真实语境和文化沉浸的重要性；着力阐释了跨文化交际能力的培养，包括对不同文化的理解、尊重和适应能力；当然，还有关于文化教学的挑战与应对之策，如文化刻板印象、文化冲突等。由此可见，本书不仅丰富了外语文化教学理论，还为实践中的文化教学提供了有力支持；不仅是一部学术著作，更是一本实践指南，具有很强的现实指导意义，既适用于从事外国语言文化教学与研究的教师，也可供希望深入了解语言文化学习方法的学生阅读。对于从事跨文化交流、国际贸易等领域的专业人士来说，本书也不乏有益的参考价值和实用性。

将这样一部内容丰富、理论与实用性兼具的著作引入中文世界有助于更多的中国语言文化教育和研究者及时跟踪和了解国际前沿的语言文化教学理论成果和实践方法，有利于中国语言文化学习者更好地理解和掌握跨文化交流的理论和实践，提升他们的跨文化交际能力。令人倍感欣慰的是，本书的中文译者不仅自身拥有优异的学术背景及其数字化素养，系统、完整地学习过外语教学法，还都是外语教学一线的资深法语教师，熟练掌握中、法和英文。这非常有效地保证了全书译文既忠实于原著，又行文流畅、通俗易懂，尤其是对书中很多术语、概念和信息所做的译者注释非常及时、准确、充实和专业，彰显了译者严谨的学术态度和良好的专业素养。

最后，我想说的是，本书的作者托马·森迪先生是我的亲密同事和朋友，在北京外国语大学和法国国立东方语言文化学院校际交流框架下，我们曾经合作培养了北外法语语言与文化学院的博士研究生，联合举办过多场次的法语教学国际研讨会，结下了深厚的友谊。我很高兴也很荣幸为其著作写序，并借此机会热烈祝贺老朋友的研究成果在中国问世。

傅荣

北京外国语大学

2024 年 5 月

目录

表目录

1 绪　论

1.1 学习现代文化

1.1.1 不言而喻

会说一门语言意味着能够调动交际所需的一切要素，并且掌握了社会群体的文化记忆和话语记忆。任何语言都是一种世界观，一种对世界的解读，是身份认同的重要组成部分，与日常生活密不可分。语言的流畅表达常常与流利的口语混为一谈，就像我们常问的一句话："您会说法语吗？"（Krashen，1982：74）。语言不仅能够在大脑之间传递思想或意义，更是一个信息组织系统（Hall，1976：57），同样，外语也不只是一个强大而精妙的表达和交流工具，一种就业市场上的求职技能，还应当被视为一种社会实践，一座通往外国文化的桥梁。

我们对各种语言学方法和流派所高举的所谓"现代"旗帜都不陌生，其中之一便是"和母语老师对话，就一般性话题进行自然的口头或书面交流"。语言教学最宏大的任务之一，或许就是明确（尤其是实现）这样一些目标（Szende，2012a）：外语的理解、表达和互动必须符合目的语社群的规范，这就要求用目的语社群的视角看世界，也意味着在儿童时期以自然轻松的方式习得目的语的社群成员之间存在着某种默契（Cook，2003：28）。每一种文化、每一个时代都有着被社群视为正统的概念和思想，任何语言也都是现实世界的一部分，其作用就是构建现实世界，事实上，我们正是通过语言在以某种方式来重塑世界的。语言并非具有普遍性的词汇的集合，Mounin（1987：81-83）通过大量例子表明，语言是一种棱镜，使用者"注定"要透过它来看世界。创世神话和具有教化意义的神话、被社群奉为真理的信仰，还有代代相传的社会价值观，这些都丰富了说话者的判断力和思维方式，有助于他们对日常现实以及差异性的理解与诠释。这些元素对于语言的恰当运用都是不可或缺的，我们的编码与对话者的编码越吻合，意图的传递就越理想。所有信息都需要借助集体知识进行准确的发送和接收。词典学家 Sinclair（1991：498）指出，集体知识可分为四类：（1）短语的内化指令；（2）语法和词汇信息；（3）文本/上下文关系；（4）文化。其中，前两类涉及语言结构，后两类则与语言在交际中的使用方式有关。关于第四点，Sinclair 认为，理想的读者与作者的文化预设是相同的，否则就会影响他的阅读。

信息发送者必须依据接收者可接受或认为可接受的文化标准对信息进行编码，发送与接收的双方要相互适应，否则就会被“淘汰出局”。尽管如此，交际做不到百分之百的完美，误解是难以避免的。人类交际中的互不理解司空见惯，在用母语表达时，尽管有大量的经验可以与对话者共享，说话者也必须不断地付出努力使对方理解自己，并选择恰当的行为方式。他必须遵守规则，遵循显性或隐性的文化预设（除非他自己有意打破），因此，理解和表达可能需要通过暗示或含蓄的话语来达成，而不是通过字面意思，简言之，就是隐含的信息通过不言而喻的方式得到理解。人类仿佛被植入了大量的文化密码，每当说话时，明确表达出来的信息只有一小部分，而大部分未言明的信息是通过隐性方式传达的（Hall，1971：102）。

人类所有的交流都是基于对世界的认识，这些认识具有不同程度的共通性和先验性。在所有的互动中，说话者或多或少都要调用共同的百科知识。我们重点介绍一下 Pottier（1992：24；25-26）所举的两个例子，来说明百科知识既包括语言意识的元素（例如，如果你能看懂一部小说的题目 *Twice upon a Time*①，你就一定知道 once upon a time 是个嵌入语言中的短语，意思是“从前，曾有一次”），也包括更普遍的有关世界的元素（例如，“村庄”一词必然会激活我们的相关知识，但只有对那些习惯了生活环境中有教堂存在的人来说，“我们到达村庄时，教堂已经关闭”这个句子才显得自然）。

百科能力是知识的无限集合，它因社会和个人经验的不同而不同。在言语活动的过程中，百科能力不断得到丰富：新汲取的知识汇入既有的知识储备，成为进一步理解和产出的支持机制（Maingueneau，2007：22）。Yule（1996：24）指出，要想理解“我们晚餐喝了霞多丽，这顿饭最好的就是葡萄酒。”这个句子，我们就要知道：霞多丽=葡萄酒。那么，这是否意味着在很多情况下，要实现成功的沟通，一定程度上需要掌握更广泛或者更专业的文化知识呢？比如，提到勃艮第地区第戎市出产的白葡萄酒霞多丽，就要知道这是一种美味的葡萄酒，因其自然、优雅的品质而常被当作开胃酒等知识。当然，关于它的语义和内涵，还远不止这些。

我们都有这样的体验：在尝试与对话者交流时，我们会在潜意识中假设对方拥有与自己相似的经验背景。因此，我们非常认同维果茨基（Vygotsky，1997：

① 中文译为《曾有两次》。——译者注。

495）的观点：要想理解别人的语言，仅仅理解文字是不够的，还必须理解对方的思想。而且，如果不了解这种思想的缘起，那么我们的理解还是不完整。作为一种社会实践，互动和话语由对话者的预期所决定，并遵循社群的惯例。惯例是行为的习惯方式，是日常社会活动的基本要素，对于维护自信的心理机制至关重要（Giddens，2005：33）。

对话语的错误理解可能会使交流出错，甚至导致交流失败。在使用母语交流时，尽管不乏共同经验，但语言中的省略和暗示也时常需要进一步明确，而交流中的不对称现象也很常见。价值观永远不可能完全相同，一个人信奉的价值观，有人可能不认同，有人可能会违背，还有人压根儿意识不到它的存在。当交际双方分属不同的文化背景时，这种差异就愈发明显。非母语者在使用外语进行交流时，可能在很大程度上依赖母文化的价值观和惯例，而与之对话的母语者可能无法轻易解读这些差异。在这种情况下，母语者会本能地试图将自己文化中习惯性和规范性的互动脚本强加给非母语者。然而，这样的做法即使没有低估对方的能力，也有可能给对方带来理解上的困扰，导致交际受阻，甚至完全中断。传统上，学校的课程（其内容往往与社会期望或实际情况脱节）只是唤起人们对现代语言关键问题的思考，而很少触及现代文化及其文明规范和准则。我们认为，一定程度的默契是通向文化理解的最理想通道，但要达成这种默契绝非易事。

1.1.2 “自然”的背后

要想探讨文化主题，就不能不强调根植于社会的语言偏好所带来的挑战——无论这些偏好是否明显。所有的话语手段都会突显某些事实，而忽略其他一些事实：“谈话是一个高度选择性的过程，这是由文化的作用方式所决定的”（Hall，1990：95）。在任何交际情境中，参与者都要在不同的表达方式中做出选择，而除了语境特征以外，他们选择的依据还包括个人经验、预设观念以及人物关系。

的确，说外语的过程无异于一场历险。例如，我们知道非母语者之所以很容易被“识别”，不仅因为其口音、手势及其语法、词汇错误，还因为他喜欢使用的各种语言手段，在目标社群的母语者看来，他表达和阐述观点的方式可能是不自然的。另外，这种“自然”的背后往往意味着社会和文化维度的存在。有些表达是在使用中形成的，与其他一些虽然正确但很少使用的语句相比，它们更受人们青睐。通过分析一个民族所有能够观察和想象到的习俗，Lévy-Strauss

（1955：205）认为，应该能够建立一种类似于化学元素周期表的模型，在此基础上，我们只需确定哪些是社会实际存在的风俗即可："……社会，就像个人在其游戏、梦想或幻想中所为，永远不会是绝对的创造，而只是从一个理想的集合中选取某些元素，重新加以组合而已"。

正如句子中的单词必须遵循特定的形式规则并按照一定的顺序排列那样，话语或互动序列也并非句子的随机组合。说一门外语意味着有意识地运用既有的、有助于创造和组织信息的用法。语言不允许任何人随意处置：它把规则强加给我们，并限制我们的表达方式（Christ & Hu，2011：107）。

每种文化背景都会孕育出相较于其他可能性而言更为可取的形象、范畴和类比。语句之间的相互联系以及互动中所做的各种调整并非完全取决于参与者的自由意志。在一个交际序列中，任何新的信息似乎都会限制随后可能进行的交流次数。通过分析爱德华·阿尔比（Edward Albee）的戏剧《谁害怕弗吉尼亚·伍尔夫？》（*Who's Afraid of Virgina Woolf?*）中快节奏、紧凑的对话结构，Watzlawick 和 alii（1972：150+181）发现，或多或少受到限制的语境总是在一定程度上决定着情况的不确定性；在这部戏剧中，乔治和玛莎之间的言语升级构成了戏剧的精髓，也限制了随后可能出现的"你来我往"的次数。

个体通过语言进行交际并分析世界，关注或忽略某些现象，聚合他者分解的事物，分解他者聚合的事物。有些表达和句型仅适用于特定的语境，这或许正是所谓语言的"精妙"所在。因此，需要格外关注语言的组合实践以及那些可能体现集体选择的组合方式，也就是母语者产出和理解语句时所遵循的规则，这些规则往往难以言传，但对它们的无知却可能成为交流的障碍。

奇怪的是，在从一种语言到另一种语言的转换中，即使两种语言相距甚远，单纯形式上的语法差异也不会造成任何交流障碍。单就语言手段而言，我们可以用一个语言单位代替另一个语言单位，改变词性、重新组织或打乱词序、调整甚至完全舍弃某些元素，或者通过删除、转换和添加某些元素来实现功能的转变。然而，除了词汇和句型以外，我们还有许多必须遵循或者可供选择的解决方案：习惯、偏好和用法，它们有时被描述为语言天赋。文学翻译家 Kassai（1997：134）提醒我们，这个模糊的概念是造成许多替代、补偿和调整的原因，它并非上帝的恩赐，而是社群文化的产物。在这方面，教师与译者肩负着同样的使命，都发挥着桥梁的作用，非常适合发现源文化与目标文化之间的差异，观察那些在现实生活中决定我们行动和反应的、特定的仪式性场景。

1.1.3 变形透镜

最后，我们认为，要解决上述问题，语言迁移是一个无法回避的问题：新能力的获得取决于从前获得的能力，并且经常受其阻碍。不可否认，母语基础在第二语言的教学与学习中起着至关重要的作用。一语习得过程中形成的旧习惯会在某种程度上促成二语学习的新习惯，从而为之后的学习提供经验或教训。事实上，二语学习者在进入语言课堂时已经拥有了母语习得的经验。他拥有各种类型的知识，以及可能促进或延缓二语学习的各种资源。掌握一种母语，就意味着“参与了语言这一伟大而卓越的人类现象”（Adamczewski，1975：34），也等于拥有了激活任何语言的驱动力。

在掌握了第一语言之后，人们才真正具备了运用语言的能力。我们正是通过第一语言和文化的变形透镜来观察第二语言和文化的。一语迁移既体现在语言层面，也体现在概念层面。学习者先前获得的语言和文化知识（或称“资本”）构成了主要的过滤器，任何新语言的学习都要经过它的过滤。任何事件都包含着无数细节，要想描述它们，我们必须做出选择，而如何选择，是由我们以前的经验所决定的。

外人不了解母语对话者的密码，或者对其了解只是流于表面，甚至存在误解。在某种程度上，任何语言和文化事实都会使学习者回到指称性表述，即通过特定的文化棱镜来观察世界，并由此产生一种几乎无法避免的翻译行为。

Lantolf 和 Thorne（2006：161）认为，母语者将语言化为已有，即“通过它”来表达，而二语学习者即使达到精通的程度，也只能是掌握该语言，因此是“使用它”来表达。Dewaele（2002）借用连接 A 点到 B 点之间“最合适路径”的比喻，将母语者喻为熟悉该地区的人，他知道最短的路径未必是最合适的路径，在测试了所有可能的路线之后，他作出了选择并且自然而然地走了这条路。然而，对该地区不熟悉的人（非母语者）则要经常停下来，以确保没有走错路，在到达目的地以后，他才意识到，自己的成功不过是侥幸而已。

二语学习者不同于正在学习第一语言的孩子，他们已然具备了成熟的个性和对世界不同程度的认知。最重要的是，他们已经掌握了一门语言，即第一语言。因此，在学习另一种语言时，他们会本能地从其母语和母文化中获取表达和表征形式。在学习过程中，学习者会借助母语，从母语的词汇、语法和文化中汲取营养，而且往往将它们上升为普遍性规则。他们在学习第二语言的元素时，会努力将其纳入自己的概念化系统之中。Benveniste（1966：291）支持这种观点，他认为，一旦形式上相关联的语言元素出现语义上的差异，那么即使是比较语言学家，也往往会下意识地使用母语的范畴化系统。

在使用第二语言进行互动时，实际隐藏在字词后面的是第一语言，即社会化语言。说话者会本能地从第一语言的储备中寻求存储于长期记忆中的论证工具，而不是直接从目标语言中提取。由于经验和技能的显著差异，各种仿造语（涉及语音、形态、语义、句法、语用、文化等多个层面）应运而生，加上某些语句的过度使用和过度泛化，都对二语学习产生了决定性的影响。同样，学习者经常会因为之前或同时学习的另一门外语而犯错，因为这些语言在构建人类经验方面各不相同。

语言和文化的迁移是导致交际失败的原因，这样的失败不断来袭，反复发生，而且总是似曾相识。规律性、系统性的偏误经常出现，似乎说明存在某种与学习策略有关的过渡能力（Corder，1967），或称“近似系统”（approximate systems）（Nemser，1971）、动态的语言状态或“中介语”（interlanguage）（Selinker，1972）。这种过渡能力在不同学习者（或学习者群体）身上表现各异，而且同时呈现出第一语言和第二语言的语言特点。

在整个学习过程中，这一过渡性的语言和文化系统处于不断变化并与环境持续互动的状态，其模型的建构依赖于对母语者理想语言状态的假设。在最理想的情况下，学习者的语言和文化能力能够接近母语者，但我们不应把母语者的能力设定为标准。值得注意的是，“双语”这一概念通常被用来形容完美掌握两种语言的人，因此，平衡的双语与“完美的”单语其实一样罕见（第一语言未必具有明显优势，移民父母所生的子女就是例子）。

传统上，二语文化的学习一直基于这样一种假设，即外国人能够具备与母语者相同的文化能力。Zarate（1986：12）就此提出，应当对这一假设展开系统研究，以证明一语文化和二语文化的学习之间存在根本的差异。因此，要求学习者完全习得二语文化的行为和习惯是不切实际的，这毕竟不是单纯的模仿行为。

习得过程不是一个要么全有要么全无的二元对立，而是一种对中介语细微而持续的微调，这实际上是一种原创性的构建。在这个中介语系统中，学习者会根据自己认为与目标语言表征相符的方式，去规范来自一语的解决方案、形式和意义（Springer，2001）。例如，法语学习者很容易混淆 work 和 job，因为在他们的认知中，这两个词都表示“工作”：只要语义价值、句法属性以及对社会既定规范的表征尚未得到巩固或明确，迁移就难以避免（Prince，1999）。

1.2 非自然环境中的语言与文化

1.2.1 一个复杂的媒介领域

我们感兴趣的领域主要是非自然环境中语言与文化的教学与学习条件。我们假定：（1）语言和文化知识可以传授给不同的学习者群体，（2）根据不同条件（需求、目标和内容、教材和评估、各层次之间的衔接）制定的教学计划可以促进和引导第二语言与文化的学习。第二语言和文化的教与学是一个充满复杂的媒介形式的领域。传统上，“媒介”[①]一词是法律、心理学和外交领域使用的概念，它意味着失败、紧张和令人不快的接触；媒介的作用在外语习得方面也有体现，尤其是在知识与学习、学习者与教育机构以及理论与应用之间的关系上（Lévy，2003）。

似乎有必要区分一下“同质”环境（二语在课堂内外都使用）和“异质”环境（二语课堂在学习者的国家）。在同质环境中教授语言时，学习者可以而且必须在课堂内外使用目标语言进行交际。课堂以外仍然无处不在的第二语言构成了二语学习的决定性因素之一：学习者将自己与当地文化联系在一起，并在日常生活中作出自己的解读，而且这种解读不单单是语言层面的。然而，外语教学往往是在异质环境中进行的，换言之，外语在语言课堂以外几乎没有使用的机会（Beacco，2000：58）。理论上讲，这种情况不利于外语的快速应用。

在本书中，我们着重探讨异质学习环境（尤其是教育机构）[②]，并对比以自然方式习得语言的环境，如家庭、一语课堂、移民的社会环境等。在机构环境（学前教育、学校、大学、职业培训）中，规范化的学习至关重要，其宗旨在于确保学习者所掌握的语言既规范又易于理解，同时避免对母语者造成冒犯（Christ & Hu，2011：106）。为了实现这一目标，需要辅以适当的教学手段，如检查、自

① mediation 在英语和法语中除指“中介，媒介”以外，还有“调解，调停，仲裁”之意，因而作者指出，该词传统上用于法律、外交等领域。——译者注。

② 本书作者任教的法国国立东方语言文化学院（INALCO，巴黎）就是一个很好的例子。在法国语言环境中，学生们可以学习中欧、东欧、亚洲、大洋洲、非洲以及美洲土著民族的 93 种语言及其文化。

我检查、纠错、惩罚等。在教育机构以外，规范化更多的是通过意义协商和与他人互动来实现的。不过，由于二语使用者需要时刻遵循目标社群的规范，这种规范化的过程可能会带来比学校惩罚更大的痛苦，因为这意味着失去融入目标社群的资格，导致被边缘化的结果。

在非自然语境中（当然，自然语境与非自然语境的区分不是绝对的，比如沉浸式课程、跨境地区的语言学习），掌握新的语言和文化知识在很大程度上需要依赖语言课堂。由于所有的学习都是社会性的，语言课堂也不是一个孤立的世界：它是社会的一部分，社会也是语言课堂的一部分。各种形式的社会话语都会进入语言课堂：教师的社会话语、教科书和其他教材背后的作者的社会话语，如真实的文献、文学艺术作品等。作为构建第二语言心理和社会世界的“过滤性”空间，二语课堂仍然是培养和锻炼二语能力的理想场所。课堂是教师干预和学生反应交汇的地方，它为二语教学研究确定目标，并为其提供基本动力（Véronique，2005）。二语学习在不同情境中为社会化个体之间搭建了一座沟通的桥梁：事实上，语言课堂不仅是学习的场所，也是学习者的母文化与目标文化发生接触的重要平台。

1.2.2 一门综合性学科

“二语教学法”一方面将语言作为教学的研究对象，另一方面又依赖于教育背景（Chiss，2006：13）。同时，与所有教育传统一样，语言教学传统也直接植根于社会环境。所有的语言学习（无论是一语还是二语）都可以产生特定的教学理论。因此，所有语言教学都是在社会教学环境中进行的，该环境包括物质和非物质两个层面的因素：场地、参与者、培训计划、目标、策略和实践。

然而，在教育机构的学习需求中，各语言的地位并不平等。有些语言拥有书写传统，有丰富的文献记载，有关语言的著述和教学研究历史悠久，积淀深厚；有些语言可能还缺乏系统的语法论著、词典、教材和译著的支持。因此，第二语言的教学与学习本质上需要依赖“回顾的视野”和对相关语言领域的探索能力，尤其是教学的创新能力以及对知识描述和知识媒介的适应程度。

所有语言的教学都根植于一种独特的语言文化，这种文化的特色体现在以下几个方面：（1）打压或扶持语言的政治决策（或建议）；（2）使规范得以制定和推广的合法化案例；（3）兼具科学性与实用性、用于延续和传承分类传统的语言资料库、科学与实践性项目及作品；（4）确定单词、形式和意义合法与否的语言纪事。

我们不能抑制那些致力于语言变革的尝试。Calvet（2002：17-22）认为，对语言环境的干预有两种："内部"干预（个体层面：自创新词、外来词等）和"外部"干预（国家层面：法律、法令等）。Coste（2003：26）指出，那些具有划时代意义的方法论创新以及教学材料的繁荣发展都得益于持续且有力的语言政策。

语言教学与语言学各领域之间的关系（理论模型、运作的规律性和不规律性）不言而喻。然而，一旦开始语言学习实践，我们就会面对一系列超出纯语言学范畴的影响因素。这就是为什么"应用语言学"，也就是一种"习得语言学"（Véronique，1994：312-313），难以全面覆盖二语教学研究的原因。不难看出，所有语言教学都是语言目标、交际目标、文化目标（甚至是成长目标和人文目标）与机构意志之间所达成的微妙平衡。面对语言教学与学习所提出的一系列问题，语言学并非能够提供答案的唯一学科。在这种情况下，关键是要知道如何协调内部语言因素与外部社会因素之间的关系（Charaudeau，2000）。确定二语文化的范围绝非易事，这方面的科学实践能否像语言学之于语言教学那样发挥重要作用，Porcher（1982：41）对此提出了质疑。

长期以来，二语教学脱离了社会现实，但它无法忽视语言使用和学习中的各种地理、历史、思想和制度背景，关于这个问题，《多语与多元文化手册》（*Handbook of multilingualism and multiculturalism*, Zarate, Lévy & Kramsch, 2011：413）作出了全面的总结。这让我们不禁想起 Ladmiral（1998：17）的话："语言是个非常严肃的问题，不能只交给语言学家来处理！"事实上，语言教学的很多问题都超出了严格的语言学范畴，它涵盖了构成一个（或多个）国家或社区身份的各种要素，是一门综合性学科。

作为一个开放的、海纳百川的领域，语言教学是否有自己的标志？它有哪些独具的特色？这个领域是否注定只能停留在单纯的借鉴、阐释和再表述层面，将自己囿于纯粹的"应用主义"（Atienza，2002），或者只能依赖外部理论来构建自己，而无力发展为一门独立的学科？一方面，语言教学催生了大量研究（特别是在语言学、文学和翻译领域）；而另一方面，语言教学与学习理论也从历史学以及其他致力于研究和理解人类社会的各个学科（如社会学、心理学、政治学、教育学、信息和传播学）借鉴了诸多概念。

此外，还必须提到另外两个学科体系，它们专注于研究不同人类文化在众多应用领域中的特殊性：一是人种学，它致力于探索“共同生活”的概念以及个体如何认同并融入不同的群体（Camelin & Houdart，2010）；二是人类学，它旨在理解复杂多变的当今世界，尤其是从多样性蓬勃发展到隔阂逐渐消融这个充满矛盾的演变过程（Augé & Colleyn，2004）。

对于并非上述领域专家的二语教师来说，诸如地理、历史、社会学或艺术领域（在此仅举几例）的知识能否直接应用于教学？对于相关学科中无法直接应用于二语教学的观察和事实数据，如何选择、选择多少，以及如何实现再概念化，不同的方法有着不同的理论假设和目标。Debyser（1981：10-13）提出了三种互补的文化教学方法：（1）社会学方法：把所研究的问题作为一种社会现象，研究它与整个社会的关系（图表、研究、调查）；（2）人类学方法：更多地关注个体而非群体，从而更深入地研究日常生活的各类主题（习惯、态度、爱好）；（3）符号学方法：有助于识别、解释和联系通过事实和文件传递的意义（内涵、表征、神话）。

Lüdi、Münch 及 Gauthier（1994）则确定了文化教学的三个重要概念：（1）古典和民族中心概念：通过文学以及对主要作家的研究集中体现；（2）交际概念：假定仅掌握语言（即所谓的语言能力）不足以进行交际，因而将文化教学作为培养交际能力的组成部分；（3）多元或话语概念：在兼顾国家和地区诸多层面的同时，将各种口头和书面文本作为特殊的社会现实加以解读的能力。

1.2.3 多语言与多元文化

大量的国际交流使经济、职业、文化和学生的往来极为频繁，并呈现出快速增长的态势。没有人能够逃避当今世界各种文化交汇所带来的挑战：词义必须在日常生活中通过多种具有一定兼容性的表征系统来进行阐述。我们可能会与不同价值观的人相处，这就要求我们能够在全新的交际情境中敏锐地捕捉话语的隐含意义，在重大的文化制约因素（冲突、意识形态、信仰）占主导地位的环境中，这种能力显得尤为重要。

我们都注意到，“跨文化”一词近年来在教学领域的地位日益凸显，有时似乎取代了“文化”或“文明”的说法。除了一系列内容材料外，“跨文化”还涵盖了新的培养目标，如开放态度、灵活性、宽容、同理心、校正刻板印象、完善自我意识、接触管理（Puren，1998：44）、好奇心、改变视角或全面看待事物的能力（Hu，2010：76）。学习外语不仅有助于个体身份的认同与合作能力的培养，而且能够展现对他人权利的尊重。跨文化概念指的是来自不同文化背景的伙伴之间的一切互动过程，在这个过程中，分歧得到承认和接受，甚至可能被克服，最终目的就是实现共同建构。

从更广泛的意义上讲，所有的教学情境都具有跨文化的特点，因为它们（至少）涉及两个意义系统之间的联系。跨文化教学法与二语习得直接相关，近年来无疑已重新成为关注的焦点（Byram & Zarate, 1997; Hinkel, 1999; Zarate, Gohard-Radenkovic, Lussier & Penz, 2003; Kramsch, 2006b; Risager, 2007; Zarate, Lévy & Kramsch, 2008; Holló, 2008; Hu & Byram, 2009; Kramsch 2009b; Liddicoat, 2011; Zarate, Lévy & Kramsch, 2011; Windmüller, 2011; Witte & Harden, 2011; Liddicoat & Scarino, 2013）。

这种关注度的提升首先是因为某些方面的变化，如学习者的情况、语言与文化学习的目标和条件（如对语言培训的特殊需求、大学的留学预备课程、对议论型语篇的掌握等）。此外，新兴需求（特别是在专业领域）与传统教学方法之间的明显脱节也使人们对跨文化更加关注。

媒体以及信息和通信技术的突破性进展加剧了有关跨文化的争论。语言和文化之间全新的交流形式和相互依存关系使培训形式更加多样化，远程培训的兴起就是这种多样化的突出表现。正如政治影响和经济活动一样，语言空间和不同规范之间的冲突也在走向“全球化”。对各类事件的即时了解打破了时空限制，加上互动情境数量的增加和速度的提升，共同改变了*他者的体验*。

我们正面临一个前所未有的多语言和多元文化环境，这不仅是大规模移民潮的结果，也与区域化和社群主义的兴起密切相关。这些相互交织的现象对二语习得产生了直接影响，迫使我们同时采取了解他者和提升自我认知的双重策略。鉴于上述重大变化，我们必须对教学目标、教学计划、教学方法、认证形式以及教师培训进行重新定位。

1.2.4 程序的构建

重申语言学习离不开文化背景似乎是多余的，这似乎是一个不言而喻的事实。美国外语教学委员会（简称 ACTFL）[①]在题为“面向 21 世纪的外语学习标准”的文件中指出，外语学习应建立在五个基础之上，即交际、文化、贯连、社

① http://www.actfl.org

区和比较[①]。虽然“交际”概念是课程学习的核心，但“文化”同样具有重要意义，因为不了解语言使用的文化环境，就无法真正掌握语言：“通过对其他语言的学习，学生能够认识和理解该语言的文化。事实上，只有同时掌握了使用一门语言的文化环境，才能真正掌握该语言。”

也许有人会问，作为语言教师，谁会否认语言教学中文化的存在？谁又会否认“小写的文化”[②]（甚至“大写的文化”[③]）是外语和现代语言学习的有机组成部分——特别是在学习者缺乏早期或大量接触外语（如家庭环境、学校教育等）的情况下？然而，一旦我们接受了这个不言自明的观点，就必然会面对这样的问题：教什么？怎样教？

首先，需要借助怎样的理论模式来界定文化事实？其次，外语学习者需要掌握哪些二语使用规则，才能在语言社群中进行符合文化规范的交流？最后，对于这种天然具有文化性质并与语言（语音、语法、词汇）和交际能力密切相关的技能，我们该如何培养？

对于作为客体的语言来说，其教学有着公认的建构程序，这使我们有信心能够理解词汇以及形态句法功能。然而，对于作为客体的文化而言，却没有轻易可以找到的参照语法。Tost Planet（2002：52）指出，自古以来，教师在处理社会文化内容时都会有些忐忑：应该把文化文献作为辅助语言教学的工具？还是将其用于特定学科（如历史、文学、民族学等）的教学？又或者，干脆让学习者用自己的方式处理这些内容？

相关的构成性知识（人际关系、社会等级、大众智慧的表达、礼仪规则以及有关言语、沉默、幽默、禁忌等习俗）很难以教科书或词典的方式进行分类或编码，而目标世界恰恰是通过语言教学材料（文本、图像、情境）来呈现的。此外，图形系统的重要性同样不容忽视，因为不同语言之间的图形系统可能存在显著差异。换言之，图形系统不仅是形式知识的应用空间，更应被视为植根于各自文化和历史的习俗与交际系统。以汉语为例，汉字知识——包括汉语的识别和书写——是先于理解和书面表达的第五种能力（Bellassen，2004），这种能力与对古汉语词根意义的把握直接相关。

---

① 英文为“Communication, Culture, Connection, Community and Comparison”，因此简称为“5C 目标”。——译者注。

② 即狭义的文化。——译者注。

③ 即广义的文化。——译者注。

如果语言实践是文化的一部分，是一个强有力的杠杆，那么文化事实就会强烈抵制所有识别、解释或翻译的操作（Szende，2010d）。二语教学当然不是给熟悉的对象贴上新的标签，而是让学习者以不同的方式对语言进行分析和构建。这种理念很容易被读者所接受，它不仅关乎语言的传播，更涉及文化的交流。

然而，我们能否定义一个兼具代表性（在充分把握复杂性的基础上进行分类）和必要性（通过学习者和母语者之间的细致沟通才能实现）的共同文化知识基础？文化知识能否被优先考虑？能否区分不同层次的文化能力？是否需要考虑语言发展与文化发展之间的密切关系？在选择教材和评价体系时，如何考虑文化因素？学习者在解读二语世界时，能否摆脱对既有世界范畴的依赖？源语言和目标语言之间的文化接近程度如何影响二语习得的过程？是否应该追踪学习者在跨文化交流中遇到的最常见、最棘手的理解障碍？应当采取哪些策略来识别文化陷阱，并找出问题所在（如解码方面的困难、误解的根源、人际关系的紧张等）？

经验以及所谓学术知识的作用是什么？学习者所体验到的日常文化应该被赋予怎样的地位？面对未知的文化现实，是否应该把当代性奉为信条？是否应该否定各种形式的艺术和创作？文化教学是否应该更注重工具性或装饰性？我们是该满足于简单地罗列生活中的美好方面，还是应该通过比较分析，对其进行系统的批判性考察？

这里是否涉及语言知识和文化知识同步积累的问题？如果是，是否应该重构母语者以自然方式习得的元素，并对学校通过学科内容灌输的一语世界重新进行范畴化？是否意味着母语者只需获得模糊而浅显的认识就已足够？是否需要培养行为能力、语言能力和非语言能力？如果需要，是否应当对个体的人生轨迹进行持续的反思？例如，追踪并揭示无名氏的日常生活“现场”——家庭、邻里、邂逅、物质方面的困难——从而完成一份有关其生活的详细报告：孩子成绩欠佳、卫生间漏水、所得税申报表需要填写、难以按时提交关于外语教学的稿件，等等。是否应该对其进行访谈，了解“国家”“权力”“自由”或“幸福”对他的意义？不难看出，要想学会在外国文化中构建参照系，必然要对自己的一语环境进行解读：作为客体的二语文化能力的获得要求我们采取恰当的语言教学方法，使学习者意识到自身所处的社会文化环境。自我认知和对他人的理解是密切相关的（Hall，1976）。

在各个层面上，外语教师都要通过比较活动（寻找知识和数据的异同点）以及培养学习者的分析和解读能力，引导其关注文化内容，特别是培养其识别文化内容的能力，这种活动从学习伊始就与语言训练密不可分（Szende，2010d：4）。然而，如果二语教师像社会科学家一样，在自我与他者的两个世界里穿梭，他将如何摆脱“显而易见的”母语和母文化桎梏，实现从源文化到目标文化或者从目标文化到源文化的重构？是否应该完全摒弃主题框架这种活动组织模式？能否持续创新，发展出一种不同于灌输式知识传授的教学法？

请读者不要对本书抱有不切实际的期待：它不可能就上述问题一一给出满意的答案。本书的宗旨也不是要追溯文化和文明能力的教学实践以及相关理论在不同国家、不同时期的历史演变（如传统教学法、视听教学法、结构主义的机械操练、交际兴奋①，等等）。关于文化在二语教学中的地位问题，争论由来已久，尽管对这一议题的系统性研究极富吸引力，但纠缠于此只会偏离本书的主题。

1.2.5　通向文化的桥梁

不可否认，要把握好“文化”的概念并使之具有可教性，同时确保其不与战略目标发生脱节，确实存在一定的难度，而所谓战略目标，归根到底就是交际能力的培养。大部分外语教师会本能地将自己的教学方法一分为二：语言教学和文化教学。将二者合而为一固然不错，但实际操作的难度很大。因此，为了避免此消彼长，对语言能力和文化能力分开培养的做法也就不足为奇了。Knox（1982：15）指出，尽管语言和文化相互交织、密不可分，但在课堂上，教师往往难以兼顾，不是在教语言，就是在教文化。Porcher（1976：45）认为，“语言和文明的结合如同鲤鱼和兔子的配对，在这种非自然的婚姻中，新的生命永远不会降生”。汉语教师 Bouvier（2003：399）则认为，语言与文明历来是一对奇怪的组合。Beacco（2000：65）认为，百科全书式的阐释将“文化”等同于“脚注的集合”：一般来说，语言课堂上的文化只是偶尔出现，比如当专有名词、标题、缩写、命名等的指称对象超出语言层面时。

Madricardo（2001：327）指出，教师在文化教学中往往将文化视为一个孤立的知识体系，而不是将文化元素与语言教学有机结合起来。他基于对 370 名语

① 英文为 communicative euphoria。——译者注。

言教师的调查发现，语言和文化似乎被当成了两个截然不同的研究对象。许多教师仍然认为文化只是一套需要传授的理论知识，甚至是需要死记硬背的内容；此外，课堂评价也往往低估了文化习俗的重要性，而只关注纯粹的语言单位和语言表现形式（换言之，评价重点通常放在“系统”上，从狭义上讲，即发音的可接受性、形态句法的正确性、封闭式问题的应答能力、对话的记忆能力、词汇表的恰当翻译等）。

Zarate（1994：39-41）认为，文化能力的评价标准一直严重依赖语言能力的评价标准，在这样一种以语言能力为主导的评价体系中，文化能力始终处于次要地位。

说话人的词汇、话语和互动选择都会受到社会和文化因素的影响，因此评估交际能力时，准确判断不同语境中的语言使用策略（包括情感和暗示）非常重要。这是一项艰巨的任务。

本书认为：语言是通向文化的理想桥梁。Tomalin（2010：26）给出了精炼的定义，将文化概括为“看和做”的双重体现：（1）看待周围事物的方式（看→价值观）；（2）做事的方式（做→行为）。如果说文化基本代表了一个人需要观察、相信、了解和表达的内容，从而指导他以高效、恰当的方式行事，同时与社群的其他成员保持一致，那么语言就是通往另一种文化的天然通道。

语言是我们建立社会联系的桥梁。我们借助语言，将外部世界内化为概念，再用这些概念对世界施加影响。当然，事实信息（包括日期、地点、名称、标题、数字等，都可用来详细地描述事物，也可用于对习俗进行百科全书式的比较）为我们了解不同国家及其生活方式提供了不可或缺的工具。除了语言以外，要在特定社会中自如地活动，具备识别该社会主要文化实践（包括艺术、体育、游戏等）的能力也很重要。

然而，文化能力并不仅仅局限于能够背诵诗词，或者能够识别出人们崇拜的对象是历史人物还是神话人物、真实人物还是虚构人物。同样地，仅仅掌握语法规则（事实上，四分之三的母语者连这一点也做不到）以及必要的书写规则（即写作能力），未必就是具备了扎实的语言结构知识。用一种语言进行交流，就相当于进入了说话者心理世界的集体知识和技能网络，以及超越个体生命的实践与信仰体系。文化事实和语言事实在具体层面上往往是重合的。作为一种社会历史产物，语言带有文化标志，而文化也不能独立于语言而存在：从来都是你中有我，我中有你。

合乎语法性是指语句符合语言的形态规则和语法规则。不过，语法性只是影响语句可接受性的因素之一。在一般的交际条件下，如果语句的含义是可以理解的，那么它就是可接受的。学习一门语言，就是要学会运用这门语言的各种元素。事实上，没有任何语法能够解释为什么在特定的语境中我们会选择某种表达方式而非其他表达方式。我们每天都能观察到：有些语句虽然符合语法规则，但在文化层面上或许是不可接受的，正如索绪尔（2002：289）所说："语言……不是停泊在船坞里的船，而是出海的船。一旦它入了水，我们便不能仅凭熟悉图纸上的结构，就以为可以预测它的航向。"①

对语言系统形式特征的准确描述，离不开对话语和互动现实的细致观察与深入理解。同样，从文化角度解读某一语言编码的文本，也离不开对该语言运行规则的准确把握。和 Fillmore（1979：11）一样，我们也注意到，语法学家的工作在于发现要素、结构、过程和制约因素，但同时也要思考说话者使用语法的方式、目标和条件。

当一种语言因各种原因（例如区域内存在另一种主导语言、缺乏官方地位或国家支持、使用人数较少或过于分散等，而非自身系统的缺陷）走向消亡，与之相关的整个知识网络以及人类在其环境中的特殊表征就会消失。每种语言都以其独特的方式描述和"思考"世界。因此我们认为，语言不是一种有组织的封闭回路，而是一种社会和文化现实，一种后天行为，是对文化至关重要的敏感媒介。

本书无意探讨"语言"背后所蕴含的"文化"的各个方面，而是希望通过我们的研究，为第二语言的教学与学习提供一些借鉴，为感兴趣的读者——无论是教师、研究人员还是学生——提供一些思路，引导他们思考语言和文化的关系：源于文化并植根于文化的语言是如何通过交流（哪怕是最普通的交流，无论是书面、口头还是电子形式）在一些集体"真实"集中体现的领域来展现这种关系的。因为从理论上讲，所有的词汇和语言元素都是文化的载体，然而在教学实践中我们会发现，某些元素较之其他元素似乎更具文化相关性，这正是本书将通过大量实例努力说明的问题。

① 索绪尔原文："La langue [...] n'est pas le vaisseau qui se trouve au chantier, mais le vaisseau qui est livré à la mer. Depuis l'instant où il a touché la mer, c'est vainement qu'on penserait pouvoir dire sa course sous prétexte qu'on saurait exactement les charpentes dont il se compose, sa construction intérieure selon un plan."

1.3 表格

1.3.1 跨语言比较

为了理解语言系统与文化之间的关系，我们需要对特定社会中通用的交际规范进行深入思考。实际上，许多语言表达方式似乎都是约定俗成的。一边是词汇或话语的选择，一边是各种内化的文化限制与规则。为了剖析两者之间的复杂关系，就要通过最多样化的语言现实加以验证。一种文化的定义往往是通过它与其他文化的差异来界定的。为了进一步阐明我们的观点，接下来我们将通过表格的形式，对不同文化领域之间的差异进行直观的比较。

为了收集资料，我们请一些同事（语言学家或外语教师）描述某些交际情境及其在各自文化环境中的具体发生过程，他们作为母语者（英语、法语、匈牙利语、俄语、埃及阿拉伯语和汉语）对这些情境有着深刻的理解。这些信息提供者必须熟悉相关的表达方式，能够评估其代表性、真实性，并判断是否符合使用习惯。通过对比不同语言在相同语境下的表达方式可以发现一些在单语环境中难以察觉的特殊性。某些看似可明确定义的对象，换一种语言未必会加以区分；有些元素虽然在两种语言中都存在，但分布特征又未必相同。

所有语言都提供了*说或不说的可能性*，通过一些实例的对比我们可以更好地理解自己的语言。这些分组列出的实例（当然，类似的例子不胜枚举）有助于我们根据特定社群内广泛认可的价值观和规范——这些价值观和规范对所有成员都具有普遍意义——以恰当的方式应对日常生活中的各种情况。但要指出的是，任何语言都不是僵化的，母语者拥有丰富的语言和话语手段。例如，他们可以说“I ate dinner.”或者“I ate supper.”（词汇选择），“She was coming.”或者“She was comin.”（语音选择），“She has sewed.”或者“She has sewn.”（形态选择），“That is a big book.”或者“That a big book.”（句法选择），等等（Saville-Troike，2006：102）。不同国家的交际规则有着明显的差别。在英国，可以对顾客说“Yes, dear.”或者“Yes, love.”，但在印度却不行（Coulmas，2008：102）。

语言与文化的关系可能复杂而多样，因此，我们应当从多元和动态的角度来看待二者的不可分割性。如果语言和文化完全重合，那么巴西和葡萄牙的文化就应该是相同的，因为两国使用的是同一种语言。现实却是，使用同一种语言的西班牙人和南美人不一定能听懂对方的话。他们在历史、社会和制度方面的差异对语言与文化构成了实实在在的挑战。在《克莱夫词典》（*Clave Dictionary*）的序言中，哥伦比亚作家马尔克斯（G. G. Márquez）回忆说，他在阅读洛尔卡[①]的作品时，为了读懂《罗曼塞罗·吉塔诺》（*Romancero Gitano*）[②]中含有"柠檬"一词的诗句，曾经不得不借助词典来为自己解惑。他在二十多岁时去欧洲旅行，到了那里才发现，原来柠檬真的是黄色的。

1.3.2 可观察的场所

共享知识具有不同程度的可解读性和可辨识性。文化的有些方面较为直观，有些方面则比较模糊，不便于直接观察，这就是隐性文化：换言之，大量元素以相似的方式被感知和体验，并在社会环境中得以传播。社群成员在感知这些元素时，或多或少是有意识的，文本也往往由于这些元素的存在而更具真实性。Gohard-Radenkovic（2004a：115-116）提出了社群"遗产文化"的概念，包括：（1）可见成果：语言、仪式、习俗、庆典、节日、居住方式、饮食习惯、服装、舞蹈、歌曲、传说、故事等；（2）隐形成果：隐性规则、时间的定义和组织、空间分布以及个人与机构、工作、自然、身体等的关系。

节日、国歌、徽章、纪念碑、事件、纪念活动、档案、词典、教科书、博物馆，这些事物有何共同之处？答案是：它们都是记忆的场所（Nora，1997）。从最物质、最具体的事物（比如地理位置）到抽象的、智力构建的事物都可以是记忆的场所。当社群将情感重新投入其中时，它们就成了记忆的场所。因此，记忆的场所不是被记忆的对象，而是记忆发挥作用的所在——它不是传统本身，而是一种"记忆实验室"。

我们很容易意识到，在我们的社会中，有多少事物与非物质有关，它们有时甚至比一切可触摸的物体都更稳定。根据联合国教科文组织的定义，文化遗产不仅包括有形的表现形式，如历史遗迹和文物，还包括从祖先那里继承并传给后代的生动的表达方式、口头传统、表演艺术、社会实践、仪式和节日活动、有关自然和宇宙的知识和实践，或传统艺术和手工艺所需的知识和技能。这种鲜活的，

① 费德里戈·加西亚·洛尔卡（Federico García Lorca），西班牙诗人，剧作家。——译者注。
② 《罗曼塞罗·吉塔诺》是诗人洛尔卡的著名诗集。——译者注。

即所谓的非物质遗产，为它的每一个守护者赋予了一种身份感和延续性，一种拥有它和不断再造它的证明。如果存在一种基于仪式化交流的日常文化身份，那么美食就是其中之一。

例如，“法国美食”被联合国教科文组织列入人类非物质遗产，并被定义为“一种庆祝个人和团体生活中重要时刻的社会习俗……［它］遵循固定的模式，以开胃酒（餐前饮料）开始，以利口酒结束，中间至少包括四道菜，即开胃菜、鱼和/或肉与蔬菜、奶酪和甜点……［它］拉近了亲朋好友间的距离，从更广泛的意义上讲，加强了社会联系”①。

读者将会认识到，在各种由文化决定并通过语言体现的交际规范和习惯中，说话者用来组织日常交流的资源发挥着关键作用，特别是那些需要预设言语行为的情境。

除了语法能力以外，语言能力还包括与说话方式有关的技能，即促使每个成员参与言语事件并能欣赏他人行为的技能。从这个意义上讲，交际民族志（微观社会语言学）关注的重点不是语言结构，而是自然语境中交际事件的多样性、作为文化组成部分的交际实践，以及人类社会中支配交际活动、确保语言得以恰当运用的规范（Gumperz & Hymes，1972）。

语用学关注的是语言的使用者与使用方式、话语语境以及话语对产生它们的原始情境所产生的影响，试图回答诸如“谁在对谁说话？”“在哪里？”“用了什么措辞？”“什么时候？”“为什么？”等问题。同时，语用学也关注一些更微妙的问题，如：“为什么一个人所说的话与其本意之间存在差异？邻座的人明明可以直接把蒜泥蛋黄酱（即传统大蒜酱）递给我们，我们为什么还要请求他这么做？”（Armengaud，2007：3）。言语行为必须满足一定数量的使用条件，只有这样，言语才能符合语境（Maingueneau，2009：15-16）。与语言系统的描述相比，这一特殊领域研究的是说话者及其对话者如何使用语言，其中包括他们在特定交际场合的意图、暗示、影射、双关语和预设等，属于微观语言层面（Wodak，2009）。

Ducrot（1972：130）提出了一个前提，即在任何层面的语义描述中，我们都无法忽视这样的一个事实：自然语言是为了口头交流而存在的。然而，交际规则及其所衍生的“日常话语知识”，还有表达与行为策略，在不同社会中均存在

① http://www.unesco.org/culture

显著差异。如果不了解特定的表达方式，可能就会在交际中陷入困境。例如，在英语中，人们使用单一的称呼 you 来指称对话中的对方，但在最多样化的语言中，说话者可能面临多种选择，用以精确传达对对方的尊重程度。

1.3.3 意义共同体

本书不求面面俱到，只想聚焦一些语言材料，深入观察其中的交际方式，剖析言语情境的文化特点，探寻特定语境下那些约定俗成的惯用表达所蕴藏的文化内涵，并对文化所认同的预设表达方式尽力做出解读。语言使用者拥有共同的知识和经验体系，这是他们相互理解的必要条件。要想共享世界，首先就要共享意义，而任何意义共同体都是在日复一日的生活实践中建立起来的。

语言教学有助于识别意义并将其系统化，同时提醒我们，意义是历史和象征连续性的重要组成部分。归属于某一社群并有别于其他社群的感觉，源于历久弥新的强大理念。哲学家和汉学家 Jullien（1986：93-98）指出，文化的逻辑在于传承：我们通过谱系来感受概念，即"一系列被定期重塑的代代相传的工具，一种类似部落继承的东西"，例如，中国传统发展了一整套概念和表征，它们只有在自己的参考框架内才有意义。

探讨这样的内容，并非为了将来对文化现象背后的交际方式或身份特征、抑或某一特定社会的总体心理倾向（如语言繁复还是简练、地位平等还是尊卑有序、和谐还是冲突等）作进一步的细致研究。更深入地描述构成不同文化的事实和现象将远远超出本书的范围。接下来，我们将举两个例子加以说明。

为了理解德国文化的特殊性，Altmayer（2007：192）提出了一个基于四种主要类别的复杂模型：空间、时间、价值观和身份，后者同时包括国家、社会、区域和代际身份。

谁能给法国身份的恒定要素下个定义？我们暂时借用一下 Debasch 和 Pontier（2001：69-180）的观点：（1）对多样性的继承；（2）统一的意愿；（3）普世性倾向。第一个要素可以通过大家广泛接受的、对理解法国社会至关重要的"对立"来体现（左派与右派的对立；基督教法国与反基督教法国的对立；司汤达小说中红与黑的对立，如军人与教士、思想与感觉等；法国北部与法国南部的对立，等等）。第二个要素可以通过爱国主义、共和庆典以及对法语的捍卫来体现。第三个要素则可以通过法语国家共同体以及犹太—基督教遗产和西方人文主义遗产来体现。或许有人会说，这三个要素虽然各有不足，但只要稍加调整，对其他现代国家也同样适用。

我们饶有兴致地拜读了西奥利诺（2011）[①]的著作，该书将各种形式的诱惑描述为法国的民族特质，一种非官方的意识形态，一种融入日常生活表征和模式的指导原则（这些模式根深蒂固，习以为常，已经变成一种无意识）。的确，法国人的轻浮和对生活艺术的追求举世闻名，但他们真的像那些先入之见所宣称的那样英勇、傲慢、叛逆、反宗教或者笛卡尔主义吗？法国精神真的存在吗？

对那些有关某一社群身份特征的断言，我们怎能不保持警惕？任何强烈的集体心理都会涉及词义的协商与冲突，也没有一个言语社群是完全稳定或同质的。诚然，不同国家、不同群体的主导表征不同，行为习惯、情感或推理模式也不一样，但任何关于某一民族“本质”的论述——无论它看起来多么诱人——以及任何有关民族特征的类型学，都必须基于极其细致和深入的分析，而这项工作已经超出了本书的研究范围。

1.3.4 基本的二元对立

我们在这里所说的对立元素应当有助于构建集体的、合理的信息体系：无论外语教师的水平高低，都可以在这方面发挥重要作用。他们可以将所举实例与自己的语言、文化乃至个人经历进行比较，通过对比与融合，使这些例子更为丰富和鲜活，从而超越诸如“我们”与“他们”、“普遍”与“单一”、“正确”与“错误”等简单化的基本二元对立。教师的职责不是引导学生将二语文化相关的语言和非语言策略归纳为一个固定的清单，而是向他们表明，在日常实践中，信息的构建并非简单的语言操作。事实上，人们在特定的文化背景下为了理解和表达而进行合作的方式，以及他们的言谈举止和反应模式，都取决于具体的交际条件，而这些条件多少都会为说话者提供回旋的余地。

在这个领域，一切都与特定的语境有关，没有什么是一成不变的：价值观和表征都在不断重组。通过话语，并根据社会文化环境以及定型与创新之间复杂的辩证关系，语言从未停止过自我更新的脚步：有些表达方式趋于固定，而另一些表达方式则提供了自由发挥的广阔空间，这种发挥需要两类知识：（1）非母语者不具备的本土性知识；（2）为了适应语境的限制和需要而不断积累的各种知识。

---

① Sciolino, d'E. *La Seduction: How the French Play the Game of Life*. New York: Times Books, 2011.（中文一般将该书书名译为《法式诱惑》——译者注）

此外，语言的变化可能非常迅速，因为它的新陈代谢无时无刻不在进行。言语总是存在于空间和时间的某个地方，永远不会脱离说话者而独立存在。说话者根据自己的身份、交际意图、立场、与对话者的关系演变，以及文化环境所决定的多种因素来表达自己、展示行为、调动和“执行”自己的语言和话语库，而这些因素或多或少是可以预测的，并可能在交际中发挥促进或阻碍的作用：“……语言学习者的任务是破译哪些（语言）形式适用于特定场合，而其中很多形式需要文化经验和决策，这就需要调用语法以外的知识……”（Bialystok & Hakuta，1994：162）。

语言事件彼此交织，话语的构建也需要连贯的言语行为，因此将现实中相互联系的事物割裂开来往往是危险的。此外，同一个信息可以通过多种语言形式来表达，同一种表达形式也可以传达不同的交际意图。因此，在语言课堂上，教师可以展示情境的多样性和灵活性，例如，集中分析四个基本问题——在哪里？什么时候？谁？为什么？（Young，2008：223）：信息的构建与对话者的身份以及交际目的有关，也与交流的物质环境有关。交际情境至关重要，同样重要的还有说话者的态度。说话者受到所在社群语言选择的制约，同时也受到时代对语言材料敏感性的影响。

我们有时可能会感觉到，从一种语言到另一种语言，不过是同一个概念披上了不同的外衣。同样，我们也能观察到，一种文化中的事件在另一种文化中可能根本不存在，无论两种文化是否相近。说话者为在特定情境下实施言语行为所做的任何表述可能都只是一个选择，背后蕴藏着多种多样的其他选择。不过，即便不违背社群规则，说话者的交流方式也不会完全受制于他在整个社会化过程中内化的文化脚本。因此，我们不禁要问：在哪些情况下，说话者可以拥有发挥的空间？如果同样的意义可以用多种方式表达，那么那些“多余的”表达方式有何作用？

教师应提醒学生，一个社群内部的共享文化可能会在跨文化交际中成为不理解、误解或冒犯的来源，从而让学习者明白，文化既是普遍性的载体，也是群体特殊性的体现。教师还应指出，确定“约定俗成”的界限并非易事，这需要对一种表述是普通组合还是固化短语作出判断。此外应当注意，即便是最普通的、经过验证并且在语言中出现频率很高的预制短语，我们也未必能任意发挥，或者随意拆解和改写：对自己的语言和文化身份充满自信的说话者，会自然而然地遵循这些游戏规则。

2

语言—文化—全球化

2.1 概念歧义

对于“文化”和“文明”这两个词，我们经常混为一谈，不加区分。在语言教学中，二者也经常被随意互换。但实际上，“文明”一词直到 18 世纪时仍与“野蛮”对立，其内涵不仅涉及道德价值观，还包括物质价值观。从 19 世纪开始，人们用“文化”一词来指称原始文化，以区别于先进社会的文明。在今天，使用“文化”这个词是恰当的，因为它涵盖了上述“文明”和“文化”的全部内容。如果文明是一套文化商品，那么从一个文明借用到另一个文明的元素就构成了文化转移（Braudel，1993：36）。

文化研究意味着从各种来源获取事实知识，以描绘国家及其持久稳定的制度架构。机构作为国家组织的组成部分，对于了解纷繁复杂的社会行政管理必不可少，每个机构都代表着为满足集体利益而建立的一套实践和规则。当然，这就提出了一个问题：观察语言中的文化现象，将本质上属于社会、历史、经济或政治性质的问题移植到教学领域，是否需要在外语教学中系统地剖析文化的深层机制？

如果不通过课堂教学，人们对文学文献、媒体等的理解能否达到理想的水平？我们很难否认，即使在最普通的语言交流中，百科知识（著名的奠基性作品、假说以及关于世界的各种知识）也扮演着重要角色。某些文化元素不仅适合而且有必要进行系统性的介绍，我们倾向于称之为“文明教学”。即使没有相关的语言实践，我们依然可以构想其教学内容，而这似乎并不影响该领域的构建和有效性。“文明”一词的使用是基于一种经过验证的多学科方法（例如，历史+地理+视觉艺术+社会学）：（1）空间性：任何文明都能在地图上找到；（2）社会性：没有承载文明的社会，文明便无从谈起；（3）经济性：物质条件不断影响着文明的命运；（4）连续性：任何文明都有过鲜活的历史；（5）集体精神：每个时代都拥有使社会充满活力的关于世界和事物的表征（Braudel，1993：40-56）。

在德语中，Landeskunde[①]一词是指对制约文本生成和传播的政治、社会、经

① 国情学，地方志，区域国别研究。——译者注。

济和文化数据的研究，以及相关国家及其居民的系统化信息（Koreik，2010），是一种“语境文献学”，按照 Altmayer（2007）的观点，其任务是对不言而喻的事实（Selbstverständlichkeiten）加以明确阐述并将其主题化。Landeskunde 课程传统上包括：（1）语言；（2）文学；（3）历史；（4）艺术；（5）科学技术；（6）经济；（7）社会结构；（8）政治制度；（9）宗教；（10）地理；（11）少数民族；（12）行为准则（Volkmann，2010：47）。在德国的教学法传统中，有两种方法并存：一种是基于语言和文化之间相互依存关系的方法（Sprachbezogene Landeskunde），即与语言相关的文化研究，另一种是信息导向法（Information orientierte Landeskunde）。

Vereshchagin 和 Kostomarov（1983：10）提出将文化教学转向所谓的“语言—文明”教学，通过语言和民族文化信息的交叉来实施，这就需要观察一系列的语境参数、内涵参数以及意识形态联想——这些元素最终要靠母语者的知识来储存。文化语境中的意义教学与所谓的语言累积功能相关：语言不仅是传递信息的工具，它还能使人类对所感知的现实进行反思、巩固和保存。

百科全书式的方法旨在传播大量知识（伟大的文学名著、奠基性的艺术作品，经济、社会或政治领域的数据或统计等），这些知识与特定国家有关日常生活特征的知识并不矛盾（Szende，2010d）。理想状况下，文明教学不是对历史学、社会学、文学或艺术史等教学内容的重复。研究文明的学者是语言和文化领域的专家，他们所做的是一种超越学科界限的整体性综合研究（Martens，2006：6）。

在大学的组织结构中，无论是教学还是研究，现代语言的学术领域都分为多个子领域，它们各自拥有特定的教学程序；因此，在有些国家，学习现代语言的大学生（特别是未来的教师）会面临语言/语言学—文学—文明的三分法。翻译有时也被纳入这一经典的学科范畴。被称为“文明”的领域获得了一种独特的学术地位，即作为二语教学或语言学的专业领域，它能够诠释用目标语言书写的跨学科文献（如地理学、社会学、人种学、政治学、造型艺术、电影、媒体等）。在这些学科当中，每个学科都拥有自己的一套分析方法。另外，历时因素在历史中具有奠基性的作用，而文明则更多地引入了共时性维度，它通过语言课堂这一主要途径，介绍制度与文化实践，同时也不忘对过去进行历史分期。文明作为一种横向纽带，成为大学语言研究、人文和社会科学以及“当代重大问题”之间不可或缺的桥梁。

鉴于上述概念上的模糊性，我们在本书中采用了“文化”一词，但也没有刻意回避那些认为“文化=文明”的观点，这就使我们摆脱了那种学究式的“文明”定义，即“文明”只是一系列对象和作品，以及文化信息和内容按既定方式存储的过程。我们所理解的“文化”也使我们进一步摒弃了主要与摆脱野蛮状态、社会和人类进步，以及通过心灵抚慰、思想教育、获取物质享受等手段实现文明行为等相关的概念（Starobinski，1983：16-17）。

2.2 文化疆域

通过使用“文化”这一术语，我们着重描绘了一个由价值观、信仰、习俗和行为构成的动态系统，即一系列后天习得的共享元素（Hall，1990）。这些元素并非简单地代代相传，它们促进了社群成员之间相互关系的构建（Abdallah-Pretceille，1986：76），也是社会群体理解世界的途径。不过，这种方法并未否定传统学科在揭示社群现实和生产方面的重要性。

在研究某一特定主题时，首要任务就是给出尽可能精确的定义。因此，要想研究语言中的文化因素，就要明确文化包括哪些内容，不包括哪些内容，从而界定文化的范畴。我们没有关于文化的“标准定义”——这个概念非常宽泛，在各种学科背景下的使用也非常灵活。因此，当本书使用“文化”一词时，笔者希望为它赋予以下含义：

文化可以是：

（1）规范社群内部交流的显性和隐性规则的集合；

（2）集体习得、记忆、体验和表达的参照集合，无论它们在其他文化中是否普遍存在，在社群发展的特定时刻，这些参照对于群体成员来说都是不言而喻的。

这一表述似乎略显模糊和不充分，但如果参考一些关于二语教学的著作来看，就会变得比较清晰了。

——多种区别性和专属性特征

在有关“文化”概念的众多定义中，我们首先要提到 Sapir（1967：137）对文化的定义：文化包括所有的态度、世界观以及文明的专属性特征，它们反映一个特定民族在世界上的独特地位。Lévi-Strauss（1983：39）则认为，文化具有多种特征，其中部分特征或多或少与其他文化（无论远近）存在共同之处，而另一些特征则在某种程度上展现出与其他文化的差异性。

联合国教科文组织《世界文化多样性宣言》[①]指出，文化“应被视为社会或某一社会群体独特的精神、物质、知识和情感特征的集合……除艺术和文学外，还包括生活方式、共同生活的模式、价值体系、传统和信仰”。

——有意识过程与无意识过程

Lévy-Strauss（1986：43&44）指出，“从我们出生的那天起，环境就通过无数有意识和无意识的过程，向我们灌输一套由价值判断、动机和兴趣爱好组成的复杂的参照体系，包括通过教育强加给我们的关于文明历史演变的反思，如果没有这些，文明现今的面貌可能会变得不可想象，或者显得与真实的行为方式背道而驰。”

——自然和社会现实的表达

Lévy-Strauss（1989）在介绍社会学家和民族学家 Marcel Mauss 的作品时曾写道：“所有文化都可以被看作一系列符号系统，其中最重要的是语言、婚姻规则、经济关系、艺术、科学和宗教。所有这些系统都旨在表达自然现实或社会现实的某些方面，尤其是两大现实领域之间共同形成的关系，以及不同符号系统之间的相互关系”（Lévi-Strauss，1989：XIX）。

——集体心理规划

文化可以被描述为从家庭开始，在邻里、学校或工作场所等环境中延续，之后被复制的心理程序。作为一种集体现象，文化囊括了思维、情感与行为模式，以及社会游戏中的不成文规则，它们深植于社群历史，主要包括：符号（如具有特殊意义的文字、态度、意象或物品）；英雄人物（无论在世或已故、真实或虚构）；仪式（不可或缺的社会集体活动，如问候、致敬等）；价值观（反映“事态”偏好的既定倾向：可接受/禁止、体面/不体面、自然/不自然等）。文化由生活或曾经生活在同一社会环境中的人所共有，社群成员在该环境中习得文化，从而在身份认同上有别于其他群体（Hofstede & alii，2010：15-21）。

——维持人类复杂性的领域

Morin（1994：132）将文化定义为一种信息和组织领域，它构建并维系着人类（包括个人和社会）的复杂性。他指出，死亡与文化再生产密不可分：当个体逝去，其承载的文化也会随之消亡；同时，文化又会通过学习、教育和社

① www.portal.unesco.org/en

会化过程传递给新的个体（1994：109）。Malinowski（1968：35-36 & 78）认为，文化是一个巨大的物质、人力和精神机器，可以帮助人类应对具体和特定的问题；因此，文化为人类的基本需求（如繁殖—关系；运动—活动；成长—教育）提供了答案。

——对性质和实践进行范畴化的能力

Bourdieu（1979：546-547）认为，在特定的社会形态中，个体共享一套模式，这套模式是在历史长河中形成的，并通过基本的感知和评价得以确立，有了它，人们就能对各种各样的性质和实践进行范畴化，如精神与物质、雅与俗、轻与重、自由与强迫、宽与窄、独特与普通、辉煌与平凡，等等。这个由各种对立关系交织而成的网络就是描绘社会秩序特征的基础框架，其中囊括了所有我们常说的“陈词滥调”。

2.3 高贵与平凡

将包罗万象的文化概念与不同习得环境中呈现出的具体文化形态加以区分，似乎很有必要。不过，正如我们在相关文献中常见的那样，“大写文化”和“小写文化”之间的界限似乎难以界定，同样，将所谓的“贵族知识”（aristocratic knowledge）与“普通知识”（ordinary knowledge）相互对立也不合适。

Porcher（1982：45）认为，理想的文化教学应当包括以下四个方面：（1）国家的历史和地理；（2）该国的知识文化；（3）该国人类学意义上的文化：习惯、生活方式、风俗等；（4）标志：从积极的角度来看，可称之为显著特征，反之则为刻板印象。然而，正如他所指出的，真正的困难在于确定上述四个方面的具体教学内容。非洲作品翻译家 Sévry（1998）区分了四个文化层次，这些层次没有高低之分，它们相互渗透，共同形成一个整体：（1）习惯、着装、餐桌礼仪、礼物交换、社交礼貌；（2）人生中最重要的时刻，如出生、结婚、死亡、就业；（3）确保社会正常运转的、以血统和年龄为基础形成的关系体系和群体结构；（4）在历史进程中建立的人、自然、宇宙、现在以及未来的关系。

文化不仅包括“知识”，也包括“行动能力和自我定位的能力”，它是一种集体心态，“决定态度，引导选择，形成偏见，推动社会运动……是遥远的遗产、信仰、恐惧以及古老且常常无意识的忧虑的产物”（Braudel，1993：54）。文化与潜在的交际规范密切相关：从建立联系或表达礼貌的措辞，到交流的编码方式，再到误解的管理策略，所有这些都融入了一个由行为方式、仪式和习俗构成的网络。

在我们看来，保持对当代现实的敏锐感知，表现出与周围日新月异的世界保持密切联系的意愿，其实就是在调动和思考那些由文化遗产结构所预设、共享和记录的参照体系（如物体、地点和事件，重要人物、伟大作品和重要作家，包括对塑造社群精神特质作出贡献的外国人）。此外，我们不难察觉，日常交流中充斥着大量来自集体记忆的文化参照，包括人物、符号、仪式和神话时刻，尽管有些文化参照已经相当久远，但其庞大的数量远远超过了全部个体记忆的总和。

文化的任何层面或载体都不应该被忽视或禁止。历史、文学和艺术（如绘画、音乐、建筑等）的重要里程碑，以及二语教学中知识文化的传统载体，都与行为和实践的相关知识密不可分。对于这些知识，外族文化者有时几乎难以察觉，按照 Galisson（1999b：490-491）的说法，这些知识的基本材料，就是在社交环境（家庭、人际交往、街上）中习得的普通话语。

然而，要想区分学校传授的知识与通过社会交往所获得的知识，实属不易。在很长一段时间内，二者的对立一直影响着二语教学的思路。Galisson（1995：112-119）对言语文化重写本等资料中所蕴含的文化知识进行了分类（这也是解码这些知识所需要的）：（1）知识文化（savant culture）：文学、哲学和艺术作品的名称和引文、一般知识（如历史、神话、科学知识）；（2）大众共有文化（current culture）：媒体作品（如电影、歌曲、节目、连环画等）的标题和内容、常用词汇单位（如专有名词、品牌名称、固定短语、广告语、政治口号等）、其他知识（如时事、礼仪、公众人物、著名人物等）。

Galisson（1999b：492-493）承认，所谓的“高文化”（知识文化）/“低文化”（大众共有文化）的二分法并不尽如人意：“低文化”并不都是“行为”，“高文化”也并非全是“观念”[①]；同样，“知识”可以出现在普通或日常文化中，反之亦然。此外，他还提到了“跨文化认同”（交叉文化/混合文化）的概念，它与学校教育互为补充，通过广泛传播使尽可能多的人接触到各类知识，如儿童

① 在 Galisson 对文化的分类中，“知识文化”（法语为 culture savante）也叫“观念文化”（法语为 culture-vision），“大众共有文化”（法语为 culture courante）也叫“行为文化”（法语为 culture-action）。——译者注。

故事、流行歌曲的标题和内容、常见的宗教语录、民间化的历史知识（名言、人物）等。不过他也认识到，需要构建一种对立，以打破横亘在“高贵”与“平凡”、“高级”或“象征性”社会功能（艺术、宗教、意识形态等）与“低级”或“生物性”社会功能（与人类、事物、自然、环境的日常关系）之间的鸿沟。Galisson 还通过这种二分法表明，除了囤积内容（知识文化）的传统以外，还有一种基于教育潜力选择内容（大众共有文化层面）的传统，这种选择过程也涉及跨文化，意味着在理解他者的同时，也需要获得他者的理解。

作为人文科学和社会科学的重要概念，“文化”与“社会”是相互渗透的关系：文化在社会中形成，社会既是“法理社会”（Gesellschaft）（成员之间既相互对立又相互联系的利益和过程网络），也是“礼俗社会”（Gemeinschaft）（将成员结合成一个共同体的神话元素）。作为一个既拥有凝聚力和规范、又不乏冲突和分歧的人类群体，社会是建立在文化基础之上的，是一套独特的精神、物质、智力和情感特征（Morin，1994：88-89）。在有关二语教学的文献中，“社会”与“文化”之间的差别几乎难以觉察，这也是“社会—文化”一词被频繁使用的原因。Kramsch（1995）认为，我们可以把“社会”与“文化”看作一枚硬币的两面，将语言置于社群内，通过有组织的话语进行表达。

2.4 归属感与成员身份

当多个国家共用一种语言时，潜在的参照体系会相应增加，而参照的多样性会使内容的选择和排序变得困难。以美国和英国为例：白宫↔唐宁街 10 号；《权利法案》↔《大宪章》；英式足球↔美式足球；等等，都是不同文化参照的反映。虽然基于同一种语言，但可以出现完全不同的文化表达。此外，讲同一种（多中心）语言的人可能无法相互理解，因而无法融合为同一种文化。

以阿拉伯语的文化教学为例，法国针对六年级[①]学生（11 岁）的官方教学文件明确指出，“阿拉伯世界是在共同的历史空间和辽阔的地域内发展起来的。这个由不同社会构成的空间虽然存在一些共同特征，但我们不能因此忽视其内部

① 法国的六年级相当于我国的初中一年级。——译者注。

丰富的多样性和彼此之间显著的差异，这些差异有时会表现为强烈的独特性”（Cain，1998：13）。针对葡萄牙语教学的文件也明确提到，六年级葡语教学的内容之一就是让学生了解葡萄牙和巴西，尤其是从地理角度：“学生需要知道，葡萄牙在欧洲，而巴西在南美……”（Cain，1998：15）。

识别社群文化并依据国家或地区的政治边界对其进行界定，其难度不亚于对社会文化群体进行划分。“文化”与“文化区域”密不可分。我们可以观察到，在“文化区域”的概念中，有些特征占据着主导地位。这意味着多种文化共享一套实践模式，展现出持久的共同特征，还拥有一个可以细分为一系列特定区域的共同空间（Braudel，1993：43-45）。

以德语区为例。虽然奥地利人、瑞士人和德国人都说德语，但他们的语言肯定存在差异。再者，德国就是一个同质的文化空间吗？是否应该考虑到德国国内也有着显著的地区差异？——因为任何社会都可能由多个社群组成，这些社群交织在一起，构成统一的国家领土。

随着移民潮的推动以及围绕象征性价值观所形成的社群数量激增，当代社会日趋多元化。这些象征性价值观使社群所处的历史关系拥有了多样性的特点。所有文化都具有异质性，包括源语言文化和目标语言文化。

我们大可采用全球视角，从社会的同质性角度去描述社会，这样就可借助结构性描述或客观综合指标（如指数、民意调查、量化调查）来描述国家（确切地说是普通民众）的特点，但这种做法可能会因过多地考虑共性而忽视差异。相比之下，人们或许更愿意描述那些为了获得认可而陷入冲突性关系的团体、社群或亚文化（Beacco，2000：26-28）。Saville-Troike（2003：15）认为，识别言语社群的基本标准是其成员共享的知识和态度。

同一种语言的使用者未必属于同一种文化，但在双文化或多文化背景下，不同语言的使用者却可能属于同一个言语社群，并拥有共同的基本价值观。然而，多语言环境普遍存在着不同语言之间的生存竞争。例如，从尼日利亚的情况就可以看出，在同一空间内，言语社群的多元化既是财富，也造成了官方语言（英语）、主要语言（如约鲁巴语）和 250 多种区域和地方语言之间的紧张关系（Alao，2008：3）。

我们所生活的文化世界存在交集，不同的文化相互交织在一起。例如，北非马格里布的显著特点就是身份的复杂性（伊斯兰、阿拉伯、柏柏尔、西方等）。

在我们生活的世界里，变换“文化频道”的现象司空见惯。任何个体都不再属于单一的文化框架：传统标签（姓名、国籍、语言等）已不再适用于个体的界定或分类。因此，我们所面临的挑战在于，不但要了解文化，而且要了解人类经验的特殊性（Abdallah-Pretceille，2009）。

每个人都有自己的生活方式，对社会圈子的融入程度也不尽相同。文化不应该被视为百分百共享的知识。在同一个社会中，多种文化形式并存，每个社会成员的文化知识都会因教育、年龄、居住地、信仰等因素的差异而有所不同。在我们的社会中，个体终将穿越各种群体和机构交织而成的多元文化，将不同的思维和行为模式融合在一起。我们无法对一个人的身份进行界定：新教徒、工人、男性、生活的年代，所有这些因素融合在一起，整体上的行为便具有了独特性（Lahire，2009）。

只要进入语言课堂，我们立刻就能感受到自己是民族共同体的一分子，“文化”很容易成为“民族文化”的代名词。然而，文化的边界未必就是国家和地图的边界（Pugibet，2001：359-360）。民族文化或遗产文化孕育了“儿童”文化、校园文化以及与时间和空间的关系，但这只是众多变量中的一个：我们每个人都属于不同的文化，这些文化共同缔造了我们的身份。

由于社会地位、家庭、生活年代、职业、宗教、年龄、性别的不同，我们拥有多重归属。当代个体生活处在“异质性和竞争性社会圈子”的十字路口，是多种社会化经验和复杂的知识流通模式的产物，正如 J. S. Foer 的小说《极度喧嚣与异样紧密》（2005 年：99）中的叙述者，早熟的 9 岁儿童奥斯卡 • 谢尔在他的名片上所写的：“发明家、珠宝设计师、珠宝制造商、昆虫学家、美术爱好者、亲法人士、素食主义者、折纸师、和平主义者、打击乐手、天文爱好者、计算机顾问。”[①]

传统上，说到“社群”，人们就会想到扎根在某个轮廓清晰的领土上的群体。如今，想找到一些静止、同质、孤立的小型社群，以便深入到特定的环境中开展研究，恐怕已经不现实了：人类学家今后将致力于多元文化和多种族的研究，并探索作为人类群体特征的真实游牧主义与虚拟游牧主义（Callari Galli，2011：251-252）。

---

① Foer, J.S. Extremely Loud and Incredibly Close. Boston: Houghton Mifflin Company, 2005.

2.5 文化交融与身份认同

没有一种文化能与世界其他地区完全隔绝，所有文化的形成都是多元影响的结果。纵观历史，财富分配不均、军事征服、贸易往来以及自然灾害都促进了人口的流动和交融，即便文化空间及其周围有着固定的边界，也不能排除被渗透的可能性（Braudel，1993：45）。

每一种文化都是历经若干世纪发展而成的混合体。正如 Matvejević（1993：23）所言，民族文化的出现往往意味着地方文化、区域文化或边缘文化的消失。民族文化通过整合先前的各种文化，按照自己的模式和框架重塑它们，或者把它们从其真正的根源上连根拔起，从而掩盖自己的过去，这个过程有时甚至相当严酷。

我们来看一下岛国的情况：岛屿的地理特征为其赋予了鲜明的独特性和差异性，然而，领土的不连续性是否必然导致孤立和封闭？举例来说，作为印度洋上的一个岛国，马达加斯加经历了与印度尼西亚文化、马来西亚文化、非洲文化、科摩罗文化以及欧洲文化长达数百年的接触。马达加斯加语的形成体现了多种跨文化特性：它属于马来—波利尼西亚语系，与印度尼西亚语相近，长期使用阿拉伯文字书写，还有一些借词来自梵语、斯瓦希里语、英语、法语，等等。

Bernd（2005：193）借助一个美洲项目（主要是巴西和加拿大之间的合作）反思了后殖民社会的复杂混合、国家空间的渗透性、文化的交融以及这些因素对于民族认同的影响。她建议关注美洲人身份中所包含的“意识形态素”（高度意识形态化的普通事物）的演变和交融，美洲人之所以成为美洲人以及具体某一个美洲国家的人，正是取决于这些“意识形态素”。

随着文化社群逐渐融入一个依存关系日益紧密的网络，人们往往不再记得，其实无论是个人还是集体，无论是后来被选择还是历来如此，多语和多元文化都不是什么新生事物。Baric（2010）以 19 世纪的克罗地亚为例指出，这是一个复杂的动态语言景观：不断变化的语言（和政治）界限渗透进社会与个人环境，至少，通过听觉接触不同语言已经成了日常生活的一部分：北方说匈牙利语，沿海地区说意大利语。在竞争的背景下，城市建立了功能分区：德语用于社会和官方场合，而克罗地亚语则用于私人生活。

文化混合现象是指语言不断被注入不同来源的文化元素。在语言的物质性中，一些前缀（如 inter-、multi-、co-、trans-）试图通过差异化和学习他者来标记对话领域。某些我们特有的用法，在外国人看来却不啻与文明相悖的食人行为（Lévy-Strauss，1955：464）。今天，“跨文化”一词似乎涵盖了与“文化”或“文明”同样广泛的概念，Lévy（2001：89）将其描述为“语言—文化—身份—生存”关系的浓缩且充满戏剧张力的生命历程。

跨文化的基础在于尊严的平等，在于国际化和传承性之间的衔接：每个人都来自某个地方、某个时代，都试图维护自己的共享身份……我们之所以成为我们，既是因为过去的传统，也是因为对未来的愿景（Porcher，2004b）。

全球化影响着跨国公司的管理和沟通方式。因此，跨文化培训如今已成为优化沟通、助力员工适应多元文化以及管理多文化团队的重要环节。培训通常会通过授课和辅导的方式，围绕以下问题给出商务方面的建议和提醒：早到是否符合礼仪？应该直言不讳还是采取更委婉的方式？如何称呼下属和上级？能否与对话者进行直接的眼神交流？职场上是否论资排辈？是否有特定的着装要求？等等。为了提高培训对象在职业关系中的效率，需要使其了解伙伴国的价值观、信仰和思维模式，破译理解障碍，Hannerz（1992：251）将该领域称之为“文化冲击预防产业”。

由于贸易全球化，广告在语言和文化上也出现了普遍化和全球化的趋势。Ghemawat，（2007：10）提出了“半全球化”的概念，强调应根据当地的文化价值和目标客户的沟通偏好调整产品。他在《世界 3.0，如何实现全球繁荣》（哈佛商业出版社，2011 年）一书中引用的例子很有说服力：麦当劳经常被视为文化同质化的象征，它无处不在，在印度提供素食汉堡，在墨西哥提供辣味巨无霸。

2.6 通用语言与通用文化

我们这个时代的特点是交流频繁，地方与全球相互交融。当今世界是一个高度流动性的世界（包括人、商品、信息以及文化产品的流通）。《极大之城：孟买的失落与寻找》的作者，东印度作家苏科图·梅塔（Suketu Mehta，2006：4）就是这种高度流动性的践行者，他是那一代游牧者、通勤者中的一员，是资本、经验和思想的过客；他用古吉拉特语和妻子儿女说话，却用英语写作：“有一次，我和祖父一起回到我们在毛达哈[1]的祖屋……祖父开始把我们介绍给房子的新主人。这家人姓萨拉夫，是古吉拉特放债人，对他们来说，毛达哈是个大城市。'这是我的女婿，住在尼日利亚。''尼日利亚'，萨拉夫点了点头。'这是我的孙子，来自纽约。''纽约'，萨拉夫重复道，又点了点头。'这是我的孙媳妇，来自伦敦。''伦敦。''现在他们都住在巴黎。''巴黎，'萨拉夫尽职尽责地念道。如果这时候，我祖父说他住在月球上，萨拉夫会眼皮都不眨一下，继续点头并重复说：'月球'。我们生活得如此分散，几乎到了滑稽的地步。然而此刻，我们就在这里，参观祖父成长的故居，一家人仍然聚在一起。家，就像一根富有弹性的橡皮筋，不管我们走得多远，都会将我们拉回彼此的身旁。[2]”

全球化并不局限于显而易见的政治全球化和经济全球化，还包括日趋全球化的符号世界。世界正在成为一个超越国界的新的表征空间。Wieviorka（2008：59-61）提到了“表征”和“现实”之间的不对称关系，即表征日益全球化，现实却未必如此：世界虽无处不在，但投射于全球的虚拟景观却只有富裕国家；仅凭意象和符号景观，并不足以掌握内容和意义。

例如，一曲《天下一家》（*We Are the World*）的世界之声闯入音乐生活，似乎正在打破国界。不过，当代文化全球化不仅是对外国模式的模仿和再创造，也是对个体身份的坚守和抗拒同化的坚持，如古代乐器的重新发现，本土采风创作的歌曲等。有关全球化的研究（“本土”和“全球”之间的关系）揭示了全球化带来的影响，证实了当代文化的转型以及新方式和新身份的诞生，而不是文化的消失（Camelin & Houdart，2010：46）。

Cook（2003：54）谈到一种新兴的世界文化：无论身处何地，在客户和企业代表的互动过程中，即使语言千差万别，却总能听到相同的表达，诸如“我叫某某某”“我能为您做些什么？”以及“祝您度过愉快的一天”，等等。

事实上，如果说现代外语确实存在一些“国际内容”，那么作为唯一跨越所有边界的语言和文化，英语功不可没。然而，这对建立在共性与多样性基础上的欧洲来说，风险很大，因为其外语学习空间的重塑，正是通过为多元化赋予组织功能来实现的（Zarate，2001：7）。

今天，英语通过互联网、电影和电视向所有社会大量渗透：我们这个时代最

① 毛达哈（Maudaha），印度北方邦 Hamirpur 县的一个城镇。——译者注。

② Mehta, S. Maximum city: Bombay lost and found, New York: Penguin, 2006.

突出的现象之一，就是英语成了非英语母语者之间的交际语言。正如 Walter（2010：77）所说，考虑到拉丁语在英语中的存在（例如科学词汇），我们不禁要问，过早成为死语言的拉丁语如今是否正在悄然取得出人意料的胜利。英语的传播已经超越地域界限，成为一种无处不在又无特定归属的语言，以至于对其传播形式和地点的所有描绘都无从谈起。Kecskes（2007：213）甚至断言，英语通用语不是一种语言，而是一种语言变体，或者更确切地说，是使用者的一种语言模式，它代表着不同的语言和文化，但通过共同的语用、话语和语法特征维系着内存的一致性。

菲律宾海员在与多国船员一起航行时会使用英语交流，因为缺乏共同语言会危及航行安全；此外，如果谈话需要付出太多努力，也会成为导致社会孤立的因素。这些无固定领土的永久移民的情况使我们认识到，对语言与文化多元性构成挑战的社会状况，往往与造成经济不平衡和生存需要的人口流动密切相关（Berger，2011：150）。英语已经成为全球化的载体，今天看来，它似乎还是语言遗产的载体，不受国界约束，也不受国家约束。在相当一部分英语教材中，英语国家的现实似乎已被全球性问题和假想的普遍性“企业文化”所取代。

2.7 英语以外的语言

语言之间的联系是通过双语者建立的，而两种语言的地位取决于它们之间的力量对比。基于此，Calvet（2002：26-27）建议用围绕关键语言的引力来描述语言之间的关系。在这种金字塔式的引力模型中，语言全球化就像一种“语言市场”（如同鸟类市场），其中某些语言备受欢迎，其他语言则比较冷门：围绕“极中心语言”（即英语），分布着十几种“超中心语言”，如法语、西班牙语、阿拉伯语、汉语、印度语、马来语等，这些语言的使用者在学习第二语言时，会选择英语或其他超中心语言。

Calvet 还引入了 X^{phony} 的概念，其中 X 代表一种广泛使用的语言（在全球占主导地位的英语除外），如法语、西班牙语、阿拉伯语、汉语、葡萄牙语等。这些超中心语言又构成了大约一两百种中心语言的引力支点，中心语言再往外，还存在着六七千种边缘语言。毋庸置疑，全球化已经成为一种日常现实，二语教学也不例外：一般来说，一种语言在引力模型中的位置越重要，学习和教授这门语言的人就越多，这难道不是不争的事实吗？

英语正在逐渐成为国际交流的唯一语言，其特殊地位必然影响其他语言的教学。今天，向国际开放就意味着凸显全球化，语言也被分成了两大类：英语和其他语言。以瑞典为例，英语已超越学校课程的范畴，成为瑞典年轻人文化和语言认同的一部分（Cabau-Lampa，2008）。德语、法语或西班牙语的影响力不如英语，但仍被视为“外国”语言。此外，随着这些语言的受欢迎程度降低，它们的学习也受到了冲击。在现行的大学体系中，就连对化妆课的重视程度都不亚于除英语以外的任何二语课程。

尽管全球日益趋同，但在本质上，文化仍保留着国家和地域的特征，体现出由特定信仰和态度构成的表征背景。当我们与家人争吵，或者试图用自己的语言解释黄油涨价的原因时，我们往往会把它们视为孤立的事件，而没有意识到成千上万的人可能都会遇到类似的情况（Ruesch，1988a：21）。文化认同是具有特定历史渊源的价值观（连续性）与倾向于消除文化差异的价值观（普遍性）相结合的结果。

3

母文化与异文化

3.1 独特的过程

语言是文化的产物。Sapir（1970：9-10）因此将语言习得比作行走的过程。人类注定要行走：我们的身体从出生起就为此做好了准备，以确保神经能量的消耗和肌肉的适应，从而为行走创造条件。言语是一种后天习得的功能，其实也是一种文化功能，不同的社会群体有着不同的文化功能。

互动是交际能力培养的基础：儿童的行为与互动在学会说话之前便已开始。就第一语言而言，孩子在年幼时便已建立了互动惯例。他们在互动中所学的与其说是语法，不如说是社群的行为准则，能做什么或不能做什么（Arditty & Vasseur，1999：10-14）。在第一语言中，儿童在特定的文化框架内，通过一套对世界的表征，实现对社会互动规则的实际掌握。不过，行为者（成人或儿童）并不认为这套表征是一种思想体系，而认为这就是现实本身（Bange，2005：61）。一语学习是一个独特的过程，它与个体的心理发展紧密交织，给个体的所有感知、表达行为以及思维结构都打上了不可磨灭的印记。于是，个体融入群体，并通过语言这一媒介，既感受到群体对自己的约束，也感受到自己对群体的依赖（Bouton，1974：91）。

人类的语言虽非与生俱来，但却能在较短的时间内迅速被人类征服；婴儿在出生后第二年开始产出第一批常规词汇，两三年后，就能建立有效的交际系统（Bassano，2005）。一语习得是通过在现场语言交流中听到并再现具体话语来实现的（Bakhtin，1984：285）；同时，年幼的母语使用者在潜移默化中习得了语言系统和代码，以及通过母语传达的文化概念，使其能够“描述现实，并采取相应的行动”（见下页表 3）。

对语言的接触有助于个体融入话语和互动实践，进而巩固全体语言使用者的共同社群：社会化意味着通过话语构建社会现实，而话语本身就是一种社会现实，它将我们的经验转化为知识。

儿童探索语言材料，对其运行机制做出假设，并通过参与互动逐步习得语言。他们所观察到的个体之间的互动，以特定的方式构建了社会，而社会一旦离开个体，便无法独立存在（Morin，1994：28）。

表 3 **张嘴！**

英语	法语	匈牙利语	俄语	阿拉伯语	汉语
Open wide and say “A”!	Ouvrez la bouche et dites: “A”!	Nyissa ki a száját és mondja: “Á”!	Откройте рот и скажите: “A”!	افتح بُقّك وقول : آه!	张嘴，说“啊”！
张大嘴，说“啊”！	张嘴，说“啊”！	张嘴，说“啊”！	张嘴，说“啊”！	张嘴，说“啊”！	

3.2 无限小

每个人都是在特定的社会环境中成长发展的，其身份也并非自出生起就一成不变。社会化是一个基本的社会学概念，是指文化传播机制以及社会塑造和改变个体的方式，它涉及个体的幼儿时期以及整个人生，因此可以分为初级社会化（即童年）和次级社会化，后者的基础就是初级社会化的结果（即各种角色和社会地位）。所有的职业社会化都是个体对于渴望加入的职业群体的观察方式和行为方式逐步内化的过程。

在日常生活中，我们或多或少会本能地感知到他人的期望，如果拥有共同的理解框架，便能对此作出回应。Dahrendorf（1958）认为，个人承担的角色是社会预设的，在实用层面上具有决定意义，尤其涉及三类期望：（1）必为（Muss-Erwartungen）：与法律惩罚相对应的强制性期望；（2）应为（Soll-Erwartungen）：与各种形式的认可和惩罚相对应的目标期望；（3）能为（Kann-Erwartungen）：仅涉及好感或反感反应的灵活性期望。从这个意义上讲，期望无处不在，而且总是伴随着不同程度的指责与制裁，为此，作者使用了一个人们经常引用的表述：个人无法逃脱的“恼人的社会现实”（die ärgerliche Tatsache der Gesellschaft）。

理解那些能够激发我们自己以及他人的价值观对于我们认识世界至关重要。在二语教学中，这可以帮助我们了解不同文化之间的相似性和差异性。Galisson（2002：505）认为，“价值观”是一个核心概念，它代表着通过教育和“芝麻开门”的方式获得的“内化的行动源泉”，使人们从对表面的观察，即模糊的事实，走向对它们的理解。

集体记忆并非凭空产生，它需要创造和维护。因此，任何国家如果不围绕价值观（共享的历史、语言、文化等）来培育相应的仪式和实践，都无法继续存在。Wodak 和 alii（2009）把国家描述为一种集体想象。根据这一观点，国家认同是一种历史创造物，它通过话语产生并再现，而话语建构的重点在于唯一性（即独特性）和统一性（即相似性）。

价值观是社会体系不断建构和解构的基础。在我们这个瞬息万变的社会中（Galisson，2002：507），价值观正在成为“伟大的多义词”，承载着过去和当下的意义。

因此，Galisson（2002：505-506）建议将“价值”概念纳入各种微观系统，其中每个微观系统都是一个统一体，由不断增加的价值对立构成，如价值/非价值（例如，在一些以收入为标准衡量个体素质的国家，“钱”是一种价值，而在其他国家则是一种非价值）；价值/无价值（如中国的“米”/“茶”、法国的“面包”/“酒”，与其他任何食物或饮品相比，价值都更为特殊）；价值/反价值（例如，在同一片国土上，“牛”/“猪”可能被视为圣物，也可能被当作祭品：在印度，牛对印度教教徒来说是神圣的，而对穆斯林来说则是一种食物来源；反之，印度教教徒认为猪是一种食物来源，而穆斯林则拒绝食用）。他认为，在法国这样的国家，存在两种基本价值：一种是世俗（或公共）价值，属于国家权力范畴，并通过奠基性文本和象征性场所得以正式确立；另一种是宗教（或私人）价值，属于宗教社会范畴。

社会归属感的建立，源于各种关系中那些无限小的组成部分，这种归属感也塑造了我们每一个人：在特定的社群中，没有人知道为什么要使用某种特定的问候方式，但所有人都精通此道（Porcher，1988：92-93）。这种问候行为被视为与世界之间的一种独特关系。本地人的文化归属是“在其缺席的情况下外界强加给他的”（Zarate，1986：12），身份就这样在不知不觉中无声无息地融入了个体的内心。

3.3 感知、评价与行动

语言是典型的社会化场所：它把历史与过去的语言使用者联系在了一起。我们把一个人在语言能力发展期最早习得的语言称为他的母语或第一语言，他正是通过这种语言构建了表征现实的功能（Martinez，1996：18-21）。确定学习者是否属于某一社群，通常就看他的第一语言。

从人类学的角度来看，自幼通过家庭环境中的简单互动而自然习得的语言，在各种文化中都可以追溯至母亲的形象（表 4），即便语言能力发展期习得的社会化语言来自父亲、保姆、邻居或学校。

表 4 **母亲形象**

英语	法语	匈牙利语	俄语	阿拉伯语	汉语
native language/ mother tongue	langue maternelle	anyanyelv	родной язык	اللغة الأم	母语
本族语/母语	母语	母语	本族语	语言母亲	

对母语的情感依恋有时甚至将其神圣化，似乎源于一种错觉，即我们都以为自己的语言是对世界的最好反映。再者，当听到别人的话语时，我们不都是更愿意用自己的母语去解读其中的含义吗？

母语的习得与社会发展密切相关，儿童通过语言学习按照一定的社会规范来表达情感，进行表征。

Klein（1989：17）认为，总体来看，一语习得可以概括为“（或多或少）变得与他人相似”的过程，更确切地说，是个体在获得社会身份的同时，也在这个框架内构建个人身份的过程。个体的行为、选择与偏好并非偶然，而是遵循一定的规律，是随着个体逐渐融入其经常出入的社会空间而形成的。根据 Bourdieu（1972：178-180）的定义，“惯习”（habitus）是一套持久的、可变换的性情倾向系统，它通过整合个体所有的过往经验，持续作为感知、评价和行动的基石发挥作用，从而使完成各种各样截然不同的任务成为可能。Bourdieu 还用“*没有指挥的乐队*”作为比喻，说明群体实践具有内在的规律性与系统性。

儿童每天都在“社交”中被构建：他习得语言的*操作方式*，其实就是在不同语境下恰当使用语言的方法。语言成了他的主要交流工具，没有语言，他的社会关系就不复存在。Holec（1988：102）认为，每个人都是基于生活经验构建文化，从而习得文化的。这些生活经验为个体提供了构建、改变和确认其表征、信仰、态度和价值观的素材。不过，这一创造性过程并非发生在社会真空，而对于特定的人类群体，生活经验通常具有相似性。一边是对独特性的追求，一边是对集体归属的渴望，个体身份的建构就是在这样的矛盾之中得以实现。

先于我们存在的社会生活原料（Lévy-Strauss，1955：374）、各种关系、行为方式和做事方式，所有这些都在构建着我们，使我们适应环境，同时支配着我们的日常生活。“在我们每个人的内心，或多或少都有一个昨天的自己；而且，那个昨天的自己……占据着主导地位，因为我们是过去的产物，与塑造我们的漫长过去相比，今天显得微不足道”（Bourdieu，1972：178）。自出生起，社会行动者便置身于各种现象之中，这些现象通过日常经验，被象征性地代代相传：“文化是具象化的历史”（Kramsch，2006a：23）。

构成社会现实全景的各种现象都铭刻在我们的“常识”之中，例如，常识使我们凭直觉知道什么可以吃，什么不可以吃；通过常识，我们把社会活动视为富有意义的集合体，而不仅仅是模糊的、毫无联系的行动。常识引领我们的会话，构建我们日常生活的节奏（Marková，2007：199-204）。几乎所有 Giddens（2005：52）所说的“常识”都具有实践性：它关系到完成社会日常事务的能力。所有人类社会都会构建自己的生活模式，认同某些处理和评估情境的方式，这些方式在社会成员眼中俨然就是一切的基础（Benedict，1987：22）。

我们的生活都是在社会网络中进行的，而社会网络离不开交际。交际是人文社会科学研究的核心对象，也是我们这个全球化世界以及外语教学与学习领域的关键概念。与 Watzlawick 和 alii（1972：7）一样，我们也秉持以下三个原则：（1）交际是人类生活和社会秩序的必要条件；（2）人类从出生起就参与了习得交际规则的复杂过程；（3）人类对于这套规则只有模糊的认识。

3.4 不可避免的经历

3.4.1 基准与共性

通过母语学习，说话者获得了某种带有母语文化特征的世界概念化方式，以及社群成员认为与之相关的语言外现实的特征。所有语言都是由词汇和语法结构组成的意义系统。面对语言的无限丰富性，人们可能会思考，是否存在具有普遍性的、某种程度上超越语言多样性的组织规律或法则。所有文化可能都有一些语言外世界的数据和现象，而每种语言，无论其语音和形态句法具有怎样的特征，都会以自己的方式作出解读：例如“宇宙起源”的共性（我们都住在同一个星球上）、“生态”共性（我们都能感受到冷和热）、“生物”共性（呼吸、食物）或“心理”共性（爱、恨）。这些共性，与共同的参照框架以及人类物种的独特性不无关系，似乎在世界所有语言中都有迹可循。我们来看一下为数字赋予某些特定属性的信仰。从一种文化到另一种文化，可能某些数字都带有神秘的意义。在千差万别的语言中，我们都能找到表示“多”的数字。在匈牙利语中，77 就有这样的含义；而 25 则会让人联想到鞭打（用藤条打 25 下）。神话和宗教仪式构成了我们文明的基石，深刻影响着人类对世界的组织和思辨模式，这种影响至今仍然依稀可辨（Lévy-Strauss，2009：25）。

共性问题是语义学的主要研究领域之一。Wierzbicka（1988：98）认为，有必要建立一个独立的、适用于所有语言的概念语言系统，为此，最好列出所有语言都可以通过词汇来体现的通用语义元素，而相同普遍概念组成部分的各种配置将在某种程度上构成人类思维的原子。作者确定了大约 60 个“概念基元”，这些基元在所有语言中都有确切的语义对应：实词（我、你……）、心理谓词（想、知道……）、存在和拥有（是、有……）、量词（一、二……）、分类与分体（类型、部分……）等。概念基元以词（或类似元素）的形式完成词汇化，但不同语言之间，它们可能具有不同的形态句法属性。“移动”这一概念的普遍性和可译性可以在诸如“我不能移动”或“这个东西在移动”这样的典型句子中得到验证，因为这些句子的其他各种元素也在词汇共性的假设列表之中（Wierzbicka，2006：152-154）。

诸如“love（爱）”“anger（愤怒）”“joy（快乐）”等概念，虽然与其他语言中的概念相似，但却有着特殊的语义配置。德语单词 Angst 在英语、西班牙语或马来语等语言中似乎没有特定的语义对应（Wierzbicka，1999：35）。在太平洋伊法鲁克环礁居民的语言中，fago 一词同时有“同情”“爱”和“悲伤”的意思。一个词就能把爱的概念与保护弱小生命的愿望联系起来，这似乎是很多非欧洲语言的特点（Wierzbicka，1988：102）。这个词的含义可以使用更简单的、基于普遍概念的词汇来进行充分的描述：“想要”“知道”“感觉”“思考”。

所有文化都是围绕空间和时间的某种表征而构建的。空间的范围和时间的流逝是个体经验的一部分，似乎是不言自明的。与时间和历史参照点一样，空间和地理参照点也是理解文化的核心分类框架。

3.4.2 空间

为了定位环境中的物体，我们必须确定空间参照点，但在不同文化中，社群成员与空间的关系呈现出一定的差异性。大部分社群现实都受到地理位置的制约。文明意味着一个边界相对稳定的空间，也就是说，任何文明都有其独特的、与其他文明不同的地理环境（Braudel，1993：40-42）。

社会群体成员都有自己的领土表征，而空间及其参照点反过来又会影响这些个体的表征。领土意识存在于生活的每一个角落。Hall（1971）认为，“隐藏维度”对于维持空间的平衡必不可少：每种文明都有其独特的领土感知方式、空间组织方式以及内部空间边界。

本地人在自己的领地上活动，并自发地利用这些空间。然而，这些空间被地标标定，形成了错综复杂的路线网格，每一条路线都承载着不同程度的仪式化意义。同时，这些空间还被赋予了难以被外来者察觉的象征意义和边界。只需设想一下那些通过象征性划分而形成的私人和公共领地，或者一座城市、一个街区甚至一栋建筑内的空间规划，我们就能明白这一点，例如：ground floor（英国的“底层”）/ first floor（美国的“一楼”）；first floor（英国的“一楼”）/ second floor（美国的“二楼”）；等等。

学习者在理解语言构建空间的方式时经常遇到困难。为什么有的语言将指示空间一分为二（如英语的 here 和 there），而有的语言却将其一分为三（如德语的 hier、dort 和 da；匈牙利语的 itt、ott 和 amott）？Vandeloise（1986：239）关于法语空间介词语义的论述（即，对这些介词的描述有时涉及复杂的使用规则，并常伴有选择限制，这种限制的任意性有时甚至令人惊讶）可以适用于很多语言。让我们以“内部”为例进一步说明。因纽特人（属于爱斯基摩—阿留申语系）对“内部”的感知极为细致，并通过非常具体的词根语素对内部性质加以区分，如 ilu-表示“空心的内部”，immu-表示“硬物的内部”，ikiaq-表示“液体的内部”（Therrien，1987：30）。

Dittmar 和 Reich（1987）分析了“在咖啡馆偷烟灰缸”的言语任务。他们让受试者观察小组成员模拟的场景，并通过语言指令引导另一成员在相同情境下实施偷窃。两位作者仅对受试者所使用的语言手段（施事者、对象、行为、出发点、途径、目标等）进行了分析，他们观察到，学习者（波兰移民）的表现受到了第一语言空间性的影响，如果在另一组具有相同文化背景的外国人身上做同样的试验，可能会产生不同的结果。

3.4.3 时间

在处理与时间的关系时，不同的文化社群也存在差异。每种文化都会以自己的方式将时间合理化，对过去、现在和未来之间的关系也都有自己独特的表征。历史参照点（如日期、地点、事件、人物）对于定位与社群发展相关的任何信息都至关重要。文化会在其日程中“设置”时间发言人，包括私人和公共时间的划分、界线和衔接点：日期和星期、月份和年份都可能被赋予特殊的意义，并与仪式事件相关联。时间有其独特的、与当地社会节奏相对应的使用方法。

各种语言都以自己的方式表达着日期、星期和季节的周期变化，这种影响体现在日常表达之中，可能会令其他社群的成员感到惊讶。一天是否普遍分为三个或四个部分（上午、下午、晚上、夜间），每个部分是否又普遍被细分（如下午的开始、中间和末尾；清晨；深夜）？与日常生活相关的经验知识（如一天的安排、用餐礼仪等）对于管理外语代码中的语言活动非常重要。每个老师都会遇到这样的问题：几点开始可以说 good morning？几点开始可以说 good evening？在西班牙语中，la tarde 是指下午和晚上之间的时段，也用于某些需要明确定义的习惯表达。在法国，当两个节假日之间只隔着一个工作日时，商店会在这一天歇业，人们可以合法地连续几天不工作：on fait le pont（“连休”，字面意思是“搭桥”）。在匈牙利语中，a két ünnep között（两个节日之间）指的是圣诞节和新年之间的那一周时间，而在法国，这段时间有个很有意思的名称，叫作 trêve des confiseurs（圣诞休战）。

生活是有周期和节奏的。在所有文化中，都有与日期相关的常见表达，如万圣节、二月或春假、圣诞节和暑假、复活节周末、除夕夜，等等。多贡人认为，为了世界的正常运转，必须用美好吉祥的词语来标记时间。这是一种感谢阿玛（=上帝）的方式，感谢他创造了一天中的每一个时刻，感谢他让人们平安地活到晚上。另一个典型事实则体现了人们对时间流逝的关注：如果一个人早上对人说“晚上好”、晚上对人说“早上好”，那就颠倒了事物的秩序（Calame Griaule，1987：357-358）。在很多语言中，时间的表达都是一种基本属性。在美洲印第安的霍皮语中，虽然没有与我们所说的“时间”直接相关的词汇、短语或语法结构，但也并不意味着这种特殊的语言无法准确诠释宇宙中的各种现象（Whorf，1969：5-6）。

3.5 教育场所

3.5.1 什么时候？什么？和谁？怎样？

家庭是不可或缺的社会原子，它负责分配和保障每个成员的位置和功能，这是他们存在的理由，某种程度上来说，也是存在本身。儿童在家庭环境中学习礼貌和社交规则、不同场合中的恰当措辞，以及应对各种生活情境的固定用语（Bourdieu，2010：96-98）。

代际和非正式话语是在家庭环境中形成的，这些知识是日后理解社会的基础。儿童对于社会群体的表征源于他们在家庭环境中的各种体验。区分对于思考和交流必不可少。无论是对现实的分类（如宇宙现象的二分法：明与暗）还是对价值的分类（如情感上的正常与异常、审美上的美与丑、道德上的好与坏等），都会不同程度地被纳入各自的层级系统（Marková，2007：51-53; Michaud & Marc，1981），并开始得以传播。

习得有关句子的知识，不仅包括语法知识，还包括对使用是否恰当的判断。这种能力使我们明白"什么时候该说话，什么时候不该说话，以及说什么，和谁说，何时说，在哪里说，怎么说"（Hymes，1984：74）。

有些事情是允许的，有些则不被允许。每个社会都有一些根深蒂固的禁令，旨在界定习俗并确定优先次序。对不同情况下个体行为的期许与社会施加的制裁密切相关。面对被视为偏离常规的态度，每个社会都会启动"维护秩序"的警报，以便对个体进行告知或制裁。父母从小就教导孩子分辨"好与不好""该做与不该做"。表征通常处在一个从正到负的刻度轴上，并且往往用某个特定值来对行为进行标记。当大人对孩子说"这样做不对"时，就是在向孩子传达群体赋予这个行为的价值（表 5）。

表 5　　餐桌礼仪

英语	法语	匈牙利语	俄语	阿拉伯语	汉语
Don't put your elbows on the table!	Ne mets pas tes coudes sur la table!	Magyar ember evés közben nem beszél.	Не чавкай! Убери локти со стола!	مـا تتكلمــــش وانــت بتاكل وخلّص طبقــك بســـرعة	吃饭！ 好好吃！ 多吃菜！

续表

英语	法语	匈牙利语	俄语	阿拉伯语	汉语
不要把胳膊肘放在桌子上！	不要把胳膊肘放在桌子上！	一个（真正的）匈牙利人不会边吃边说话。	不要大声吃饭！把你的胳膊肘从桌子上移开！	吃饭时不要说话，快点吃完盘子！	

适应了环境的个体在其日常生活中拥有一整套文化知识，即一系列具有“既定”特征的经验与知识。判断能力和推理能力的形成对于文化场域有着决定性的制约作用。Piaget（1978：96）描述了家庭关系所经历的阶段：第一阶段，孩子将周围的人视为“家”；第二阶段，孩子的家仅限于父母；到了第三阶段，“家”的定义才扩展到所有的家庭关系。

3.5.2 基本知识

在个体获得形成性经验方面，每种文化都有自己的方式，也都定义了个体被社会所接受所需要学习的内容。在学校教育结束时，即将成为公民的个体理应已掌握并能与其他社会成员共享这些知识的要素。文化在很大程度上是通过教育来传播和延续的：对于在特定文化中长大的普通人来说，或许难以想象，在其他文化中，基本知识的传播方式与他所熟悉的方式并不完全相同（Hall，1990：143）。

在学校学习意味着学生需要掌握多样化的书面和口头的形式与实践，包括对练习（这是学校交际中典型的行为与话语类型）的理解，对教材内容的解读，对信息的表述与再表述，对信息优先次序的判断，对解释和论证程序、呈现方式以及特定学科参考体系的认识。

学校提供工具和参照，从最“微观”到最“宏观”的层面，帮助学生从社会、政治、职业等各个方面融入社会。在课程的学科划分上，各国不尽相同。制度框架以及用于界定基本知识的最初的认识论架构，如同内容的加工（如概念的处理、强调与忽略、陈述方式、概念的等级结构等）、家庭作业或者课内外关系一样，本身就是社会化因素的载体。

学生的学习节奏、课程安排、每天和每周的活动、学校的不同场所、房间和物品的命名、班级和学校（学校的大部分精力都花费在自我调节上）的运转、不同职责的教育工作者、学校环境中身体的使用方式甚至叛逆行为（例如考试作弊、避开学校监管偷偷吸烟等）——总之，这些都是社会化过程中的元素。“校园文化”也是文化的一部分，有自己的法则、价值观、目标和程序。这种文化有两个方面容易被非母语者忽视：（1）学习用具（纸、笔、袖套、书包）及其使用，折射出通过物品所实现的社会化（Darmon，2010：62-63）；经常使用这些物品会自然地培养一种特定的语言能力，这种语言能力与在其他文化背景下接受教育的学习者不同；（2）通过流行游戏实现的社会化。在课余时间，好动的男生在操场上玩捉人游戏，女生则聚在一起聊天、跳橡皮筋或玩跳房子；操场是童谣和学生用语使用最多的场所，每个成年人都在童年时期学会了这些，后来又传给自己的孩子。

不可否认，学校在语言知识的建构中发挥着核心作用（众所周知，学习者对语言的全面掌握与否，对其可能产生助益或阻碍，这是衡量他们在课内外成功与否的关键因素。同时，学生所能达到的语言水平，也决定着他们的社会融合程度）。语言的掌握源于一系列横向能力，这些能力使学生可以充分受益于课堂和学校中的口头和书面交流。因此，在学校的学科体系中，语言被赋予了特殊的社会地位，此外，作为获取学校知识的主要工具，语言（及其文化）在一语课堂以外也得到了广泛使用（Manesse，2009：28-29）。

值得注意的是，在一语教学中，为外语学习做准备的机会是很多的，例如：了解母语被作为外语学习的过程，观察语域，了解外语词汇的使用情境，对比书面文字，创造密码，等等，都是反思“差异”的策略。课程之间很多其他的横向联系也是有益的，例如对文化和社会现象进行界定、描述、比较或分类，探讨课堂语言的时空范畴与参照以及可能的现实表征，这些都是与其他课程教学相辅相成的智力活动。例如“城市”这一教学主题，地理课上可以讲授地貌和功能，二语课上则可以引导学习者反思自己的城市生活习惯以及在占用城市空间时的言语表达方式。

儿童和青少年长年在学校中接受教育，因此学校对其文化资本的培养具有决定性的作用。除了知识和心理表征以外，学校还传播社会行为规范和推理结构模型。同时，在传播价值观、传授或拒绝传授某些知识或实践方面，学校的正当作用无论怎样强调都不为过。

所有未来的公民都应当了解如何表述自己国家的文化、历史和技术。Hagège（1996：34）认为，在法国，如果把 CE2[①]（8 岁）的历史课交给一位德裔老师并

① CE2 相当于我国小学三年级。——译者注。

用德语授课，那么必须由一位法国教师用法语简要而清晰地为学生补充一些有关国家历史事件词汇和句子，因为这关系到全体法国公民共享的象征性表征和集体心理。

在学校获取的知识源于一系列的集中培训以及分散在不同时期的教育行动（Perrenoud，2009：67-69），并得到大量其他经验的强化。Barmeyer（2007）比较了三所商学院学生的学习和工作方式，这三所学校分属于三个不同的文化区域（法国、德国、魁北克）。他在报告中指出，高等教育是社会化的重要组成部分，其管理风格也打上了相应的烙印：学生受到学习内容、传授方法以及学校社会环境的文化“制约”，他们的文化也是他们应对挑战和解决职业问题的方式。

3.5.3 个体的真正课程

个体在家庭、课堂本身和学校习得与群体和权力关系相关的战略行为，除了上述场所以外，其他事件和互动也为社会知识的获得以及规范和价值观的内化提供了机会，这些规范和价值观是个体真正需要学习的课程。

学习语言互动具有不可忽视的社会意义（Roberts，1999）。显然，若社交距离过大，新语言的习得进程就会减慢，例如，努力在欧洲（包括西欧和北欧）各城市创造新生活的成年移民打工者，他们的融入过程就是一个典型的例子。对于他们中的许多人来说，与主流群体的接触多发生在机构环境（其氛围往往冷漠甚至充满敌意），致使他们的新语言能力备受考验。如果一个移民只与其他移民交往，那么他很可能生活在非机构的、自然的环境中，但这样的话，他在第二语言和文化方面就很难进步。从这个意义上讲，“社会化”——儿童融入其成长所在社群的过程——这一概念，应当扩展到另一种语言的“语言社会化”过程。

移民的母语和文化都是“舶来品”，其身份颇为复杂：作为社群的新人，他需要习得社群习俗，并寻求个体的社会化；他既是某个外国的代表，又是文化的中间人。Klein 和 Gosselain（1994：295）分析了年轻移民在小学初期的语言习得方式，并指出，如果缺乏适当的反思和方法，新语言和文化的扎根过程恐将逆转，导致原语言与文化被连根拔起，使学习者迷失在两种文化之间：一种是机构助力隐藏的文化，另一种是机构无法通过有效传播使其成为融合手段的文化。

在社会化进程的框架内，个体通过各种各样的外部体验，将社会反身性的片段内在化。在这个过程中，社会记忆通过“其保守力量”（Pourtois & Desmet，2004：25），在选择纳入的元素时起到了过滤器的作用。集体记忆是通过一系列的制度性接力进行传递的。人类从出生起就在群体中成长、生活，个体记忆作为一种社会现象，从幼儿时期就渗透着从家庭到国家的集体记忆。

记忆在文化身份的构建中起着至关重要的作用，只要想想那些为保存社群记忆而精心打造的物质对象（如纪念碑），就足以明白这一点。德国埃及学家Assmann（1997）认为，记忆可分为“交际记忆”（kommunikatives Gedächtnis）和“文化记忆”（kulturelles Gedächtnis）：前者是指与同时代人共享的、对日常生活的鲜活记忆，可以通过言语得到见证；后者则通过仪式和共享符号，承载着群体的特异性和身份形象。“交际记忆”和“文化记忆”共同构筑了“集体记忆”（kollektives Gedächtnis）。

个体通过持续且定期地参与社会事件（度假、媒体互动、教堂活动等），获取社会关系的相关信息；生活经验的重复性特征使人们学会了以刻板的方式作出反应，而刻板行为又创造出了刻板的环境（Ruesch，1988a：20）。在社会科学史经典著作《东伦敦的家庭与亲属关系》中，Young 和 Wilmott（1957）指出，作为社会化的实例，“家族”（其范围远远超过父亲—母亲—孩子的家庭三角关系）与邻里在个体和社群之间搭建起了重要的桥梁。Cook（2003：13）通过三种声音探讨了社会化的挑战：学校和家庭的声音，以及第三种声音，即同龄人群体的声音，“随着儿童年龄的增长，第三种声音日渐响亮，也愈发具有说服力”。

社会化框架不断向个体灌输行为方式和日常举止，使其拥有自己的世界，同时获得社会记忆。每种文化都会通过给交际情境贴上不同标签（如上课、约会、婚礼、考试、葬礼等），为参与者分配角色，并明确交际情境所要达到的目标（表 6）。

表 6　　他挂了我的电话！

英语	法语	匈牙利语	俄语	阿拉伯语	汉语
He hung up on me!	Il m’a raccroché au nez.	Lecsapta!	Он бросил трубку.	قفل في وشي السكة	他挂了我的电话！
他挂了我的电话！	他在我的鼻子上挂了电话。	他压碎了我！	他扔了电话。	他在我面前关闭了线路。	

在人的一生中，通常只会遇到有限的带有特定标签的社会情境，而可用于识别这些情境的线索同样有限。如果某人身着丧服，而且周围人了解这种服饰的含义，他们就会对情境的性质拥有共同的理解，交际活动也会在这种认识的基础上展开（Ruesch，1988b：43）。Brohy 和 Py（2011：278）强调指出，频繁

而密集的语言接触场所（如城市空间）非常重要。他们还认为，正式的学习模式（具有明确时长的课程）和非正式的学习模式（没有明确时长的课外学习）之间存在互补性。

所有外语教师都会以某种方式关注到以下两个问题：

——能否重现学习者在一语环境以及通过一语所获取的全部知识？

——能否重现母语者在生活中积累文化资本的全部时刻？

3.6 第二个占领者

正如 Martinet（1993：11-12）所指出的，一个人或许可以在不体验语言的情况下体验生活。但是，当他接触新的语言时，还是会产生“事物”和“词语”分离的感觉，此时，个体会在体验生活的同时体验不同语言：例如，当一个事物同时被称为 bread、pain、хлеб 时，事物与名称的分离便不可避免。

儿童对母语的掌握从来都不是从学习字母、阅读、写作，或者有意识、有目的的造句开始的。相反，第一语言和文化的习得是在无意识、无目的的情况下进行的，而外国语言与文化的学习则始于意识和目的。成年人在学习外语时，无需重新学习如何交际，但对于必须了解的新的语言系统，他还是不得不改掉以前的一些习惯。Bouton（1974：170）提出，“再教育”技术（而非“教育”本身）非常必要，尤其是在初级阶段。这种再教育可能涉及听力和发音，也可能涉及感知或概念机制。二语学习者的大脑中存在一个精确校准的语言网络，用于交际意图的编码和解码（Hilton，2009：131）。

然而，要想实现交际目标，学习者还缺乏必要的语言工具和社会文化规则。因此，Vygotsky（1997：375）认为，一语学习是“自下而上”的过程，二语学习则是“自上而下”的过程。

对二语教师来说，第一语言是学习者的主要语言基础（Dabène，1994：8），“它是这个领域的第一个占领者，不容忽视，即便你想把它……赶走”。第一语言根据特定的社会语言环境组织语言功能：作为最早习得的语言或水平最好的语言，母语其实是自然习得的语言。自然习得意味着思考在习得过程中的作用微乎其微，学习者在没有教学干预的情况下学习语言，是通过简单接触进行的（Dabène，1994：13-14）。

第二语言和文化不是凭空出现的。很明显，与一语学习相比，二语学习的方式完全不同。成年人（或青少年）在开始二语学习之前，已经具备了由第一语言构建的语言、话语和文化手段。如果学习者年龄尚小（年龄意味着一定程度的社会意识），他对世界的体验可能相对有限。二语学习者是特定社群中的社会化个体，是拥有各种经验的社会行动者，他属于某种文化，某个社会，有自己的个人轨迹，保持着自身语言与文化的“完整性”。正如 Zarate（1986：141）所说，学习者不是等待填充的空壳，缺乏二语能力并不等于文化上是白纸一张。

社群成员通过内化和共享的隐性先验知识实现彼此间的相互识别。个体参与社群的方式表现为对一系列正式化、制度化或词汇化的分类原则的默认，如“婚姻状况”。对于非母语者来说，识别这种划分（例如行政表格中的“单身”“已婚”“丧偶”“离异”）相对简单，但当分类标准具有隐含意义或只有社群成员才能理解的时候，识别就会变得复杂，甚至完全不可能（Zarate，1986：33-34）。

3.7 遥不可及的终点

作为特定历史的承载者，成年人（或青少年）在开始学习一门新的语言时，已经有了一套学校学习的方法，并积累了具体的学习经验。更重要的是，他们已经认识到，母语塑造了自己的社会身份，是个人文化资本的重要组成部分（某种程度上已成为文化资本的有形象征），也是所有后续语言学习的参照。对他者的感知是通过原生文化能力的变形棱镜来实现的（Zarate，1986：24）。

一语习得和二语习得的过程几乎完全不同，它们分别构成了特定的教学和学习情境。我们可以通过以下方式加以区分（Bouton，1974：167-170）：

（1）神经生理学层面：一语习得的各个阶段都与儿童神经生理发育的不同时期（也是儿童心理发育的过程）密切相关；成人或青少年的二语学习则没有体现出独特的阶段特征；

（2）心理层面：儿童为一语习得所付出的努力源于“深层”动机；相反，成人或青少年的二语习得源于“表层”动机；

（3）智力层面：儿童习得一语的过程是从直接经验逐步过渡到语言，而成年人或青少年的二语习得过程则是习得的经验立即被一语重组，二语表达只是一语的“镜像反映”；

（4）语言层面：儿童最初的言语经验是通过全方位接触具体话语逐步建立的，二语习得的顺序则恰恰相反，学习者是先从语言系统出发，之后才到达话语实现层面的。

一语学习和二语学习还有一个显著的区别：一语习得往往能够顺利成功，二语习得则常以失败告终（Cook，2010：152）。

学习外语意味着接纳一门一知半解的语言，这是一条曲折的道路，途中充满了或虚或实的各种障碍，终点总是遥不可及……（Dewaele，2006：441）。

可以肯定的是，在原生社群中，所有儿童都获得了大致相似的语言能力，然而，一旦涉足外语学习，他们的表现却可能天差地别。外语学习有起点，但没有终点。我们的文化如同呼吸的空气一般自然，而外国文化则像水一样需要适应——这就要求我们具备特定的天赋，才能同时在这两种介质中游刃有余（Hofstede & alii，2010：37）。

学校的二语教学往往局限于脱离语境的语法和词汇教学，因此，很多二语学习者都会设法记住大量词汇，包括过时的老旧习语（母语者可能熟悉，但从不使用），并积累起无可挑剔的语法知识（使用一些“秘诀”，包括背诵各种例外），却忽视了语言知识的运用——这就是他们无法摆脱刻板形式或僵化结构的原因①。然而，语言是一个“无孔不入”的存在。

通过组合（话语的连贯性）、聚合（形式的连贯性）、联想（记忆或想象的连贯性）等效应，学习过程中的每一个元素都能产生各种各样的、无穷无尽的联系。此外，词汇和句型的学习不应该是一个机械而枯燥的过程。一位定居日本的加拿大人在谈及个人经历时表示，他一直使用 watashi（I，me），这种形式已通过他的第一本语言课本“永久地印在了他的脑海中”。然而，在长达十二年的时间里，他从未听到日本人使用这个代词，除非对方有意拿他打趣②。

只有当情境需要时，语言项目的教学才有意义。只知其形不知其义毫无用处。以“教学”为导向的词汇和语法，需要双管齐下才能收到更好的效果：一是从形

① 这样的争论并无新意。早在 1511 年，神学家伊拉斯谟就对那些无能的语法教师表示过强烈的不满，认为他们浪费了宝贵的时间，试图把语法规则强行灌输给学生，而不是引导他们与语言表达出色的人进行交流，也不向他们推荐优秀的作品。他说：“那些平庸的语法教师把规则机械地灌输给孩子，浪费了宝贵的时间，对他们的愚蠢行为，我简直无法容忍。要知道，语言能力不是靠记住规则获得的，而是要和那些善于准确、文雅地表达自己的人进行日常交流，并阅读大量的优秀作品。”（引自：Mey, J. L.简明语用学百科全书［M］. 牛津：Elsevier 出版公司，2009：495）。

② Sunshine, K. 人称代词的囚徒，《日本时报》，2012 年 1 月 19 日。

式（词汇、形态单位；句法结构）出发，探寻意义的产生；二是从概念本身出发，理解概念在话语框架中的功能。使用外语对信息进行解码和构建，必须恰当地使用该语言的语法规则，并不断反思信息所包含的社会含义。

交际能力需要语言和文化的共同参与。然而，语言环境对文化错误的容忍度从来都是很低的：外国人的语言错误几乎不会受到责难（相反，人们很愿意提供帮助），而文化错误则会招致苛刻的评判（Porcher，2004a：49）。非母语者常常被指责没有礼貌，其实他们只是没有掌握交际规则而已。

当然，我们的读者不会质疑这些说法。

Galisson（1999a：96）指出，文化作为一种“超越语言”的存在，常常是人们心之所向：普通人学习语言不是为了拆解其机制，随意驾驭新词，而是期望能在与该语言相关的新文化中自如地交流。

然而，就文化而言，并不存在类似二语结构那样的确定性知识或特定模型——文化知识的总和是动态的综合，因而必然是暂时的（Beacco，1981：25）。

在这种情况下，面对如此多样化的知识体系，我们应当采用哪种连贯且高效的语言教学理论？同时，我们还需要考虑另外一个问题：如何激活并利用一语文化能力去探索外国的现实？换句话说，已经建立起来的文化场域如何接纳新的文化矩阵并与之共存？

* * *

传统上，无论人们承认与否，二语习得都是在单语基础上发展而来的，也就是说，二语教学的对象通常是只掌握单一语言的学习者，在他们所生活的国家，外语的使用非常罕见。大致上来讲，外语是指一个或几个外国的官方语言。正是这种现代语言教学常见的情况最先引起了我们的关注。

当然，学习新语言的环境并非只有上述情况，而是具有多样性。在此，我们有必要对“外语”和“二语”这两个概念加以区分。“外语”是指在其惯用区域以外，主要在语言课堂上学习的语言；而“二语”则是自然习得和/或在学校学习的外语，学习者在日常生活的某些公共领域可以听到，并作为第二交际手段使用（Klein，1989：33）。无论“外语”还是“二语”，其终极目标都是让学习者能够用母语以外的语言“组织自己的经验并传达给他人”（Kramsch，2002：59）。不过，关于“二语”——排在一语之后或与一语并行、在社会环境中广泛使用的“第二”语言——的教学与学习问题并不在本书的讨论范围之内。

4

词汇与表达方式

4.1 词汇

4.1.1 不对称的词汇表

说话者基于记忆单元构建自己的话语并解读他人的话语。然而，从纯语言学的角度来看，“词”（即形与义的结合）的概念很难令人满意（例如，某些词并非以孤立的形式存在；多个空格分隔词可能仅构成一个“语言学意义上的”词；一个词可能对应多个含义；每种语言都有语义上的“实”词，即在具体话语之外仍具有指称意义的词，同时也都有“虚”词，即没有实际指称的纯粹的“语法”或“工具”词；X 语言中的词在 Y 语言中未必存在对应词，等等）。虽然“词”的概念缺乏普遍认可的严格定义，但在语言教学中，它仍是词汇学习中实用的最小单位。

两种语言的词汇分别承载着特定的逻辑和世界观，鲜有完全重合之处，因此词义关系表现为词义相近、词义不对等和对等词缺乏。由于外语词汇的“不足”或“过剩”引起的所有差异都会给学习者造成困扰。对于同一概念，有些言语社群做了较细的划分，有些则处理得比较笼统，反之亦然，这也是引发混淆的潜在因素。

尽管词汇系统存在“不完整”和“不对称”的问题，但足以满足说话者的核心需求。语言的词汇是一个复杂的集合，涵盖了特定社群的所有思想、兴趣和关注点（Sapir，1968：75）。

在普罗旺斯地区艾克斯（Aix-en-Provence），仅面包的命名就有大约 50 个单词（如法棍、普罗、毛毛虫、皇冠、裂巴等），体现了物质文化的丰富性（所有这些名称均按材料、重量、烘焙方法等对应不同的面包），更给翻译工作带来了难以克服的困难（Mounin，1963：65-66）。

如果某个概念结构拥有自己的专属名称，那是语言界对其感兴趣的体现。如果将词汇比作一张网，就会发现某些节点周围的网格很紧密，而另一些节点周围的网格则比较松散，语言如何“观察”和“构建”现实，完全是自己的选择。在语言学习中，词汇结构既是一种约束，因为它强制性地进行了区分，同时又是一种资源，因为它允许我们对内容进行细化（Py，2000：11）。

词汇及其语境共同构建了我们对世界和人类的思考。因此，与拼写或语音不同，词汇不能孤立地理解：它是一个开放的、不断发展的语言库。Rey（2005：XII）在他的《文化词典》中探讨了这一系统，该词典的设计宗旨是引导读者把语言（法语）表达方式转化为概念和符号，并通过文本等载体凸显词汇历史的重要性，这些词汇正是我们精神大厦的基石。

有一个普遍存在的误区，就是认为外语单词与一语单词在很大程度上是对等的，这种观点在供学习者背诵的词汇表上体现得尤为明显（Moore & Py，2011：259-260）。在这种情况下，学习者（主要是初学者）难以接受绝大多数二语词汇并非与一语词汇一一对应，也就不足为奇了。

4.1.2 身份的痕迹

词的身份主要由语法范畴、形式和意义构成。索绪尔（Saussure，2002：77）认为，想要穷尽一个词所包含的全部概念，终究只是不切实际的幻想，除非我们只考虑物质对象和稀有物品的名称（如“铝”“桉树”等），而且我们只需想想“铁”或“橡木”之类的词，就能意识到处理词的全部意义是何等艰难。索绪尔（Saussure，2002：28 & 290）认为，语言形式不但包括“意义（meaning）”“意味（significance）”“功能（function）”“用法（use）”“内容（content）”，尤其还包括“价值（value）”，因为价值不是孤立存在的，它意味着与其他价值的比较。价值由言语社群的社会力量所创造，并根植其中。

意义既不是静态的抽象概念，也不是“真实”的直接痕迹。受 Benveniste（1966：290）的启发，我们认为，词的意义是由它的全部用法及其产生的各种关联来确定的。在此，我们援引维果茨基对克雷洛夫的寓言《蜻蜓和蚂蚁》中 dance（“舞蹈”）一词的著名分析（1997：481）：这是该寓言的最后一个词，它无论在什么语境下出现，都拥有特定的、不变的含义。然而，在这则寓言中，它却获得了新的含义，有了“自娱自乐”和“死亡”的意思。沿着维果茨基的思路，我们可以得出以下结论：词汇可以从它所在的整体语境中汲取思想和情感，由此丰富自身的内涵，其最终所呈现的意义可能比我们孤立看待它时更丰富，或者更局限：更丰富，是因为它的意义范围变大了，获得了一系列承载新内容的领域；更局限，是因为词的抽象意义减弱了，被限制在了特定的语境中。

词汇是与文化密切相关的表征的汇聚之所，它们代代相传，在不断的使用中得到巩固。好的翻译会努力辨识这些集体表征，并探索源语言词汇单元的潜在含义如何在语境中得以实现，以及如何将它们传递到目标语言。Rey（2007）基于这一视角，对属于情感语义范畴的词汇单位的翻译进行了研究。

例如，“幸福”这一概念应该是普遍存在的，然而一旦试图进一步界定，我们就会遇到快乐的集体意象和各种个体情感（内心的平静、身心的平衡、物质财富的积累等）。在这种情况下，建立跨语言的对等关系，即使在相近的语言之间，也是一件棘手的事情。当然，在很多领域中，大量表达人类经验的词汇都能找到可以在多种情况下使用的典型对等词（并可供译者使用，如词典、术语库等），但这些远不是普遍的解决方案。关于焦虑的表征，Rey（2007：244）发现，法语中的 désarroi（慌乱）和 détresse（苦恼）在西班牙语中找不到任何恰当的、脱离语境的对等词，这两个词分别对应两种不同的心理状态，很难界定和区分，需要尽力加以解释。

事实上，嵌入语言特定关联网络中的词汇很少能够互换，通常只有在特定的情境中才会认为两个词完全对等。在具体的交际行为中，词汇被赋予了特定的意义，并展现出不同组合的可能性。对此，Tricás Preckler（2007：266 & 281）以 taste（味道）为例作了说明。他指出，这一概念根植于特定社会群体的文化和思想特征之中，通过具有隐喻能力和复杂语义的精巧词汇来指称，涵盖食物味道、艺术或知识品味、时尚、生活方式等诸多方面。语义差异就像镜子一样，映射出词汇身份的痕迹，迫使译者在世界、意象和文字之间不断寻求平衡与调整。

任何符号都含有被语言分析和词典描写“遗漏”的隐含信息。词典只对单词的意义和功能做出部分界定，有些属性则被自动忽略，对此我们已经司空见惯。例如，európai（欧洲的）一词在匈牙利语中意味着一切积极、有修养、宽容、民主的事物，但无论是单语词典还是双语词典，除了“欧洲大陆的”这一基本语义以外，都没有提到这些含义。

早在 1914 年，Bally（2007：301）就注意到了词典学的“指称空白”。他希望建立一个“思想库”，以汇聚那些围绕简单想法、在特定时期内出现的所有语言现实。就这样，文化撼动了双语词典核心内容——词义对等——的边界（Celotti，2002：459）。举例来说，单纯提供 galette des rois（国王饼）的配方（酥皮和杏仁奶油）并不足以揭示它的真正含义，也不足以展现它在社会文化领域的重要地位，然而，要想在日常交流中使用它，这些知识是必不可少的（Szende，2003e）。

如果只满足于词典给出的定义，而忽视了词语在言语社群中激发和传递的隐含意义，就无法真正了解一个词的生命力和影响力。例如，只将“铃兰”定义为

“开白色小花、散发淡香的百合科植物”，而没有说明它是“五一”期间法国城市街头售卖的象征性花卉，那就是遗漏了该词的一个关键信息（Pruvost，2005：17-19）。

4.1.3 言内与言外

“语言”是如何反映“言外”之意的呢？Lederer（1981：360）举了一个很好的例子：“骨髓”在意大利语中是 osso bucco，即“中空的骨头”，而在法语中是 os à moelle，即“含骨髓的骨头”。相比之下，法语的表述更注重内容而非形式。当然，意大利人在说 osso bucco 的时候，很清楚中空的骨头里含有骨髓，而法国人在说 os à moelle 的时候，也知道骨髓位于骨腔之中。

词汇用于命名事物，但在特定指称对象的命名上，不同语言之间却存在差异。即使有些一语词汇与外语词汇在语义特征上有所吻合，往往也只是部分重叠，有时甚至完全找不到共同的语义特征：总体而言，外语词汇与母语文化的概念范畴并不一致。

双语词典的语言单位会触发一种特定类型的概念化，同时指向另一语言的语言单位，而这个语言单位同样会触发其特有的概念化。当一个概念实体被嫁接到另一个概念实体上，二者便不得不以某种方式形成对应关系，为此，Clas 和 Roberts（2003：238）将其比喻为经过基因改造的有机体。

在数量较多或可数的事物上也可以感知到同样的现实，比如，法国人把菠菜叫作 épinards，匈牙利人、德国人和英国人则分别称之为 spenót、Spinat、spinach。有些语言可能会倾向于描述具体情况或细节，有些语言则不会。Hagège（2000：223）举了一个中波莫语（Central Pomo）的例子，这种在加利福尼亚北部使用的美洲印第安语言以其复杂的动词形式而著称。在该语言中，仅“奔跑”一词就可以有多种形式，如一人赛跑、多人赛跑、“四条腿”（土狼、小鹿、狗，或隐喻老人）的赛跑，等等。

在尼日利亚东南部使用的伊克韦雷语（Ikwere）中，除了本身带有性别意义的词汇（如“父亲”或“母亲”），表示“阳性”或“阴性”的特定词汇元素可以广泛用于动物、鱼类、疾病、树木，甚至商品的价格（Osu，2003）。例如，树木在用于制作具有攻击性的面具时为阳性，而在用于制作温和、明智的面具时则为阴性。同样，这种语言还会区分阳性的疟疾/头痛（剧烈疼痛）和阴性的疟疾/头痛（可以忍受的疼痛）。

语言表达某些内容，也会回避或禁止表达另一些内容。特定文化中的词汇，在另一文化中可能找不到对等词，或者直接被忽略。在意大利语中，爱情被划分为两个阶段：一个是 innamoramento，指坠入爱河的一刹那（法语中没有对等词），另一个是 amore[①]（Celotti，2002：457）。

匈牙利语有两个表示“爱”的词：szeretet（喜欢）和 szerelem（激情）。某些在特定文化中看似基础的概念，却可能成为与其他社群沟通的障碍。Gaume（1998：62）曾分享过他的亲身经历：在给刚刚定居阿尔及利亚的学生讲授法语时，他几乎无法跟他们解释什么是“桥”，因为学生的经验中不存在这一概念。同样地，他也难以理解“spending the night at someone's place”（在某人家过夜）这一表达，因为其特殊含义源自游牧民族的文化背景。

4.1.4 指称义与内涵义

传统上，指称义与内涵义是不同的。如果说指称义是符号和世界现实之间的明确约定，那么内涵义则涵盖了附加观念与社会标记的内容——因为词汇只有在社会环境中才能发挥作用。有些词几乎没有内涵义（技术词）或者完全没有内涵义（语法词），而有些词由于其高度的社会性，对教师、学习者和译者而言，不啻为一种噩梦。

Hjelmslev（1966：180）建议在传统语法的基础上增加一门新的语法，用于处理从“国家”到“个体”层面各种特定语言名称的内涵标签（语言外因素：地理、历史、社会和心理方面）。

不同语言之间的词汇对等问题之所以错综复杂，是因为词义往往承载着文化知识。Mounin（1963：160-168）认为，内涵义是笼罩在词语周围的“情感氛围”，当我们谈及不可译的时候，十有八九指的是社会化的集体情感价值，比如“大象”之于印度教教徒，“狗”之于爱斯基摩人，“松树”之于登山者。

正如 Putnam（1988：32）所述，意义不仅包括稳定的指称元素，让人们明确表达自己想要表达的内容（指称义），还包括言语社群中的主导判断（即隐性知识），这对词汇在话语框架中的使用而言具有不可或缺的重要性。有些词汇的唤起功能与指称意义同样重要。例如，当我们称某人为“狗”时，会触发开放式的联想：忠诚？攻击性？肮脏？欺骗？服从？——具体哪个含义被激活，完全取

① Amore，“爱情”，对应法语中的 amour。——译者注。

决于语境（Lassègue，2003：119）。

英语中存在众多难以定义的高频“认知”动词（I think、I suppose、I guess、I gather、I believe 等）。Wierzbicka（2006：213）对这些在日常话语中至关重要的动词进行了考察，研究了它们的文化演变和语义组织，并特别指出，听到 I presume（“我猜”）这样的表达，马上就会联想到那句精练的不朽名言：“Dr. Livingstone, I presume?”（我猜您就是利文斯通博士吧？）[①]。

许多表达都在伟大的文学作品中占据了一席之地。在现今的法语中，每当提及 les mots de la tribu（人类语言）这一短语，我们几乎立刻会想到马拉美的名言：“donner un sens plus pur aux mots de la tribu＝赋予人类语言更纯粹的意义”[②]（《爱伦・坡之墓》，1877），即把普通而功利的语言转化成诗意的理想。如果没有充分理解这句名言的内在逻辑，意识不到 tribu[③]一词的内涵，又怎能准确地翻译或诠释这个短语呢？

对于某一特定时代且具有一定教育背景的人群而言，匈牙利语中的 tankönyvraktár（学校教材仓库）一词会自动唤起这样的记忆：“肯尼迪总统在达拉斯遭到暗杀，具体情况尚不清楚……因为刺客开枪的地方很可能是一个学校的教材仓库”（Szende，2003b：260）。附加文化知识往往与能指本身密切相关，这一点从“B 计划”“D 日”“S 码”“从 A 到 Z”“X 级电影”这些基于字母的表达中便可略知一二。在法国，人们习惯在含有字母 R 的月份（9 月—12 月、1 月—4 月）吃生蚝，而对于月份名称不具备这种语音共性的语言来说，这样的内涵系统便没有意义。

另一个例子充分说明了词汇的社会敏感性。在埃及人的日常话语中，“安拉”（真主）一词经常出现，它不断被赋予情感色彩，意义也不断得到延伸，最终在众多的感叹表达中逐渐被世俗化（Medhat-Lecocq，2008：149-151）：“安拉，这衣服好漂亮！”（赞赏）；“安拉，你怎么还在？”（惊讶）；“安拉，你不会一直跟着我吧！”（愤慨）。

语言是反映社会演变的绝佳线索（Benveniste，1974：92-93）。以 terror（恐

---

① 这是记者史丹利在坦噶尼喀湖岸边见到丛林深处的传教士戴维・利文斯通时说的一句话，是英国维多利亚时代探险的经典名句。

② 这句话的字面意思是：为部落的话语赋予更纯粹的意义。——译者注。

③ 法语词 tribu 本义为“部落”，但在马拉美的诗句中，该词泛指“群体”“民族”乃至“人类”。——译者注。

怖）和 dissident（持不同政见者）为例：在法语中，这两个词所获得的历史含义掩盖了它们的一般意义：terreur 是指“建立在集体恐惧基础上的政治制度/法国大革命时期”；dissident 是指“与现政权决裂者/反对共产主义者”。每一次政治决裂都会带来词汇的变化，并产生一些新词。例如，在土耳其，政治分歧与词汇分歧相伴相生，在一定程度上证实了以下说法：“给我一个词，我就能说出你的政治光谱”。常用短语 no problem（没问题）在土耳其语中有两种变体：sorun yok（现代用语）和 mesele yok（传统用语），使用它们的人分属不同的社会政治团体（Bozdémir，1998：144-145）。

Searle（2007：23）区分了“词的常规意义”与“说话者意义”。Picoche（1993：47）认为，“内涵”一词是指说话者感受词语情感意义的主观方式。的确，每个人都可以根据自己的喜好和生活经历给一个词附加额外的含义，如贬义或褒义。

有时候，人们可能会感受到实际上并不存在的内涵义。Mounin（1963：191）举了一个“感知过敏”的例子：一个德国人不停地说，法语中的 ami（朋友）一词远不及德语中的 Freund（朋友）来得真诚或深刻。内涵义蕴含着丰富的情感、间接意义和隐性知识，被特定社群的所有成员共同接受并广泛传播。正如 Sapir（1970：50-51）所言，对于所有讲英语的人来说，storm（风暴）、tempest（暴风雨）、hurricane（飓风）这些词汇，如果忽略其中细微的语义差别，多少都能激发相似的情感共鸣。

4.1.5 差异与价值

词汇中蕴含着特定的暗示或情感价值，它们在不同言语体裁（文学体裁、科学体裁、普通体裁等）中的运用会被赋予这些价值。诸如“光”“热”“美”“愚蠢”等简单概念在各种语言中都有自己的表达方式，其中有些只是呈现原始状态，而有些则附加了细微的情感差别，使同一概念呈现出不同的色彩（Bally，2007：114）。

按照我们的价值体系，“右手”/“左手”这对组合象征着道德的二元性：右手代表美好、真实、神圣，左手代表邪恶、不洁、不祥。梵文中的 rjuh（右）和 raja（国王）这一对词，以及我们在许多语言中都能观察到的“右”的褒义派生，完美地概括了渗透在“右”这一概念中的思想内涵（Calvet，1993：129-130）。

“左”的负面含义众所周知，如对左撇子的污名化，再如法语中的一些短语：

se lever du pied gauche（字面意思是“起床时左脚着地”=心情不好），faire un mariage de la main gauche（字面意思是“用左手结婚”=姘居），avoir deux mains gauches（字面意思是 “有两只左手”=非常笨拙），等等。

语言和文化影响着我们看待现实的方式，定义并构建着我们的感官世界。以颜色为例，色谱显然深受各种结构化形式的影响，而不同语言的词汇不一定能够涵盖相同的现实。此外，随着习俗的演变和历史环境的变迁，颜色也拥有了自己的象征意义，使得普通的颜色词在不同的文化中可能拥有不同的含义。

显然，从一个文化领域到另一个文化领域，概念的翻译是个敏感的问题。因此，营销决策者必须考虑当地的文化特色，并依托各个目标市场共享的价值观，以求获得最大利益。不可否认，我们正在见证行为的普遍化，但调整广告宣传，适应和迎合不同社群的品味和敏感度，依然能够产生商业效果。同样一种颜色，在一个国家可能引发积极联想，而在另一个国家则可能产生负面情感。法语中虽然只有几个“真正的”颜色词：蓝色、红色、绿色等，但它们与诸多概念与物体相结合，形成了一套复合颜色体系：鲑鱼粉、婴儿粉、糖果粉，甚至密斯丹盖[①]粉（因这位歌星标新立异的着装而得名），因为粉色象征着快乐、食欲、天真和温柔的感觉（Mollard-Desfour & Rivière，2006）。

同样，比词更小的语法元素也可能具有值得关注的文化特征。以意大利语中的指小后缀为例，它们可以凭借非常经济的手段，通过改变名词、动词、副词和形容词，为其赋予无尽的细微差别……（Fourment-Berni Canani，2003：93）。同样的情感，如果换一种语言来表达，可能相当困难，比如，形容词 bruttina（难看+指小后缀）用于描绘女孩时经常使用“Poverina！”（可怜的。）来加强语气，其中所包含的“言明与未言明，冷酷与温柔”就是一个很好的例子。社会变化的影响甚至波及比单词更小的元素，改变它们的使用范围和价值。

Klemperer（1996：23）探讨了第三帝国是如何扩大前缀 ent-的使用范围来表达“去除”这一含义的。面对空袭的风险，窗户需要“遮光”（verdunkelt），于是就有了每天的“去暗”（entdunkeln）工作；还有，当时的人们为了寻找新的食物来源，对苦栗子进行了“去苦”（entbittert）处理。作为一个整体，文化需要通过语义范畴来构建，这些范畴可以进一步语法化：法语后缀-ard 和-âtre 就体现了贬义色彩（Rastier，2005b），例如 bâtard（私生的）、jaunâtre（暗黄的）。

---

① 密斯丹盖，法语为 Mistinguette，原名 Jeanne Florentine Bourgeois，法国著名歌手、演员。——译者注。

4.1.6 喝汤吧！

外语学习者需要了解词汇单位的指称对象，尤其是那些在自身现实生活中没有对应形式的指称对象。Galisson 关于“词汇文化”的研究独辟蹊径，他认为，词汇作为语言的法定组成部分，可以成为强大的文化积累工具。

鉴于大量词汇被赋予了语言文化社群所共享的隐含价值，Galisson（1999b：479）建议通过词汇来了解文化。他的目标是：在教学过程中将语言和文化视为不可分割的整体，二者本就“自然同体”，不能人为地分离或孤立。促使 Galisson 开展相关研究的因素还有：（1）重塑词汇的公众形象，因为长期以来，词汇在语言教学中备受忽视；（2）为大众共有文化正名；（3）缩小大众文化和知识文化之间的鸿沟，使它们成为一个共同体。

这项工作旨在创建“词汇文化场所”，即众多由词汇或词汇单位所界定的语用一语义空间，它们属于同一逻辑范畴，而文化正是逻辑范畴的一部分（Galisson，1999b：480）——但非母语者往往难以领悟其中奥秘。

关注“词汇文化”意味着重视词汇的文化分量，即它所承载的*共有文化*。即使最普通的词汇也蕴含着丰富的共有文化，而且完全是隐性的。在法国，庆典和仪式就是这样的例子：“圣诞节”让人联想到杉树、树桩蛋糕、马槽（耶稣诞生场景），“7 月 14 日”则会唤起阅兵、焰火和民间舞蹈等画面。非母语者几乎不会察觉到文化负载的存在，因为它们通常不会出现在任何词典或者任何言语社群的学校课程中，只有当交际因此受阻时，才会注意到它们（Galisson，1999b：483-484）。

除语言以外，外国人在跨文化交际中的主要障碍是缺乏对共有文化的理解，这种文化支配着当地人的态度、行为、表征和习俗，是一种日复一日融入他们行为的文化（Galisson，1991：116-119）。Galisson 的方法基于几个简单的基本假设：（1）语言被文化所渗透，但渗透的方式不尽相同；（2）词汇是预设的容器，是盛放文化内容的理想场所；（3）某些词汇的文化含量高于其他词汇；（4）吸收和集中了文化信息的词汇是可以观察到的，也是可以罗列的；（5）从一种语言到另一种语言，所谓的“对等”符号可能承载着不同的文化内涵。

Galisson（1991：127）最著名的例子之一是“餐桌谈话”，下面就是一位母亲和她儿子的对话（见下页）。

—Mange ta soupe pour devenir comme papa...（把汤喝了，将来你就能长得像爸爸一样高了……）

—Quelle pie! ...（真啰嗦！……）（直译：真是只喜鹊！）

—Ah! le cochon...（啊！你这只猪……）

这段对话中使用了几个蕴含共有文化内容的词汇："汤"能使人长高，"喜鹊"代表话痨，"猪"则是肮脏的代名词。注意不要混淆文化负载义与 bavard comme une pie（像喜鹊一样喋喋不休）、sale comme un cochon（像猪一样肮脏）之类的习语，这些习语也是共有文化的一部分，它们体现了最初的集体价值观，并通过词汇化的形式将其固定下来，因此常被归为文化词汇（Szende，2013b）。

在大众共有文化词中，还有一些"产品+产地"的二元组，二者不可分割，如 moutarde de Dijon（第戎芥末），芥末让人联想到第戎，第戎也让人联想到芥末：这种可逆现象值得注意。产品让人联想到产地，反之亦然。文化负载必须具有集体性，仅在少数个体间共享的内容不构成"文化"。文化负载为社会群体中的大部分成员所共享，一个符号就足以引起共鸣，但它们还有一个特点，即不会与符号本身混为一体。母语者本能地知道如何区分"词典学"意义与集体附加价值，对后者的把握是归属某一言语社群的标志——虽不起眼，但至关重要（Galisson，1991：122）。

另一个有待探索的词汇文化场所（Galisson，1999b：481-482）是混成词[①]。混成词由两个单词各截去一部分，重叠拼接而成，保留下来的共同音段/形段则发挥衔接作用，如：nostalgerie（Montherlant 首创）=nostalgie+Algérie（乡愁+阿尔及利亚）；parlementeur（Vian 首创）=parlement+menteur（议会+说谎者）；franglais（Etiemble 首创）（français+anglais）=（法语+英语）；goncourtiser（Céline 首创）=courtiser+Goncourt（求爱+龚古尔）；cordoléances（Ionesco 首创）=condoléances+cordial（哀悼+真诚的）。这些被历史保留下来的混成词浓缩了简洁明了的文化含义，它们不是无厘头搞笑的产物，而是基于公认的事实构建而成，常被用来谴责荒谬的事情。

混成词并非作家的专利，记者和广告商们也在大量使用，例如 europessimisme=Europe+pessimisme（欧洲+悲观主义）；spormidable=sport+formidable（体育+精彩的），等等。事实上，Galisson（1991，41-108）自己也曾创造过两个混成词：

---

① 混成词，又称混合词、拼接词，法文为 mot-valise，英文为 portemanteau。——译者注。

(1) néovialogisme = néologisme + viable(新词 + 能存活的),指那些可通过某些线索预判其生命力的新词;(2) nécrologisme = néologisme + nécrologie(新词 + 讣告),指所有“夭折”的新词。混成词是一种快捷有趣的构词方法,造词能力很强,因此对它们的识别非常重要。

4.1.7 文化标记

翻开任何一本词典,我们都能看到大量的词汇和短语,它们要么带有社群历史事件的烙印,要么直接体现社群生活状况的某个方面。不可否认,词汇是承载文化内容的理想场所。在任何文化中,人们都希望知道哪些词被赋予了特定的地域价值,因而特别适合描述社群经验。我们可以看到,所有语言教师都会自发地围绕一些关键词制定文化教学大纲,这些词被认为能够代表目标语(二语)世界,是其思维方式的反映,并能够支配其成员的行为。有些词似乎比其他词更能体现语言使用者的思维方式和理想追求,并带有强烈的*集体无意识*。从这个假设出发,Wierzbicka(1997)甚至认为,只需三个概念就能理解俄罗斯人的世界观:душа(灵魂)、тоска(忧郁)和 судьба(命运)。

在对英语单词 experience 语义历史进行分析,并将其与德语单词 Erfahrung/Erlebnis 进行比较的基础上,Wierzbicka(2010:92)提出了一个假设,即一个词在文化上越重要,就越有可能拥有完整的相互关联的意义网络。

有些词汇元素似乎直接反映了历史、社会或思想背景,可以被视为“文化标记”。在很多情况下,理解障碍的根源并非简单的词汇或语法知识的缺乏,而是词汇和规则的使用(Szende,2000d:252)、集体信仰,甚至是文化意义的特定网络。人类学家 Agar(1994)提出了“丰富点”(rich points)这一概念,在跨文化著作中经常被引用。“丰富点”似乎是文化边界的标志,并可能在不同的文化体系之间引发各种事端和交际失败(言语行为、手势或态度)①。

Heringer(2007:165 & 174)在研究交际的关键领域时,对 Agar 的分析进行了延伸。他建议用“热点”(Hotspots)一词,而“热点”(Hotwords)的具体表现是“热词”。这些重要元素在历史和社会生活中扮演着重要角色,因此被整合到了广泛的联想网络,例如德语中的 Heimat(家乡)一词,了解其含义有助于促进恰当的跨文化交流。培养文化能力就是要为学习者提供深入了解目标社群

① “‘丰富点’比比皆是,当它突如其来的时候,你甚至还不知道发生了什么。”(Agar, 1994: 106)。

成员的共有行为文化的途径，这些行为文化很大程度上左右着他们的态度、习俗和表征。Blondel 和 alii（1998）以及 Collès（2007）把隐含着文化现实的词称为“文化素”（culturemes），即社会文化内涵，文学、历史和政治文献，事件、情感等。普通名词以及专有名词、缩略语、比喻等都是这些最小文化单位的一部分。连接这些文化单位的纽带是它们所激发的文化联想。Graceffa（2007）谈到史学翻译在面对文化要素时所遇到的困难，例如 Völkerwanderung（蛮族入侵）一词，它隐含了德国文化的参考框架，法国文化中并不存在。

与“语言符号”不同，Debyser（1976：34-35）认为“文化符号”应当：（1）为全体社群成员所理解；（2）被全体社群成员所接受。Ballard（2003：149）则谈到了“文化指示符”（cultural designators），即构成文化的全部要素和特征（它们代表文化，并围绕文化进行话语构建）。“文化指示符”可以根据不同领域进行分类：日常生活（住房、计量单位等）、社会组织（机构、宗教、庆典等），还有普通名词（如 porridge“粥”）和专有名词（如 Wild West“狂野西部”）。

4.1.8 麻烦制造者

在词汇元素中，名词最具代表性，数量也最多：二语学习者需要掌握一定数量的名词，并随着学习的深入不断增加难度。绝大多数科技词汇显然都是名词。Rey-Debove（1973：93-94）认为，用于组织世界和构建范畴的名词是语言中“最危险的麻烦制造者”。实际上，名词是词汇中最不受语言系统约束的词类。语言系统本身与外部世界以及其他语言的联系主要是通过词汇中的名词来实现的。

关于专有名词，教师不仅要说明它们的结构、起源和发音，还要说明它们在书面语和口语语境中的社会学和心理学含义。我们可能会发现，首字母缩略词的构成往往没有一定之规，例如，在法语中，有些缩略词的每个字母都需要拼读，如“la R.A.T.P.” [la-er-a-te-pe]（巴黎公共运输公司），而有些缩略词的读音则与普通单词无异，如“l’OTAN” [lotã]（北约）。

姓名是一种行政数据，也是关于出身（地区、种族）和社会地位的文化标志。在特定文化中，姓氏可以具有直观的表现力，如姓氏为 Potdevin（pot de vin = 非法给予的钱财，贿赂）的店主，或者姓氏为 Opinel（一种刀具品牌）的外科医生。

一个社群的关键人物会自然地成为集体记忆的一部分，其中，有些人的光环可能无法跨越国界，而有些人则可能因为一系列的联想而获得新的语义价值，从而走向了世界。在马达加斯加的梅里纳（Merina）方言中，对于20世纪60—80年代的年轻人来说，Beatles（披头士）一词俗指“未打蜡的阴部”，而Yul Brynner（著名的光头演员）则是指“剃毛后的女人性器”（Rakotomalala，2010）。

学习者需要当心：不同的文化背景下，国际知名人物的姓名可能被部分甚至全部改变，比如著名的喜剧二人组Laurel与Hardy，在不同语言中就有不同的版本（表7）。

表7　　劳莱与哈台

英语	法语	匈牙利语	俄语	阿拉伯语	汉语
Laurel and Hardy	Laurel et Hardy	Stan és Pan	Лорел и Гарди	لوريـــل و هـــاردي	劳莱与哈台
	Laurel and Hardy	Stan and Pan	Laurel and Hardy	Loril and Hardî	

命名从来不是偶然的。有时候，命名的背后或许纯粹出于政治考量。在化学领域，新元素的命名曾在美国和苏联研究人员之间引发了争议。1969年，为了命名104号化学元素，苏联提出用kourtchatovium，以纪念原子弹项目负责人库尔恰托夫（Kourtchatov），美国则坚持用rutherfordium（Rutherford是新西兰物理学家的名字，被认为是核物理学之父）。这一问题直到1997年才通过一项协议得到解决：104号元素被命名为rutherfodium，作为回报，105号元素被命名为dubnium，这是发现该元素的俄罗斯杜布纳（Dubna）实验室的名称（Celotti & Musacchio：267）。此外，重新命名意味着对曾用名的抹除，例如，通过重新命名城市街道可以将某些人物从集体记忆中去除。

象征性联想，无论是经受时间考验、被遗忘、逐渐淡出，或者被其他象征所替代，都是社会构建话语的结果：如真实人物（彼得大帝）或神话人物（维纳斯）、事件或地点（珍珠港）。正是通过它们的派生词，专有名词才真正融入词汇体系。名人和文学人物的名字（可能为全体说话者所熟知，但未必属于他们自己的社群）经常被转化为形容词，这在法语和匈牙利语中都有大量的例证：prométeuszi（普罗米修斯式的）、fausti（浮士德式的）、donjuani（唐璜式的），等等。

诸如dilemme cornélien（高乃依式的两难困境，即高乃依戏剧中爱情与荣誉的两难抉择）、héros ubuesque（于布王式的英雄，指怪诞可笑的英雄，荒诞与权力妄想的象征，于布王是A. Jarry同名话剧中的人物）、lapsus freudien（弗洛伊德的口误，即无意识欲望的表达，源于弗洛伊德的名字）之类的短语，都是法语中的“导航工具”和解释现实世界的手段，这些在其他文化中未必存在。

值得一提的还有地名，因为习得一种文化不仅意味着成为社群的一员，还需要学习该文化的空间参照系。有些语言会原封不动地从其他社群引入专有名词，而有些语言则会将其本土化，以适应本族语的发音和拼写。城市、街区、地区、湖泊、河流等地理名词很多都隐含着历史、文学或艺术渊源。地理词汇进入其他语言往往是一个高度文化化的过程。以英国与欧洲大陆之间的海峡为例，英语称之为 English Channel（英吉利海峡），法语为 la Manche，德语为 Ärmelkanal，捷克语为 Lamanšský průliv，芬兰语则为 Englannin kanaali，等等。词义的转变和语义透明的假象往往导致理解或表达错误。

专有名词在词汇体系的核心部分引入了一系列具有部分外来特征的词汇。国际知名机构通常保留其原有名称，如法语中的 le Bundestag（联邦议院），但受体语言有时也会进行本土化翻译，如将 The White House（白宫）译为 La Maison Blanche。

为了避免重复，媒体使用别名来称呼专有名词的情况并不少见。下面的例子就是对一些国家和城市的迂回称呼：the Middle Kingdom（中央帝国，指中国），the land of the Cedars（雪松之国，指黎巴嫩），the Land of the Rising Sun（旭日之国，指日本）；the Holy City（圣城，指耶路撒冷），the city of “the Arabian Nights”（“天方夜谭”之城，指巴格达），等等；同样，“比照式”别称（拉丁美洲的巴黎＝布宜诺斯艾利斯）在不同文化之间也存在差异。各大洲的派生名词（可视为语义透明词）很好地说明了“相同”词汇之间可能存在的语义差异：在法语中，非洲人只能是黑人，北非人被称为马格里布人，开普敦的白人居民是南非人；而“亚洲”一词，其实只涵盖亚洲的一部分，即从哈萨克斯坦经西藏到泰国一线以东的地区，这条线以西则被称为“东方”（Robert，2006：65-66）。

与语言培训课程一样，词典也需要考虑因部分透明而导致的理解错误，这是词汇的文化特征之一。在巴黎的一些时尚餐厅，菜单上经常出现包含地名的菜品，如 filet de bœuf de race Normande（诺曼底牛里脊）、lentilles du Puy（普伊扁豆）、fois de canard du Sud-Ouest confit（西南油封鸭肝）、huîtres Marennes d’Oléron（马雷讷—奥莱龙生蚝）、moutarde de Meaux（莫城芥末酱）等：这些都是“法式法国”的文化参照，掌握这些知识有助于了解地名与其特色菜之间的联系，而对当地人来说，这些都是不言自明的。

社群地图并不等同于领土地图。每种文化都以其独特的方式绘制自己的地图乃至世界地图。打个比方，人类语言就像太阳系，由太阳和围绕太阳旋转的天体组成。在这个体系中，有些地方（尽管可能很遥远）获得了超越民族共同体的象征意义，拥有了自己的名称，而有些近的地方却可能遭到遗忘。

4.1.9 无意识的融合

所有语言都汇集了来自其他语言的元素。外来词在被认为不可或缺时就会进入原本没有该词的其他文化，从而帮助人们准确捕捉到该词所涵盖的现实。就像新词、大众共有文化词和习语一样，外来词也为元语言注释提供了肥沃的土壤。在使用外来词时，说话者可以通过附加注释来表明自己对该词本身、供体语言或者借词过程的态度。

外来词最初游离于受体语言系统之外，用斜体字表示，或者加引号、加注释，之后可能会融入其中，并逐渐在受体语言中变得活跃。外来词被受体语言所接受是集体判断的结果，也是其必要性的体现，这种情况下，外来词往往需要在语音和形态方面接受受体语言的改造。将来自另一种语言的表达方式引入话语，传达的不仅是它在二语中的含义，还有与该语言相关的思想，这种机制揭示了探寻隐含内容的需求。另外，除了外来词的简单物质形式之外，被借用的事实同样重要（Ducrot，1972：16-17）。

外来词是跨文化接触的标志，可以被描述为一种无意识的语言融合现象。在借用过程中，外来词可能会因受体文化的影响而发生改变。以 glasnost（公开化）和 perestroïka（改革）为例：这两个俄语单词自 20 世纪 80 年代末以来在国际媒体上非常流行，它们以刻板的方式描述了苏联解体的标志性事件。这两个词被大量使用，之后固定下来，*没有产生约定俗成的对等词*，这一切似乎表明，它们所指称的现实仍然遥远而虚幻（Leroy，2006）。本书所涉及的语言是否借用了上述俄语单词？如果是，它们以何种形式出现？又承载着怎样的含义？

作为学习者认知世界的重要渠道，词典既是一种查询工具，也是理解具体现实的途径：它能影响我们的判断力和世界观，并引导对自我和他者的认知。那么词典的话语在多大程度上有助于学习者的文化认同和跨文化意识的形成？Rossi（2002：443）对源于阿拉伯文化和犹太文化（这两种文化在法国社会占据重要地位）的“输入词”进行了研究，并指出，当涉及外来文化时，词典编纂者的工作尤为棘手，因为他们需要同时面对两种风险：一是复制刻板印象的风险，二是为了整齐划一，不惜代价抹除一切特定文化特征的风险。来自上述两种标志性文化的外来语往往以独立的词条出现在词典中，并附有简短的定义或解释性说明，不过这些定义或说明往往过于简单、忽略重点，体现不出词汇的文化含义。

4.1.10 品牌名称与广告语

词典的功能在于辅助而非学习？外语教师和学习者在接触词典未收录或定义不充分的词汇时遇到的困难，引发了 Galisson 和 André（1988）对品牌名称的兴趣，这类名词的数量增长很快。作为词汇文化的锚点，品牌、产品名称及其所调动的相关话语在日常生活中都具有揭示身份的作用。它们有助于塑造集体身份，并受到各种语言实现方式的影响。这些在母语者看来理所当然的知识看似无足轻重，却深刻反映了当前社会的价值观：对于这些知识，外国人怎样才能获得？

Galisson 和 André（1998）在他们的词典中收录了一些品牌名称及其广告语：

—Mamie Nova（诺娃奶奶）：软奶酪、乳制品和甜点的商业标签，其广告语为："Merci qui?"（谢谢谁？）、"Merci Mamie Nova."（谢谢诺娃奶奶。）。该广告文本借鉴的是父母教孩子如何说"谢谢"时所用的典型问题。

— "Trente-trois"（三十三）：啤酒商标，其广告语为："Quel temps fera-t-il demain?"（明天天气怎么样？）、"Je ne répondrai qu'en présence de ma 33."（我只在"三十三"在场的情况下回答。），这是戏仿回答警方问讯时的惯用表达："Je ne répondrai qu'en présence de mon avocat."（我只在律师在场的情况下回答）。

品牌名称已悄然渗透进媒体，在最寻常的话语中"隐身"传播。一个品牌名称能够变成普通名词，被整个言语社群所接受，并且仍能让人联想到相关的广告语，这绝非简单的语言现象：文化以各种形态广泛存在于各种类型的话语之中，尽管文化并不是话语本来的重点（Galisson，1999b：486）。

Druetta（2008）重点研究了民族身份认同与品牌名称之间的关系，并将它们分为三类：

（1）"唤起"身份认同（"recall" identity）：民族产品是民族身份的一部分，民族语言在其中仅具有唤起功能。例如著名的布尔森（Boursin）奶酪，其广告语"du pain，du vin et du Boursin"（面包、葡萄酒和布尔森）列出了三种类型的美食，旨在使其产品符合传统从而获得认可。

（2）“展示”身份认同（“display” identity）：对于外国身份的产品，语言的介入是为了显示和支持产品本身无法主张的身份，例如塔西莫（Tassimo）品牌是法语单词 tasse（杯子）和意大利语最高级后缀-issimo 的缩合，这对讲法语的人来说是显而易见的，他们马上就能明白：a）在概念义层面：“咖啡是直接冲泡在杯子里的”；b）在内涵义层面：“咖啡质量很好”。

（3）“揭示”身份认同（“revealed” identity）：中性产品，为了被消费者感知到，需要强烈的情感锚点和独特的、象征性的联想。在这里，身份认同是通过非母语者难以理解的语言过程来保障的（因为该过程需要调用谚语和习语文化，而且经常要对热门歌曲、神话人物等进行识别和重构），例如使用替代法来改变词形而保留语音，如香水 Eau d’Issey（Odyssée[①]）。

4.1.11 专业术语

普通词汇的语义边界常常受到社会物质发展的挑战，而科技术语则可以超越专业话语，融入更广泛的交际领域。人们普遍认为，专业语言元素是一个严密的层级系统，元素之间密切相关，可是我们每天都能感受到技术和科学概念在世界范围内的广泛传播。因此，尽管术语诞生于特定背景，其理解却具有普遍性。那么，当它们被译成外语时，词义能否得到完整保留？从一种文化到另一种文化，科技术语可能承载不同的内涵，但这些差异往往被常规的翻译所掩盖。一个中性的通用词汇在翻译成另一种语言后可能就有了负面意义，或者显得过于专业化。因此，教师和译者必须阐明术语在实际语境中的确切定位。

掌握社群共享概念的准确用法往往是件很棘手的事情，通常需要与目标领域的人员长期接触，才能理解术语的确切含义，进而实现专业的交流。不同社群之间即使拥有共同的（甚至高度专业化的）思维方式，语言间的转换也会困难重重。此外，专业语言并不局限于孤立术语的狭窄范围，相反，术语往往会突破单词的形式框架，呈现出复杂的表达形式和复合结构，如果忽视了具体的文本与话语语境，要理解它们并不容易。

人类学家 Baré（1997）研究了“发展中世界”的不同表述，并观察到，在法语和英语的转换中，这一范畴化体系的意义架构并不总是可译的。例如，pays du sud（南方国家）这一概念是指法国与其前殖民地（尤其是非洲）之间特殊的

---

① *Odyssée*：《奥德赛》，古希腊诗人荷马所写的史诗，香水品牌 Eau d’Issey 与其谐音。——译者注。

合作历史，是法语中用来指称“发展中世界”的习惯用语，与英语中的 countries of the South（南方国家）并不完全对等。他还提出了这样一个问题：当我们将发展经济学的内容译成在经济领域较少使用的语言时，其专业术语应如何呈现？例如，“工资”“收入”“对外贸易”等基本概念能否被译成塔希提语？如果在技术层面上可以操作，那我们真正缺乏的是否正是将专业术语转换为普通语言的权威应用？

法律语言是经过数代人的努力发展而成的体系，深深植根于文化之中。两种法律体系之间的相对接近可以解释词汇、意义和结构之间的相对亲缘关系。虽然在英吉利海峡或大西洋两岸都能看到相似的血案，但表象之下却隐藏着深刻的差异：法国法律和盎格鲁—撒克逊法律鲜有共同之处。尽管如此，翻译仍然是必要的，特别是电影中展现审判过程的对话。那么，像 Ministre de la Justice 这样的术语该如何翻译？在所有非英语国家，Minister of Justice 都是理想的对等词，但在盎格鲁—撒克逊国家却很难说是一种地道的表达（Duval，2003：65-69）。

即使在相近的文化中，诸如“自由”之类的概念也可能具有不同的含义：洛克、康德和西耶斯都为现代自由概念的形成作出了重要贡献，但在他们各自的国家中，对自由人的定义却各具特色：在盎格鲁—撒克逊世界，自由人是指在共同行动中可以自由协商参与条件的所有者；在日耳曼世界，自由人是指共同管理社群事务的人；在法国，自由人则是享受身份特权并履行相应义务的贵族。“一个起初看似清晰的概念，人们可能会认为它在全球任何地方都具有相同的含义，但其实它所指称的具体现实在不同的文化背景下可能存在巨大的差异”（d’Iribarne，2006：156）。

不同历史时期的内涵网络也会存在差异。以“阶级斗争”为例，对于 20 世纪 30 年代的欧洲青年工人来说，它的意思主要是斗争、行动、罢工、劳动等；对于 20 世纪中期的知识分子来说，它意味着马克思主义、革命、工人运动、无产阶级、历史的意义（Molinié，1993：72-73）。

语言是一种具有“操纵”功能的权力工具，这主要体现在各类政治或宣传用语上，这些用语利用了文化特有的普遍性内涵。Thom（1984：25&101）在摩尼教的政治宣传语中也发现了词汇的二元对立，她称之为“代码肥大”（hypertrophy of the code），即通过对言语仪式的规定体现政治权力对语言的影响。这种规定严格而不失灵活，因为一个简单的决定就可以改变它。

4.1.12 关联与集合

语言元素因各种各样的关联相互交织在一起。“婚姻”与“教堂”之间的常规联系是通过社会习俗施加的。动词 to meow（喵喵叫）只能基于它与“猫”的关系来定义。同样，wags its tail（摇尾巴）的表述也限制了使用的主体。作为同义词的一种特殊情况，反义词也揭示了生活方式和需求对词汇关系的制约。两个词之所以成为反义关系，是因为它们存在一定程度上的统一：或是意义对立，或是意义互补或互逆；可能存在中间状态（如“温度”的表达：严寒/寒冷/微温/热/烫），也可能不存在任何中间状态。反义关系在一些典型关系领域有着集中体现，如“交换”（借出/借入）“家庭”（父亲/母亲）“时空”（前/后；上/下），其中，每个关系系统都由社会群体共同编码而成（包括对生命、物体、行为和自然现象的分类和排序）。某些对立关系很容易引发联想，因为它们可以调动和重构对历史事件的联想，如 collaboration（附敌）↔ resistance（抵抗）、collaborators（法奸）↔resistance fighters（抵抗战士）（1940 年—1944 年间的法国）。

分类元素（学校系统、司法机构、军衔、食物、音符、日常生活数据）兼具词汇与文化性质，它们的相互依存关系受到语言外因素的制约，而且在不同文化中未必一致。顺序性集合（即拥有两极元素的集合，如“将军↔下士”）和循环型集合（即没有两极元素的集合，如“春、夏、秋、冬”）都是严密的、结构化的词汇集合，很容易受到“非同构现象”（anisomorphism）的影响。在诸如“企业组织结构图”或“某行政机构专用缩略语”之类的概念场中，每个元素都限定着相邻元素，同时也被相邻元素所限定。

除了特定组织的分类网络和特定社会的词汇库以外，还有很多具有同质性和层级性的词汇集合，它们在不同文化中的结构可能有所不同。例如，Palm Sunday（棕枝主日）、Holy Thursday（圣周四）、Good Friday（耶稣受难日）、Holy Saturday（圣周六）、Easter Sunday（复活节主日）这些连续和互补的元素在一切拥有该传统的地方都用来指代“圣周”。相比之下，在法国，由 entrée-plat-dessert（开胃菜—主菜—甜点）构成的经典一餐以及巴黎餐馆常见的（甚至令人厌烦的）甜点——tarte aux pommes（苹果派）/mousse au chocolat（巧克力慕斯）/crème caramel（焦糖布丁）——恐怕就不具有同样的普遍性了。

在特定文化中，“初等教育”的含义是相对于“中等教育”或“高等教育”而言的，要想理解和翻译 il est en première année de droit（他学法律，在上大一）或者 il n'a pas eu la moyenne en maths（他数学考试不及格）这样的法语句子，就需要深入了解法国或其他目标国家的大学及学校制度（Bogaards，2003：84）。

表 8　　　　基本方位的表述顺序

英语	法语	匈牙利语	俄语	阿拉伯语	汉语
East - West - North - South	Nord - Sud - Est - Ouest	Észak-Kelet-Dél-Nyugat	Север-Юг-Запад-Восток	شرق غرب شمال جنوب	东南西北
东西北南	北南东西	北东南西	北南西东	东西北南	

表 9　　　　四季的表述顺序

英语	法语	匈牙利语	俄语	阿拉伯语	汉语
Spring-Summer-Autumn-Winter	Printemps-Eté-Automne-Hiver	Tavasz-Nyár-Ősz-Tél	Зима-Весна-Лето-Осень-	شتاء- ربيع- صيف- خريف-	春夏秋冬
春夏秋冬	春夏秋冬	春夏秋冬	冬春夏秋	冬春夏秋	

对于繁衍这一生物学现实，每个社会都有自己独特的表述方式，尤其是通过三种主要关系：亲子关系、姻亲关系和亲缘关系。研究特定社会中人与人之间的称谓是很一件有意思的事情，例如，家庭成员之间如何称呼？当家庭中出现新成员时，称谓问题就显得尤为敏感。还有，如何称呼与自己没有血缘关系但履行抚养义务的人？如何称呼母亲或父亲的伴侣或新配偶？瑞典人为此创造了一个特别的称谓，叫作"塑料爸爸"（Plastic papa）（Segalen，2010：38）。

4.1.13　标准与变异

像任何寻常事物一样，一个普通的词汇也能够反映出说话者的地理背景、社会地位和思想立场。当然，语言社群是说话主体的集合，他们共享的内容之一就是被赋予了共同意义的词汇（Anscombre，2001：61）。不过，对同一现实的表述可能会因说话者所处环境的差异而有所不同，而两个词之间的具体差异通常不在于它们所指称的现实，而是更多地体现在它们的文体价值上。Walter（2005：98）曾列举了大约 15 个用以描述搅拌生菜动作的法语动词：tourner、brasser、mélanger、remuer、touiller……

任何语言都存在语言变异现象，构成语言个性的所有元素都会受到语言变异的影响。变异语言学认为，自然语言不是一个自主的系统，它需要依赖一系列语言外因素。基于 Flydal（1951）提出的方言系统变异（diasystemic variation）理论框架，我们认为，所有的语言学习（包括一语和二语）都为思考变异问题提供了机会，尤其是通过词汇，当然，形态句法也是一个重要的切入点。系统性变异的因素或参数主要有三个：（1）时间（历时变异）；（2）空间（地理方言变异）；（3）社会环境或身份（社会方言变异），Coseriu（1975）在此基础上增加了第 4 个，即文体（diaphasia）。

这种模型当然不足以解释千变万化的各种话语，因为语言需要契合特定的情境约束。举例来说，不同性别的说话者在语言产出中的行为与主体性就存在差异（Kassai，1988）。同样，在与熟人或陌生人交谈时，说话方式也会不同。《欧洲语言教学共同参考框架》（CEFR，下文简称《欧框》）的第 4.3 章区分了个人领域、公共领域、职业领域乃至教育领域，也就是说，涵盖了学习者需要完成的所有任务……在此，我们还要补充一个交流的“历史”维度，即初次见面与再次相遇的交流方式也是不同的。

除了在地理、时间和社会方面存在变异以外，我们还必须认识到，语言表达是一种个体现象，每位说话者都拥有自己的词汇、口音和说话方式。瑞士作家 V. Novarina（2012：37）在谈到萨瓦地区的方言时说：“在这里的山区，人们非常注重自己的表达，每个人都有自己独特的说话风格、喜欢的用词、遣词造句的方式——包括这里特有的山村习语和重音……我们所有人都在深不可测的语言海洋中探索，潜意识里都蕴藏着无尽的语言学奥秘”。

每个人都有自己使用第一语言的方式。通常情况下，这种个体特征并不明显，不会影响信息的传递。虽然个体差异普遍存在，但在一个社群内，不同个体之间的表征分布却相当接近。Hilton（2009：61）观察到，每个人系鞋带的方式可能有所不同，但无论打结的手法如何，绳结的外观都差不多，也都同样牢固。

表达方式并非千篇一律，环境不同，语境不同，使用的词汇也会随之变化。母语者对语域的掌握取决于他们所受的教育程度，而对二语学习者来说，则需要大量接触这种语言，如果有可能，最好真正沉浸于二语文化之中。掌握二语交际意味着能够识别和处理二语的不同层面。如果认为二语的教学与学习应当主要针对“规范变体”，那么上述目标可能显得过于宏大。实际上，任何语言的书面和口头输出都会在不同程度上偏离规范模式。

不难发现，在语言实践中，凭借丰富的社会语言知识，说话者往往会有意无意地在不同的变体之间做出选择。不过，语言是一个动态建构的过程，不应被视为一系列自动选择的封闭集合："每种变体都承载着独特的意义，这些意义与其形式密不可分，有助于形成特定的现实架构"（Aijón Oliva & Serrano，2012：92）。

Mougeon、Nadasdi 及 Rehner（2010）专注于研究加拿大沉浸式学习法语的学生对于本土规范的习得情况。经过广泛的实地调研，他们试图找到一种社会语言变异的教学法，设计相关练习，提升对非正式语言元素的重视度，减少过于正式的二语元素。此外，他们着重指出了影响社会语言变体使用的语言外限制，以及从一种语域转换到另一种语域的能力（即文体切换能力）。然而，在学校环境中，学生能否全面掌握语言的多元应用和具体实现形式（无论是文学性还是非文学性）？学习者在语言课堂上所接触到的"社会语用"变体必然有限，因此，根据 Dewaele 和 Wourm（2002）的说法，学习者如果鲜有机会与同学和老师进行真实的互动，那么其二语表达可能会长期局限于"单一风格"。

下面这段话是 Dewaele 的叙述（2012：196-197）："初到布鲁塞尔时，我对自己的英语阅读和理解报刊的能力充满信心，但我惊讶地发现，我既不能充分参与工人之间的随意交谈，也无法充分参与大学同事之间的正式互动。在非正式交流中，当地的社会方言似乎相当晦涩，我搞不清行政部门是如何运作的，因而造成了一些误解。事实证明，与水、天然气和电话等部门打交道的难度远远超过预期。关于正式互动，比如在大学部门的会议上……尽管我能听懂同事发言的每个单词，但我有时能明显感觉到，对于这些话所传达的内容以及字里行间的意思，我完全没有理解"。

受 Bourdieu（1982：16）启发，我们认为，"语言市场"上流通的不是"语言"，而是具有文体特征的词汇和话语，无论是在表达方面（即每个说话者都会借助共同语言形成个人的语言风格），还是在理解方面（即每个受话者都会调动个人和集体的一切经验来形成自己的理解）。

Wandruszka（1979）在破解语言和社会的僵化概念方面有着自己独到的方法。他认为，每个人都拥有某种与生俱来的多语言能力。他提出了这样一种假设：我们同时属于多个人类和社会群体，因此从小就会说多种"语言"（家庭语言、与环境接触的语言、地区语言、职业语言等，每种语言都具有不同的社会地位），并不停地从一种语言转换成另一种语言。因此他认为，人类一直具有潜在的多语言能力。

如果教学法以鼓励学习者准确解读信息和产出正确信息为目标，就必须明确语言元素的社会地位，包括标准语域以外的词汇（如文学用语、俗语、俚语等），以及限制或禁止这些词汇使用的所有标记：（1）表达性使用标记（如贬义、讽刺、愉悦等）；（2）时间性使用标记（如古语、过时用语、新词等）；（3）地理性使用标记（如某一地区或国家的用语）；（4）知识性使用标记（如考古学、航海等）。

语言使用的多样性不应掩盖语言规范的现实。尽管存在不同的语言实践，但这并不妨碍说话者意识到自己属于某一语言和文化社群。变异并非随心所欲：说话者在选择时必须遵循某些限制。如果没有共同的语言编码，言语共同体就不复存在，内部的交流也无法得到保障。因此，在考虑变异现象时，必须关注语言规范，这是一个社会构建过程，受过良好教育的公众一直致力于此，而教育也在努力维护这一过程。我们所教授的语言正是这些规范的体现。对规范的认可首先意味着尊重“制裁”错误的社会习俗，同时也意味着一定的容错率（对不同变异现象的容忍度可能存在差异）。使用一种语言进行表达，不仅要求我们懂得在可能的语言形式中做出恰当的选择，而且要求我们在考虑各种语境因素的基础上组织和阐述自己的想法。在这一点上，我们认同 Labov（1972）的观点：对社会语言规范的掌握包括选择得体的、一定程度上可预测的社会语言变体。

变异也意味着统一。语言是在多样性与统一性的动态平衡之中发展的。所有语言都受到这两种力量的影响：当交流减弱时，多样性就成为主导，反之，统一性就占据上风。变异现象与统一态势一样，与多种语言外因素（如地理、历史、政治、人口、经济）相关。Léonard（2010）研究了爱沙尼亚的情况，该国位于欧洲东北部，地势平坦，自古就没有天然屏障阻隔，但其地理语言空间仍然呈现出高度的多样化特点。这种地域网络的形成源于说话者在特定的地理空间内通过行政区划、通婚、商业与符号网络以及阶层与社会地位的划分，构建了多样的言语共同体。我们今天所说的“爱沙尼亚语”既是统一趋势的结果，也是爱沙尼亚后来对八个文化亚区的方言变体进行综合规范的结果，就像“地方特色与全局视野之间的一面面棱镜”。

语言的使用因地区、群体甚至个人而异。然而，二语教学法、教材和评价体系是否考虑到了这些显而易见的事实？Klinkenberg（2005：61-64）称，“要素主义教育（essentialism）”是一种意识形态话语，它压制变异，试图将多样化的语言变体呈现为统一的形态。他还指出，同质化的语言社群与理想化的说话者—受话者只存在于实验室环境，现实的人类社会中是见不到的。

对于多国共用的语言，教师会面临这样的困惑：是否可以或者应该将不同语言变体的固有元素以及各自的文化参照纳入教学，以反映多元文化的现实？比如匈牙利语，一般认为只有一种语言可以学习，而实际上，它也具有一定的多样性（即方言变体、地域变体）。阿拉伯语社群有两种不可分割的语言变体：一种是标准阿拉伯语（主要为书面用语），一种是方言阿拉伯语（主要为口头用语），且在不同国家有着不同的表现形式。因此，语言有多个层次，分布在两个理论极点之间：一个是纯方言，一个是纯文学用语（Delanoue，1998：41）。

无论语言群体内部存在多大的差异，教师需要关注的是识别其中的平均趋势，因为面对语言的多样性，教师需要努力保持同质的、尽可能通用的参考框架。如果在进行多样性教学时过于强调非标准（或非中心）变异，可能会违背教学的必要性要求，毕竟，为了帮助学习者构建连贯的知识体系，教学方法需要保持一定的稳定性和统一性。如果采用多种教学方法，会不会造成混乱？在考虑规范的多重性时，应该同时考虑到全体语言使用者所认可的共同核心（Jamet，2008：38-40）。

4.1.14 不适与集体焦虑

文体的多样性和词汇的丰富性对所有语言教师来说都是永恒的挑战。除了词汇以外，每种语言都有一些通过概念的恰当使用而获得认可的形式和意义。此外，还有一些非传统的词汇、形式和意义同样具有一定的交际功能。使用边缘化的词汇元素可以被视为一种“默契”的标志。在法语中，无论说话者的社会地位如何，都可以使用 bouquin（书）、flotte（水）、se planter（弄错）等俗语词汇来代替 livre（书）、eau（水）、se tromper（弄错）这些通用词汇（Blanche-Benveniste，2010：65-66）。非母语者很难把握这些平行词汇的确切含义和使用意图。

对于某些现实，有的言语社群选择表达，有的则选择沉默。任何语言都有一些词汇，它们所唤起的现实可能会引发集体尴尬或焦虑，因此社群中有些人希望将它们隐藏起来，或者用“隐语”来替代（Galisson，1999b：486）。例如，为了避免使用淫秽词语，人们可以借助于现有的甚至不存在的、但能产生类似效果的词语来替代。例如，在法语中，人们会用 merguez（小香肠）来代替 merde（屎）。同样地，法国人不喜欢说 vieux（老人），而是用 senior（年长者）或 3^{e} âge（“第三年龄”）来替代；不喜欢说 les aveugles（盲人），而是用 mal-voyants（视力障碍者）来替代。

如果一种文化因羞于启齿而采用委婉语来弱化现实，另一种文化却不见得有此顾虑。在汉语中，语素“老”字含有尊敬之意，但作为一个内涵丰富的前缀（Drocourt，2003：168），它失去了原有的概念义：如“老师”“老板”。这一现象揭示了禁忌网络的存在，也提醒我们有些词汇需要谨慎使用，有些甚至不宜出口。Brown 和 Levinson（1978：231）曾探讨过“模糊”策略，如“I'm going you- know-where.”（我去你知道的那个地方。）。不同文化对于不雅或粗俗有着不同的界定。在非标准的词汇类别中，詈骂语研究的边界比较模糊，却极具挑战性（Szende，2011b）。

在日常生活的很多情境中都存在“辱骂”现象。辱骂建立在共享知识的基础上，是一块肥沃的文化土壤，而且很难从一种语言移植到另一种语言。它首先是法律感兴趣的问题，同时也是语言学的研究课题：确定所使用词汇的含义、语言暴力行为的文体价值、辱骂的语境以及达到的效果等。冒犯和伤害的话语会让人联想到社会所不齿的缺点。有些辱骂会使用动物名称来贬低对话，有些则诉诸概念领域，如上帝和魔鬼，或排泄功能等。使用禁忌语反映了对违反禁忌的渴望，儿童打破禁忌往往是从说“脏话”开始的。性领域也为此提供了丰富的语料，有关的深入研究表明，辱骂时会让人说出平时在家庭和学校避免说出的内容。

詈骂永远是人际关系的组成部分。人在相互辱骂中可以确认自己对某一群体的归属，并构建共同的身份。Léglise 和 Leroy（2008）研究了街道调解员在“老大难”社区开展工作时所使用的话语。根据他们的分析，像“Sale connard, va!”（滚开，混蛋！）或“T(u) es qu'une merde!”（你就是一坨屎！）这样的语句，在群体内部使用时，其实会被视为亲昵关系的表达。同样，在去语义化之后，一些侮辱性语言反而成了街头语言中社群关系密切的一种表现。

语言元素与其可能产生的文体效果之间并不存在绝对的有机统一。显然，仅仅使用侮辱性的语言并不足以确认辱骂这一语言行为的发生：任何词汇都有可能因为言语情境而变得具有侮辱性。不能机械地判断一个名字是否构成伤害：它的力量主要取决于各种社会用法的积累，而辱骂只有在对话者将其视为辱骂时才能充分发挥作用。例如，在判断是否为种族主义话语时，只是简单地假定存在两类用词：种族主义用词和非种族主义用词，甚至不考虑它们在文本框架中的作用，这种方法未免幼稚。Valette 和 Rastier（2006）观察到，所谓的种族主义用词 bougnoule（阿拉伯人）在种族主义网站中只是一个边缘词汇，它在反种族主义网站上出现的频率反而高出两倍。

为了掩盖种族主义，人们常常使用含糊其词或委婉的说法。因此，在法国首都，当人们想指称 arabe（阿拉伯人）或 noir（黑人）时，他们只是说“18e arrondissement de Paris”（巴黎第 18 区）。在匈牙利语中，etnikum（族群）或 kisebbségi（来自少数民族）可以用 cigány（罗姆人）一词来代替。就此而言，种族主义不仅是词汇的问题，也是富含暗示和反语的修辞的结果，如“说这样的话并不能说明这是一个种族主义者……”或“我不是种族主义者，尽管……”。给人贴上标签意味着有意识地使用与某个语言、国家或民族相关的反复出现的特征。外国人为刻板印象提供了大量素材，即使普通的话语也能传递贬义的表征。在许多匈牙利人眼中，俄罗斯人嗜酒，而对许多法国人来说，则是波兰人嗜酒。

有不少观点认为，语言学习应当好好利用“越界词汇”，我们谨在此列举几个：（1）我们的使命是教授鲜活的语言和文化；（2）误解在跨文化交际中占据核心地位；（3）必须考虑学习者的学习动机。由于上述原因（以及其他可能的原因），外语教学需要把“辱骂”考虑在内，包括相关的词汇和手势。当然，我们必须谨慎行事。Benjelloun（2008）曾编写过一本马格里布阿拉伯语教材。他表示，对他来说，在教材中加入有关辱骂的章节并不容易，他面临的典型反应是：“噢，天啊，你不能教学生怎么骂人吧！”的确，文学创作中见怪不怪的东西在教学中却往往被拒之门外。

语言的词汇成分是引起身份对立的焦点之一。关于种族侮辱的词汇，语言教师即便无法做到未雨绸缪，也需要学会如何识别。这里涉及外语和文化教学的一个基本目标，即*衡量词汇的力量*，这既包括自己的语言，也包括他者的语言。

语言教师作为文化中介，需要不断地寻求平衡之道。他们需要规避两大陷阱：一是以中立的方式呈现仇恨的话语，二是把仇恨的话语当作和谐整体中的语言功能障碍来谈论。许多敏感问题都以尊重文化的名义被回避了。可是，难道仅仅因为害怕冒犯学习者就要对某个传统、某种现象甚至某个词汇避而不谈吗？Zarate（1986：87）认为，语言课堂应该是一个将隐性知识显性化的场所。

4.1.15 社会功能单元

词汇在某种程度上是一个有机的整体。语言教师不断地向学习者灌输这一点，不断地鼓励他们思考一个词可以或应该进入的不同网络（Szende，2000b：72）。教师按照教学要求，通过单词列表解释和调动语义网络，识别属于某个特定领域的词汇，根据共同起源、形式或含义创建词族，基于相似性对派生词或复合词进行分组，等等——所有这些都是一语和二语学习的必要阶段。

只要关注词汇，就必然会注意到一词多义现象——这是自然语言的特征之一，在词典中得到了集中体现，因为它直观地展示了多义词微观结构的内部组织。双语词典的词条同时打开了通往两个世界的窗户，将语言元素和文化元素融合在了一起——Fourment-Berni Canani（2002：476）对此有过精辟的论述：“一种难以辨别不同成分的炼金术”。

一词多义绝非可以忽视的语言现象：事实上，大多数词汇与短语都不是指向单一的现实，而是一个现实的集合。如果把多义词作为一种语义分类模式来分析，我们就会发现，语言中的词汇分类不是依据指称对象的固有属性，而是依据复杂的集体经验。词汇既是语言单位，也是社会功能单位：事实上，一词多义正是特定语言逻辑与重要体验的一种体现。

fair 和 foul 这两个词的多义性极为丰富，莎士比亚《麦克白》中的名句“Fair is foul and foul is fair.”（美即是丑，丑即是美。）就说明了这一点。翻译成外语后，根据译者的选择，这句话可以体现伦理、审美或空间性质的对立，如“忠诚”与“背叛”、“公平”与“不公”、“美”与“丑”、“光明”与“黑暗”、“上”与“下”。

修辞的运用再平常不过，正如语法学家 Dumarsais（1676—1756）常说的那样：“在菜市场，一天之内听到的修辞比几天的学术会议听到的还要多”。修辞的特点是借助丰富多彩的意象，而幽默的表达在各种语言中比比皆是。以法语为例，on raconte des salades（讲沙拉＝撒谎）、on met les pieds dans le plat（把脚放在盘子里＝在社交中说了不合时宜的话而造成尴尬的局面）、on se fait rouler dans la farine（被卷在面粉里＝被愚弄），等等。每种文化都有自己的意象库，而每种语言都是取之不尽的创作宝藏（表 10 和表 11）。

表 10　　决不！

英语	法语	匈牙利语	俄语	阿拉伯语	汉语
When hell freezes over.	Quand les poules auront des dents.	Majd ha fagy.	Когда рак на горе свистнет.	في المشمش	除非太阳从西边出来。
当地狱结冰的时候。	当鸡长出牙齿的时候。	结冰时。	当小龙虾在山上鸣叫的时候。	在杏子里。	

表 11 **死了，埋了。**

英语	法语	匈牙利语	俄语	阿拉伯语	汉语
being six feet under	manger les pissenlits par la racine	alulról szagolja az ibolyát.	кормить червей	مـات و شبع موت	见阎王/上西天。
六英尺以下。	从根部吃蒲公英。	从下面闻到紫罗兰的味道。	喂虫子。	已经死了，不再渴望死亡。	

语言中的多义现象是关联的结果，特别是通过隐喻和转喻，这两种情况都是从一个语义生成另一个语义，是说话者基于经验的相似性而建立的联系（Honeste，2000：35-36）。

隐喻是一个核心概念，它基于两个现实之间的相似关系而存在，通常被定义为一种简化的比较，然而，一种文化的比较机制在另一种文化看来，却可能显得毫无道理。有些隐喻昙花一现，有些则在语言中稳固地占据了一席之地（若机缘巧合，还会成为流行语），但不管怎样，隐喻都是感知和储存信息的基本概念机制，它根植于言语社群的生活经验，体现了话语在构建表征和刻板印象方面的独特贡献。

我们来举例说明。民族情感是一个复杂的心理情感现实，其中一个有趣的部分就是将孩子对家庭的情感投射到国家层面上：国家被视为“祖国母亲”，受到儿女的珍视和保护（Morin，1994：167）。这是一个典型的隐喻表达领域，在各种文化中创造了丰富的爱国主义情感表达，如匈牙利语中的 anyaföld（大地母亲），意指“扎根”其中并“获得滋养”。

Lakoff 和 Johnson（1985：32）指出，文化的核心价值观与其最基本概念的隐喻结构是一致的，这一点在“上—下”这一空间隐喻中表现得尤为明显。这种隐喻深深植根于我们的文化，并帮助我们构建对世界的思考方式：“未来、好、积极、精英”这些概念某种程度上都位于“上面”。在一个社群中，评判善恶的标准也是一种社会建构。

语言在努力描述周围世界的同时也在对它进行构建。空间关系本身就提供了丰富的隐喻。是否在所有的语言中都可以说“靠着某物”（靠在某个物体的表面）与“靠着某人”（寻求精神支持）呢？Narcy-Combes（2006：18-21）列举了一些有助于理解文化现象的隐喻：（1）“冰山”（冰山的可见部分包括显性知识或文献记录，以及易于识别的行为方式和习惯，而可能干扰交际的恰恰是隐藏在水下的部分）;（2）“洋葱”（适用于个体：个体的深层人格是洋葱的核心，洋葱的不同层次对应影响人格形成的环境：家庭、城市、职业等）;（3）“树”（可见部分是叶子和树干的表面，隐藏的部分则包括树根以及随季节变化的动物和寄生虫）。

大量的隐喻在不同文化之间流传，如“开绿灯”“起鸡皮疙瘩”。春天的到来（花朵盛开，叶子变绿）或许是一组普遍的意象。同样，我们不难想到，很多语言都会使用诸如“夜幕降临，风在吹，大地在颤抖”之类的语句来生动地描绘大自然的景象。

然而，作为特定历史演变的产物，隐喻在不同的语言中可能存在显著的差异。在下面这些具有显著文化特征的语义领域中，产生了大量对非母语者来说语义不透明的隐喻性表达：视觉、听觉、触觉、嗅觉、味觉。很多关于周围世界的信息都是通过五官传递给我们的。在一语中，我们很早就学习了如何准确地描绘形状、颜色、光线、气味和味道。以“眼睛”为例，它所能传达的象征意义极其丰富，远远超出了简单的视觉功能，如感知、注意力、凝视、光线、道德意识等，从而产生了诸如 to look favorably on（青睐）、something staring us in the face（直面某事）、to turn a blind eye（视而不见）、in the wink of an eye（眨眼之间）等短语。处理特定文化中固有的表达方式是我们需要掌握的外语能力之一（Fredet，2007）。

说话者以其个性化的声音存在，并通过自己的声音，承载着言语社群的既有知识，包括社会隐喻（Kramsch，1993：43）。隐喻反映了文化从概念角度组织世界的方式：thank you for your time（谢谢你的时间）这句话就传达了“时间就是金钱”的隐喻概念（Lantolf，1999：42-45）。实际上，口语流利未必意味着概念流畅。Niemeier（2004：108-109）认为，诸如“昨天我陪奶奶待了一个小时”、“我因为堵车浪费了很多时间”之类的表达，也是源于“时间就是金钱”的概念隐喻。当然，这一概念隐喻在其他文化中也同样存在，只是具体的语言表现方式有所不同，比如德语中的 Zeit investiren（投资时间）、Zeit gewinnen（获得时间）、Zeit verlieren（失去时间）、Zeit verschwenden（浪费时间），等等。然而，正如 Lantolf（2011：41）所指出的，在二语教学中，比喻性语言远未得到应有的重视。

此外，我们似乎有必要探究词汇获得新义的机制，特别是从基本义到隐喻义的演变（Häcker，2008：224），而不是像某些德语教科书那样，仅给出 Er ist so süß（他好可爱）的隐喻含义，却忽略了其字面意义：“Der Kuchen is süß.”（蛋糕很甜。）。

转喻是一种修辞手法，指用一个词替代另一个词，这种替代是基于两种现实之间的密切联系，例如，用 the small screen（小屏幕）来指代电视机。身体的某些部位常被用于转喻，例如，to lose one's head（失去脑袋，转义为“失去理智”）。转喻在媒体中的使用非常广泛，比如地名常被用来指代其居民；又如“Paris addresses a protest.”（巴黎提出抗议。巴黎＝国家政府所在城市），the quai d'Orsay（奥赛码头＝法国外交部）。这些例子清楚地说明，转喻是词汇之间的一种联系，这种联系可能会让非母语者摸不着头脑，因为他们在解读外国文化时，往往只能理解字面意思。此外，不同语言之间的转喻并不总是相通的，例如法语中的“J'ai connu Pierre sur les bancs de l'université.”（我在大学的长椅上认识了皮埃尔。＝我在大学里认识了皮埃尔。），如果换成其他语言，可能就显得不那么自然了。

4.1.16 防火墙

许多教师至今仍持有一种观念，即学习语言主要就是背诵词典，并且仍然会在课堂上做出这样的暗示。教材常以单词表的形式呈现词汇，这无形中使学生以为本族语和目标语言之间存在系统性的对等关系。实际上，词汇学习的真谛在于掌握词汇的用法。MacWhinney（1997：120）认为，为了避免干扰，学习者应当在词汇、语音、句法和语义等多个层面构筑“防火墙”。以 mesa（西班牙语）和 table（英语）的辨析为例，学习者对外语单词的结构和意义了解得越多，它们之间的防火墙就越牢固。

学习一个词而不了解其使用条件，实则徒劳无益。Binon 和 alii（2001：42）认为，词汇学习应当从五个层面入手：（1）形式层面（识别词汇元素）；（2）形态层面（掌握词汇元素、派生系统和复合构词的形式表现）；（3）句法层面（掌握句子结构）；（4）语义层面（理解词汇的概念义、内涵义和语用义）；（5）词汇组合层面（遵循组合原则，辨析同义词、近音词等）。

在语义层面，词汇所传达的信息离不开政治与社会背景。在共产主义时期的匈牙利，szovjet 与 orosz 两词之间的对立微妙地反映了“老大哥”赞赏与否的态度。szovjet（苏联的）用于指称正面概念，如：szovjet űrhajó（苏联宇宙飞船）、szovjet balett（苏联芭蕾舞）或 szovjet jéghoki（苏联冰球）；orosz 一词则用于指称负面概念，如 orosz megszállás、katonák、laktanyák（俄国占领区、士兵、营房）；此外，orosz（俄语）也用来表示占领者的语言（Szende，2009b）。

词与词相遇，或互为预设，或彼此排斥，共同承载着话语功能。正如音乐作品在每次演出和录制时都不会完全相同，词汇也会随着使用语境的不同而被赋予特定的属性。在词汇教学中，教师应小心维护每个词汇单位的特性：因为词汇单位一旦脱离语境，就会失去活力，“仿佛一只被钉住的蝴蝶，成了收藏品，但再也无法飞翔”（Bogaards，1994：234）。此外，教师还需要提供真实的话语片段，帮助学习者在具有智力挑战的交际活动中调动词汇元素，因为词汇能力和语篇能力密切相关。

学习词汇，即意味着习得多种显性和隐性的价值及属性。幼儿时期最初的重复性交流使儿童在词语和概念之间建立起牢固的联系。在互动环境中反复接触语言单位是一语习得的基本特征之一。在引导式学习的二语课堂中，巩固性练习非常必要，这一点不容否认。一般认为，重复性练习缺乏交际性，因此难以融入教学课程（课程目标是培养学习者的交际能力），但在培养真正的词汇能力的过程中，这是一个重要阶段，特别是在与语言接触有限的学校环境中（Hilton，2002）。

我们主要通过第一语言来表达和构建思想，学习者的心理词库（词汇在其大脑中储存的特定模式）已经根据语言为其提供的概念结构完成了构建。在一语中，个体无需初始意向即可获得从形式到概念、从概念到形式的对应，而绝大多数外语词汇的学习都需要付出有意识的努力。学习者往往会调动对他来说最自然的词汇关系来整合新元素，为此，必须激活存储于记忆中的本族语言文化所特有的概念网络、链接和对比（Binon & alii，2001：42）。

所有词汇都可以成为联想配置的中心。《法语联想词典》① 旨在凸显法语母语者共有的联想规范，并通过与其他语言的比较，对法语的语言特征进行一定程度的生动刻画。一项对550名受访者（来自法国不同地区、不同专业背景的学生）的调查显示，对chien（狗）一词的联想如下：cat（猫，391人）、animal（动物，26人）、bark（吠，10人）、dog house（狗屋，8人）、bone（骨头，8人）、barking（狗叫声，7人），等等。

有些联想在特定语言中反映了社群的共识和社会文化的稳定性，在其他语言中却显得突兀。Lengyel（2011：181）的调查显示，对于匈牙利语中的hegy（山），母语者很自然地联想到magas（顶部）、völgy（山谷）、meredek（陡峭）等词汇；在典型刺激（即第一个想到的词）中，则有Mátra（匈牙利北部山脉）、Himalája

① The Dictionary of French verbal associations: www.dictaverf.nsu.ru.

（喜马拉雅山）和 Mohamed（穆罕默德）——如果不熟悉关于穆罕默德那句名言的匈牙利版本："Ha a hegy nem megy Mohamedhez，Mohamed megy a hegyhez."（唤山不来我就山。），就无法解释这样的联想。对于法语中的 montagne（山）一词，《法语联想词典》给出的联想词汇有：snow（雪，123）、hill（山丘，45）、ski（滑雪，35）、sea（海，33）、peak（山顶，25）、Alps（阿尔卑斯山，24）。

词汇的习得不是靠简单的积累，在词汇学习（包括众多的使用规则）中，接触一个词的次数固然重要，但具有启发性的不同语境或许更为关键（Binon & alii，2001：46 -48）。"词汇正是在循序渐进、反复锤炼、慢慢积累的过程中……逐渐与各种语境、用法及其引发的共鸣融为一体"（Pruvost，1999：404）。

4.1.17 文字与声音景观

拟声词的功能是将世界的声音融入语言，人类聆听和再现世界声音的方式是一座真正的文化宝库：从一个社群到另一个社群，可以观察到丰富多样的模仿与表达实践。每种语言都拥有一套独特的、约定俗成的拟声词体系。虽然我们的耳朵听到的是相同的声音，但对这些声音的感知方式却千差万别。

拟声词的存在表明，某些词汇与其指称对象之间存在相似性。说话者使用拟声词，从某种意义上讲，是在寻求建立非语言经验与语言工具之间的关联。这是"一种编码异常的单元，没有体现出符号的任意性"：词的声音图像（能指）与声音的心理图像（所指）合而为一了（Rey-Debove，1973：94）。

关于拟声词，Bühler（1969：113）指出，这是一种"对现实的渴望"，甚至是"重新与可感知的现实直接接触的渴望"：用声音描绘事物的偏好并非诗人所独有，它在语言中普遍存在，简而言之，这不过是人类试图消除语言及其他文明工具间接性的一种表现。

我们不妨思考一下，在我们的文化中，各种来源的声音与哪些特定词汇相关联。以下是几个法语的例子：

—人体的声音：sniff、atchoum（打喷嚏）、berk（厌恶）、miam-miam（对美食的赞赏）；

—自然界的声音：glou-glou（液体流动的声音）、badaboum（突然落地的声音）、hou-hou（风声）、crac（树枝断裂的声音）；

—物体的声音：vroum-vroum（马达的声音，特别是加速时）、pinpon（消防车警报器的声音）、pan-pan（枪声）、dring（门铃声）；

—动物的叫声：miaou（猫叫声）、ouaou-ouaou（狗叫声）、coin-coin（鸭鸣声）、hihan（驴叫声），等等。

语音象征（phonosemantism）有一种特殊现象，即摹拟音，它不像拟声词那样直接再现声音，而是通过音的重复来营造某种感觉或者描绘某种动作或品质。在匈牙利语中，tutyimutyi 和 pipogya（懦弱的人）、kelekótya 和 bamba（健忘的人）就是将意义与特定的发音相结合，使人通过形式联想到意义。许多语言都有摹拟音，在没有书写传统的语言中尤为普遍。Dumestre（1998：324）发现，班巴拉语中存在大量表示“快速移动”的词汇变体：gálabasa、gálaba、gólobasa，等等。

情感为人类的交流增添了色彩。很多时候，讲故事不仅是为了传递信息，还追求戏剧性效果。拟声词和感叹词之间的界限有时并不明确。说话者在情感的驱使下发出声音，实际上就是在传递信息。本能的喊叫在各种文化中都普遍存在，如法语中的 ouf（解脱）、merde（失望）、waouh（喜悦，赞叹）。

感叹词既是词，也是句子，是预制语言的一部分，通过简短的编码形式，结合速度和经济原则，传达一种信号或情感反应，是对语境中显性或隐性信息的回应，体现了对特定情境或先前话语的判断（Buridant，2006）。所有的交流，无论是表面的寒暄还是亲密的交谈，都涉及情感。在这方面，带字幕的电影片段为研究基本情感（愤怒、恐惧、喜悦、厌恶、悲伤等）以及反思情感话语背后的普遍性和文化变量提供了一个理想的途径（Franzelli，2008）。

翻译是一种阅读和解读行为（译者将原文从其语境中抽离，再将其纳入另一语境）。因此，对比同一文本的不同翻译与改编，不仅能观察到译者在多个可能的等值表达中所做的具体选择，还能揭示译者或编者所属社群的语言和文化特征。那么，我们周围的噪音和声音如何传达到另一种语言呢？下面这个句子出自 R. Queneau 所著的《风格练习》（*Exercices de Style*）关于“拟声词”的章节，我们附上了英语和匈牙利语翻译，以供参考。

“…Vous faites exprès de me bousculer, monsieur. Et toc. Là-dessus, vroutt, il se jette sur une place libre et s’y asseoit, boum…”（R. Queneau,《风格练习》，巴黎 Gallimard 出版社，2002 年出版，第 42 页）[①]

“… You are purposely jostling me, Sir. Ha, Ha, ha. Whereupon, phfftt, he threw

① 这句话的中文意思是：“您故意推我，先生。哈哈！然后，他呼地冲向一个空座，咚的一声坐了下来。”——译者注。

himself on to a free seat and sat down, plonk…"（R. Queneau,《风格练习》, B. Wright 译，Gaberbocchus Press 出版社，1956 年出版，第 58 页）

"… Uram, maga direkt taszigál engem." Puff neki. De aztán, huss, egy üres ülőhelyhez szökken, és platty, leül …"（R. Queneau, 《风格练习》，R. Bognár 译，布达佩斯 Noran könyvkiadó 出版社，1996 年出版，第 57 页）

除了必要的调整（元素的删除、增加或重组），上述简单的比较可以使我们认识到拟声词在各种文化中所扮演的重要角色。

与互联网相关的新型交际实践催生了一种基于表情符号（如笑脸）的生动自然的书写形式（Rosier，2006a）。这是一种介于面对面交谈和书面对话之间的"口头书写形式"，网络用户要想在外语环境中聊天，这种书写形式及其各种地域变体已成为不可或缺的知识。这种全球化的文本组织模式倾向于将名词转化为拟声词（通过符号变形摹拟某些语调）或感叹词（用于标记互动中的关键时刻）。

在有些网站上，我们会发现一些"预制表达符号"，这些符号能让用户更好地融入特定的互联网交流模式，尤其适用于对之前信息的回应，如 mdr=mort de rire（笑死），zzzz（睡觉）、grrrr（不满）、hahaha（大笑）、hehehe（hahaha 的变体，带有嘲讽意味）。那么，当一个人被锤子砸中手指时，他会发出怎样的喊声呢？（表 12）

表 12 哎哟！

英语	法语	匈牙利语	俄语	阿拉伯语	汉语
Ouch!	Aïe!	Jaj!	Ай! Уй! Уя!	!اي	哎哟！
阿乌嗤	阿依	依阿哎	阿哎 乌依 乌呀	依呀	

如果一个人在情感表达较为含蓄的文化环境中长大，那么当他进入情感较为外露的文化环境时，可能会感到迷茫。例如，感叹词（即自然声音的社会化形式）或多或少会有所不同，因为它们的构成借助了不同的物质外壳：各民族的语音系统和语言习惯（Sapir，1970：13）。

词汇选择（如使用一个词而非另一个词、语域、内涵义、固定结构、组合）并非文化的唯一体现，因为文化反过来也会影响话语和互动层面的一系列策略。在话语与互动的世界里，社群中的个体规范和集体规范得到了充分展现。

4.2 固化

4.2.1 组合

正如我们所看到的，厘清词义，包括其附加含义，是了解文化的必经之路。然而，仅凭对词义的理解能否说明已经与文化有了充分的接触？对词汇的分析应当结合其联想关系和语境来进行。与聚合轴（强调语言元素之间的虚拟关系）不同，组合轴体现了语言的线性特征以及语言元素的组合属性。组合与聚合都是文化信息密集的领域，而固化现象则是文化数据的最佳载体。

词的身份不仅体现在它的形态特征上，要想了解一个词，还需要了解它在口语和书面语中的微观句法（即各种使用环境和使用限制）。这是一项相当艰巨的任务：词汇往往各不相同，在组合层面上呈现出显著的差异。另外，需要记忆的单元往往不是某个单词，而是一种社会化表达。

及物动词 toast 和 roast 大致可以描述为如下过程：toast 是指通过暴露在明火、烤架或其他辐射热源中使（面包、奶酪等）变色；roast 是指通过长时间置于明火或（如今的）烤箱中，使（肉类或其他食物）变熟[①]。Croft（2001：180）比较了它们的组合特征，并认为，*toasted meat 和*roasted bread 这两个搭配之所以不可接受，完全是社会习俗使然。

为了促进词汇的系统学习，Hausmann 和 Blumenthal（2006）提议创建词汇的“组合档案”：在法语中，动词 appeler（呼叫）可以搭配补语 taxi（出租车）和 ascenseur（电梯），而德语 rufen 则不同，它可以与“出租车”搭配，但不可以与“电梯”搭配，与“电梯”搭配的动词是 holen。习惯表达绝不是一种边缘现象，词汇的定义不仅取决于最小元素，也取决于词汇的组合，即语言元素的组织方式（Rey，1993：V-VI）。

我们能否断言所有话语都是原创结构？哪些是个人话语？哪些是集体话语？这里似乎存在两种对立的趋势：组合自由和组合限制，而它们在社会行为中的平衡是一个核心问题（Corrigan&alii，2009：XXIII）。总是在不可预知元素和可

① Shorter Oxford English Dictionary, Oxford University Press, 2002.

预知元素之间摇摆不定是所有语言的基本特征之一。由于语言具有丰富性和习语性特征，因此其潜力是巨大的，同时也是有限的，这对教学词汇的明确界定提出了挑战（Chiss & Meleuc，2001）。

词汇材料、语法类别、句子成分顺序、信息组织策略以及已知元素与新元素之间的关系都可能因语言差异而有所不同。简而言之，每种语言都以特定的方式对人类经验进行分析，而分析路径往往带有强制性。在美洲印第安人的霍皮语中，像波浪、闪电、火焰、流星这样持续时间很短的事物，就只能通过动词来表达（Whorf，1969：133）。

例如，大致上可以说，法语倾向于表达概括性信息，而英语则倾向于表达具体性信息：effet secondaire（副作用）对应英语中的 side-effect；bâtiment blanc（白色建筑）对应英语中的 white building。我们来观察一下在搭配和句法上能与名词 decision（决定）组成动宾短语的支撑动词（它们通常不是相应的简单动词）：英语（简单动词是 to decide）：make/take a decision（做决定）；法语（简单动词是 décider）：prendre une décision（采取决定）；匈牙利语（简单动词是 dönt）：döntést hoz（带来决定）。

不同语言对相同概念架构的“语法化”方式各异。显然，每种语言系统都以自己独特的方式诠释外部世界，而一种语言对现实的具体切分未必能在其他语言中找到对应。所有的交际情境都会带来特定的语言实践，在很多情况下，还会因语言外语境而形成特定的、刻板的语言应用。因此，所有语言都包含可预测的语句，这也是我们需要习得的文化和社会财富。这些财富是构建和巩固社会地位的重要工具，其作用远胜一本简单的“通讯簿”。

在一语中，情境刻板印象和会话反应是通过学习社会习俗获得的，尤其是通过家庭生活和教育。母语者对习语及其用法了如指掌，特定情境下的常用语句（包括它们可能带来的反应）、语言实践中可能调动的各种联想以及它们的强制性（或选择性）特征，都被储存在记忆中，以备日后根据交际的需要使用或引用。作为母语者，我们承载着根据文化规范编码的世界知识。在母语中，我们可以使用部分固化的“半习语”来解读现实，并自然地期望能在目标语言中找到直接对应的表达。

社会实践往往具有仪式化的特点，而语言的固化就是交流仪式化的一种体现。用 Hausmann（1997：288）的话来说，词汇结构就像一个迷宫，母语者在里面花费大约十五年的时间，编织出一条阿里阿德涅之线，使他觉得自己仿佛与迷宫融为了一体，能够自在地生活其中，而对于在另一迷宫长大的外国人来说，则必须重新开启学习之旅。

就信息传递而言，语言虽然提供了丰富多样的表达方式，但习俗会大幅缩减这些选择，使某些相似的用法标准化，有时还会对词库中的元素施加一些约束力很强的限制性选择。众所周知，习俗往往具有一种规范性的力量。Elster（2009：144）指出，纯粹偶然的事件会令人产生既有权利的主观感受，这种情况并不少见：例如，在学术会议的第一天，与会者一般会随机选择自己的座位，第二天便俨然成了习惯，而到了第三天，人人都觉得自己就是那个座位的“主人”。

上述现象同样存在于语言当中，我们通常称之为“习语性”。Schapira（1999：3）指出，长期以来，在语言教学中，刻板表达往往被当作一种额外点缀，被简单地添加到已有的二语知识之中。然而，掌握特定语境的词汇化和社会化形式需要持续的文化学习，这远远超出了传统语言学概念的范畴，如下表中的日常对话所示，每个社群都有自己独特的表达方式（表 13）。

表 13　　我怀孕了！

英语	法语	匈牙利语	俄语	阿拉伯语	汉语
-I’m expecting a baby. -When are you due?	-Je suis enceinte. -C’est pour quand?	-Terhes vagyok! -Mikor jön a baba?	- Я беременна. - Какой срок?	أنا حامل ألف مبروك! أنت في الشهر الكام؟	—我怀孕了/我有了。 —什么时候生？
—我正在期待一个宝宝。 —你什么时候到期？	—我怀孕了。 —这是为了什么时候？	—我怀孕了。 —宝宝什么时候来？	—我怀孕了。 —为了什么日期？	—我怀孕了。 —一千次祝贺！你在哪个月份？	

4.2.2　预制语块

有些语言单位经常同时出现，以至于最终变成“固定的”的共现关系。这可能是一种普遍趋势，用 Coseriu（1964：196-197）的话来说，“重复性话语”单位（短语、谚语、格言、句子等）是一种“通过语言传统涵盖和传播”的、广义上的文学“文本”或“文本片段”。因此，西班牙语中的 refranes（格言）虽是一种口头表达形式，但与名家名作的语言并无明显差异。

为了描述社会对日常交际情境所规定的形式（尤其是礼貌规则），Kostomarov

（1967）在《海外俄语报》（Русский язык за рубежом）上首次提出了“言语礼仪”的概念（参见“俄语的言语礼仪”专栏），后来 Akishina 和 Formanovskaja（1975）又对此作了进一步的阐述。

观察特定语言中的独特表达、多样化的措辞方式以及丰富的文化标记，似乎很有必要。我们可以从以下三个假设出发：

（1）词汇中有很大一部分是具有实际意义的常用预制语块；

（2）这些存储于集体记忆中的“成品”语块，在母语者的心理词库中发挥着关键作用。对于非母语者来说，掌握一定数量的此类语块将会大有裨益；

（3）掌握这些语块有助于提高口头和书面表达的流畅性，同时也使外国人能够以碎片化的方式接触他者文化。

有两点值得注意：（1）大致而言，真正的双语能力意味着能够同样轻松地驾驭两种语言中的习语；（2）此外，说话者很少意识到母语的习语性，对于目标语的习语性，也只有在沉浸到二语世界时才会察觉（Hausmann，1997：277-278）。

外语学习的目的是让学习者逐步获得切分和解码的能力。为了感知语言的习语性，学习者需要具备一定程度的*习语直觉*。在特定的话语环境中，这种直觉有助于识别：（1）隐喻性的固定表达，包括这种现象的历史深度或意识形态功能；（2）冲突和误解，尤其是在语言游戏的生成与解读过程中（Achard & Fiala，1997：282）。

习语直觉还包括识别模糊语义的能力。举例来说，很多短语既能从字面理解，也可以按习语解读。这类歧义需要由说话者自己来处理，无论他是不是母语者。例如，breaking the ice（破冰，打破僵局）这一意象是否广泛存在于多种语言？“破冰”可用来描述“缓解紧张气氛、打破尴尬沉默或结束冷场等”，这种比喻是否具有普遍性？

预设好的双关语是不存在的，在固化过程中，所有的话语片段都可能成为备选元素。然而，固化的语言元素并非铁板一块。*固化意味着渐变*。作为一种动态现象，固化是一个连续的过程，其间可能存在多种变体（从高度固化到几乎不存在固化），它们可能影响到构成元素的形式（限制性、灵活性）和意义（不透明、透明）。在话语中，有些稳定的元素易于辨识，有些则很难识别。教材和词典往往偏爱某些类型的短语，而有些短语却容易受到二语教学的忽视或排斥。

在此，我们无意对固化结构的类型学展开讨论。

为方便起见，我们将专注于三类语块的探讨：习语（idiomatic expressions）、搭配（collocations）和惯例语（discursive routines），它们都是：（1）文化敏感区；（2）观察社群集体记忆的理想场所。这样做的目的是观察习语在不同语言之间的差异：事实上，真正的相似性远比差异性罕见。学习新的语言，并非要把母语中的表达习惯复刻到另一种语言，而是要聚焦新环境中特有的语言单元。在组织句子的过程中，还需要调用那些“成品”元素，因为这是语言文化交流的重要来源。

对预制语块的掌握不是一蹴而就的。要想在一个陌生的社会顺利发展，必须学习和调动适合语境的表达方式：这也是融入文化的表现。

4.2.2.1 习语

习语既不是偏离常规的语言形式，也不是一种边缘现象，而是语言石化过程的结果（Gaatone，167-170）。我们来看几个由法语动词 tirer（拉）组成的短语：tirer son épingle du jeu（文学用语：取出自己的游戏棒＝努力摆脱困境）、tirer la couverture à soi（文学用语：把毯子拉到自己身上＝得到全部好处）、tirer le diable par la queue（文学用语：拉住恶魔的尾巴＝入不敷出）。可以看出，这些短语的真正含义并非各部分语义的简单相加，而且具有一定的非理据性。

Hausmann（1997：280）指出，无论是单语词典还是双语词典，只有在词汇世界里享有特殊地位的词汇单位才能在词典中拥有自己的词条，而短语并没有这样的待遇。他形容短语“住在宫殿周围的小木屋里”，要想描述它们，必须借助语境：大量的、不同的语境。短语通常在词条的末尾扎堆出现，或者通过特定的标记突出显示，这样的呈现方式不利于非母语者的表达，难以满足他们的需求。然而，非母语者又必须充分理解这些短语，以便在需要时能够自如地运用，既要恰如其分，又不能显得可笑。

在任何语言中，我们都能找到过去的痕迹：有些可以追溯到早期的语言状态，其元素或结构仍然保留着原来的句法，似乎已不属于当前的语言体系。这些不规则或任意的组合规范正是语言历史变迁的产物，Gross（1996：22）称之为“漂泊的语块”。

了解隐喻和比喻的过程有助于习语的学习。有时候，学习者非常渴望弄清习语的理据，在面对陌生的习语时，有些学习者甚至会基于自己的想象加以解读

（Blanco，2002）。但是，教师不能总是回溯到习语的源头，对其结构起源或意象表达产生的条件做出不靠谱的分析。

那些已然被社会淘汰或者反映语言某一过去状态（与当下的文化和语言现实已经脱节）的文化层面往往呈现出一种语义上的不透明性，对母语者和非母语者都会产生影响。形式上的表现特征（二元化、重复、押韵、头韵等）均有助于记忆习语库中的元素。习语构成的复杂程度各异，且能长久地留存于人们的记忆：它既是一种记忆现象，也是一种语言现象（Grunig，1997）。

每个社会都有自己的道德参照体系。个人行为的意义源于一定数量的抽象价值观（真、善、美等）和具体价值观（国家、法律、民族等），这些价值观正是规范产生的源泉。一种语言的谚语集合应该被视为一种集体的教学遗产和道德指南，为人们在生活中可能遇到的问题提供指导（Schapira，1999：90）。

通过使用谚语，个体基于主题范畴（如青年/老年、罪恶/美德、财富/贫穷、平等/不平等，等等）对人类及其理解世界的方式作出判断。每种文化都会通过谚语从现实中借用意象并加以重塑，从而代代相传。尽管传统观点有时并不准确，甚至与科学知识相悖，但在谚语中仍能看到它们的身影：例如，“太阳升起/落下”的说法虽然在科学上并不准确，但在不同的言语社群中却被普遍接受（Anscombre，2001：61）。

Zouogbo（2009）比较了德语、法语和贝特语（科特迪瓦的一种语言）的谚语，发现了许多相似之处。尽管这三种文化的信仰世界相距甚远，但为了传达相同的概念内容，它们不约而同地使用了相同的意象和相似的语言结构。例如，从平行语料库可以看出，它们在人体部位的使用方面具有高度的同质性：在这三种语言中，“眼睛”都是造词能力最强的元素，“心”也是普遍的情感载体，体现了爱、胆识、勇气和智慧。另外，“蛇”象征着虚假，隐含着虚伪、危险和忘恩负义等概念。

尽管文化之间不乏交集，但每个社会都孕育了独特的集体智慧：经验、真理、判断和意象。谚语是特定文化的集中体现，从某种意义上来说，它运用了语言的所有资源来表现这种特定的文化。这一点在非洲尤为突出，直到今天，长者们在交涉中引用的谚语仍然被赋予了法律效力（Sévry，1998：141）。在我们所能观察到的文化中，是否有一种谚语表达了这样的观点：“如果摆脱了习惯服从的权威，人们会更加自由”（见下页表 14）？

表 14　　当猫走了……！

英语	法语	匈牙利语	俄语	阿拉伯语	汉语
When the cat's away, the mice will play!	Quand le chat n'est pas là, les souris dansent.	Ha nincs otthon a macska, cincognak az egerek.	Когда кошки нет дома, у мышей праздник.	غاب القط إلعب يا فأر	山中无老虎，猴子称大王。
猫不在的时候，老鼠就会玩耍！	猫不在的时候，老鼠就会跳舞。	如果不在屋子里，猫，吱吱声，老鼠。	当猫不在屋里时，老鼠就会吃一顿大餐。	缺席猫玩哦，老鼠。	

在西方社会，谚语似乎仅限于承担某些边缘化的话语功能（Cadiot & Visetti，2008：79-80）。从语用学的角度来看，谚语的使用受到很大的限制（Mejri，2008：247-248）。它们可以作为警示性话语，也可以用于衔接或总结；此外，谚语还是智慧的结晶（所以不太可能出自孩童之口）。谚语在用于普通对话或间接引语时，其代价是对谚语本身进行戏剧化的处理（二度创作、增加趣味性、制造颠覆性效果等）。尽管其特征相对隐蔽，但（各个级别的）学习者都不会忽视其不同寻常的力量。

大量简短的语句通过集体记忆得以传播，它们有助于强化群体的身份认同，也使谚语所体现的智慧能够与时俱进：政治家、作家和名人创造了各种修辞表达或“短句”（它们通过话语出现，但命运或许各不相同：有些最终消失，有些只有作者本人使用，有些得以流传，有些则实现了词汇化）。这些语句已经从文本（如演讲）中独立出来，并且拥有相当“缜密”的组织结构（如韵律、内部韵律、隐喻、对比）。在视听占主导地位的社会中，它们主要通过媒体渠道进行传播，并由媒体负责对权威话语进行“切割和扩散”，例如“宗教是人民的鸦片”（马克思语）、“如果进展不顺，我们一定告知”（某真人秀节目的获奖者感言），等等，都是通过媒体的传播为公众所熟知（Maingueneau，2006）。

每种文化的表达方式都存在不同的等级。复杂的思想可以用精彩的格言来概括，并且由于其“自给自足”的特点，格言可以在不求助其他文本的情况下被理解和引用，而警句（如名言、格言、祷告等）则在语言分析和集体表征之间架起了理想的桥梁（Cadiot & Visetti，2008：79）。

所有话语都是为了表达说话者的情感，并引起对话者的共鸣。从某种意义上讲，要想说服对话者，不仅要使用论证模式表达自己的观点，还需要与对方拥有共同的立足点，以提高话语的有效性。争论意味着构建共同的参照体系，与目标听众确定有关信息的衔接点，以获得对方的支持。在这方面，我们可以引入社群论辩的概念，论辩的基础是社群共享的价值观。集体预设被广泛应用于舆论说服。政治家们喜欢引用的“凡事皆有定时”的表述，就是源于《旧约》的一个古老的普遍假设[①]（Breton，2006：44）。值得注意的是，习语并不是唯一的预制单元，正如 Gross（1996：22）所指出的，相较于部分受限的短语，完全固定的短语并不多见。

除了嵌入话语的固化单元，言语社群还拥有更加灵活的短语类型，其中存储于母语者记忆中的自动语言反应与微话语可能占有很大比重。很多短语都是固定元素与可变元素的结合，但构成这些短语的单词在固化“程度”上并不相同，因此相比之下，有些短语的含义更容易猜测。Martin（1997：303）指出，某些“习语模式”具有一定的造词能力。例如，在法语中，为了表示某人不算笨，只是头脑简单，就有这样的习语模式：“好吧，他不是发明 x 的人”，由此衍生出众多与发明有关的表述（x=“火药”“黄油刀”“避雷针”“开瓶器”“热水”“蓝纹奶酪模具”，等等），在 x 的位置上，选择似乎可以随心所欲。

同样，有些习语乍一看似乎固定不变，但其实并非如此。以法语中的某些习语为例，它们由固定的副词短语和一个可替换的动词构成，表示“徒劳无功”之意，如“为了钉子/李子/豆子/欧楂等”而“工作/做某事/使自己疲惫不堪……”（Lamiroy & Klein，2005）。

4.2.2.2 搭配

搭配是一种特殊的词汇组合，既不是固定短语，也不是随机的结伴关系，比如“战争爆发、沉默笼罩、危险潜伏”，等等，都是搭配的例子。这些具有共现倾向的词语之间通常拥有某种亲缘关系，是固化的中间阶段。凭直觉分辨，它们既不同于习语（习语的含义不等于各词汇元素的字面意思之和），也不同于自由组合。对非母语者而言，无论搭配是否语义透明、易于理解，都未必能在表达时自然地产出恰当的搭配（特别是考虑到词汇类型是否适合共现），除非只是简单地记住了它们。然而，搭配也是词汇组合的基本类型之一，如果不遵循其形式和语义限制，就可能产生不恰当的言语行为。

---

① “凡事都有定期。世间万物皆有定时，生有时，死有时；栽种有时，拔除有时……”（《传道书》3：1-15）。

有些习语的含义很容易推断，如 il fait un temps à ne pas mettre un chien dehors（这样的天气不适合把狗赶到外面去=这种天气适合待在室内）。这类表达的理解不需要依赖语境，而是基于一定的联想规则。然而，这种联想规则是可以预知的吗？

Mel’čuk（1995）在他的“详解组合词汇学”理论中指出，在所有语言的固化元素中，都存在一个重要子类，即搭配（或“半习语”）。搭配具有二元性和不对称性，它由两个地位不同的部分组成：其中一个可以自由选择，即搭配的“中心词”；而另一个则需要根据中心词进行选择，也就是“搭配词”。例如，a question（中心词）+to raise（搭配词）=to raise a question（提出问题）。

在多数分类体系中，关于词汇搭配的研究都只考虑了它的基本模式（Almela，2006：39），包括：

动词+名词，如 reach an agreement（达成协议）；

副词+动词，如 drink greedily（贪婪地喝）；

形容词+名词，如 heavy smoker（重度吸烟者）；

副词+形容词，如 blissfully happy（称心如意）；

量词+of+名词，如 flock of birds（一群鸟）。

为了阐述语言中的“半习语”，Mel’čuk 构建了一个复杂的系统，该系统的核心概念是“词汇函数”（lexical function），即中心词与搭配词之间的典型对应关系。该系统（Mel’čuk 列举了约 60 个词汇函数）可作为一种工具，用于捕捉任何语言中词与词之间更广泛的语义关系（包括聚合关系和组合关系）。

聚合关系举例：

Syn (policeman)=cop

Anti (precede)=follow

Gener (carrots)=vegetables

Sing (sand)=grain [of ~]

Mult (military aircraft)=air force

Cap (empire)=emperor

Equip (catholic church)=clergy

Result (learn)=know

组合关系举例：

Centr (crisis)=the peak [of the ~]

Epit (winner) = lucky

Ver (punishment) = well-deserved

Bon (analysis) = fruitful

Instr (mail) = by [~]

Copul (example) = serve [as an ~]

IncepCopul (ill) = fall [~]

Oper1(order) = give [~ to]

在一部探讨二语习得的著作中提到 Mel'čuk 的理论是否毫无违和感？我们认为，上面列出的聚合关系和组合关系的几个例子足以说明搭配中所蕴含的文化锚定（通常具有系统性）。显然，词汇函数并不能穷尽一种语言的全部搭配。为此，Mel'čuk 又研究了"非标准"词汇函数，这些函数不适合用预先形式来描述。

因此，每个非标准词汇函数都可以被视为一个微型定义，例如，历法上的"共计 366 天"仅适用于"闰年"，但这种限制对学习者来说是难以预知的；中心词 cat 能产出"kitty kitty !"这样的称呼语。根据 Mel'čuk（2003）的理论，非标准词汇函数涉及具体名词（食物、服装、身体部位、程序、活动），这些名词带有明显的文化标记，而且易于形成词汇集合。以新鲜牛肉为例，推荐的安全烹饪温度包括三分熟（145°F）、五分熟（160°F）、全熟（170°F）等。

鉴于词汇是一个由词汇单元构成的庞大网络，而词汇单元又通过各种关系（特别是搭配关系）紧密相连，Mel'čuk 和 Polguère（2007）强调指出，对于尚未掌握的语言，与理解习语相比，产出习语的难度更大。

为此，有必要帮助使用者进行思想的语言编码，即自我表达。当然，搭配能力的习得难度很大，这也说明，对词汇的把握远不止了解书写形式和词义那么简单。

在各类搭配中，有一类搭配尤其值得关注，即传统的程度短语（即 Mel'čuk 理论中表示"极端特征"的组合关系词汇函数 Magn）。为了正确使用词汇，了解哪些形容词最适合与某个名词搭配，哪些副词最适合修饰某个形容词或动词，等等，诸如此类的知识或许必不可少（Szende, 1996a & 2003b）。例如：Magn (naked) = stark; Magn (abyss) = yawning; Magn (injury) = serious; Magn (patience) = infinite; Magn (skinny) = as a rake; Magn (price) = high, exorbitant; Magn (powers) = vast; Magn (opposed) = diametrically 等。AntiMagn 函数（较小特征）则表示相反

的情况：scattered applause（零散的掌声）、weak arguments（薄弱的论据）、low temperature（低温）、negligible losses（可以忽略的损失），等等。

缺乏这方面的知识可能会导致不同语言文化之间的不理解和不透明。这些组合反映了一种基本的语言文化需求：哪些语言手段能够起到强化信息的作用？答案显然是那些可预测的、习惯性的词汇联想以及程度表达。然而，在选择程度补语时，说话者并没有完全的自由。

需要强调的是，这些短语具有重要的文化影响：被选用的程度词是集体记忆赋予特定词汇的强化工具。如果有人告诉你，某人 certifiably insane（被证实疯了），意思就是他确实疯了；而 as old as the world（像世界一样古老）的意思只是"非常古老"。陈规定型的短语在交流中无处不在，甚至在追求标新立异的媒体中也大量存在。相比之下，此类短语在文学语言中的使用则少得多，因为文学语言更倾向于任意扩大或缩小词义。由于数量庞大，"程度"词汇已经像简单词汇一样融入语言，成为语言不可分割的一部分，不能即兴杜撰，这也使语言实践显得更加真实。

在表达语义强化的短语中，无论是概念（中心词）、用于比较的元素（搭配词），还是比较所使用的形象，都可以在不同语言之间相互借用，例如在英语、法语和匈牙利语中，都会借助相似的比较手段：runaway imagination（"脱缰的"想象力）/ imagination galopante（"奔跑的"想象力 / szárnyaló fantázia（"翱翔的"想象力）；to fight tooth and nail（"用牙齿和指甲"自卫）/ se défendre bec et ongle（"用嘴巴和指甲"自卫）/ foggal-körömmel védekezik（"用牙齿和指甲"自卫）；the patience of an angel / patience d'ange / angyali türelem（"天使般的"耐心）。

外来词的地理分布往往与文化、政治上强势民族的影响范围相吻合，例如，一些代表欧洲文明的词汇正是通过隶属于印欧语系的德语进入了在喀尔巴阡盆地已经使用了一千多年的匈牙利语。以下体现语义强化的短语就是对德语的高度模仿：mézédes (honigsüß)（像蜜一样甜）、sziklaszilárd (felsenfest)（坚如磐石）、lázas sietség (fieberhafte Eile)（狂奔）。

更常见的情况是，各语言的语义强化短语形成了特有的、约定俗成的形式，无法直接对译。例如，对于 szép（美丽）这一概念，匈牙利人偏爱这样一些表达：meseszép（像伯爵一样英俊）、világszép（像世界一样美丽）、"szép, mint a hajnal"（像黎明一样美丽）、"szép, mint a pünkösdi rózsa"（像牡丹一样美丽）。

这些简单的例子表明，词汇在话语中的直接环境可能受制于文化世界所提供的工具。每种语言都能在各自的具体现实之间建立联系，而建立联系的方式有时是其他语言系统和文化背景所无法想象的。例如，哪些比较元素可以用来表达“对某物了如指掌”？英语中是 to know something like the back of one's hand（了如手背），法语中是 connaître quelque chose sur le bout des doigts（了如指尖），匈牙利语用的是 ismer vmit mint a tenyerét（了如手掌），而俄语用的是 Знать как свои пять пальцев（了如五指）。

通过与其他语言进行对比，我们或许能够更加细致地描述比较元素与被比较元素之间、强化词与被强化词之间的潜在关系。

对话语的语言构成具有制约作用的因素有：社群的传统、历史和社会判断。与习语一样，强化语义的搭配也蕴含着心理联想或文化记忆，这些都很难从共时的角度去分析，因为文化参照和社会深层思考的机制已然消失，剩下的只是单纯的强化概念。

下面是三个传统的程度短语，它们调动了铭刻在历史记忆中的形象，体现了匈牙利语言与文化的独特性：

（1）“messze van, mint Makó Jeruzsálemtől”（像毛科离耶路撒冷那么远）：这个短语说的不是毛科镇，而是一个叫毛科的匈牙利士兵。他在 1217 年跟随国王安德鲁二世参加了十字军东征。据传，他想通过喝酒来忘记东征的危险。抵达亚得里亚海的明珠斯帕拉托（斯普利特）后，他在酒精的作用下以为已经到了耶路撒冷，于是开始祷告。

（2）“megrázza, mint Krisztus a vargát”（像基督对鞋匠那样摇晃某物或某人）：该短语同样语义晦涩。据说它来自一个民间的寓言故事，说的是耶稣出现在一个鞋匠面前，提出可以满足他的三个愿望。耶稣满足了鞋匠的第一个愿望，但鞋匠除了食物和饮料以外别无所求，于是耶稣用力地摇晃着鞋匠，责备他的物质主义观念，希望他的第三个也是最后一个愿望是得到永生。

（3）“él, mint Marci Hevesen”（像 Martin 生活在赫维什）：这个短语的意思是“非常快乐”，似乎源于一个古老的性爱隐喻：Marci（Martin 的指小词）在当时可能是男性生殖器的象征，而赫维什（匈牙利的一个地名）应该是 Marci 体验快乐的地方。

上述话语单元调动了当地人共享的文化知识（Szende，2010c）。每个言语社群都是由一群说话主体构成，他们至少共享着一定数量的承载了传统观念的词汇。从幼儿时期，他们就开始习得程度短语，并通过使用这些短语来彰显自己的群体成员身份。同时，学校教育和媒体在巩固和稳定此类短语的使用中也发挥了重要作用。需要注意的是，程度短语也可能包含某些偏见，例如法语中的 fort comme un Turc（像土耳其人一样强壮）、voleur comme un Grec（像希腊人一样偷东西）、saoûl comme un Polonais（像波兰人一样酩酊大醉）等。

研究相近语言的人都知道，语言的相近性通常是显而易见的。不过，形态学上的关系可能会造成平行性的假象，具有误导性。实际上，词汇的语义强化未必能够在相同的条件下实现，如相同的典型扩展、使用范围、语域等。

搭配的独特性是如何形成的呢？在语境的帮助下，理解搭配或许不难，但产出搭配却绝非易事。每种语言都有其感知和解释现实的模式，也都有其语义强化的敏感点。无论是从句法特征还是从词汇语义，都无法说明程度补语的选择依据。对现代使用者而言，选择某个程度补语的理由往往已经无从追溯。因此，对于学习者和译者来说，程度短语的搭配错误是一种常见的错误类型，但这类短语对于语言的掌握至关重要，尤其是在语言水平达到一定程度之后。

母语者与外语学习者的学习路径各不相同。母语者眼中司空见惯的搭配可能会让非母语者感到意外，他们必须把这些搭配当成新词来学习，虽然不排除两种语言碰巧一致的情况。如果说母语儿童和青少年是在发现和探索如何强化语义，那么外国语言和文化的学习者则必须解构母语文化所提供和强加的词汇化的文化刻板印象，只有这样，他们才能在习得过程中尽可能地接近二语规范（Szende，2003b：268）。

4.2.2.3 惯例语

日常语言的特征之一是包含大量的常规交际行为，这些行为通过不同的物质载体（如言语、视觉、手势等）来帮助信息的实现。每种语言都有陈规定型的、频繁出现的短语，它们的地位可能存在差异，而且既不属于习语，也不属于搭配，其使用语境总是涉及“高度规约化的预制表达”，而这样的表达或多或少都出现在标准化的交际情境中（Coulmas，1981：2-3）。

Kramsch（2009a：9）曾论及“可预测的小型口头实践”，Bardovi-Harlig（2009）称之为“习惯表达”。Mel’čuk（2003：23）所提出的“语用位（pragmatemes）”则与信息内容或特定情境密切相关，如 Forbidden to park（禁止停车）、Kindest regards and my sincerest appreciation（最亲切的问候和最诚挚的谢意）。

Porquier（2001：112）强调了“独词句”（phrasillons）这一术语。独词句介

于语法和词汇之间，是日常交际不或缺少的语言工具。这些独词句往往具有多种功能，被赋予了不同的语用价值，并受到口语特有的微妙表达效果的影响。虽然独词句的识别可能超出了语法、词典和学习工具的典型描述范围，但它们在互动中确实扮演着重要角色。以下是法语“Tiens !”的几种不同含义：

（1）Tiens ! C’est pour toi. = 喏，给你。［递出一个物体让人拿取］

（2）Tiens ! on est déjà là? = 哇！我们已经到了？［表示惊讶］

（3）Tiens, tiens［嗯，你知道吗……独白：嗯，我想知道……］

（4）Tiens !［这不是很明显吗？……］

这些独词句的含义因使用语境和韵律结构的差异而有所不同，很难通过书面形式再现。可以想见，对于这些常见的语境，每种语言都会形成特定的话语形式。

儿童能够学习这些具有韵律结构和语用价值的独词句，将它们与典型互动相联系，并获得根据规范将它们进行连接、重复、缩写或插入更长句子的本能反应。这一早期习得过程为母语和文化能力奠定了基础，并在随后的语言发展阶段中不断得到完善。在学习外语时，那些符合社会习俗的习惯用语逐渐融入日常生活，对构建必要的情境互动意识大有帮助。需要指出的是，虽然大量的标志性惯例语在不同语言中都有使用（如 bravo、ciao、OK、inch’alah、basta, 等等），但其具体内涵可能存在差异。

在各种语言中，我们都能找到形形色色的“文化片段”，它们即使不包含深刻的智慧，但也丰富了日常表达，提高了社群的社会凝聚力（Rey，1993：XV）。这些富有个性的简洁而通用的表达方式最终会在一定程度上演变为习语，例如：“It’s all Greek to me.”（对我来说，这完全是希腊语。）[①]、Open Sesame（芝麻开门），等等。

在简短的互动中，我们常常能听到一些个人评论或者对评论的回应，这些话语逐渐形成了一系列特定的惯用表达（见下页表 15）。但与谚语和格言不同，它们不具有普遍的真理价值（Mochet & Cintrat，1995：129），例如：“Take it or leave it.”（要么接受，要么放弃。）、“That’s all I needed.”（这就是我需要的。）、“It’s a small world!”（世界真小！）。

① 此为字面意义，该句子的涵义为：“我完全不懂。”——译者注。

表 15　　光阴似箭！

英语	法语	匈牙利语	俄语	阿拉伯语	汉语
Time flies.	Comme le temps passe!	Repül az idő.	Как летит время!/Как быстро летит время!	الوقت يجري!	光阴似箭！
时间飞逝。	时间过得真快！	飞逝，这时间。	时间如何飞逝！/时间飞逝得多快啊！	时间在奔跑！	

惯例语中总是包含某些惯用的语言元素，有时候它们唯一的功能就是安慰对话者，例如："Life is hard, (what can I say?)"［生活是艰难的，（我能说什么呢？）］、"These things happen."（这是常有的事。）、"You can get used to anything."（你可以习惯任何事情。）、"You're not the first person this has happened to."（你不是第一个遇到这种事情的人。）、"You'll get nothing out of it if you don't put something into it."（如果你不付出，你将一无所获。），等等。在这里，我们又一次意识到，言语行为是社会表征的一种媒介。另外还要注意，语言中存在众多惯用的同义反复句，这就要求对话者必须识别其中的隐含信息（Bracops，2006：85），例如："Women never know what they want."（女人永远不知道自己想要什么。=女人心，海底针）、"In times of war, we really have to make do."（战争时期，我们只能将就。=我们必须尽可能地利用仅有的资源）、"Kids are kids."（孩子就是孩子。）、"Business is business."（生意就是生意。），等等。Brown 和 Levinson.（1978：225）曾提出"使用同义重复"的策略，即"通过同义表达，S 鼓励 H 对非信息性话语作出信息性解释"。这些固定的表达方式往往可以通过 as has been stated（如上所述）之类的语句引入话语。

口语中常见的"经典句"，如 be brave（勇敢些）、"I'm surely coming down with something."（我肯定是生病了。）、"Something strange has happened to me."（我遇到了怪事。），在很多文化中都有直接对应的表达。Martins-Baltar（1995）对标准化和词汇化的语句进行了分析，认为相对于说话者想要传达的信息而言，这些语句的表面信息是多余的，如："I only have two hands."（我只有两只手。=我不能同时做所有的事情）、"I'm not deaf."（我没聋。=说话不必太大声）、"I was there before you."（我比你先到。=言外之意：先到先得）、"Do I need to spell it out for you?"（需要我给你拼出来吗？=通常针对未能理解隐含信息的人），等等。

有些"句法外"语句，比如"I love you."（我爱你）这样的语块，不宜进行任何结构上的转换。Barthes（2010a：537）认为，这也是"独词句"的一种，能够完整表达一个情境，与儿童学话过程中所说的第一个单词具有相似的性质。

通过对日常语言现实的分析，Fónagy（1982：3-4 & 9）最终推翻了自己的诊断，认识到话语并非瞬间的、创造性的产物：很多制约因素使说话者无法“自由地”表达自己，但却能帮助其快速而恰当地做出反应。具体的诗歌语言以及只有单一来源证实的“罕用语”在标准语言中是“不可接受的”。标准语言与诗歌语言的区别在于语境限制，以及将特定话语与典型情境相联系的习惯。因此他提出，应将所有需要记忆的单元称为“情境绑定话语”，因为它们与反复出现的社会情境直接相关，而这些社会情境往往无法直接翻译，例如，打电话就是这种情况，有些电话用语属于预制语句，与通话内容无关，而与电话交谈的特定环节有关。

文化不同，说话者介绍自己身份的方式也不一样。能够介绍自己的身份意味着：（1）会写自己的名字；（2）知道是否应该把姓名告诉对话者；（3）知道如何向对话者询问此类信息，等等。换言之，学习自我介绍或准确地拼读自己的姓名是学习者需要建立的基础条件反射。然而，如表 16 所示，由于对话中存在诸多限制因素，这项技能的习得并非易事。

表 16 请问您是哪位？

英语	法语	匈牙利语	俄语	阿拉伯语	汉语
-Hello! Is this Mister Smith? -Yes, speaking!	-Allo! Monsieur Martin? -C'est lui-même.	-Halló, Kovács úr? -Tessék, én vagyok.	-Здравствуйте, это Иван Иванович? - Да, я Вас слушаю.	- ألو!أستاذ محمد ؟ - أيوه، مين معايا؟	—喂！请找一下李先生。 —我就是。
—你好！这是史密斯先生吗？ —是的，说话！	—喂！马丁先生？ —是他本人。	—你好，科瓦奇先生？ —请，我是……	—喂，是伊凡·伊万诺维奇吗？ —是的，我在听。	—你好！穆罕默德先生？ —是的，我，谁和我在一起？	

Mel'čuk（2000：22）指出，词汇和语法虽然必要，但对于表达的流利度来说远远不够，他用一个实例进行了说明：“电话响了，他的妻子拿起电话，听了一下，对他说：‘It's for you.’”；在同样的情境中，俄罗斯人会说“это тебя！”（“是你”＋宾格）。这两种表达方式在各自的语境中，其组合关系都是可预测的，并且都在各自的文化中负责语义的传达。

Gross（1996：6）基于 Fónagy 有关话语的观点，将那些不能按字面意思直接翻译成另一种语言的语句称为“习语式表达（idiotism）”（如法语式表达、英语式表达、德语式表达，等等）。“习语式表达”具有双重特点：（1）在语言内部，由于其句法结构的灵活性和语义的可推断性，它们无法被立即感知；（2）其翻译难度之大，堪比固定短语。

用于组织话语的表达有多种类型，它们通常被称为“连接词”。在构建语言文本时，必须了解哪些话语元素能够在不影响语义的前提下整合语句的线性顺序，如 first of all（首先）、subsequently（接着）、finally（最后）……（Pop，2000：221）。此外，每种语言都构建了独特的语言手段，用以激活共享知识，并在话语层面调动人们熟悉或不熟悉的信息，就像一种“信息追赶”（information catch-up）：根本无需提及那些已经存在于对话者话语记忆中的元素，因而也无需将“我不需要告诉你”之类的仪式化表达宣之于口。

有些元素的唯一功能就是引出指称对象。Manno（2000：56）称之为“引介语”（presentatives）。在近年来的电子语言中出现了固定的文本外交叉指称，即对读者直接视觉范围之外的附件的指称。在面对面的交流中，我们会说“这里！”，并伴随着指向手势；但在使用电子邮件时，则需提醒收件人注意到附件的存在。任何语言中都有一些回指词，用于指称前面提到过的内容。在这些用于重新表述的连接词中，有一种固定的自我注解，实际上是一种确认说话者在场的回指性表达（Authier-Revuz，1995），例如：“你知道我在说什么。”“我想说的就是字面的意思。”当隐性知识涉及无法全部列举的多种情况时，则可以通过概括性语言来表达（表 17）。

表 17　　等等，等等……

英语	法语	匈牙利语	俄语	阿拉伯语	汉语
and so on, and so on…	j’en passe et des meilleures…	és folytathatnám a sort…	и так далее, и тому подобное…	إلخ......	等等，等等
等等，等等……	我跳过一些，甚至更好的……	……我可以继续列举它们……	因此，更远和更相似……	直到它结束……	

在本节即将结束时，我们想重申以下观点：政治、社会和文化现象都是话语协商的产物。特定历史环境或特定背景下获得认可的表达方式可以获得超越其原

始意义的社会含义。为了永久地留在人们的记忆中，“历史语句”需要迅速得到验证，并获得足够高的知名度。1958 年，戴高乐将军从阿尔及尔的一个阳台上向下俯视，呈 V 字形张开双臂，向人群高喊：“Je vous ai compris.”（我理解你们。）。这句话虽然语义模糊（究竟是对法属阿尔及利亚的呼吁？还是对定居阿尔及利亚的法国人的背叛？），却对公众思想产生了影响。再比如，“攻占巴士底狱”的说法其实是一个历史产物，可以肯定，在 1789 年 7 月 14 日，这一短语并不存在。

是否应当重视在公共空间持续传播（同时在媒体中无处不在）的某些语句所产生的动员力量？Krieg-Planque（2003：14）在研究南斯拉夫战争（1991 年—1995 年期间）时，将一些“短语”的出现称为新的命名方式，并描述了它们作为话语对象的形成过程：在公众讨论的某个阶段，一个具有明显形式特征的短语开始在话语中崭露头角，虽然此时它已被广泛使用，但尚未获得正式认可；随着它在使用过程中被赋予各种含义，该短语逐渐被纳入话语体系，从而正式成为公认的短语。

Krieg-Planque（2009：7）指出，诸如“可持续发展”“全球变暖”之类的短语，是政治和社会利益具体化的形式。此类短语的主要特征有：（1）固定性：短语是相对稳定的符号化形式；（2）话语性：短语拥有相对稳定的语言物质材料；（3）社会指称性：短语在某个特定的空间内具有主导性，能够在特定时刻激发人们共同的联想；（4）争议性：根据巴赫金的比喻，短语如同“竞技场”上的对抗。

4.3 固化的消除

固化过程能够使语段（或整个句子）成为形式上相对稳定的对象，从而易于识别、重复使用和操作。但固定短语并非总是以显性方式表达，事实上，人们往往不是直接使用这些短语，而只是通过影射，用类似谚语的表达强调一种特定的推理模式（Anscombre，2001：63）。固定短语可以通过“唤起”“省略”和“颠覆”等方式出现在话语中，增加话语的语义透明度，并满足人们的期待，而当它们被“颠覆性”使用时，人们就不得不判断它们偏离标准话语的程度（López Díaz，2006：204）。

固定短语的“重构”现象非常普遍，不亚于固化现象本身。在某些场合（如海报和报纸头版），对于形式和语义调整显得尤为必要。新闻标题作为这种语言现象的珍贵文献，往往含有大量的固化短语和重构短语，从中可以窥见“当下热点”。在这种新闻话语中，那些深植于社会文化背景的标题（常通过另一个副文本元素，即副标题来消除歧义）构成了激活话语间记忆的有利场所，而影射则是推动重构的主要动力。

我们来简要分析一下法国《解放报》的两个头版标题（Sullet-Nylander，2005）。1973 年 4 月 18 日的头版标题尤其显得别有深意。当时该报正处于起步阶段，需要资金发行，为此特意使用了 Prenez votre journal en main 这一标题。这句话可以从两个层面进行解读：（1）字面意思是把报纸拿在手里；（2）比喻义是为报纸的生存承担道义和财务责任。2004 年 7 月 3 日马龙 · 白兰度去世时，头版大标题用的是 Un acteur nommé désir（欲望号演员），这是对 1951 年由伊利亚 · 卡赞执导、马龙 · 白兰度主演的电影《欲望号街车》（Un tramway nommé désir）的巧妙化用。这种通过文化背景的影射来报道新闻的方式体现了一种话语间的交互活力。此类文字游戏根植于语言和文化，将信息融入作者和读者共享的文化和语言空间，从而为信息赋予了更多的意义。

只有经过固化的短语才能进行固化的解除，解除的目的是要还原构成元素的全部或部分原义，因此这一过程往往是对短语字面意义的回归。对于习语，常用的语义重构方法是“复原”其固化成词之前的原始语义。语义之所以发生变化，是因为经过重构的短语本来就存在于我们的记忆之中。诗人艾吕雅（P. Eluard）挑战了各国共同拥有的稳定表达方式和传统智慧，在他“更新”的谚语中（1925），有一句 Il faut rendre à la paille ce qui appartient à la poutre（把属于梁木的归于刺）就是两种表达碰撞的结果：一是源于《圣经》的谚语：“凯撒的归凯撒，上帝的归上帝。”（=把功劳归于应得之人），一是来自《圣经》的寓言：“只见别人眼中有刺，不见自己眼中有梁。”（=无视自己的缺点）。

正如 Genette（1982：53）所指出的，简短、著名且有特色的话语注定会被模仿，但只有固化的语句，即人们熟悉和认可的、知名度高的语句，才会产生语义转变，即从词汇、语义或文体层面对固定语句的语义重构（Schapira，1999：145）。

短语重构产生的效果，尤其是打破预期这一点，基于对文化及其规范（包括短语固化）的把握，但这并不是终点。对于重构短语的解释，需要从其传统语义及其在语义转变中产生的附加含义入手。正确解读重构短语需要：（1）熟悉话语中隐藏的原始固化短语；（2）理解对固化短语的重构操作（重构后的短语在话语中应当“显而易见”）。

重构操作既可以是对固化短语某一构成元素的简单倒置、复原、再语义化或替换，也可以是全部元素的重新排列，或者在固化短语中插入一个外来元素。无论是哪种操作，对非母语者来说，其识别都可能成为一道真正的脑筋急转弯。短语重构是一种暗示性的、往往带有戏谑色彩的文化表达。Rastier（1997：326）曾提到，莫扎特大街上有一家名为 La flûte enchantée（魔笛）的商店（它不是一家音乐商店，而是一家面包店，flûte 是一种面包）。请注意：解读者与重构者的文化背景可能并不一致。我们可以一直在一家名为“魔笛”的面包店买法棍，而无需做出合理的解释（=我完全理解：这既是莫扎特创作的歌剧，也是一种法国长棍面包）。

如果不了解这个“基础”，就无从理解重构后的语义。固化短语的重构是文化适应的工具之一，母语者可以在社会互动中自然习得。事实证明，隐迹文化词（verbo-cultural palimpsests）也是共同文化的理想载体。按照 Galisson 的定义（1999b：484），这“是一种擦掉旧字写上新字的羊皮纸稿本，它们以一种话语形式出现，但比普通的话语更为厚重”。显然，这种语言创作非常活跃：电影名称、文学作品的标题、脍炙人口的诗句以及集体意识中根深蒂固的表达方式等频频被拿来重新利用，以制造一种幽默的效果。

作为共享知识的载体，符号的融合似乎已成为嬉戏文化中不容忽视的热点现象。法国歌手 Alain Souchon 创作的“Allô, Maman, bobo.”（喂，妈妈，我很痛。）（bobo=儿语：“我很痛。”）如今已成为一句日常用语：许多表达方式都以它为模板，频繁套用，尤其是在媒体领域（Pruvost，2005：21）。

Galisson（1995：123-124）认为：（1）词汇文化对外国人来说是一个盲区；（2）没有即时出现的事物可能永远不会出现。因此他建议，为了促进对文化隐迹词的掌握，应在课堂内外采取各种策略：（1）让学习者认识到，他们自己的语言中也含有文化隐迹词，被隐去的原始文本恰是词汇与文化交汇的典型例证；（2）寻找被他称为“高风险区”的富含文化隐迹词的媒体材料，同时重申，在看似与文化无关的话语中，文化参照其实非常重要。

Tsitsa 和 Anastassiadi（2001）以希腊《妇女》（*Γυναίκα*）杂志的标题为语料，探讨了本国人易于识别的文化隐迹词在翻译中的处理。作者将这些词分为四类：有语音亲缘关系的去词化、无语音亲缘关系的去词化；经过句法解构；未经句法解构。这些都是具有最大文化负载的意义单位，若要移植到新的环境，需要调动足够多的文化元素，并采用可以解码的去词汇化模式。

5

话语与互动

5.1 超句组织

5.1.1 文本与话语

语言单位的定义取决于它与更高级单位的关系。词汇虽然通常都含有信息意义，但它们只能通过比句子更大的单位来反映现实。在这里，“文本”和“话语”的概念似乎是重合的，它们都提出了同样的问题，即如何将句子组织成更大的单位。文本更多地被视为封闭的对象，而不是超句语法中有组织的语言信息（Adam，2005：28）。

Bronckart（1996：120-136）将文本的组织比作三层的“夹心蛋糕”：一是文本的总体基础结构（句型、语句）；二是文本化机制（衔接标记、主题开展）；三是话语实现机制（语用连贯、传达的内容、情态化）。事实上，话语是指社会实践中的语言表现，更应被视为历史和社会的产物。研究话语，就需要探讨每个文本特有的话语—互动情境（Adam，2005：28）。

话语实践是一系列具有时空稳定性的匿名的历史规则，它们为特定时期以及特定的社会、经济、地理、语言等领域设定了陈述功能发挥作用的条件。“同一句话，无论是对话过程中由某人说出，还是出现在若干世纪前的小说中，抑或如今重新出现在口语中，都不能被视为同一话语”（Foucault，1969：132 & 153-154）。语言是一个庞大的系统，有一整套传统角色，对应一系列社会认可的言语行为（Récanati，1979：10）。因此，说一种语言就相当于实施一种受规则约束的行为（Searle，1972：72）。

二语学习者并非缺乏规范的话语经验和实践，他只是深受第一语言话语系统的影响（见下页表 18 和表 19）。事实上，母语日常使用的话语规则难免会对外语的使用产生影响。

母语的话语记忆是我们理解和产出话语的原材料，但说话者往往无意识地忽略了语言功能、抽象的交际系统与具体话语运用这三者之间的联系。在二语学习过程中，非母语者迟早会意识到，与单词和句法结构一样，语言所传达的*话语习惯也是他者的载体*。讲故事、辩论、开玩笑、辱骂等，在不同的文化环境中有着不同的话语习惯。Young（2008：2）为“话语实践”归纳了四个基本原则：(1)社会现实是通过语言/话语来构建的；(2)话语受到语境的制约；(3)话语是一种社会行为；(4)语义协商是在互动中实现的，而不是一成不变地存在于话语之中。

表 18　　服务员！

英语	法语	匈牙利语	俄语	阿拉伯语	汉语
Waiter!	Monsieur!	(Pincér) legyen szíves!	Официант!	لو سمحت!	服务员！
服务员！	先生！	（服务员）能否请您……	服务员！	如果您允许！	

表 19　　您要点儿什么？

英语	法语	匈牙利语	俄语	阿拉伯语	汉语
What will you have?	Vous désirez?	Tessék parancsolni!	Что будете заказывать? Что пожелаеете?	تحت امرك يا فندم	您要点儿什么？
您要吃什么？	您喜欢？	您要点什么？	您要点什么？您想要什么？	在您的指挥下，先生。	

在新的语言环境中，社会化过程需要以获得新的参考框架为基础，而核心问题是要了解，沉浸于二语社会化中的个体是否有能力产出符合二语规范的话语（Dewaele，2006：446）。

话语并非仅存在于任意组合的句子之中。除了价值观、表征和隐含信息，社群的文化身份还体现在文本的结构和组织上。话语意图往往具有某种普遍性，但在不同的语言社群中，意义构建方式、话语实施策略以及仪式化过程却存在差异（Szende，2010c）。

5.1.2 上下文与语境

区分这对概念的意义不亚于区分文本与话语。“上下文”（cotext）是指语言单位之前或之后的元素，即语言内语境；而“语境”（context）是指语言单位所在的交际情境。前者是依据语言规则提取的信息集合，后者则包含了一系列超越语言规则的平行信息。对世界的认识因文化和个体而异，这属于长期记忆的范畴；而说话者从对特定情境的感知中汲取的各种知识，以及从先前话语中获得的信息则属于短期记忆。无论是写作还是口头表达，个体都是基于先前获得的信息，这与显性和隐性的共享知识是一致的。

显然，区分信息的来源是上下文还是语境并非易事。没有语境，语言代码就不完整，因为它只是信息的一部分。Hall（1976）认为，同一语境中存在两种不同的信息，即高语境信息和低语境信息。在语境信息丰富的情况下，大部分信息都可以在语境中获得，只有一小部分信息是以显性方式传达的。

语境研究的范畴相当广泛（这一点与上下文的研究一样），包括对直接交际框架的观察，对制度环境、社会环境或国际环境的分析，以及先于话语存在的、涵盖所有领域的世界知识（无论是否共享）。Ruwet（1967：22）曾主张对句法进行纯粹的形式研究，因为“语境”这一概念的界定非常困难。举例来说，正确理解朋友间关于电影的对话需要怎样的语境？是一定的专业知识、审美能力？还是共同看过的电影？甚至是特定的场所（如某个小酒馆）与所喝的饮品（威士忌而不是咖啡）？从狭义上讲，这一概念通常局限于实时的语句，而从广义上讲，它会不会被淹没在整体的现实之中？

5.1.3 衔接与连贯

我们如何对“衔接”（cohesion）与“连贯”（coherence）这两个概念进行界定？文本在本质上更具语法性和规范性，从这个意义上讲，用以确保衔接的规则显得更为重要。分析文本的衔接，意味着将文本理解为它借以展开的一系列语言现象，如整体架构、连接方式，尤其是切分过程（如段落的开合、时空或行为的划分、意外效果等）；此外，排版的重要性也不容小觑。正如其词源所揭示的，文本是一种结构，一种组合，由在不同层面上相互作用的元素组成。文本是具有衔接性的整体，构成元素之间彼此结合，相互连接。然而，具有衔接性的文本未必具有连贯性，例如：“起初我们想在酒店睡觉，但最后皮特创办了一家出版社。”在观察具有历史和社会背景的话语时，更要关注那些确保话语连贯性的规则。连贯性不仅涉及可解释性，还涉及很多语言外因素。因此，研究连贯性需要关注话语的主题开展和语用组织。

教师需要证明存在一种超越句子的分析框架，它将一连串句子纳入特定的话语实践，从而为对话者营造一种连贯的感觉。话语中通常充满了不完整和模棱两可的语句，需要加以澄清。我们来看看 Meunier 和 Péraya（2004：119）所举的例子：“La cuisine de Dominique est impeccable.”（多米尼克的厨艺/厨房无可挑别。）这句话有两点需要澄清：（1）Dominique 这个名字男女皆可用（这里是男性还是女性？）；（2）法语单词 cuisine 具有多义性：厨房/厨艺。而明确的语境可以避免歧义的产生，引导对话者对 Dominique 的性别作出合理推断，并在可能的主题（如区域的清洁状况、菜肴的品质等）之间作出选择，从而消除歧义。

众所周知，精神分裂症的症状之一即体现在话语中（Sabourard，1995：187）：包括话语的断裂（不完整）、不连续（词与词之间缺乏联系或明显的必然性）。正因如此，Moeschler 和 Auchlin（2009：192-193）注意到精神障碍患者语言混乱的情况，也就不足为奇了。他们引述了一位精神分裂症患者的一段话，他的话语不受控制，仿佛孩童一般："而且，我一直喜欢地理。我最后一位地理老师是奥古斯特·A.教授。他长着一双黑色的眼睛。我也喜欢黑眼睛。眼睛还有蓝色的，灰色的，等等。我听人说，蛇的眼睛是绿色的。全世界的人都有眼睛。也有一些盲人……"作者认为，上述话语的可解释性与连贯性密切相关。为了界定连贯性的概念，他们提出了两个假设：（1）说话者的总体信息意图越复杂，其话语连贯性就越强；（2）说话者的总体信息意图越容易理解，其话语的连贯性也就越强。

当然，话题转换是话语交际中的常见现象，但如果缺乏恰当的衔接，我们一般不会在话题之间突兀地跳来跳去。话语似乎更像是一种有主次之分的架构，承载着一系列呈线性排列的语句，按照灵活的、可观察的规则组织在一起，朝着一个目标前进。语句间的连接不是随机的，它依赖于交际活动的具体类型。每个语句都是一组潜在的、有限定条件的聚合体。在某些情况下，定型的习惯性表达更为人们所偏爱。

例如，在指示牌或横幅（表 20 和表 21）中，陈规定型的表述尤为丰富，它们虽然简洁明了，但却不能简单地理解为孤立词语的堆砌，而应视为一种精心构建的话语。

表 20　　油漆未干！

英语	法语	匈牙利语	俄语	阿拉伯语	汉语
Wet paint!	Peinture fraîche!	Frissen festve!	Свежевыкрашено Осторожно! Окрашено.	احترس من البويـــــــا!	油漆未干！
未干的油漆！	新的油漆！	刚粉刷过！	刚粉刷过。 请注意！油漆。	小心油漆！	

表 21　　请勿踩踏！

英语	法语	匈牙利语	俄语	阿拉伯语	汉语
Keep off the grass!	Pelouse interdite!	Fűre lépni tilos!	По газону не ходить! Po gazonu ne hodit'!	ممنوع السير على الحشائش!	请勿踩踏！
远离草地！	禁止的草坪！	在草坪上行走禁止！	不要在草坪上行走！	禁止在草坪上行走！	

作为一种社会实践，八卦的规则是由其传播方式决定的。在可能引发兴趣的领域传播之后，它们要么被遗忘，要么成为稳定的话语（Rosier，2006b：101）。八卦的主题通常聚焦公众人物的隐私，多少会涉及点儿违反法律或道德的普通小事（如犯罪、丑闻、绯闻等）。同样，八卦的开场白也有独特的形式。由于需要选择可信赖的对象，人们在口耳相传时常会选择窃窃私语的方式进行交流（表 22）。

表 22　　别告诉别人！

英语	法语	匈牙利语	俄语	阿拉伯语	汉语
Don't tell anyone!	Que ça reste entre nous…	Maradjon köztünk!	Пусть это останется между нами.	بس ده يفضل سِرّ بيني و بينك	别告诉别人……
不要告诉任何人！	让这件事留在我们之间吧！	这是我们之间的事！	让这件事留在我们之间……	但这仍然是我和你之间的秘密。	

然而，我们能否将全部交互功能看作一场庞大的、不断进行模块组合的麦卡诺游戏（Vion，2000：166）？在很多情况下，实际话语中的语境有着多种多样的具体实现方式，而其构成要素也可以以近乎无限的方式进行组合。不论语言使用的条件如何，或者交流的目标和语境参数怎样变化，所有话语都在某种程度上带有说话者的个性烙印、价值判断及其对外部世界的理解的独特理解。

5.1.4　流利性与话语实现

说话者的话语能力包括对语言要素（如词汇及其组合规则）的掌握，以及在特定语境中，为达成交际目的，根据对话者的预期在语境中使用这些语言要素的能力。外语课程能够帮助学习者获得“他们可能自感不足的话语行为能力”（Kramsch，2011：308）。教师应明确指出，流利性不仅关乎表达速度，更在于为实现交际目标而产出有效话语的能力，为此，应特别重视母语者和非母语者在特定语境中产出（或可能产出）的话语要素，因为在交际任务的实现过程中，不同语言用于构建话语类型的程序是存在差异的。

话语的产出意味着将语句连贯地组织起来，换言之，就是将交际信息“线性化”。现在我们已触及核心问题：理论上讲，成年人已经具备用母语构建话语的能力，他们通过一语习得拥有了叙事矩阵。Demagny 和 Paprocka-Piotrowska（2004）在研究了一语和二语中动词（尤其是运动及感知动词）和副词（尤其是频率副词和表示持续时间的副词）的习得情况，并指出，母语学习者与外语学习者的学习路径截然不同：（1）在一语学习时，儿童需要发现并深化基本概念；（2）学习新的语言时，由于学习者幼儿时期就已经掌握了基本概念，因而无需重复这项重要的认知工作，但需要对一语语法进行解构，以便在二语学习中尽可能地向二语话语靠近。

掌握外语知识绝不仅仅是掌握一系列形式和意义。学习语言意味着能够识别和构建集体话语现实，这在某种程度上类似于根据某种交际情境撰写短文，例如雇主在拒绝一封求职信时，可能会用到以下话语：（1）“We have received your letter dated...”（××月××日的来信已收悉）；（2）“Unfortunately, we are not able to...”（很遗憾，我们不能……）；（3）“Nevertheless, we will keep your application on file and will definitely contact you should...”（但我们会将你的申请存档，如果……，我们会与你联系。”（4）“Sincerely...”（此致敬礼），等等。不过，要产出此类“标准”信息，相关的词汇和句法解决方案显然不止一种。根据个体的语言潜力，说话者在聚合层面（词汇、时态、语式）和组合层面上享有一定的选择自由。需要注意的是，并非所有句法正确的句子都能得到文化语境的“认可”。

在协商过程中，语气、微笑或手势可能会减弱言语带来的不良影响，但在写信时，我们却只能使用文字表达，无法通过语言外的手段来缓解尴尬。挪威的商务信函写作教师 Whittaker（2001）指出，学习这类文本的写作时，学生需要掌握特定的话语策略（如建立首次联系、询问信息、提出索赔、拒绝跟进某一请求等）。在这些话语配置中，分歧作为不可避免的因素，尤其值得关注。

一个简单的咨询请求可能会使收信人感觉受到了威胁，而一封道歉信也可能让写信人颜面尽失。然而，学习者的外语能力还不足以处理冲突性的交际情境，他们的信件可能近乎无礼，或者过于谄媚。事实上，尽管这些信件中的语法和词汇错误相对较少，但有些还是可能被收信人扔进垃圾桶。总的来说，这些信件在信息内容上是连贯的，但在可以称之为“文化”的层面上却显得不够得体，既过于拘泥，又不够文雅。作者指出，在大学第二语言教学的标准大纲中，关于如何在语言信息的发送者和接收者之间建立联系的学习内容几乎是个空白。

学习者往往误以为，只要语言形式合规，自己就是礼貌的。在这方面，词典和教材显然难辞其咎：简单地将语言划分为不同语域（通用/通俗/正式/非正式）无疑掩盖了语言实际使用的复杂性。二语学习者也应当像母语者一样，学会评估交际情境的关键问题和风险，包括：（1）语言干预条件（如普通/特殊）；（2）对话者的社会职业地位（如专家/新手）；（3）与语境相关的互动语气（如友好/紧张）（Boissat，2002：33-34）。

所有话语都在不同词汇之间建立了共指系统。这些词汇不一定是特定语言中的直接同义词，但在具体的话语架构中，它们可以共同表达、重复或展开同一概念，即共指对象。在 2011 年 5 月 2 日《费加罗报》关于本·拉登之死的报道中，“基地组织头目”“世界头号恐怖分子”，等等，构成了一个错综复杂的网络，可以在同一话语框架内指定、重复和丰富同一指称对象。名词、代词、昵称、缩略词、地点、事件、日期，以及各种替代或重新表述、幽默或影射手法都可能影响信息提取的速度和复杂性。同时，通过话语本身构建的知识以及特定社会中各种形式的语言内和语言外知识也是不容忽视的影响因素。

话语是展现表征和社会关系协商的重要场所。固化概念在话语中十分普遍，正如固化短语一样，固化话语也同样存在，因此就有了对新话和模糊语言的研究。自古以来，刻板印象就充斥着我们的话语。Siblot（2007）在研究阿尔及利亚的殖民话语时发现，枚举作为一种普通的修辞手法，使用频率很高，经常用于对阿尔及尔城市的描述，形成了一种可预期的套语。这种宏观的修辞手法简单而常见，用于连续列举某一整体的各个部分（如山区卡拜尔人、摩尔人和比斯克拉人、西班牙人和马耳他人，等等），也常出现在书信、回忆录、自传及小说文本中。在殖民背景下，枚举的作用绝非无关紧要：在阿尔及尔拥挤的卡斯巴哈街道上，熙熙攘攘的各个“种族”就这样一一得以呈现。自 16 世纪以来，这种修辞手法的频繁使用，不仅体现了刻板话语历久常新的力量，也反映了它随着历史发展所做出的适应与调整。

5.2 充满张力的社会空间

话语的理解与产出包括一系列的操作管理，其形式取决于说话者的社会地位以及对话双方的关系。如果承认文学中存在“创作/接受周期”（作者的敏感性和创作能力→文本→读者的敏感性和接受能力），那么这样的周期同样适用于各类话语。话语的存在还依赖于读者/听者赋予它的地位，无论是传票、分类广告还是诗歌，都是社群成员普遍认可的话语。我们往往直觉地认为，自幼接触的文本具有普遍性，对其结构和功能不会产生质疑。但 Hufeisen（2008：52-53）以菜谱和童话为例，指出这些文本直接翻译成另一种语言可能会出现问题，甚至显得可笑。因此，在如何“实现和接受新的文本结构”以及“提出目标语言解决方案”这两种跨文化思考之前，教师应当设计一个“文化内”阶段（Intrakulturelle Stufe），鼓励学习者反思那些看似简单的文本在其自身文化社群内的运作方式。

所有话语的产出与解读都要遵循规范和惯例。话语与构成话语的文字一样，都是时代的见证者。关于这一点，Barthes（1985：355）的阐述非常重要。在对埃德加·爱伦·坡的一个故事作了文本分析之后，他对所谓的“文化密码”进行了反思。这一概念是通过书籍、教育乃至所有的“社会性”实体来传播的，我们可以在织物一般的文本中察觉到它的存在（“织物”的隐喻令人联想到多种声音和代码的磨损、缠绕、不完整）。文化代码的范围很广，也很难构建：它既有“科学性”（戒律、原则），又有“修辞性”（社会话语规则）；既有“时间性”（文化实践的历史），又有“社会历史性”（我们对所处时代和社会的一切困惑）；当然，平凡的一切也不例外，它们虽然无足轻重，但也是文化代码的一部分。

话语层面是进行对比观察的理想平台（Szende，2000d：250-252）。属于不同语言和文化社群的个体之间交流日益增多，传播方式也日益多样化，在这种情况下，深入了解来自不同社群的各种话语的运作模式显得尤为重要（Münchow & Rakotonoelina，2006：9）。

对比观察旨在了解“说”和“写”的主体如何对社会空间的建构产生影响。社会通常是一个充满张力的空间，通过话语实践进行管理（即维持、最大化、最小化或隐藏）。话语世界由每一个特定时刻的全部互动话语构成，其中总是存在着主导与被主导、中心位置与边缘位置（Maingueneau，2009：23-24）。因此，无论是否母语，说话者都要学习什么该说，什么不该说，并学会如何给自己定位。

这样做的目标是：通过分析以文化名义传播的话语，了解己文化与他文化的工作机制。话语的意义需要由接收者通过参照点来发现，而这些参照点可能是由发送者设置的，也可能不是。因此，话语都具有一定程度的不透明性。Gajo（2003）在研究移民在医疗网络中的待遇及其融入学校的情况时发现，多语言实践（以及对话者对这些语言的不同程度掌握）使得话语的密度或不透明性更加明显。因此，不同语言使用者之间的相互理解是通过大量的元语言活动（如近似表述、重新表述、补偿策略等）和对他者话语的不断适应来实现的。这一过程增加了话语的透明度，这在语言和文化资源不共享的情况下尤为重要。

话语实践具有社会性，它本身也是社会的构成要素。社会现实只有通过我们的话语才能存在，或者，就像 Fairclough 所指出的（1985：750）："话语造就了人，正如人造就了话语"。话语既是构建社会现实的工具，也是权力的工具，同时还是社会权力斗争的主要舞台。无论是书面话语还是口头话语的理解，都与话语的产出、传播和接受背景密切相关，这就要求我们超越严格意义的语言层面，综合考虑多种参数：表征、互文关系、框架（机构或私人），语言"产出者"、"传播者"和"接受者"的社会地位，以及话语产出的特定社会政治环境，即与其他历史时刻产生共鸣的特定历史时刻。在社会化过程中，我们获得了在所属的一种或多种文化中解读、理解和记忆语言行为的必要知识，包括依据惯例和公众容忍度来实现隐性话语。Wodak（2009）通过分析 Jörg Haider 在选举演讲中的三段话，说明了在思考"种族主义"这样复杂的问题及其在话语中的产生和再现时跨学科方法的重要性。对于影射、文字游戏、隐藏或编码含义的分析，都需要在具体话语的语言内语境和更广泛的社会政治背景之间展开持续的对话。

5.3 话语与意识形态

任何与他人的交往都伴随着一定的风险。Goffman（1973：183）描述了人与人之间在不了解对方观点和地位时的试错过程，通过这个过程，双方逐步展示自己的想法。谨慎的开场能够促进彼此的了解，这是日常交际的定律之一。

个体在接收信息时，会基于自身的社会身份和既有观点进行分析和筛选。通常情况下，为了验证自己的假设，说话者会从所接收的信息中寻找能够识别意识形态倾向的形式元素。他会根据自己寻找线索的习惯，将这些信息与自己的百科知识以及基于过往经验形成的概念进行比较，从而完成信息的整合。词汇的选择和使用、特定的语法限制、某种语言的表达禁忌、委婉语策略等，都可能成为对话者社会或政治行为的标志。不过，对话者会通过各种策略小心地抹去所有可能被贴上某种意识形态标签的痕迹。了解一个人的观点无疑对理解其话语大有裨益。因此，语言学习不仅是与个体的交谈，也是洞察对方思想的过程（Kramsch，1993：34）。

文本中看似不起眼的短句，或是普通会话中细微的反应，都可能反映出一个人的意识形态倾向。提到某个作家，或者阅读某份报刊，都可能被归入特定的政治或社会立场。有些日期是中性的，有些则具有很强的象征意味，指向重要的历史事件（Riley，2000）。在很多语言中，象征性的日期常被缩略为两个数字，这种现象并非偶然，例如匈牙利语中的 a 48-as forradalom（48 年革命=1848 年）、az 56-os események（56 年事件=1956 年）。

个人信仰与作为集体文化建构的信仰密不可分。那么，如何辨识个人信仰？如何判断一个人的言辞是否反映了其内心所想？怎样了解话语中被掩饰和没有直接表达的内容？

现代社会的活力源于不断的争论与反驳，因此，有必要明确对话双方的身份、对话情境、目的，等等。我们都熟知社会知识中一些出自政治宣言的“小句”（它们通常具有很大的影响力），这些政治宣言在措辞方面往往旁征博引，出人意料（Beacco，2000：153）。

正如 Freund（1974：5-11）在《摄影与社会》中所言，每个历史时刻都见证着与思维模式相对应的特定表达方式，同时也反映了源于社会需求与传统的时代品味。因此，肖像摄影是社会发展中一个特殊阶段的反映：社会多个阶层的崛起催生了量化生产以及自我展示的深刻需求。时代、社会，或者巴赫金（Bakhtin，1984：296）所称的“微观世界”，总是与那些具有深远影响的科学、文学或哲学思想（例如经媒体广泛传播而成为经典的名句）密切相关，而知识分子领袖也作为权威的知识来源而备受推崇。

引经据典的作用主要在于装饰性。Bourdieu（2002：4）曾谈到“富有弹性的思想家”，他们跨越时空、年龄和代际，成为战略上的宝贵财富。重要的不是他们说了什么，而是我们能让他们说什么。

意识形态涉及围绕所有语言的权力关系，以及这些关系的话语表达。学习者要把握时代精神及其表达方式和规范性话语，并意识到各话语领域的思想模型及其历史意义，直至表明自己的立场。

5.4 话语类型

文本组织中可观察到的规律性为话语分类提供了便利。Zumthor（1963，126-144）通过对罗马时代诗歌技巧的分析，发现该时期作品存在一个由紧密对应关系和习惯性限制交织而成的网络。该网络涵盖了对语言、文体和修辞手段的选择，并形成了一个包含永久性元素的内部组织，如“对象”（可知或可感的众多领域，如“爱”）、“主题”（爱的需求）、“动机”（欲望）、“仪式性表达”等。这些因素虽不像数学那般严谨，但都是该组织中的结构和节点。

巴赫金（Bakhtin，1984：265，267，271 & 285）认为，孤立地看，所有话语都是个体的，而语言运用的每个领域都有自己相对稳定的话语类型。言语是通过语法形式组织的，但借助于有时是标准化的、刻板的话语类型，我们也可以通过倾听别人的言语来学习构建自己的话语类型：从一开始，从第一句话起，感知话语类型，揣摩其规模、结构，并预测其结束语。巴赫金还将话语分为“二类话语”（即文化交流背景下的复合话语类型，主要有书面、文学、艺术、科学及政治话语）和“一类话语”（即简单话语类型，包括口头对话、俗语和日常用语）。话语类型使人类可以通过话语实践来处理社会文化的多样性问题（Adam，2005：28）。

不同的语言群体有着不同的文化背景，因此每种话语类型都代表着一种特定的语言使用方式。那么，我们能否解释不熟悉的话语类型（如人文故事、社论、医疗咨询）？作为具有社会历史性质的交际系统，任何话语类型都意味着特定的语言使用与文字管理模式。掌握一种话语类型，就是要弄清其各个部分是怎样组织在一起的。话语由超句单元构成，需要遵循特定社会群体的组织规则（Maingueneau，2007：30 & 45）。我们在选择词汇或短语时，并不总是依赖“中立的词典”，而是依据其他话语，使自己的选择符合某种话语类型的特点（Bakhtin，1984：294）。

《欧框》的4.6.3中列举了以下类型的书面文本：书籍（小说与非小说作品，包括文学期刊）；杂志；报纸；说明书；教材；传单；宣传材料；公共标识与通知；超市、商店及市场摊位的招牌；商品的包装和标签；各类票据；申请表与调查问卷；词典（单语和双语词典）、类义词典；商务及专业信函、传真；私人信函；课程论文与练习；备忘录、报告及学术论文，等等。

以下则是《欧框》的 4.6.3 中列举的一些口语文本类型：公告和指示；公开演讲、讲座、介绍、布道；仪式（典礼、正式的宗教仪式）；娱乐活动（戏剧、表演、朗诵、歌曲）；体育评论（足球、板球、拳击、赛马等）；新闻广播；公开的辩论与讨论；人际对话与交谈；电话交谈；求职面试。

我们能否继续将书面形式视为一种“已然存在的”静态产品，而将口头形式视为“正在进行的”过程（Halliday，1990：97）？对话语类型的分析显示，延迟交流与不可逆性/即时性之间传统的、明显的对立并不恰当，相反，不同类型的书面和口头产品之间存在一致性。开发新的教学材料可以催生新的话语实践：互联网在日常生活中的应用使人们再次认识到，话语内容与相关教学材料之间是不可分割的。对于那些书面和口头交际实践高度融合的语言来说，已不能轻易按照传统的话语模式进行归类。口语可以被保存和再现，而书面语则可能消失，例如电子邮件，它创造了一种双方无需见面的对话式，对话的双方可能是熟悉的，也可能是完全陌生的。多模态性使我们对课堂转码活动（以某种方式收集数据，再以另一种方式进行表述；信息表述在不同交际媒介之间的切换）更加关注。

话语类型也可以定义为一系列可能和不可能的构成元素的集合。例如，在产出学术话语时，可以使用具有集体意义的“我们”，也可以使用具有个人色彩的“我”，但绝对不能使用第二人称，无论是“你”还是“你们”（Achard，1993：88）。交际情境具有不同程度的结构化特征，根据信息交换的性质、参与者的社会地位以及交际意图等，会留下文字、声音和身势语的痕迹，并涉及多种话语策略。Sarangi（2000）将“话语类型”定义为与不同“活动类型”相关的语言形式在其互动环境中的具体展现。作者对一项新兴的社会活动——遗传咨询进行了分析，并指出，这种创新的医疗程序需要构建一个复合的互动结构。这一活动不是“导入”预制的话语范式，而是创建一个特定的交互框架，其中包括与发展阶段及活动目标相对应的语句：信息、建议、决策等。所有的类型选择都会对文本结构产生影响，但话语类型并不是模具，可以供说话者选择，并将自己的话语填充进去。相反，它们是一种社会活动，需要满足一定的条件才能成功实现。

文本分类是一项艰巨的任务。不可否认，这是一个关键问题，即如何确定目标：*我们究竟要说什么/做什么？*只有设定了恰当的活动目标，接收者才能根据话语内容和对话者的身份作出相应的调整：话语的传递并非从一个人到另一个人的简单过程，每一种话语类型都意味着特定的地点、时间以及某种程度的物质支撑（Maingueneau，2007：42-44）。

不同类型的话语都是植根于文化并具有规律性的实体。不过，话语的归类并不容易，例如社会上经常使用的程序性话语，就是介于言语行为和社会行为之间的一类话语，它们拥有“家族相似性”以及相同的语用目标：指导某人完成某项任务。尽管可以观察到这些话语类型的微观语言特征（文本布局、论证及叙事顺序），但其文本类型却呈现出极为多样化的特点：菜谱、药物用量说明、组装指南、手工教程、游戏规则，等等（Adam，2001）。

以用户指南为例：其社会定位很清晰，即在人与机器之间搭建沟通的桥梁，不仅介绍产品的优势，也包含警告信息，其宗旨在于同时提供信息与操作指导。此类文本是一种真正的大众现象，虽不属于传统出版物，但已成为全球印刷品中的重要组成部分（Meerhoff，2011）。

那么，为什么世界各地会流传着大量拙劣的用户指南翻译呢？显然，仅靠复制粘贴是远远不够的（表 23）。

表 23　　请放在儿童触及不到的地方！

英语	法语	匈牙利语	俄语	阿拉伯语	汉语
Keep away from children!	Tenir le produit hors de portée des enfants.	A terméket tartsa gyermekek számára nem elérhető helyen.	Хранить в недоступном для детей месте.	يحفـــظ بعيـــــــدا عـن متنـــــاول الأطفال	请放在儿童触及不到的地方。
远离儿童！	请将产品放在儿童拿不到的地方。	该产品放在儿童接触不到的地方。	放在儿童无法触及的地方。	远离儿童的触及范围保存。	

为了保持原始意义的完整性，必须对信息进行不断的调整，有时甚至要进行整体的转换。信息只有在符合当地习惯（包括词汇和话语）的情况下才能进行有效的编辑和传播：*因为我们翻译的是文本，而不是语言。*Kübler、Bordet 及 Pecman（2011）指出，必须培养译者的批判性语言意识，因为译者不仅要在目标语言中再现作者的意图并使读者接受，还要考虑文本的特定风

格，例如，在法语的用户指南中通常使用第三人称或不定式，而避免使用第二人称。

语言交际意味着对话语类型的把握。尽管不同言语社群的话语集合存在差异，但它们拥有足够多的共同元素，从而使意义的转换与共享成为可能。举例来说，吊唁信的撰写通常遵循一个松散而灵活的规范框架，其中包含普遍性和程式化的表达，同时也容许多样化的呈现风格，既可以显得随性，也可以偏于个性化。吊唁信的写作有两大难点：（1）如何找到恰当的词汇；（2）如何遵循语境的限制。

Truc（2011）认为，吊唁信中常用的典型信息和表达方式，在换成个性化的方式去表达感同身受的痛苦时往往是“失败”的。为了研究这一现象，作者对2004年3月11日马德里恐怖袭击之后的电子邮件做了一番调查。由于相关的文本语料数量庞大且内容重复，他借助Reinert开发的Alceste（文本简化语句共现词分析）软件[①]进行了分析。这种用于统计分析和文本数据解读的工具可以识别常用话语。通过分析，他发现语料库中存在三个话语世界（它们不仅仅是简单的词汇集合，因为句法元素和话语态度与词汇本身同样重要），也就是三种不类常用的表述，即：（1）温言劝慰，（2）表达哀悼，（3）表示同情，其中每种表述都反映了写作行为中的陈述与表态方式。

在不同社会中，只有部分话语形式具有共通性。有些社会活动受到文化和制度的制约（如法律程序、医疗咨询），有些则具有非正式的特点（如咖啡馆聊天、家庭讨论）。社会心理学家Marková（2007：280-282）围绕三个关键因素对“交际类型”进行了界定：（1）一项活动要想成为交际类型，必须得到社群成员的认可，至少是默许；（2）语言的学习也意味着交际类型的学习，因为后者有助于思维模式的培养；（3）交际类型是社会现象，因此无法在语言实验室中学习。

Gohard-Radenkovic（2004a：173-174）提出了一个假设，即每种话语类型都有独特的组织模式，因此，为了让学习者接触到不同的表达方式和最多样的话语实践，她设计了一种书面和口头表达的组织结构，称为“矩阵”。这个矩阵作为基本的底层结构，为技术规则和语言使用提供了框架。矩阵既不是固定的，也不是静态的，它可以根据不同的交际任务和关键问题进行灵活重构。

---

① http://www.image-zafar.com/index_alceste.htm

话语类型与产生它的社会空间的组织方式密不可分。Gambier 和 Suomela-Salmi（2007）以大学网站为例进行了说明。大学网站不仅是一种组织结构，也是一个提供服务的平台，是一种创新的话语类型，与报纸的“头版”（对应网站主页）和目录（对应网站地图）有相似之处。话语类型不会凭空产生：在新的话语架构中，话语类型会通过自我调整和适应新的传播媒介来实现更新。

在社会空间的多个领域，材料和话语类型会发生整合或相互渗透。新的（组织）结构会适应现有的写作模式，通常也会融入文化习俗所认可的话语库中。新话语的产生往往源于前几代人为满足特定需求而发展的集体历史模式，并根据具体的交际情境加以调整。在文本接受和产出的过程中，个体只能使用已经掌握的类型模式（Narcy-Combes，2005：30-31）。

5.5 话语记忆

所有话语类型都有其特定的规则，其中部分规则由社会文化背景决定。非母语受话者在听的过程中有一个“听”的计划，如果是文本读者，则有一个基于自身知识和话语习惯的“读”的计划。外语读者会在不同程度上受到其写作经验或者所谓“文本社会化”的影响。当学习者与母语的书面形式建立了广泛而紧密的联系之后，他们对于母语阅读中遇到的文本现象，就形成了一套完整的策略。通过与各类文本之间的广泛联系，学习者构建了关于话语现象的表征集合，但在不同的语言文化中，这些话语表征并不相同（Souchon，1995）。

解读话语意义（或其众多意义之一）是一种根植于文化环境的行为，在社会或职场生活中比比皆是：解读文学文本、理解高度专业化的科学观点、阅读电器使用说明书或电影字幕，甚至弄清一封私人信函的言外之意，都会受到文化的制约。同样，无论是口头表达（公告、公众集会演讲、大学的研讨会、体育评论、视译等）还是书面表达（填写表格和问卷、为杂志撰稿、起草备忘录、撰写私人或商业信函等），都要依赖文化环境。言语社群所产出的所有话语都带有文化烙印，从某种意义上讲，文化就存在于语言系统之中（Kerbrat- Orecchioni，2002：37）。

话语存在是为了传播和重复使用。我们在产出话语时，或许以为自己是在创造和发明，而事实上，我们只是在借鉴和重复：话语被恢复、被更新、被重构（从口头到书面，从模糊到精确，从拼凑到构建，从科学到文学，从一般话语到经过严格论证的话语，等等）。如果说所有的话语都拥有“前话语”（无论其习得是否有意识），那么所有话语也都可能成为未来话语类型的“前话语”。一切交际事件都具有潜在的互语性，但并非所有的话语都能确定其来源。

话语之间相互交织，相互渗透，但即便在文本最物质的层面，互语性也并非总是直观可见。“舶来”的话语，从最醒目到最不显眼的存在，无一不是互语性的体现。能够被迅速识别的“文本岛”（textual islets）（引号内的语句、直接引文、与其他来源或似曾相识的话语拉开距离的话语）最能揭示“*历史的深度*”（historical density）。互文性是不同文本间话语的关系，而互语性是与一系列文本的关系，以及与话语实践的关系（Adam，2006：23）。要想解读某种类型的话语，必须将其与其他类型的话语联系起来。在语义层面，每个词都与其他词相关联；同样，每个文本都是对先前文本的回应（Kramsch，1998：61）。

对一个文本的理解往往需要参考其他文本，尤其是具有相关性的文本。说话者的话语记忆既是推动言语互动的因素，也是言语互动的目的所在。话语记忆通过上下文或语境提供的信息（特别是前面陈述过的信息）以及共享的一般知识（词汇知识、百科与文化观念以及特定社会历史中的论证常识）得以丰富（Adam，2005：26–27）。

5.6 媒体

5.6.1 事件

媒体是外语教学的经典信息来源，它能够激活存储于记忆中的知识和话语，并促进集体记忆和话语记忆的构建与强化（Moirand，2007：157-158）。

大众文化是由大量逐渐积累的信息构成的，但这些信息也在不断地被破坏，沦为无用信息：“在这种文化中，每天都有新云（非结构化信息）驱散前一日的旧云”（Morin，1994：155）。当今世界是一个不断变化的世界（Braudel，1993：28）。信息的过度饱和往往使媒体话语自动将读者或听众视为“模范读者或模范听众”，但其实后者并不总是能够识别所有的指称对象，尽管他们所拥有的百科知识让其有一种自己也是专家的错觉（Maingueneau，2007：28）。

那些或隐或现的历史、政治、社会、体育或文化参照，无一不与当前的新闻或热点事件存在某种程度的相关性，它们所构成的语料库对于观察集体记忆及其触发机制至关重要，对此，外国受众可能无法完全识别。非母语者的阅读障碍与其自身的文化知识不足密切相关。推测某篇文章或某个电视报道的内容，有时需要大量的语言和文化工具。“主流语言”（langage de l'“on”）（Michaud & Marc，1981：103）主要通过编码来实现社会结构的连接与组织，而这样的语言只有深谙其道者方能领悟。

在某一特定时刻流行的观点、信念和显而易见的事实对于理解媒体语言具有决定性的作用。每个时代都有**一些关键问题**，由此产生的词汇占据着舆论中心，也垄断着媒体的注意力。这些词汇出现的频率、异常程度及信息密度，都是我们关注的焦点。

每种文化在确定事件（哪些事件可以、应该或值得叙述）、聚焦重要事件（如何将事件进行分解细化）等方面都有自己独特的方式，同时，也存在一定的文本全球化趋势。以“讣告”为例，在我们研究的大多数文化中，此类文本都包含一些共同的语言元素，如委婉语（用于描述死亡的事实）。但在文化层面，这类信息可以实现多种交际功能（如传达某人去世的消息、介绍逝者生平事迹及宗教信仰等），还可以包含有关葬礼的某些信息（逝者生卒年月、亲属名单及其与逝者关系、安葬方式、去世原因等）。这些信息与各种象征性符号一起，共同构成了反映当地语言习俗的一面镜子。Spillner（2006）的一项研究为此提供了佐证：在南美洲，讣告通常包含公司名称与徽标；在卢森堡和加拿大的法语区，讣告上常附有逝者照片，这种做法在非洲也很常见；在德国，亲属主要通过献花来缅怀逝者；而在斯堪的纳维亚国家，则通过放飞鸟儿来寄托哀思，等等。

Simeonidou-Christidou（2006：41）对畅销的英语儿童读物及其希腊语译本进行了对比分析，以探寻翻译中的对等词。其研究证实，翻译中的差异本质上具有话语性质：典型的让步和重组（合理化、清晰化、信息的增减、短语的解构等）有助于文本的理解，从而促进其在文化上的接受度，并使其符合现行的语言规范。

在不同的文化社群中，语言元素的话语组织存在差异。魁北克人使用法语的方式与法国人不同；由于不同的习惯、人际关系规范以及个体判断，墨西哥人与西班牙人也存在话语差异。Charaudeau（2001：342–343）在研究社群内部思想和表达之间的关系时指出，反映文化特性的并非语言本身，而是语言在话语中的具体运用，这取决于群体的文化习惯。从这个意义上讲，说一门外语往往意味着构建一种适合其文化身份的原创话语，只不过这种话语披上了另一种语言的外衣。

因此，Kramsch（1998：10）对文化作出了如下定义：“（文化是）拥有共同社会空间和历史以及共同想象的话语社群的成员资格，是感知、信仰、评价和行为的共同标准体系。”因此，母语者和非母语者的每一次话语活动都有助于文化的构建、解构和重构，包括学习者已经习得的文化以及第二语言所代表的文化（Kramsch，2011b：308）。

在某一事件发生期间和之后，媒体话语的集中关注会使一些表达方式脱颖而出，最终成为这些事件的“标签”。“切尔诺贝利”作为一个记忆触发点，它让我们联想到的不是一座城市，而是发生在那里的灾难，它所代表的意义远远超出了一个简单的日期（Moirand，2007：56-57）。

某些仪式、宗教及政治事件（如教皇的逝世或任命）为公众提供了一种社会和集体体验。由于媒体会中断常规节目的播放来报道这些事件，因此这种体验几乎不可避免。媒体的分析不仅帮助公众厘清事件的来龙去脉，同时也有助于人们了解国际机构在共识性价值观方面的具体实践（Hubé，2010）。

所有意象，包括那些在不同个体头脑中因类比意象或与文本相关联而被激发的语义负载，都具有唤起作用，但并非所有的意象都会因为“互语性唤起”而成为集体记忆（Charaudeau，2006：37）。

全球媒体以各种语言广泛报道了“9・11”事件（发生于 2001 年 9 月 11 日的恐怖袭击：飞机有预谋地撞向世贸中心双子塔，两座摩天大楼起火倒塌），实时观看的电视观众数以亿计。随着时间的推移，对这一事件的指称反复出现，并逐渐固定下来（表 24）。

表 24　　“9・11”事件

英语	法语	匈牙利语	俄语	阿拉伯语	汉语
9/11 (nine-eleven)	le 11 septembre	szeptember 11-i terrortámadás	теракт 11 сентября 2001 года	احداث 11سبتمبر	“9・11”事件
9-11	9 月 11 日	9 月 11 日恐怖袭击	2001 年 9 月 11 日恐怖主义行动	9 月 11 日事件	

5.6.2 信息处理

有些处理媒体话语的方法似乎很有意思。在语言课堂上，学生对报纸的理解往往不够完整，因为学习材料通常是从新闻的话语互文场（interdiscourse）中抽取的文本（或文本片段）。还应当指出的是，体裁与各类文本（如新闻、观点、分析、访谈、娱乐、小说等）的类型学和层次结构，以及它们在报纸中的习惯编排方式，都可能受到文化空间的影响而有所不同，也会因出版周期、政治与出版定位、读者群体等的不同而表现各异。作为当代世界的积极见证者，媒体所呈现的信息极为多样化，而且大多与时事直接相关。有些话语形式需要借助预设的框架来解释现实以及现行的语言规范，从而使文本内容具有一定程度的可预测性。文本结构与话语线索的可预测性，为信息观察策略的构建提供了便利。

为了更全面地了解媒体世界并充分利用新闻文献，墨西哥国立自治大学的Silva（2009）提出了“游戏矩阵”的设想。该矩阵包含一系列可根据语境和学习目标进行个性化定制的基本模型，例如，将媒体话语类型与其定义进行匹配，根据部分信息提出假设，提高学习者对副文本线索重要性的认识，围绕广告形象展开思考，制作简报等。

在帮助学习者克服新闻的即时性和波动性影响，并对大量信息进行分类之后（Hartweg，1982：64），教师仍需引导学生认识到特定文化背景下的“媒体事件”。Moles 和 Rohmer（1976：28-29）认为，媒体事件并不仅限于社会档案记载的重大历史事件，还包括日常生活中的“微事件”（到达意识层面，但很快从短期记忆中消失的事件）和“小事件”（在记忆中留存时间长短不一的事件），这些微小事件在市中心最为常见。

此外，教师还要强调，思想会在不同国家、不同教育资源之间传播。Sperber（1996：8 & 81）认为，文化主要包括具有传播能力的思想、行为模式（言语、仪式、手势等）以及助力思想传播的各种工具（文字、作品、乐器等）。这一过程就像是文化染上了某种“流行病”：有些表征，比如传统（类似地方病），会出现代际之间的缓慢传播；而有些表征，比如时尚（类似流行病），则会在人群中迅速传播。

实际上，透过政治和社会活动者在各种话语类型中反复使用的固定语句来分析他们的语言实践，是一件相当有趣的事情。但对于不常与媒体机器打交道的普通人来说，这些固定语句会令媒体话语变得费解。媒体所构建的现实，其实是一种基于目标和信息表征形式的交易行为。Moles 和 Rohmer（1976：29）形容记者为“非凡的使者”，他们的使命从发现事件开始，直到将其转化为新闻报道。

在外语教学中，无论是教授传媒、写作还是视听、电子技术，都是为了培养学习者对这种语言的批判性思维和道德意识，并不断提高他们对信息处理过程的认识。必须使学习者明白，说话者是如何受语言操控，又是如何操控语言的（例如，表现叛乱分子的“暴力”或“反抗”，将其称为“恐怖分子”或“叛乱分子”）。所面临的挑战在于，必须重构读者或观众既有的知识体系，训练他们透过表面信息，思考媒体可能直接或间接揭示的社会现实。

教师应当让学生认识到，媒体编码喜欢采用中立的话语，但这并不是一种静态的事实教学资源。事实上，新闻是一种阅读、改写和重构现实的模板（表 25）：事件是媒体讲述、组织和分级的结果。

对过去事实的诠释，可能因立场不同而大相径庭。一个国家的历史年表和边界，既体现了该国自身的历史，也承载了其他文化的记忆。在那些居住着众多少数民族的地区，历史有着多种解读，就像镜子的两面，既对称，又相反。社会与个人不仅体验时间的流逝，而且也在利用时间。

信息既是一种“建构”，也体现了信息提供者与信息接受者之间的“关系”。新闻话语通常存在于国家认同的象征性空间（根据相应媒体景观的特点反映社会状态），但也可能成为阐释跨国视听语言的新领地。

表 25　　今日要闻

英语	法语	匈牙利语	俄语	阿拉伯语	汉语
Here are today’s top stories.	Madame, Monsieur, bonjour. Voici les titres du journal.	Köszöntjük nézőinket. Híradásunk tartalmából.	Добрый день, уважаемые телезрители! Коротко о главном.	شاهدينا أهلاً بكم. إليكـــــم نشـــرة الاخبـــــار نبـــدأ بالعنـــــــاوين	各位观众晚上好。今天节目的主要内容有……
以下是今天的主要新闻。	女士，先生您好。以下是新闻标题。	我们向观众致敬。我们的新闻内容。	早上好，尊敬的电视观众们。简要地说一下原则。	我们的电视观众们，欢迎，你们来到信息公告。我们从标题开始。	

5.6.3 当下的期望

关于广告修辞的独特性，可以从三个方面得到充分体现：(1)突出推荐过程，淡化信息提供（抬高身价、夸张、隐喻）；(2) 隐去产品购买过程（屏蔽一切与商品交易有关的信息）；(3) 强调公众评价，即产品的积极形象所带来的愉悦感。广告论证不但受到操控手段的影响，而且在语言的各个层面灵活运用文字游戏（Adam & Bonhomme，2007：60 & 157）。转换和各种变形是广告的常用手法，但实际上，广告语同样善于利用语言中更为规范的部分，即词汇和句法之间的衔接，来达到目的，也就是说，广告语会通过打破语法常规来为自己赋予新的表达功能。然而，如果社群内部缺乏一定程度的相互理解，就无法明白广告语中种种对语言常规的偏离。广告的关键语通常出现在开头或结尾，如同产品的座右铭，传递着一种凝练的"承诺"，其突出特点是简洁明了、语气干脆、结构紧凑、意境深远，使人们轻易便能铭记于心。

要想读懂新闻，单凭掌握必要的新闻词汇显然不够。广告话语以刻板印象为出发点，努力迎合目标受众的既有知识体系，以防止表征断裂，同时通过"暗示"，帮助观众更好地领悟广告语的社会文化参照以及潜在意义（Guidère，2002）。

广告话语塑造着我们的集体心态，还通过潜移默化的方式参与环境文化的建构。除了显著的商业功能以外，广告还充当了一种社会主体共享的参考语料库，为人们提供了共享和交流的平台（Lugrin，2006：148）。广告暗示人们什么是符合当下期望的，什么是不符合的，从而以独特的方式参与社会身份的建构。举例来说，当谈到阳光明媚的岛屿时，熟悉的画面就被调动起来：晴朗的天空，辽阔的大海，鲜花点缀的露台，阳伞下的桌子，还有桌子上摆放的三套餐具（López Díaz，2006：200 & 204）。

新闻反映集体思想当下关注的焦点，提供与时代同步的资讯。这些资讯可以用来开展各种语言实践，特别是通过模拟活动进行自主表达。对媒体的关注提醒我们，影响学习者的环境因素不仅局限于本地，而且正在逐渐融入全球化的浪潮。值得注意的是，今天的广告利用了大量集体的、跨文化的，甚至是全球性的意象，因此已成为重要的教学素材，需要采用专门的阅读策略。此外，由于广告创意中对文化元素的运用，教师需要积极介入它的教学：解析源于不同文化的各种元素，精准定位它们所属的文化体系（Gautheron-Boutchatsky & alii，2003：

182-184)。这也意味着学习者往往能从媒体环境中汲取到目标文化代码和参考框架以外的知识。

电视是一个取之不尽的知识源泉。如果说语言课堂是学习者为接触外国现实做准备的场所，那么电视便是他们间接领略外国语言和文化、了解不同行为模式的理想窗口。此外，电视还可以将隐性信息引入语言课堂。电视节目融合了不同的表意系统（如视觉、听觉、动态影像、技术手段）和多种文化符号（意象符号、副语言符号、非语言符号）组成，有助于了解语言的不同用法、输出条件以及语言外参数的多样性。电视虽不能取代与他人面对面的交流体验，但却为真实的跨文化交流提供了前期准备（Viallon，2004：48-49）。从这个角度来看，天气预报具有得天独厚的优势：作为一种兼具科学性与大众化的电视新闻，它提供了丰富的文字与视觉信息，这一点非常难得。它受众广泛，主题又与一个国家的文化现实直接相关——“天气”是一个司空见惯的交际主题。这类节目是一种富有意义的实践，对我们认识世界大有裨益。天气预报不仅引领着一种对话仪式，作为学习目标，它还为现实空间提供了明确的参照。对于学习者来说，这是一个特殊的平台，可以通过它来识别语言形式，了解当地人与这一空间的关系。教师的媒介作用则在于帮助学习者识别和解读节目中的隐含信息。新闻广播虽然包含不同的子类，但它整体上属于相对同质的体裁，给学习者以真实的感受，并有助于培养他们的社会意识。

“副文学”（paraliterature）、电视剧，或是那些“似曾相识”的故事，能否在语言教学与学习中占有一席之地？Scollon（1999：195）认为，在识别日常互动中那些无意识的文化代码方面，商业频道的情景喜剧是一种不可忽视的资源，他主张将流行文化产品融入语言教学。

Desoulières（2010）就曾在他的乌尔都语课堂上借助一些易于改编的、简短的电视剧片段进行教学。他建议的教学方法包括：对比原始对白与改编后的版本，观察前后的变化、地道的表达方式，通过思考字面意思、电视中现实与虚构的关系来推测故事结局等。

所谓语用教学，就是要分析言语行为的使用语境。Cohen（2008：217）认为，为了构建更贴近真实生活的教学模式，必须加强对教师的培训，因为教师需要为课程选择最适合的工具和材料，以确保学习者的语言实践更符合社会规范。电视节目固然具有一定的吸引力，但由于其场景的复杂性，有些素材很难用于教学，这也说明，语言所展现出的多样性，有时“比生活本身还要丰富多彩”。

5.7 文学

5.7.1 艺术与语言模型

本章对文学的探讨，并未基于文学应有的地位，尽管文学文本在使文化表征深入人心方面确实发挥着重要作用。作家在唤起现实方面的特殊敏感性，以及他们为达成写作目的而拓展或超越语言交际资源及隐性网络的方式，都需要专业的分析，本书篇幅有限，只能从略。

文学是众多真实文献中的一种，但又有些与众不同，它为我们提供了一个进入他者文化的特殊语料库，同时通过镜像效应，重新审视自己的文化。文学是一个探寻他者和身份的理想阅读空间，而不仅仅是为了娱乐或装饰的"锦上添花"。信息是文学创作的原材料，而文学的加工又为它增加了厚重感和可信度。文学文本不仅反映历史、政治和社会背景，而且通过作家的个人意识与独特创作为我们打开了一扇门，使我们得以了解不同的思维方式、生活方式以及与世界的关系，这些都是集体文化与社会想象力的体现（Gohard-Radenkovic，2004b：6-11）。

除非作家本身就是研究人员，否则通常无需进行论证。然而，文学作品中隐含的社会学元素（如小说写作的娴熟技巧、作者的个人领悟）与科学论文同样复杂，只是方式不同："在培养象征能力方面，文学的作用恰恰是让学习者意识到人类交流的复杂性：它远非以对的方式、向对的人、说对的话那么简单"（Kramsch，2006b：251）。借用普鲁斯特的名言："每个作家都应当创造属于自己的语言，就像每个小提琴手都需要创造属于自己的声音"（摘自《给施特劳斯夫人的信》，1908）。

如果说不熟悉、不欣赏某一语言的文学作品，就无法真正掌握这门语言，那么同样地，不了解滋养语言实践的文化土壤，也就无法真正了解它的文学。文学文本是所有社群成员共享表征的美学塑造，传达了作家所属社群共同认可的神话意象，同时，承载这些意象的作品也获得了社群的普遍认可（Collès，2004b：166）。

曾几何时，文学被视为外语教学的日常食粮，外语教学正是按照一语学习的模式规划设计的。为了尊重社会的既定价值观，教材编者常常会选择经典作家的作品节选，这在语言教学中似乎是天经地义的：作品按照时代选择和分类，并通过具有杰出美学价值的示范性节选内容，传递特定文化的信息——这些片段无一不是艺术和语言的典范。针对这种严格的语文学方法和以经典作品为基础的体系，Mariet（1982：6-7）认为，外语教学已经“深受文学之累”，与社会主流学科日渐脱节。面对文学对语言教学主要方向的过度控制，他指出，传统教师——那些所谓“某某世纪文学史的专家”——在轻视文明的同时，也在霸占文明。

在语言课程中使用文学节选，主要是把文学作为语言形式的宝库，或者借口进行语言训练。段落的选择主要基于语言学标准，以便服务于发音、词汇或语法结构的学习。不可否认，由于以交际功能为导向的官方指导意见，加上绝大多数学习者的需求，外语教师在考虑是否将完整的文学作品纳入课程学习时，可能会产生犹豫。我们来看一名学生在读完海明威的小说《永别了，武器》之后所说的话：“书里没写什么：就是战争，然后他们相爱了，她死了”①。

通常情况下，教材会优先选用当代文学作品。对于文本的改编，则主要考虑语言形式、阅读理解以及书面和口头表达的学习，在对文本内容进行更新和重新配置时，更要充分考虑学习者的需求。不过，文学和语言学习之间不存任何对立关系。历史上那些为塑造对外文化形象作出贡献并具有国际影响力的作品理应在外语教学中占据一席之地，同时，针对这些作品的教学不应仅限于高级阶段。

学习目标文化中的“文学包袱”旨在了解母语者传统上学习和背诵的文本，关注文学制度（出版、文学奖项、评论）在目标社会中的地位。小说可以帮助学习者提高以下几个方面的认识：源语言和目标语言中隐含意义的作用，这是文学翻译中的关键问题之一；翻译作品（从母语到外语、从外语到母语）的接受效果；相互之间的文学影响。

为了追求时尚，同时迎合学习者的喜好，我们往往只教授简单的日常交流用语。然而，我们从小养成的对母语叙事的兴趣，仍然是驱使我们学习外语文学的强大动力。文学文本不仅是语言学习者最乐于主动探索的价值观之一，也是文化价值观传播的重要平台。举例来说，西班牙语作为“文化语言”的形象早已在学校中深入人心，而西语教师也乐于接受这一“标签”，他们尤其善于通过“高附加值”的教学材料将西班牙文化知识的教学与培养学习者的审美意识有机结合起来。因此，在西语作为二语的教学传统中，“教学材料”起到了敲门砖的作用，

① 引自 Du（2005:68）。

因为它们可以充当：（1）言语触发器（因其自身的美学品质）；（2）语言典范（最优秀作家的书面语言），包括对初学者；（3）可供挖掘文献价值、内涵意义以及隐性价值观的场所（Lenoir，2009）。

5.7.2 经典作家与作品

斯蒂芬·茨威格（1981：27）[①]讲述了卡萨诺瓦（Casanova）[②]传奇人生中的非凡壮举以及他的无数次冒险经历（这一光芒甚至掩盖了他在小说和喜剧方面的成就），“他流浪的身影已经跻身不朽者的行列”。然而，人文学科的名人堂并非永恒不变：从认同或美学的角度来看，即使是那些“无可替代”或“无可争议”的“经典”人物和作品，也可能随着时间的推移而失去曾经的地位（彼得·布鲁克曾谈及完全失去戏剧意义的“僵化戏剧”，他为此努力探索，以寻求突破），而长期被边缘化或一度默默无闻的作品，也可能因新一代人的慧眼而重新受到瞩目。

语言教师会本能地优先考虑学习者获取直接经验的领域，同时保留学习者在一语文化中遇到的主题，并迅速将其投入新的学习过程。解码信息需要语言能力和记忆力之间的某种合作。从这个意义上讲，阅读意味着激活某种语言代码，并唤起源于不同文本的阅读记忆，无论这些文本在类型上是否具有相关性。Adam（2002：92）认为，这是一种高度个人化和社会化的记忆，它与纯粹的语言能力相互影响，相互作用。

毫无疑问，在一语文化中获得的叙事经验可以继续发挥支撑作用（Koda，2012）。阅读使用目标语言撰写的美学和思想艺术作品不一定需要体裁与流派的理论探讨，也无需展开美学辩论或对某一时代的经典作品进行文学批评。即使对文学史一无所知，也一样可以阅读文学作品，欣赏作家的想象力和高超的写作技巧。文学作品为学习者带来了不同于教材文本的语言、文化和情感体验，鼓励学习者说出从未说过的话，甚至以独创的方式组织自己的思想。文学作品既是一个培养意识的地方（与他人交流的复杂性、对一个人价值观和预设表征的识别与再评价），也是文本与读者、教师与学生以及学生之间

---

① 斯蒂芬·茨威格（Stefan Zweig），奥地利作家。他的作家传记《三作家传》是其代表作品之一，分别讲述了意大利作家卡萨诺瓦、法国作家司汤达和俄国作家托尔斯泰的人生。1981 年，茨威格百岁诞辰之际，本书由德国 S. 费歇尔出版社再版。——译者注。

② 卡萨诺瓦，富有传奇色彩的意大利冒险家、作家。——译者注。

的互动空间：所有语言课堂都必然具有多元文化特征（Gohard-Radenkovic，2004c：186-187）。

Peytard（1987：48）认为，文学作品有三个方面的用途：作为审美和语言正确使用的典范；作为语言练习的宝库；作为快乐的源泉。据 Puren（2000：47）观察，文学文本是一种融语言与文化教学为一体的教学材料：受读者的主观性影响，“要完成的任务”具有异质性，相互联系，因文而异，而且具有一定的随机性。

文学作品具有哪些应用价值？无论学习者水平高低，都可以探索它，将其当作范文生成新的文本，还可以激发对阅读的热爱。显然，精心挑选的文学作品可以使学习者拥有持久的感受力，可以叙述故事、唤起情境、描述地点、刻画肖像、提供各种视野和经验、激发观点，可以帮助学习者提出假设、进行比较、识别作者及其创作意图，甚至评估叙事质量——总之，可以充当口语、写作、特别是阅读的触发器（促进阅读理解、报告撰写或口头陈述等其他能力的提升）。此外，文学作品还可以揭示文化信息以及不同程度的隐含信息。通过文学遗产，社群成员共享的集体身份参照体系和表征得以传承，这对于学习者解读典故以及进行不同体裁的改写具有特别重要的辅助作用。

文本的原创性可以通过对比可预测的规范与作者实际创作之间的差异进行评估。认识到参考文本的存在，对于理解戏仿文本非常必要。戏仿并非直接展现原作的原貌，而是将原作的情节、人物、风格等元素移植到新作之中。Baroni（2009）对马塞尔·埃梅（Marcel Aymé）的一篇短篇小说进行了分析，结果表明，对预期的颠覆产生了意想不到的效果（该故事可视为对佩罗经典作品《小红帽》的戏仿：故事中，狼带着一篮子食物逃跑了，没有吃掉女孩——尽管没有直接提到原作，但两者之间肯定存在某种互文关系）：我们通过社会话语实践积累起来的知识，虽然对于理解文本不可或缺，但在解读文本的过程中仍需超越这些知识，才能充分发挥它们的作用，这是因为，解读不能沦为代码的简单循环再现，其宗旨始终在于产出独特的意义和知识。

文化教学不应将文学拒之门外。此外，文学文本的学习也不应该等到学习者具备了一定的语言和交际能力以后才开始。如果说二语教学法有什么艺术可言的话，那就是让学生理解文学作品。相反，如果舍弃高质量文献，转而采用平庸的教学材料，势必会降低教学质量（Léglise，2005：63）。

5.7.3 二语的文学选择

有些文学作品几乎不适合外国读者阅读，因为他们可能会忽视对于正确理解文本至关重要的语言和文化元素。在本节中，我们仅列举几种特别适于理解二语文化的文学教学材料，并对其潜在的使用方式加以介绍。值得一提的是，数字世界已经彻底改变了文学作品的生产与传播方式，使人们能够更便捷地获取文字的全球性记忆，同时也催生了新的美学创作。

“自述”体裁的文学作品犹如一面镜子，能够反映日常生活的方方面面，但其重点不在于剖析社会制度，而是从个体视角捕捉一个时代的特征。尽管自述中的文化知识是通过主体的特殊棱镜来呈现的，但其中的暗示机制往往也很重要，而且它的识别与解读只能通过课堂学习才能实现。因此，透过自传体小说对流亡和移民（二者往往你中有我，我中有你，因为记忆在不可避免的疏离感和回归本源的渴求之间被撕裂、被分割）的叙述，我们可以深入不同的社会文化世界，探索自我表征与他者表征的构建、解构和重构过程（Gohard-Radenkovic，2004b：11）。

另一方面，所有的社会传统都伴随着广为流传的民间故事，学习者可以从这些故事中体会到它们所传递的普遍的行为准则与价值观，并探寻到某些特定的文化印记，包括主题元素（如禁令的违反、考验与磨难、神奇物品等）和通用语言元素（如副歌、独特的开场白和结束语），这些元素可以构成一个初步的分析网格。当然，民间故事发生的时间和地点具有不确定性，因此就有了下面的表述（表 26）。

表 26　从前……

英语	法语	匈牙利语	俄语	阿拉伯语	汉语
Once upon a time...	Il était une fois...	Hol volt, hol nem volt...	В тридесятом царстве, в тридесятом государстве...	يحكــى انّ	从前……
从前……	曾经，有一次……	哪里有过，哪里没有过……	在一个遥远的（第 30 个）王国，在一个遥远的（第 30 个）州...	据说……	

民间故事见证着风俗与信仰的变迁，也承载着不同时代的艺术品味和关注焦点。以佩罗和格林兄弟的不朽作品《小红帽》为例，这个故事的普遍性不言而喻，

但其不同版本之间存在着不可忽视的差异（Windmüller，2011：111）：主人公是女孩还是男孩；狼的形象是怪物还是野人；狼被砍了头还是因为吃得太多而撑破了肚皮，等等。“笛子与男孩”的故事在法属西印度群岛、圭亚那和布基纳法索都能找到不同的版本，这充分证明，同一个故事可能会被打上不同区域的文化烙印：我们有理由相信，是非洲的故事启发了另外两个版本。这三个故事有着相同的主题和叙事结构：一个小男孩不听母亲的话，因为笛子（和/或他吹的曲子）而独自到了野外，被邪恶的力量威胁生命，后来获救。但在各个版本中，男孩的具体行为存在差异，这是因为，每个社会都有自己独特的关注点，而不同的生活条件也会对人们的价值观和信仰产生深远的影响。因此，不同社会对孩子不听话的容忍度并不相同，这也促使故事的叙事走向了不同的结局（Platiel，2005）。

科幻文学是一种基于“历史决定现在”的理念，描述想象中（向往或恐惧）的未来世界的文学形式。透过这类作品来洞察文化的某些核心特征，是一种颇具趣味性的活动（Ferran，1982：78）。科幻小说大多采用“开放式”结局，并寻求读者的合作，是大众文化的一部分（平装书、面向广大读者、每天大量发行），它们对于当代社会问题往往比“主流”文学更加敏感。那么，刻板印象与文学叙事之间存在着怎样的联系呢？

François（2009）对刻板印象作为一种文本现象在侦探小说中的作用形式及目标进行了研究。尽管这种体裁常常被边缘化（被视为“低俗文学”）和污名化（“千篇一律”），但其词汇和结构上的冗余对于激发读者的愉悦感具有重要作用，这一点与我们儿时热爱的童话故事具有异曲同工之处：固定的结构（问题/答案：用于揭示犯罪的缘由和罪犯的动机）、不变的角色（侦探/罪犯/证人）、重复的过程（调查）。侦探小说中似乎总是充斥着各种套路和隐喻（迷宫般的城市、荒凉的街道、残败的废墟、封闭的工厂、破旧的旅馆等；猎杀者与被猎杀者；主人公与疯狂侦探不合常理的态度等），这是此类作品有别于其他体裁的独特特征，也符合阅读契约的基本要求。事实上，每一种写作体裁似乎都能唤起读者对一系列场景和意象的期待，它们相互依存，共同验证文本的类型。从某种程度上讲，阅读文本的过程也是寻找熟悉的、已知元素的过程。若非如此，读者这种周而复始的需求——千篇一律的语言讲述着千篇一律的故事，却令他们乐此不疲——又该如何解释呢？

漫画是一种兼具趣味性、审美性和激励性的资源，也是外语学习的对象，在语言教学中同样十分重要。漫画是文学和视觉艺术的完美结合，对于提升交际能力、培养批判性思维以及文化内容的学习都大有裨益。Hamez（2006）曾引导留学生（主要来自亚洲）将各自文化中的经典民间故事改编成漫画：这是一项创造性的活动，学习者在密集的写作练习和反复的修改过程中协作交流，促进了对该媒介特有的视觉和话语规范的探索，最终使每位学习者的一语文化都受到了充分的关注。

Alao（2010）通过分析法冈瓦[①]小说中的一个成长故事，对约鲁巴文化的多个维度进行了考察。他的研究表明，文学作品并不仅仅是一些简单的文化指标：现实（如一夫一妻制/一夫多妻制、传承/老年人的地位、饮食习惯/服装等）与集体思想之间的联系需要媒介的介入。对于非母语者来说，如果没有教师的指导，他们可能连一天的时间细分（如传统的口头表达方式：天快亮的时候；第一声鸡叫之前；喝粥的时候，等等）都搞不清楚。

5.8 互动故事

5.8.1 参与社会实践

互动既是学习目标，也是达成这一目标的手段。在一个文化群体中，语言功能远不止“接受”能力（正确理解别人所说的话）和“产出”能力（正确表达自己）。外语习得不（仅仅）是掌握词汇和语法规则，更是要培养社会实践能力（从广义上讲，一切学习都是对新行为的习得）。但是，互动方式并不能从一个社会环境照搬到另一个社会环境，因为它们本身就是我们需要习得的对象（Gajo & Mondada，2002：131）。

互动涉及多个变量，包括说话情境（私人、职业、公共）以及说话者的年龄、性别和教育水平。互动是主体之间相互定位的场所，也是社会关系构建和实现的地方（Vion，2000：103），是交际需求的产物，这种需求有时甚至极为迫切。

简单来说，当第二位说话者考虑到先前接收的信息，并对第一位说话者的信息作出某种回应时，互动就产生了。课堂互动也不例外……我们可以看到，互动并不局限于言语交流。例如，两个人在火车上相对而坐，虽然没有任何言语上的

① 法冈瓦，D.O. Fágùnw，用约鲁巴语写作的尼日利亚作家。——译者注。

交流，但由于他们共处一个空间，存在行为态度的交流，因而互动同样存在（Vion，2000：17-18 & 97-98）。完全不依赖语言的互动（如流水线上的任务分配）：（1）属于特定的文化行为模式；（2）意味着某种内化语言的存在。

Charaudeau（2006：29-30）认为，互动不仅是意图的传递过程，而且是意义的生成与解读，换言之，互动包括三种类型的活动：（1）“与他者关系”的活动（互动者受到所处交际系统的约束）；（2）“知识范畴化”活动（分享群体中传播的、一定程度上被自发调动的知识和信念）；（3）“符号化”活动（在社会交际中，通过语言和话语范畴阐明上述两类活动）。在互动中，说话者会形成关于对话者特征的表征，而对这些特征的认识深度，对交际的进程与质量有着决定性的影响。互动是一种显著的社会行为，因为说话者作为话语社群的成员，在互动中共同构建了各自的社会角色（Kramsch，1998：35）。

现实世界中的很大一部分事物之所以存在，仅仅是因为我们相信它们存在。Searle（1995：13-14）将事实划分为两类：一类是“制度性事实”（即依赖于人们一致认可的事实，例如，我口袋里的纸是一张五美元的钞票），另一类是“原始性事实”（即不依赖人类习俗的事实，例如，珠穆朗玛峰的山顶附近有冰）。第一个例子代表“社会建构的现实”，第二个例子则代表“独立于所有表征的现实”（Searle，1995：243）。Austin 举过一个有趣而深刻的例子（1975：56）：“我看到码头上停着一艘船，于是走过去，打碎挂在船头的瓶子，宣布：‘我命名这艘船为斯大林号’，然后为了表示郑重，又踢开了导缆器……”然而，如果我不是社会指定来说这句话的人，或者我的行为不符合社会规定的程序，那么这个命名就是完全无效的。

在众多的交际情境中，每个社群都会构建和定义自己的互动程序。儿童在学习语言系统规则的同时，也在学习语言单位的使用规则（表 27）。

表 27　　你长大了想做什么？

英语	法语	匈牙利语	俄语	阿拉伯语	汉语
What do you want to be when you grow up?	Qu’est-ce que tu feras quand tu seras grand?	Mi leszel, ha nagy leszel?	Кем ты хочешь стать, когда вырастешь? Kem ti hotchech stat’, kogda virastech?	تحب تطلع ايه لمّا تكبر؟	你长大了做什么？
当你长大的时候你想成为什么？	当你长大的时候，你会做什么？	将会是什么，当长大的时候？	当你长大的时候，你想成为谁？	当你长大的时候，你想成为什么？	

话语是社会环境的产物，也是社会环境的反映。社会环境由话语构成，既包括过去的话语，也包括未来的话语。人类的互动是在由行为者和行为本身所构成的网络之中进行的。个体的生活可以被视为一系列互动故事：它们是个体参与和见证的全部互动的总和（Vion，2000：99）。我们关于世界的言语，其实都是对其他人话语的解释、评论和模仿。话语总是在其首次出现的语境中诞生，因此，其内容蕴含着前人的思考，其形式也承载着前人赋予的意义（Moirand，2006：41）。

为了适应当下的语境，说话者需要回顾过去的语境，并预测未来的语境。如果没有“前”（因）“后”（果）作为参照，我们又如何描述言语行为呢？

互动是一系列包含了纠正、重新表述和调整的过程。Delbecque（2002：220）记录了一位母亲每隔大约半分钟对她三岁的女儿所说的话，以及交际策略逐步演变的过程：（1）“Could you please stop throwing that on the floor?”（你能不能别再把它扔在地上？）（2）“Now could you stop that?”（现在你能停下来吗？）（3）“Would you please stop that?”（你停下来好吗？）（4）“Stop that! Do you hear me?”（停下来！你听到没有？）

5.8.2 影响他人

修辞学作为一种话语艺术，是围绕三个维度构建的，即“信”（ethos）（演说家回应争议问题的能力及其在公众面前展示的形象）、“情”（pathos）（公众被激发的强烈情感）和“理”（logos）（逻辑依据和所讨论的问题）。简言之，先以“信”吸引公众的注意，接着晓之以“理”，最后动之以“情”（Aristote，2007; Meyer，2009：36）。

如果我们承认，言语总是有意无意地寻求对他者施加影响，那么随之而来的问题便是：如何得到他者的认同？由此，我们便进入了话语的论证层面。论证的成败很大程度上取决于话语所处的社会和制度空间，而话语的力量与它在特定领域所起的作用是分不开的。谁在对谁说话，出于什么目的？论证的目标是什么？被赋予了哪些权力，又涉及哪些权力关系？采取哪些保护性和颠覆性策略（Amossy，2006：215-216）？

掌握一门外语还意味着获得了发展批判性思维所需的智力工具，即用于梳理和组织思想、准确表达和捍卫观点的一系列情感与认知技能。例如，对他人甚至自己的观点提出质疑，对自己和自己所处的环境形成更细致的看法，识别未明确表述的假设，对不同观点或相互矛盾的信息表现出开放态度，确保与对话者的相互理解，保持并不断激发听者的注意力——所有这些都是良好语言能力的标志。

表明立场、分析、比较、综合，同时展现出充分参与辩论并掌控辩论进程的能力——总之，若能使用特定的语言进行论证，说明已经充分掌握了该语言的修辞元素以及目标环境特有的推理和评价模式，这一点无需赘述了吧？

要发展批判性思维，必须认识到第二语言对学习者施加的结构性限制，这些限制也是社会运作模式的构成要素。世间万物并非永恒不变，我们表达和强调自己思想的方式，或者回应他人话语的方式，无不蕴含着文化印记——文化“预设”并规范着论证性话语。这个问题相当复杂：学习者不仅需要学习如何表达，还要依据具有一定约束力的二语互动模式，倾尽全力来实现这一目标。

因此，外语课程面临一些棘手的问题：（1）论证是什么？（2）使用外国语言和文化进行论证（即课程目标）又是什么？我们需要明白，*语言行为无法在社会真空中进行*。无论是协商预约，还是与司机发生争执，所有的语言输出都需要借助词汇/语法资源，同时也需要运用受文化环境制约的论证技巧与结构。

在特定社群内应对和处理意见分歧，必须具备选择符合规范性论证技巧的话语的能力：如何陈述自己的观点？如何表达不同意见？如何阻止对方表达观点？对手如何达到目的？批判性讨论通常包含四个阶段：“对立阶段”（the confrontation stage）、“开始阶段”（the opening up stage）、“论辩阶段”（the argumentative stage）和“结论阶段”（the conclusion stage）。语言行为在任何阶段都不能违背批判性讨论规则（Eemeren & Houtlosser，2004：47）。

当然，在交流过程中，人们总是可以根据具体情况预判对话者的反应，不过这种预判未必准确：“虽然拥有共同的词汇库，但每个人在词汇选择与组合方式上都充满了不可预测性。因此，所有话语的产出都是独一无二的”（Vignaux，2004：104）。

5.8.3 暗示

是否所有的表达都绝对清晰？我们在传递信息时是否毫无遮掩？在互动过程中，掩饰其实扮演了非常活跃的角色。事实上，为了领会对话者的意思，我们需要对其话语进行解读和重构，根据字面意思或从隐喻角度判断其真实意图。任何看似明确的表达都可能蕴藏着一些隐含意义，而在没有明言的内容里，文化同样存在。在动态的交流过程中，人们往往不是明确说出自己的意思，而是通过暗示的方式来表达。说或不说并不是说话者的唯一选择。有时候，我们需要一种看似什么也没说的表达，更何况所有集体语境都存在禁忌话题，受到沉默法则的保护。说话者可以利用显性或隐性的话语来定位自己的社会关系。所谓暗示，就是一种避免直接表达，而选择表面看似谈论其他内容的隐性方式来阐述事实的常见方法（Ducrot，1972：5-7）。换言之，隐性含义丰富或替代了原本的“词典义”或者“字面义”，但这需要说话者进行意义重构。Maingueneau（2009：74）指出，隐性含义并非话语的陈述对象，需要接收者从显性内容中进行提取。

波多黎各人在言语交流中总是努力取悦对话者，避免冒犯对方，尤其是不惜一切代价避免冲突。他们从小就学习解读说话者的意图，并针对对方的明显动机而非问题本身做出反应。这是一种含蓄的表达习惯：说话者不需要把话说得很清楚，话语的真正含义需要听话者自己去揣测，而这样的解读只有在拥有共享知识的前提下才有可能实现。Mather（2009）在谈到这种言语互动的潜规则时指出，语言形式和意义之间存在系统性差异。

韩国人借助 nunchi（目测）进行沟通，这种方式能够洞察他人没有宣之于口的意思。在这个等级分明的社会中，行为规范的制定受到多重因素的影响，包括从高到低的社会阶层关系、从低到高的社会阶层关系以及同一社会阶层内部的关系。通过所谓的“目测”，低位者需要解读出高位者没有明确表达的内容（Lee-Le Neindre，2002：161）。

日本是一个封闭的“密码社会”，与其他国家相比，其文化共享程度可能更高。这里有一种封闭的交流逻辑，即解释是多余的，正如他们的谚语所说：iwanakutemo wakaru（不必说我也知道）。

Bouvier（2003：410-411）指出了汉语中“未言之言”的关键所在。汉语是一种基于比喻和意象的语言，宛如一串“由大小相同的细珠（汉字）串成的项链，用一根隐形的线连接在一起”。因此，汉语句子就是一连串没有明显关联的词汇，建立语义联系的任务于是就留给了读者，他需要自行判断词汇之间的关系：是彼此加强、相互矛盾，还是相互呼应。这就要求欧洲人在学习汉语时，要学会从注重解释和论证的表达方式，转向注重联想的表达方式。

每个社群都会精心设计以间接或主观方式表达世界的手段。在意义传递的过程中，反讽扮演着重要角色。作为一种反语，反讽违背了 Grice（1975）所定义的合作原则，表达的恰恰是与字面意思相反的意思，旨在达到嘲讽的目的。

例如，当我们表面上向某人道贺时，真实的意思可能正好相反，如“我并不为你感到高兴。”。同样，通常表达负面意义的词汇也可能被赋予正面意义，例如“过来，你这个无赖！”，其实是一种通过正话反说来表达亲昵的手段（Charaudeau，1992：87）。

体察话语与现实之间的距离是一项费力不讨好的学习任务：陈述一件事情时可能同时暗示其反面，或者让一件不合理的事情显得合理，等等。从善意的表达到尖锐的批评，无不反映出话语与现实之间不同程度的差异。当说话者意图对某件事或某个人表达批评时，就会用到反讽。借助反讽，说话者可以为接下来的批评做好铺垫，使批评更加精准，或者加大批评的力度。在这种情境下，反讽的意义远远超出了本身具有讽刺意味的词汇（它们原本就不该按字面意思去理解）。

我们来看这个例子：“What a brave man!”（多么勇敢的人！），只有知道事实并非如此，才能充分理解这句话的讽刺意味。如果不结合特定的语境，就不可能明白，在这里，“警察的勇敢”意味着“警察的疏忽”。我们首先要知道，说话者没有赋予词汇真正或完整的含义，而是摈弃了字面意思，转而指向了隐含意义；其次，听者必须理解信息的表里不一，构建出其中蕴含的讽刺意义。显然，任何具有反讽意味的语义转变都不亚于一次脑筋急转弯——对母语者尚且如此，对非母语者自然更甚。要理解反讽，必须依靠交流双方共同遵循的规范、预期以及共享的百科知识。

5.8.4 典故与引用

我们在各种文本中都能见到历史和文学典故。源于古希腊罗马神话的表达至今仍活跃在很多语言之中，如：Ariadne’s Thread（阿里阿德涅之线）、the Danaids’ Barrel（达那伊得斯姐妹之桶）、the sword of Damocles（达摩克利斯之剑）、Œdipus Complex（俄狄浦斯情结）、Tantalus’ Punishment（坦塔罗斯的惩罚）、Pandora’s Box（潘多拉魔盒），等等。这些典故的形象是否已具有普遍性？如果离开欧洲文化，诸如 cross the Rubicon（渡过卢比孔河）、rest on one’s laurels（躺在自己的月桂树上）、sever the Gordian knot（斩断戈尔迪之结）之类的表达是否还有意义？在世界各地，人们是否都使用“德拉古式”来形容严苛的法律？凯撒大帝的名言“Veni-Vidi-Vici.”（我来，我见，我征服。）是否在全球范围内都能用来比喻闪电般的胜利或迅速的行动？如果回答是肯定的，那么这些表达是保留了拉丁语原文？还是翻译成了当地语言？人们会不会像 Suze 利口酒的广告语——“J’ai osé. J’ai goûté. J’ai aimé.”（我敢，我尝，我爱。）——那样，将这些典故用于双关语，或者改变它们的词序，而与受话者形成某种文化共鸣？

是否在各种文化中，包藏祸心的礼物都被称为“特洛伊木马”（希腊士兵为了攻入特洛伊城，藏身于一只巨大的空心木马内）（表 28）？

表 28　　特洛伊木马

英语	法语	匈牙利语	俄语	阿拉伯语	汉语
Trojan horse	cheval de Troie	trójai faló	Троянский конь Troyanskii kon’	حصان طروادة	特洛伊木马
特洛伊的马	特洛伊的马	特洛伊的木马	特洛伊的马	马特洛伊	

不可否认，不含典故的语句更易于理解，而任何刻意展现的文化默契都可能将缺乏必要社会知识的非母语者拒之门外。例如，对文学和艺术作品的引用及其所有改动（无论是出于幽默还是其他目的），都会受到作品名称及其他因素的限制，因为作品及其名称早已被商业化或媒体化。事实上，典故是一种媒体钟爱的意义产出方式，当我们翻开报纸，总会发现大量字面上很容易理解的表述，其中便包含了一些用来传达隐含信息的典故。与所有的引用或暗示一样，典故的基础也是共同的社会意识，只有当读者拥有充分的文化记忆并能紧跟时代步伐时，典故才能发挥其应有的作用。

需要明确的是，除了经典来源（如神话、民族历史、经典文学）以外，流行文化和反主流文化的兴起也为双关语和典故的识别增加了难度（Gambier，2008：183）。

地理位置、历史事件、电影和漫画里的诙谐对话以及缩略词等都可能产生复杂的意象。典故是一种非字面意义的修辞借用，需要人们感知到它与原始话语的内在联系。典故的识别需要解读，但不同典故的辨识度存在程度上的差异。

我们对有些表达方式耳熟能详，只要提起开头，后续内容便能迅速在记忆中浮现——当然，这是对母语者而言，外国人可能会觉得不明就里。有些表达方式则比较小众，它们针对性更强，更依赖语境，缺乏广泛的共享基础。谚语、歌词、广告语、格言等，这些在不同程度上固化成词的语句经常被化用。根据它们在文化中的沉淀程度，被改变的知识碎片（如历史、文学、电影、绘画等）只要没有脱离当时当地的文化背景，并且仍然植根于特定的社会群体，那么这些被化用的语句就依然具有辨识性。戏仿是一种非常明显且有效的典故运用方式，说明被模仿的话语已经铭刻在集体记忆之中（Revaz，2006）。

例如，面对一段著名文字的“不忠实”引用，受话人要想弄明白其中影射，必须借助自己的百科知识以及对世界的表征，才能理解被“刻意歪曲”的深层含义。与“文化指示符”（cultural designators）不同，文化典故在话语情境中并非核心要素，它首先是一种文化参照。不过，这种参照已经融入文本结构，对于能看懂典故的人来说，它们承载着隐含的间接信息，要么吸收了多种文化特征，要么引用了知名度不一的各类作品（从《圣经》到莎士比亚戏剧，再到儿童文学，等等），从而“加深了信息的意义，或者扩大了信息的范围”（Ballard，2003：173）。

“我控诉！”“爱弥尔·左拉”“阿尔弗雷德·德雷福斯”，这些历史元素已成为法国文化遗产的一部分，在法国以外也广为人知。这些元素与“I am the State.”（朕即国家。）、“Paris is well worth a mass.”（巴黎值得一场弥撒。）等刻板表达一样，具有很强的“跨文化”传播性。但归根到底，文化参照通常都是内部传播，只有在相关文化中接受过社会化教育的人才能理解和领悟。不过，在话语现实中，文化信息元素以显性方式结合在一起的情况并不多见，教材文本便是其中一例，它们通过逻辑的方式传递知识和数据、提供解释，等等，而不依赖于比喻和暗示。在位于巴黎二区的蒙马特街 144 号，建筑外墙上镶嵌着一块纪念牌，上面写着：“这里曾是《曙光报》（*Aurore*）的办公室大楼。1898 年 1 月 12 日，埃米尔·左拉就是在这里将他写给共和国总统费利克斯·福尔的信交给了主编乔治·克莱蒙梭，信中力证阿尔弗雷德·德雷福斯的清白，并断言：‘真相正向我们走来，没有什么能阻止它’”。这封信于第二天见报，标题就是著名的“我控诉！”（J'accuse !）。文化参照（在本例中是指涉及国家记忆的重大事件）的语境化有着自己的时空逻辑，信息的传递有条不紊，既没有未尽之言，也没有言外之意。

不过，集体身份的话语实现并不常见。在交流过程中，当社群成员所共享的文化典故以不可预见的、无序的方式出现时，外语学习者会感到迷茫、慌乱或者受到排斥，因为他们所面对的，是另一个群体共有的价值观。

所有文本都可能会利用互文性这张牌，尤其是通过引用。引用是对已有话语片段有意识地再利用。通过语言教材所传播的学术文化，外国学习者能够识别一些文学和艺术领域的套语。相反，如果学习者未能融入目标社会，那么对于大众文化所传播的常见套语，他们的识别能力就会大打折扣。这类套话多见于口语，例如：“Je te tiens, tu me tiens par la barbichette”（儿童游戏“我把你逼到墙角了”，要求玩家保持正襟危坐，谁先笑，谁就受到惩罚）；“T’as de beaux yeux, tu sais.”［“你知道吗？你的眼睛很漂亮。”，这是卡尔内（Carné）和普雷维尔（Prévert）的电影《雾码头》（*Quai des brumes*）中的对白］。

词典通过引用长短不一的文本，往往能唤起和强化二语文化或其他文化的刻板印象（如地点、人物、作品等），如：“交响乐”让人联想到“舒伯特的‘未完成交响曲’”，“钟楼”令人想起佛罗伦萨的“乔托钟楼”，“龙”则让人想到“四小龙：韩国、中国香港、新加坡和中国台湾”，等等[①]。Ruwet（1965：76）对“碎片美学理论”（fragment esthetic theory）提出了质疑，他认为，源于伟大作品的语句，如果开始在公众记忆中脱离原始语境而独立存在，通常都有这样一些特点：由复杂的对称和不对称的关系组成，具有紧密的内部结构。

在佩罗的《小红帽》中，祖母念出了这样一句魔语：“Tire la chevillette, la bobinette cherra.”（基本意思是：拉动小门闩，门锁自然开。），这是所有法国孩子都熟悉的一句话，尽管形式上已不符合当代语言规范，但它仍然具有象征意义。与拉封丹寓言里的经典名句一样，“S’il vous plaît, dessine-moi un mouton.”（“请给我画只绵羊吧！”，出自圣—埃克苏佩里的《小王子》）以及“Longtemps, je me suis couché de bonne heure.”（“很长一段时间，我都是早早上床睡觉。”，出自普鲁斯特的《追忆似水年华》）也都在法语词典中占有一席之地：毫无疑问，它们已经深深扎根于母语词典编纂者的集体记忆之中。

5.8.5 太好笑了！

幽默在所有文化中都存在的普遍现象。有些文化偏爱用笑话传播知识，有些则喜爱以寓言或谜语作为知识载体。这种差异可能与传统及仪式化实践有关，非母语者有时或许难以理解。幽默总是源于错位，如语义断裂或不协调元素的闯入、实际语义偏离预期语义、违背甚至颠覆明显事实等。如果说幽默的表现形式与现有的语言资源息息相关，那么幽默主题则是历史条件的产物，笑是对当时社会的一种反映。此外，要理解幽默话语的特点，需要从幽默源与幽默接受者之间的特殊关系中去寻找：没有社群的共享知识，就无法理解幽默（Laurian & Szende，2001：16-17）。

每个社群、每个时代都有其标志性的滑稽角色。滑稽故事，特别是为了找回

① Le Nouveau Petit Robert, Paris, 2009.

集体尊严的滑稽故事，会把社群中的典型人物搬上舞台。这些人物可能展现出自作聪明、头脑简单等特点，或者呈现出当地高位者或底层小人物的典型特征。关于这一问题，我们难免会遇到这样的困惑：从最不具文化特征到最具文化特征，幽默的传播能力是否会存在程度上的差异。易于翻译的笑话往往不具有文化特征，而充满各种偏见的笑话，则由于缺乏必要的注释，通常只能在社群内部讲述和欣赏。还有一些笑话则会在不同的文化之间流传演变：法国人讲的所谓比利时轶事，到了英国人口中可能变成了“爱尔兰笑话”。下面这句名言（可能出自某位政治家之口）“We were on the edge of a cliff but since that time we’ve made a big leap forward.”(我们曾经站在悬崖边上，但是之后，我们已经向前迈了一大步。)可以毫不费力地从一种语言翻译成另一种语言，理解也毫无障碍。Gricourt（2001：110-111）讲述了一些印地语故事，在这些故事中，其中一人对另一人的话做出了出人意料的解读，通过错位产生了喜剧效果，例如：

—租客：这是什么房子？整个屋顶都在漏水，我的房间都快变成池塘了。

—房东：先生，我提醒过你啊，所有的地板上都会有水。”

这个笑话本身很容易被移植到其他语境。但是，如果我们清楚它的话语类型和社会背景，就会有更加深刻的理解：这类笑话往往以印度社会中经常被嘲笑的人物作为主角，他们通常是基于刻板印象塑造的人物，比如典型的对立二人组（乞丐/富婆、主人/仆人、房客/房东等，都是既定社会秩序和“弱者”的代表），他们不断争斗，试图压过对方。

课堂上的幽默能够为原本沉闷的学习过程增添一些轻松的气氛，但幽默的功能远不止提供简单的娱乐和休息。毋庸置疑，要掌握一门外语，就需要破译二语文化中的玩笑模式，而要理解一则外语笑话，首先要认识到与对话者分享笑话的方式，即笑话赖以存在的话语结构。因此，不难想象，一个人用外语开玩笑需要承担多大的风险。“领会”幽默的前提是融入一个受特定习俗支配的群体，并获取该群体的共有知识。我们可能都有过这样的经历：当一个非母语者试图给我们讲笑话时，我们却感受不到笑点。

笑话似乎是一种普遍存在的叙事体裁，正如 Bierbach（1986）所指出的那样，在研究口头话语的框架中，讲笑话提供了一个获取自然故事的机会。笑话往往是自发产生的，有其特定的背景和动机，但与基于个人经历的故事不同，笑话中的事件并非叙述者亲历：它们是虚构的，其价值就在于逗人一笑的幽默妙语。

对于笑话的开场，各种文化在语言组织方面通常都有严格的方式。在寻求与对话者建立某种伙伴关系时，讲述者会采取怎样的方式（表 29）？

表 29　　　　我给你讲个笑话！

英语	法语	匈牙利语	俄语	阿拉伯语	汉语
Here's a good one! I've got a joke for you.	Je vais t'en raconter une bien bonne. Et celle-là tu la connais?	Ismered azt, hogy …?	Знаешь/Знаете анекдот про...?	سمعت آخر نكتة؟ طب اسمع دي	我给你讲个笑话。
这里有一个好的！我给你讲个笑话。	我要告诉你一个好的。 那一个，你知道吗？	你知道那个……吗？	你知道一个关于……的有趣故事吗？	你听过最新的笑话吗？嗯，听听这个。	

每种文化大概都形成了这种特定类型的交流方式，但各自又有其必选和可选的信息单元、规则和惯例（如节奏、禁忌、手势等）。非母语者无法以恰当的方式讲好一个笑话，这难道只是偶然吗？在课堂上，教师本来想讲个笑话，却不得不事后向学生解释笑点在哪里，为什么好笑：对语言教师来说，谁没有遭遇过这种滑稽的社死现场呢？

我们都深知幽默给课堂带来的诸多益处——那些充满默契、机智与风趣的珍贵时刻：老师提议角色扮演，讲述有趣的故事，甚至不惜自嘲。幽默在语言课堂上催生了大量的教学实践，因为游戏和知识密不可分，游戏性资源可以促进对内容的理解和巩固。语言具有强大的创造力，其中对能指的操作包含了很多策略。语言游戏能力无疑是衡量语言与文化能力的指标之一。

学习者需要*识别*幽默、*理解*幽默并对其做出适当的反应，而不是创造幽默。为了实现这一目标，教学内容必须是适于教学的片段，尤其是适合目标文化的脚本（Szirmai，2012）。

语言课堂上的幽默是一种关系润滑剂，不仅能够缓和气氛，还能为语法讲解和知识传授增加人性化的色彩。幽默不仅是学习的主题和学习者感知文化的途径，也是一种与母语幽默拉开距离的方式。必须承认，语言教材中的幽默很多时候只是作为一种装饰而存在。然而，笑绝非一种简单的娱乐形式，它对于理解媒体和文学作品中的日常交流至关重要。幽默对标准化的世界观构成了挑战，因此教师必须谨慎：由于社会规范不同，对有些人来说纯粹好玩的事情，在其他人眼中或许成了嘲讽或者冒犯。幽默是有禁忌和边界的，这些禁忌和边界不容挑战。

5.9 互动规则

5.9.1 合作与竞争

在互动过程中，所有参与者都需遵循文化敏感规则，并根据交流目标回应对话者的期望。Grice（1975：45–46 & 52）指出，语言交流不能只是一系列互不相关的话语。交流之所以成为可能，是因为对话双方心照不宣地遵循着“合作原则”，也就是一定数量的规则。他借鉴康德的四范畴，将这些规则归结为“谈话四准则”，即数量、质量、关系和方式：

—数量准则：（1）尽可能多地提供所需信息；（2）不提供超出需要的信息；

—质量准则：（1）不说明知虚假的话；（2）不说缺乏充分依据的话；

—关系准则：不跑题；

—方式准则：（1）避免含糊不清；（2）避免模棱两可。

显然，在交际情境中（谈话只是其中的一种特殊情况），为了隐藏或获取信息，可能会在策略上违反上述准则。在下面的例子中，交际目标的实现不是依靠对准则的严格遵守，反而是刻意的违反：“A 在为一名应聘哲学职位的学生写推荐信，他的信是这样写的：‘Dear Sir, Mr. X’s command of English is excellent, and his attendance at tutorials has been regular. Yours, etc.’（亲爱的先生：X 先生的英语水平非常好，并能按时上课。此致敬礼……）”A 没有拒绝这个“游戏”，但他故意违反数量准则，从而暗示：X 在哲学方面并不称职（Grice，1975：52）。

乍看之下，合作与竞争的对立在建立互动类型学方面似乎颇具吸引力，然而现实情况要复杂得多：没有一种互动是绝对完美的合作，反之，哪怕在最具争议的互动中，也存在最低限度的合作（Vion，2000：126; Maingueneau，2009：38-39）。

即使在最普通的事件中，我们也能观察到言语互动：“在特定的情境下，人们会如何表达？”“外语交流中的问题是如何产生的？”Berrier（2001）曾指导学生观察一个微型对话的口语语料库，对话者来自不同的文化背景。对这些会话的分析为语言的教学与学习理论提供了一个有趣的思路，或许能够促使我们更加深入地思考不同社会的交际规范，如人际关系概念、仪式化程度、谈话场所、沉默，等等。

语言的形式与行为对于交际情境的适应与特定文化中事物的命名方式和事件的描述方式密切相关，而命名行为的确反映了语言表达与现实要素之间的复杂关系。每一种文化都会对行为和事物进行分类：事实上，语言正是描绘世界的工具。用 Pavlenko（2011：199-200）的话来说，就是：（1）“词与指称对象之间的映射”（word-to-referent mapping），是指调动语言元素及其组合模式的过程，说话者可以通过这个过程来指称世界；（2）“重新命名世界”（re-naming the world），即用外语进行命名的行为。

另一方面，以计算机为媒介的交际也要遵循一定数量的互动规范，如信息书写者与接收者的身份识别、相关性、清晰度、简洁性、网络技术限制、表情符号的使用等。除了个人以外，互联网用户的交际行为是否还受到文化背景的影响？Atifi 和 Marcoccia（2006）在他们的研究中不仅关注通用网络礼仪的行为模式，还深入探讨了数字风格中的文化变量，并提出了每种文化都会采用全球标准化模式的假设。

通过对比分析不同类型的互动，我们可以描述社会的交流机制，确定与所研究互动（正式或非正式）相关的规律性与文化变异性（以及跨文化变异性）。为了实现这一目标，我们需要对比多个社群中同类互动的表现形式。Traverso（2006：47-55）考察了叙利亚和法国的互动广播节目：主持人请来嘉宾，听众可以通过连线与嘉宾进行交流。这类节目在这两个国家都已相当成熟（事实上，这种节目在世界各地的形式都差不多）。然而，语料库却显示，两国的习惯存在显著差异：（1）称谓：法语仅使用一类称谓语，即代词 vous（敬称“你们”），而阿拉伯语则使用九类称谓语；（2）仪式性的插入语和祝愿：阿拉伯语在互动过程会频繁使用诸如“May God protect your daughter.”（愿真主保佑您的女儿。）之类的表达，而法语语料中则几乎找不到类似的表达。

另一个例子涉及商业互动。买卖性质的交流在交易场所展开，参与者分别扮演卖方与买方这两个互补角色。Windmüller（2011：113-134）对比了发生在法国和德国药店中的两段对话，发现其中有一些仪式化的互动环节：除了开场白和告别语之外，还包括开处方、说明服药方法及建议等。在某些国家，药剂师还会询问是否需要把医嘱写在药盒上。在语言教学法中，这样的分析实际上造成了“与日常生活的割裂”，其原因在于，药店这些特有的社会行为本就是日常生活中的普通事件，因其频繁性与重复性，几乎从不会受到质疑。只有当教师面对不同文化背景下的类似情境时，这类行为才会引起关注。

5.9.2 言语行为与社会习俗

Hymes（1972a：56）指出，“言语情境”由“言语事件”组成，这些事件直接受社群成员共同遵循的使用规则和规范的制约，而这些规则和规范本身又由“言语行为”构建而成。言语行为（或称交际行为、语言行为）是语用学的核心概念之一，其基本理念在于，人类交际的单位并非句子，而是某些能对对话者产生影响的特定社会行为。

在很多情况下，无论是口头表达还是书面写作，就说话者的交际意图而言，他们在使用语言的同时，也是在完成一定的具体行为（如宣布事实、告辞、下达命令、作出判断等）。人们在用语言描述现实的同时，也通过语言对现实产生影响。基于这样的观点，我们可以得出结论：语言形式本身不是目的，它们在交际语境（通常具有固定模式）中所能实施的社会行动才是目的。

《中级法语》（*Niveau-Seuil*）（1976：18）根据语言活动所涉及的五个社会领域，对言语行为进行了分类：（1）家庭关系；（2）工作关系；（3）社交关系（与朋友、邻居的联系）；（4）商业和民事关系；（5）与媒体的接触。

《中级英语》（*Threshold Level*）（1990：8）则提到了三种情况：（1）“包括日常交易在内的各种情境，这些情境要求所使用的语言具有高度的可预测性”；（2）“涉及人际交往的情境，即帮助学习者建立和维持社会关系（包括商务关系）的情境”；（3）“间接交际情境，这类情境要求学习者能够理解书面或口头文本的要点和/或具体细节”。

每种行为都有自己需要遵循的社会使用规则。若要运用由语言信息和情境信息共同构成的言语行为，我们还需认识到这些行为在特定文化环境中的可选程度以及可能的组合方式。谁应该/不应该说什么？谁可以/不可以说什么？某个特定的行为是否具有可选择性？根据现行规范，如果不选能否被接受？了解哪些行为可以表达、哪些行为可以相互组合，以及组合的恰当顺序，似乎至关重要。例如，在请求提供信息之前或之后，应该给出哪些（可能的）理由？在很多语言中，阳性/阴性的使用反映了社会模式的影响：根据语境，“律师”“总统”“医生”既可以指代男性，也可以指代女性。

我们的互动是如何形成的？Moeschler 和 Auchlin（2009：200-201）在交流框架内明确了两种要素：（1）一系列“干预”：这是交流的直接组成部分；（2）“话语行为”：这是较小的结构单元（如陈述、点头、耸肩等），用于提供信息，以改变对话者的共享知识状态。

在交流过程中，连续的干预和话语行为更能彰显行为者对自己所扮演角色的尊重，例如，“确认性交流”通常表现为二元结构，而“修复性交流”由于是对语言导致的交际中断的补救，因此至少具有三元结构。但实际上，交流并不只是两三个组成系统那么简单，它还可能包含“前言”①“后语”②、多次中断、犹豫、延伸和变异等多个要素（例如，在提议之后遇到消极反应，改变提议之后获得积极回应，等等）。尤其是在“讲故事”之类的活动中，顺序结构的把握要困难得多。

Moirand（1990：72）在研究一家缝纫用品商店的“交易”对话时，对开场标记(“下一位？”“有什么可以帮您？”)、结束或继续交易标记(“还要别的吗？”“一共是……”）进行了盘点，并观察到，即使是新顾客，双方的交流一般也会超出简单的买卖范畴，而且经常受到无法预知的环境因素的影响。

5.9.3 最恰当的表述

如何运用符合特定语境的语言来表达自己的想法？如何掌握标准行为的游戏规则？如何获得群体归属感？针对这些问题，Hall（1981：132-133）在其研究中进行了探讨，他主要通过观察经验丰富的说话者来寻找答案。他发现：这些说话者的交流总是那么快速顺畅，比如他们会说“Two first to Land’s End returning.”(两张去兰兹角的头等舱往返票。)，而不是说“Would you please sell me two roundtrip tickets, first class, to Land’s End for today?”（请您卖给我两张今天去兰兹角的头等舱往返票好吗？）

语言需要不同的方式来表达相同的内容。对说话者来说，这些不同的表达方式在语义上似乎差别不大。然而，正如Bourdieu（1982：80-81）所指出的，看似可替代的表达，如“Come！”（来吧！)、“Please come.”（请你来吧！)、“You will come, won’t you?”（你会来的，对吗？），等等，其实并不能随意互换，因为任何一种表述在寻找最佳形式时，都需要在表达意图与考量不对称的社会关系之间寻求平衡。

① pre-sequences，即语用学中的“前序序列”，或称“前序话语”“预示序列”“预示语”等。——译者注。
② post-sequences，即语用学中的“后序序列”。——译者注。

当需要对方重复信息以避免对话中断时，每种语言都有其特定的表述方式，如“Excuse me, I didn’t quite catch that.”（对不起，我没听清。）、“Could you repeat that, please?”（您能再说一遍吗？）。在社会仪式中，有时只有一种经典表述是最恰当的，它能够体现该情境的所有社会学特征。因此，我们不难发现，在各种各样的语言中，都存在某种仪式化形式，用以表示对问题的“一无所知”（Kerbrat-Orecchioni，2005a：93）（表 30）。

表 30　　我不知道！

英语	法语	匈牙利语	俄语	阿拉伯语	汉语
I have no idea.	Je n’en sais rien.	Fogalmam sincs.	Откуда ж мне знать! Otkuda j mne znat’?!	ولا اعرفه ولا عمري سمعت عنه	我什么都不知道。
我没有想法。	我对此一无所知。	想法，我（甚至）没有一个。	哪里，老实说，我知道？！	我也不知道，我这辈子也没听说过。	

说话者总是努力寻找最符合交际情境的表述。以商店购物为例，顾客会以不同的方式表达自己的需求（Kerbrat-Orecchioni，2005a：43）。如果买的是普通商品，顾客会说：“Je voudrais un petit bifteck.”（请给我来一小块牛排。）。但是，如果顾客不太确定要买的东西是否有货，他可能会问：“Vous avez des rognons de veau ?”（您这儿有小牛腰子吗？）

Roulet（2005：33-35）基于某书店的互动语料指出，店员在面对连续几个学生前来购买同一本书时，会表现出与处理单个订单时不同的行为模式。同样，顾客为自己购书和为他人购书时，其行为方式也不尽相同。对行为框架的描述不仅需要精准定义互动者的社会地位及其所扮演的角色（提供服务者或寻求服务者），还需要明确他们的活动计划（例如完成学校作业）以及这些计划所衍生出的话语/行为结构，包括非语言元素。这样的分析对教学有哪些启示？非母语者可以学习造句、作文，理解句子和篇章，但他们是否还需要培养一种“行动”能力，以便完成诸如“进入书店”或“付款”等行为？或许有人会问，难道他们没有通过一语以及以前的社会实践获得这种能力吗？当然不是。在很多情况下，学习者可以利用已有的行为知识，而且也具备这个能力。但是，在不同的文化环境中，这些行为的结构可能存在差异。因此，除了关注语言本身的各个层面，语言教学还应重视各种话语的社会组织。

5.9.4 预设脚本

原始的语言材料是极具价值的研究对象，它们尤其能够说明，每种语言都有自己独特的运行机制，可以捍卫自己的观点、说服对话者、叙述故事。为了深入探讨语言与身份之间的关联，Sealey（2010）对一个大型口语文本集——口述历史语料库（Oral History Corpus）——进行了研究。通过研读大量的口述文本（千禧年前后在伯明翰录制的 144 个访谈的记录），作者得出一个初步结论：每个受访者都构建了自己的“心理传记”。在男性受访者的叙述中，频繁出现“足球”和“电影”之类的话题显然不足为奇，正如我们习惯了女性的话题离不开“孩子”或“幼儿园”一样。在分析“自我叙事”中潜在的话语规律时，这种数据汇编就显得格外引人注意——在构成社会模式基础的语言图式中，“自我叙事”比比皆是。此外，还在 100 多个访谈中发现了一些重复出现的语句，如“我以为”“我出生在”“我曾经”或“我们曾经”。

将组合分析扩展到话语层面非常必要：所有身处社会世界中的个体都会与他人发生面对面或者通过媒介的接触。在这些接触中，个体通常会外化一种行为准则，即采用一种语言和非语言的行为模式来表达自己的观点。无论个体是否有意采用这样的行为准则，最终总会意识到自己确实遵循了某种准则（Goffman，1974：9）。这是因为，每个社会都建立了一套由程序性实践、惯例和规则组成的系统，用于指导和组织信息的传递（Goffman，1974：32）。有人提出了这样的假设：互动是一系列有时颇为复杂的行为图式（praxeogram）。这些图式被定义为语用单位（Ehlich & Rehbein，1972），或者被视为日常或职业活动基础的概念图式、言语图式或手势行动图式（Moirand，1995）。

互动能力包括哪些方面？除了严格意义上的语言知识，我们还需要具备哪些技能才能进行有效的交流？有一种观点认为，相关技能的培养需要学习者使用二语进行社会互动，而这种互动是通过一系列微任务和情境限制来实现的。这种观点为研究和教学开辟了广阔的前景。为了识别和描述典型的互动过程，首先需要仔细观察当地的语言实践（这是知识构建的可能途径），并对非母语者和母语者之间的互动进行微观分析（Pekarek Doehler，2000）。

Gumperz（1969）认为，作为一种语言实践，论文答辩与政治活动并无二致：

它们都要求参与者具备就关键术语的定义进行协商的能力。一旦关键术语的意义经过协商达成共识，参与者便可利用它们来阐述个人或小组的观点，从而避免彼此间的冲突。评委会成员知道哪些内容可以表达、如何表达以及何时表达。仪式化是参与者共同创造的成果，其中既有正式元素，也有非正式元素（后者源于日常会话，如“做得不错”“令人愉快”，以及趣闻轶事、私人谈话等），这些元素可以通过韵律习惯加以识别。

尽管各种类型的互动都有其特定的、具有不同约束力的脚本，但在说话者可用的脚本中，有些并无明确的限制（如非正式交流），而另一些则只提供了有限的灵活性（如比较正式的交流）。

脚本是典型交际情境中相关语言知识和非语言知识的集合，它“是一种结构，用于描述特定语境中适当的事件序列”（Schank & Abelson，1977：41）。Dewaele（2012：208–218）认为，脚本就像一个相当初级的电影剧本大纲，还只是存在于概念层面，可能包含一些拍摄说明，以及按照预设时间顺序可能出现的对白。

根据其交际目标，互动承载着特定类别的规约性表达，如传达赞美、责备、支持或喜爱……。而这些语言行为的力量在一定程度上源于情感的投射（Goffman，1987：27）。

在任何文化中，我们都能轻易察觉到某些预设脚本的存在。想象一下日常生活中的各种交流场景，它们都承载着母语社群所恪守的各种习俗，如问候、感谢、道歉、授权或命令等。语言与社会实践密不可分，例如讲故事、参与言语交流、相互归类为某一群体的成员等（Pekarek Doehler，2006）。

这些都是学习者能够用母语轻松完成的操作。另外，我们还可以观察到，即使在话语序列中存在“空白”，母语者依然能够辨识出特定的场景。同时，尽管他们在社群内部形成了不同的子群体（如社会、代际、种族等），并拥有属于自己的特定场景，但子群体之间的相互理解并不会受到妨碍（Dewaele & Wourm，2002）。

在此我们仅举一例，便足以佐证上述观点（见下页表31）：在比赛中，参赛者被要求在起跑线上就位，等待“发令员”按照惯例发出三个起跑命令，这三个经典命令可以追溯到古希腊文明时期：“πόδα παρά πόδα!”（一步一步地！）、“ἕτοιμοι”（准备好！）、“άπιτε!”（跑！）。

表 31　　各就各位……！

英语	法语	匈牙利语	俄语	阿拉伯语	汉语
On your marks, get set, go!	A vos marques, prêt, partez!	Vigyázz, kész, rajta!	На старт. Внимание. Марш!	مكانك! استعداد ابتدي ...!	各就各位，预备，跑！
各就各位，预备，跑！	到你的位置，准备好，出发！	注意，准备好，前进！	在起点。注意。赛跑！	你的位置，准备……开始！	

在日常的语言使用中，我们完全有可能忘记一个词，或者用手势来代替某个词，而这并不会给对话者带来理解上的困扰。在不同的文化中，让人们能够顺畅沟通的日常脚本或许截然不同，而这些脚本恰恰构成了社会群体共享知识的一部分。例如，爱情宣言似乎是一个很难习得的脚本。事实上，如果不熟悉二语中与爱情相关的词汇所蕴含的情感意义，那么在求爱的第一阶段，说话者可能意识不到脚本的启动功能。在跨文化情境中，互动双方对理想脚本的认知可能会存在差异（Kerbrat-Orecchioni & Traverso，2004）。

"您好，有什么可以帮您？"面对商家这个（有时很坚持、有时小心翼翼的）问题，有多少非母语学习者（包括高水平的二母学习者）确切地知道，应该怎样给出礼貌的仪式化回应作为"防御机制"："谢谢，不用，我随便看看……" = 我只是想看看，不希望有人打扰（表 32）。

表 32　　我随便看看。

英语	法语	匈牙利语	俄语	阿拉伯语	汉语
No, thank you, I'm just looking.	Merci, je ne fais que regarder.	köszönöm, csak nézelődöm.	Нет, спасибо.Я ещё выбираю.	لا شكرا أنا بتفرّج	不用，我随便看看。
不，谢谢，我只是看看。	谢谢，我只是看看。	谢谢，我只是在看看（周围）。	不，谢谢。我还在选择。	不，谢谢，我在看。	

作为外国人的生存工具之一，此类话语同礼貌用语一样，充分体现了文化差异对微观行为实际过程的影响。毫无疑问，交际行为的话语化不仅受到语言系统特殊性的影响，而且植根于社群成员对特定社会微观事件的目标与进程的表征方式。任何严重偏离脚本的话语都有可能阻碍交际目标的实现。此外，为了妥善管理日常互动，我们还需要熟练掌握言语行为的顺序。对于同属一个文化区域的不同语言来说，行动顺序和话语组织模式在某种程度上具有共通性。通

过媒体，我们经常可以在不同的西方文化中观察到反复出现的相同画面和叙事场景："在敌人的酒杯里悄悄掺入毒药的行为""站在门口一侧，请女士先行""印第安人发起进攻/被围困者展开殊死抵抗/骑兵在最后关头抵达"，等等（Dufays，1997：316-317）。

然而，从一种语言到另一种语言，相同事件所包含的步骤数量可能未必相同。在多数情况下，为了理解特定的话语，我们需要了解相关活动领域内刻板语言或非语言行为的顺序。例如，要理解"我滞留在机场，签证过期了。"这句话，就必须对机场的相关手续有所了解（Maingueneau，2009：113-114）。某些话语类型的脚本相对严格，如机票购买、警察讯问、政治演讲，等等（Maingueneau，2009：35）。

在确认了互动层面上存在文化差异之后，我们可以做出如下假设：非母语者在使用外语时，往往会根据其外语水平的不同，采用母语中的脚本。在巴黎的一所大学中，有些外国学生直接把自己的社会模式照搬过来，称呼多米尼克·德·萨林（Dominique de Salins）教授为 Mme Dominique（多米尼克女士）（de Salins，1992：67）。然而，他们并未意识到，这种称呼方式暗示了一种非常特殊的社会情境，即自身地位的低下。

对于外语中互动规范和脚本的理解，源于我们以往的世界经验，这些经验有助于我们做出预测、弥补不足。正因如此，Ranney（1992）没有把分析重点放在言语行为上，而是着眼于言语事件，例如某个"医疗咨询"场景：深受传统的疾病与医疗观念影响的非母语者（来自东南亚的难民）面临美国医疗模式的情形。

在众多在线多媒体语言学习产品中，有一个名为"Dancing with Words: Strategies for Learning Pragmatics in Spanish"（与言语共舞：西班牙语语用学学习策略）的网站。该网站由语言习得高级研究中心（CARLA）①制作，提供了一系列资源，用于完善对西班牙语言语行为与互动的研究方法，并推动相关分析。该网站致力于语用学研究成果的应用。所谓语用学，即"通过交流传达意义"的方式。虽然所举的例子主要围绕特定语言（及其变体），但课程整体上通过教学评论与相关示例（如问候、感谢、道歉、邀请、请求等方面的策略），阐

① http://www.carla.umn.edu/speechacts/sp_pragmatics/home.html

明了言语行为和仪式化表达的运用——对于任何外语学习者来说，这些内容的掌握都绝非易事。

了解特定情境的刻板序列对于准确把握信息至关重要。下面是 Maingueneau（2007：22）引用的电影摘要："A 是一名相貌平平的年轻兽医，同时也是一档电台节目的主持人。一位听众对她的建议大为赞赏，想请她出去喝一杯。然而，A 是按照她最好朋友的形象（一位迷人的金发美女）来描述自己的。不难想象，这将会引发怎样的误解……"。为了理解这段文字，我们必须唤起记忆中有关广播节目的脚本（如电台主持人的活动、节目流程等）以及其他脚本。

5.9.5 框架序列

Gülich 和 Krafft（1997）提请人们注意，某些类型的话语（如广告、公告、食谱、欢迎词、推荐信、科学报告等）具有预制特征，由特定的话语结构组成，作者称之为"典型文本"（formelhafte Texte）。这些文本被视为社会群体为解决常规交际任务而制定的方案。作者还指出，即使在二语能力较弱的情况下，借助这些预制元素，说话者也能产出正确的语句，有时甚至能不假思索地脱口而出。一个典型范式就是一组指令，人们可以选择遵循并加以利用。根据范式产出的话语，就代表了生成这些文本的集体知识。

很多错误的出现都是因为未能充分掌握组织思想或组织句子的方法。Anastassiadis-Syméonidis 和 alii（2009：297）认为，分析学生的书面作业语料库是理解中介语最可靠的方法。为了使教学更具"针对性"，他们请一组在希腊学习希腊语的外国留学生完成一些简单的交际任务（例如向在国内的朋友描述他们的教室）。之后，他们对这个书面作业语料库中出现的系统性错误进行了"定量分解"（quantitative breakdown），结果发现，这些作业在文本组织方面存在"严重的问题"，特别是在连接词的使用上。

在最具仪式化的元素中，存在一些特定的"框架"序列，可用于开始或结束互动。无论是谈话还是书面文本，其开头、结尾以及结尾前的部分都是非常微妙的阶段：在很多情况下，语言会为说话者提供现成的、可以即刻使用的解决方案。

开场环节，如关于时间、健康等话题的仪式性交流，其作用是开启互动。会议的开场白通常是这样的："本次会议（或审议等）现在开始。"在电子邮件的开头，我们经常能见到这样的表述："I hope all is well."（希望最近一切安好。）、"I hope you are doing well."(希望您最近一切安好。)、"I hope everything is going well for you."(希望您近来一切顺利。)、"I hope this email finds you well"(希望您收到这封邮件时一切安好。),等等。会议结束前的环节意味着互动即将结束(包括闭幕仪式、下次开会的安排等),而结束语则标志着互动的正式结束("散会")。访谈在我们的文化中占有重要地位。作为一种能够在多种异质语境中开展的交流形式,访谈遵循着似乎固定不变的互动模式,并往往对互动内容施加一定的限制,例如,一系列提问与回答、可变但非任意的提问顺序,以及特定的开场模式——问候、阐明访谈目的、请求许可等。访谈的开场白经常是这样的:"You were born, Sir, in… on …"(先生,您于某年某月出生于某地。)(Dufays,1997:316-317)。

5.9.6 共同的心理语境

语言使用者既是说话人又是受话人。因此,所有互动都涵盖了产出活动和理解活动两个方面。互动的特殊性在于通过构建共同的心理语境一起构建意义。共同的心理语境包括想法、情感、印象,以及基于过往经验产生的期待、支配行为选择的条件和限制等(CEFR,4.1.4 & 4.4.3.5.)。

话语类型虽然以书面文字(尤其是文学)为主,但也涵盖口头表达。在一些特定的交际情境(如行政、技术、正式场合等),人们往往遵循相对可预测的互动程序。不过,普通的会话互动几乎不适用于话语类型分析:通过对会话,特别是聊天式会话的分析,我们不难发现,这类交流中使用的话语类型极为多变。事实上,两个说话者之间的每一次互动都是独一无二的:所有的交流都发生在特定的地点和时间以及特定的对话者之间,而对话者的身份也并非一成不变。在这样的互动中,*一切都不是预先设定的*,即使是看起来最受限制的情况(Arditty & Vasseur,2002:254-255)。

我们可以观察到,互动者并不是机械地轮流发言,他们不是被动的目标,而是会根据对方的不同反应,按照社会规则来引导、鼓励对方,或者放慢彼此的节奏。如果考虑到交流的"身心框架"(the physical and mental framework),那么互动必然意味着持续性的立场表达,以及参与者之间的位置分配(与再分配)。

语言的产出是一个渐进的言语过程,在这个过程中,每个参与者都会解读对方之前的表现,并对此作出反应,而这种反应又是对其所作解读的一种检验

（Moeschler & Auchlin，2009：195）。

语言使用者会采用多种策略，以争取并保持发言权，并从现有的话语功能库中选择适当的表达方式。一般来说，拥有“发言权”（第一个或最后一个发言）意味着赢得了游戏。Morel（2004）跟踪观察了一位“资深说话者”及其“受话者”之间的真实对话，分析了其中的语调以及两位对话者非同步交谈时的头部和眼部动作。该研究清楚地表明，“发言权之争”是所有非母语者都需要掌握的一种话语策略。

对话作为一种常见的人际交流形式，虽然在灵活的框架内展开，但在双方轮流发言的情境中，却呈现出一种相对有序的结构。这种情境的构建依赖于说话者的一语文化：“会话是一种结构化的活动……许多言语事件非常相似……不同言语行为的具体措辞可能存在差异，但话语序列的组织结构大致是不变的”（Coulmas，1981：1&3）。

在各种不同的交际情境中（无论是日常生活还是语言课堂），人们需要掌握一些必备的技能，一方面监控自己的话语行为，另一方面洞察他者的话语行为与意图。

如果说参与对话意味着共同构建一个在某种程度上受环境支配的系统，那么外语教学应该对此予以关注，尤其要让学习者认识到，哪怕是最普通的语言实践，也蕴含深厚的文化根基。同时，教师还要引导学生对他们可能以为理所当然的事情进行反思。为了成功构建对话（即语言互动的原型形式），交流双方必须就一系列规则达成共识，并诉之于可称为“协商”的相互调整机制（Kerbrat-Orecchioni，2005b：94）。在每一种文化中，对于特定的互动，都存在着现成的协商资源可供利用。

因此，不同的文化会产生不同的对话场景。以 Béal（1993）的研究为例：他曾多次造访一家总部设在澳大利亚的法国公司，并记录了双方之间的业务交流，这使他有机会观察法国人和澳大利亚人之间的谈话策略。这些策略似乎反映了特定的文化规范，例如，澳大利亚人通常会迅速结束交流，几乎不做任何铺垫，常常令法国人感到措手不及。法国人结束交流的程序往往比较复杂，并且一般会有“前奏”。澳大利亚人喜欢尽快结束会议，从而尽快从交流中抽身，“重获自由”；同样地，他们也不愿意过多占用别人的时间，其常用的表达方式包括：“Thanks for your time.”（谢谢您百忙之中抽出时间。）、“Thank you. That’s all I wanted to know.”（谢谢，我想了解的就是这些。），等等。

真实会话中的措辞浩如烟海且转瞬即逝。非母语者囿于目标社会的“深层思维机制”，几乎无法不假思索地运用目标语言产出与源语言不对应的话语（Bidaud，2002：1-11）：一语的交际规则是通过模仿获得的，是一种无意识行为。

5.9.7 探索“极凡”

如何全面获取文化赋予我们的丰富的互动财富（包括所有的数据信息以及日常手势和语言表达方式）？“我们怎样才能了解那些未展示、未拍摄、未归档、未复原或者未上演的内容？”这是致力于以原生态、民族志的方式来记录现实的作家乔治·佩雷克（1989：11）所提出的问题。关于最普通的元素，也就是他所说的“极凡”（the infra-ordinary），他是这样阐述的：“我们该如何记录和描述每天发生、周而复始的事情——那些平庸、日常、明显、普通、平凡、极凡、背景噪音以及司空见惯的现象？这就如同对习惯的思考。因为事实上，我们已经习以为常：我们不审视，不惊讶，它们似乎不再是问题，我们身处其中却从不去思考……然而，我们该如何谈论这些‘寻常事物’，如何追寻它们的踪迹、识别它们的存在，让它们摆脱平凡，脱颖而出；我们又该如何赋予它们意义，让它们发声：最终让它们说出它们是什么，我们又是谁。”

佩雷克（Perec，1975：11 & 12）在其著作《巴黎某处纪实》（*Tentative d'épuisement d'un lieu parisien*）的前言中，先是列举了圣叙尔比斯广场的主要景点（市政厅、税务局、警察局、三家咖啡馆，其中一家也售卖烟草……），随后更加细致地写道：“接下来的篇幅，我希望展现那些常被人们所忽略的细枝末节：它们默默无闻、微不足道（人们甚至连这一点都意识不到）：换言之，即使我们摒弃时光流转、人来人往、车流穿梭和云卷云舒的变迁，却依然在平静无波的表面之下，悄然发生的点点滴滴”。佩雷克敏锐地观察到：“一位老人拿着半根法棍，一位女士托着一小盒金字塔形蛋糕”（17），“鸽群在广场上盘旋，落在市政厅的屋檐上”（24），“一位牧师旅行归来（他的手提包上还挂着航空公司的行李标签”）（25），等等。

在特定的交际情境中，说话者所调动的知识范围是怎样的？日常互动融合了多种事实知识、语言知识和肢体动作知识。Galisson（1999b：485）指出，每个生活情境都有其独特的“行为与言语操作”，因此，在诸如看病、排队等情境中，人们需要选择合适的言辞、恰当的手势、得体的态度。他认为，被当地人视为平淡无奇、不言而喻的事物，对于希望实践他者语言和文化的外国人来说，却是一些基本的“社会文化知识”（表 33）。

为了阐明这些在社会构建的特定经验领域中所进行的操作，Galisson 从“宇宙片段”着手，试图还原每个片段所展示的微观过程。例如，“在咖啡馆的柜台前点餐”这一过程就包括以下步骤：决定进店→走向柜台→排队等候→下单→现场消费→索要账单→支付→离开，等等（Galisson，1991：162–163）。通过这番研究和“戏剧化”重现过程，他发现了一些复杂且惊人有序的东西，即一系列平凡而多样的技能：在微观过程中，不同阶段（可见的和可闻的）的排序和实现都受到文化的制约。识别最基本的社交习惯，掌握与微观经验领域相关的一系列特定的语言/非语言操作，都有助于促进（二语学习者的）语言和社会融入。

表 33　　真巧！

英语	法语	匈牙利语	俄语	阿拉伯语	汉语
Surprise! What are you doing here!	Pour une surprise, c’est une surprise! Qu’est-ce que tu fais là?	Micsoda meglepetés! Mit keresel itt?	Вот так сюрприз! Что ты тут делаешь?	ايه المفاجئة الحلوة دي! أنت بتعمل إيه هنا؟	真巧！你在这儿干嘛呢？
惊喜！你在这里做什么！	对于一个惊喜来说，它就是一个惊喜！你在这里做什么？	什么神奇的惊喜？你在这里找什么？	有一个惊喜！你在这里做什么？	这个惊喜是什么，这个好的，这个！你在这里做什么？	

5.10　非语言与副语言

5.10.1　会说话的身体

交际资源并不局限于纯粹的语言材料，事实上，除了语言元素以外，还有非语言元素（如外貌、态度、手势、肢体语言、面部表情、距离、与他人的身体接触等）以及副语言元素（如发音强度、停顿、叹息等）。语言是通过我们的头、颈、眼、手、躯干等身体部位表达出来的……我们的言谈举止都打上了文化烙印。相较于任何外在表现，文化的融入或许更能体现出个体对于某个群体的归属（Williams，2011：19）。

在交流过程中，我们的整个身体都在创造意义。语言交际（往往具有刻板的特点）与非语言交际（同样具有仪式化的特点）之间的关系因语言而异。每种文化都有其独特的举止与肢体语言特征，每个手势在其所属的文化中也都有特定的含义。表达意味着与他人的话语形成一种默契。但在存在语言障碍的情况下，双方可能会大量借助手势来代替或辅助语言交流。Hall（1990：95）指出，人与人之间的沟通即使不用语言也能够进行，我们往往意识不到，无声的行为世界与有声的语言世界同时存在："当丈夫下班回家，摘下帽子，挂好外套并对妻子说'嗨'，他说'嗨'的方式加上脱外套的动作都透露着他的心情，反映出他一天的工作是否顺利。"

这一问题引起了双语研究者的极大兴趣。交际中非语言元素的存在，意味着双语者在从一种语言到另一种语言的转换中也可能会改变其表达方式，包括行为习惯。Hamers 和 Blanc（1983：152）提出，可能存在一种交际机制，使双语者可以从一种语言切换到另一种语言，并认为，双语者在使用外语进行交流时，有可能会被当成母语者，完全看不出这只是其双语能力的体现。

各种文化在对待肢体接触方面都表现出一定的谨慎态度，但在互动情境中，人与人的距离以及空间所承载的象征意义，往往因社群的不同而有所差异。文化习惯会使人产生一个安全范围，这是交际环境的性质所决定的，这也正是"人际气泡"研究的由来。Hall（1971）将距离划分为四种：亲密距离、个人距离、社交距离和公共距离，每一种距离又可进一步细分为两种模式——近距离模式和远距离模式。

《欧框》的 4.4.5 在阐述"非言语交际"时，作了以下区分：

（1）伴随语言活动（通常是指面对面的口头交际活动）的动作，包括：使用手指、手、眼神、点头等进行的指示性动作；伴随指示语的展示性动作；明显可观察到的动作；等等。

（2）体态语：与伴随语言的动作不同，体态语传递的是约定俗成的含义，这些含义可能因文化的不同而有所差异。例如，在很多欧洲国家，人们会使用以下体态语进行交流：手势（如举起拳头表示"抗议"）；姿势（如身体前倾表示强烈的兴趣）；身体接触（如亲吻或握手）。

对人类手势的研究揭示了言语交流过程中各种行为的规范化、仪式化和可观察性。那么，我们能否为非母语者总结一份手势清单（及其相应的语言标记）以供学习呢？Gullberg（2010：93）认为，手势的表达（或许还包括手势的理解）具有相当大的变异性，并建议，在研究手势语言时，应当关注手势的偏好用法，而不是假设存在某种“语法性”。

手势和肢体知识是文化社群普遍认可的后天技能，是区分不同文化的标记之一。我们的手势首先是在个人环境（即我们成长的文化环境）中习得的。若要评估个体作为语言使用者参与社会生活的能力，就必须分析他们在其他交流方式中运用语言的能力（Hymes，1984：128）。

手势与语言和文化密切相关，但手势的习得并不依赖语言能力。不过，在不同的文化中，手势可能具有不同的含义。对于非语言元素的解读，必须结合它们与具体而适当的言语行为的关系来进行。不恰当的手势运用、缺乏对空间利用规范的认识、以笨拙或不恰当的方式靠近或远离对话者，都会令人感到不适。很多误会可能都源于对身体共在的不当管理。当我们使用另一种语言进行表达时，必须意识到词汇在话语组织中的作用，同时也意味着我们需要从一种肢体语言切换到另一种肢体语言。在交际情境中，如果忽视非语言行为的社会规范，可能会导致交际中断，甚至关系破裂。除了“手势”和“人际距离学”之外，礼仪问题也不可忽视。下面是几个有关法国人的例子：在家庭或熟人圈以外，男性在相互问候时很少亲吻对方；不用浮夸的手势与上司打招呼；在“他人的领地”上，吸烟前要征得对方的同意（Holec，1988：107）。

手势可以代替语言，其中有些手势相对容易描述，例如用手指计数的手势。在法语文化中，习惯的顺序是从拇指数到小指，但这显然不是通用的做法。那么，在不同的语言中，人们用哪个手指来表示数字 1？食指？大拇指？还是其他手指？ 或者干脆不用手指？

有些情感能够同时通过语言和手势来传达。人们通常认为，情感手势在不同文化之间的理解相对容易，因为快乐、悲伤、不耐烦或恐惧等情感似乎具有普遍性。但是，我们能否断言情感表达与倾诉（即情感外化）的方式也具有普遍性呢？根据文化背景的不同，语言上的拒绝可能会通过非语言行为（如手部、头部、嘴唇等的动作）加以强化。再如，是否在所有文化中，大力晃动食指的手势都表示威胁？冲过终点线时都会举起双臂？

手势在信息的传递中发挥着确认或明确信息内容的作用。在语言和非语言的社会仪式中，宴饮无疑是一种常见的交际场景。但值得探讨的是，举杯相碰的习俗是否普遍存在于所有文化之中？

身体同时产生语言和非语言符号，两种符号相互交织，紧密相连。在某些比喻性短语中，语言与手势之间的联系尤为明显：在法语中，人们会用其他手指握住拇指，把整个拳头放在鼻子前左右晃动，表示自己喝醉了（Calbris & Montredon，1986：41 & 50）；当意识到自己或别人做了蠢事的时候，会用手掌拍打额头。

在所有文化中，通过言语和非言语途径，传达诸如“今天我很高兴来到这里”之类的信息，可能都很容易实现；可是，像“昨天早上我在彼得家吃早饭的时候，见到了一群老朋友……”这样复杂的句子，就很难通过手势和面部表情来表达。Calbris（2003）在研究政治家的“语伴手势”时发现，一些无意识手势能够表达诸如“政治集会”“决策”“目标”“紧缩”等抽象概念。作者透过大量的电视访谈观察到，政治家的隐性手势代码存在某种分裂现象：他们在私人场合喜欢用右手，而在公众场合则喜欢用左手。

有些手势不需要通过语言进行强化，有些手势则需要与言语代码一起使用。在许多语言中，当需要对方保持安静时，说话者会竖起食指，抵住突出的嘴唇（表 34）。在各种文化中，语言元素和非语言元素之间的关联都是一个极为丰富的研究领域。很多行为可以同时使用语言和非语言来表达（如“早上好！”/“某些文化中的手势”；“我给你打电话。”/“手在脸上比划一下，拇指指向耳朵”），或者二者择一。在传统社会中常见的魔法功能在表达迷信的语言和非语言实践中都得到了保留，例如短语 touch wood（触摸木头，可伴随或不伴随手势）。

表 34　　嘘！

英语	法语	匈牙利语	俄语	阿拉伯语	汉语
Shhhh!	Chutt!	Pszt!	Тихо! Цыц! Шшшш!	هُسّ!	嘘！
嘘！	嘘特！	贝阿施在嘚	提呵！ 斯维茨！ 沙沙沙沙！	呼塞！	

语言和肢体表达虽然都源于普通的交际意图，但在不同文化中，其表现形式和互动方式却各有特色。母语者依据结构化的图式来管理自己的肢体动作，非母语者则需要学会解读这些动作背后的含义。今天，在匈牙利语中，传统短语 kezét csókolom（我亲吻你的手）的使用需要符合以下社会语言情境：（1）男性问候女性；（2）年轻人向长者致意；（3）孩子向大人打招呼。起初，这句话还伴随着亲吻手势。这种做法并未完全消失，但是，希望了解这种礼仪的学习者应该知道，如今的吻手礼已不再是真正的吻手，而只是用嘴唇轻轻触碰女性伸出来的手，象征性地亲吻一下。

在争论中，肢体动作和面部表情（如表示不知情、惊讶或怀疑等基本态度）有助于人们传达自己的反应，而且通常是一种经济高效的方式。对手势的无意识认知和识别可以反映出非母语者融入社群的程度。Choi 和 Lantolf（2008）提出了言语与反复出现的非语言外语元素之间的关联问题，并探讨了“动作事件”框架内的意义“体现”。

5.10.2 沉默

所有语言都形成了自己独特的手势景观。Ngaatjatjarra 是一种澳大利亚土著语言，在其所传达的文化中，各种故事（日常故事和神话故事）在社会和宗教生活中占据着核心地位。出于仪式和实际需要，Ngaatjatjarra 的使用者创造了一套复杂的手势语言，将声音、面部表情、图画与语言表达完美地融合在了一起。在某些特定场合（如丧礼、入会仪式），手势甚至可能完全代替口头语言。因此，要想了解这种狩猎者和采集者的语言与文化，言语、图画和手势便是一条自然的必经之路（Montredon，2001：295）。

外语教学与学习不仅需要多样化的语言材料来展现语言的丰富性，同时也需要多样化的手势和面部表情，例如挥舞双手、握紧拳头、扬眉、耸肩，等等，所有这些并非无关紧要。欧洲的一些销售培训课程会告诉未来的销售人员，直视别人的眼睛很重要，但这样的指导未必适用于所有的文化背景。两种文化的接触不仅是价值观和意义的相互碰撞，也是两种意义传递系统的交汇，这些系统往往通过手势、姿势和面部表情来传达信息。从一方将语义传递给另一方的那一刻起，双方的关系就有可能演变为冲突，Houis（1982：49）所讲述的故事就是典型的例子：一名传教士在喀麦隆接待了一名非洲神学院的学生，在整个谈话过程中，这名学生一直低着头，这使得白人传教士误以为这个人不真诚，因为他没有直视自己的眼睛。然而，在某些非洲文化中，年轻人不直视长辈的眼睛是一种尊重，而不是缺乏真诚。言语的另一个特点是其无序性（重新开始、打断、本能因素和不可预知的因素），并伴随着偶尔的沉默。沉默在交际中同样具有重要意义，它与话语一样，也承载着社会组织功能。无论是无声停顿还是有声停顿（如声音的延长以及“呃”“嗯”等犹豫标记），都在一定程度上遵循着约定俗成的规则（如旋律轮廓、持续时间、强度），并共同参与了意义的构建。根据停顿前后的语境（Candea & Morel，2002），停顿可以被理解为言语产出中的一种操作，暗示着“我找不到恰当的表达方式”。

Lee-Le Neindre（2002：163–165）在韩国的二语课堂上观察到，本土学生最常见的反应模式就是沉默。在四十五分钟的课堂上，师生之间几乎不存在语言交流：交流确实存在，但主要是通过非语言（如低头垂眼、捂脸等动作）和副语言进行的。作者还特别提到了具有强烈文化意味的大笑，这种笑声通常在某个学生被点名时出现，作者认为，这是一种缓解和释放紧张情绪的行为。至于无处不在的微笑，则似乎随着情境的不同而承载着多种含义：既有害怕、尴尬、不赞同，也有喜悦、满足和友谊。

在语言课堂上，学习者会借助非语言策略（通常是根据自己的文化背景做出的各种手势）来补偿语言能力的不足。众所周知，手势是一种补偿和回避策略，可以表示差不多、解释和犹豫，如“how do you say?”（怎么说？）。此外，学生还会采用其他策略，包括借助上义词（比如用“水果”代替“草莓”）或者去语义化的超义词（比如用“某个东西”代替“水果”）等，这些都能在学习者遇到语言困难时有效弥补外语处理的某些不足。

我们有充分的理由鼓励学习者使用手势，因为这不仅有助于语言表达，而且有助于克服心理障碍。不过，我们也需要提醒学习者注意：与语言手段一样，在不同的文化背景下，用于配合或加强基本话语的手势可能存在显著差异，例如“That’s crazy!”（太疯狂了！）、“Good luck!”（祝你好运！）、“Come here!”（过来！）、“Wait!”（等等！）、“OK!”（好的！）、“Darn it, I forgot!”（该死，我忘了！）等表达方式所搭配的手势，在不同文化中可能有所不同。错误解读的风险是不言而喻的。为了证明这一点，Bracops（2006：102）引用了一个古老的笑话：一个欧洲人带着一条狗走进一家中餐馆，他找了一张桌子坐下，想为自己和他的狗点餐。他指了指狗，又指了指自己，最后做了一个把手放到嘴边的手势。结果，服务员带走了狗，然后把它做成菜肴端了上来……

语言教师都是运用手势的高手，他们通过手势为授课增添戏剧化效果。手势不仅有助于语言表达，还能提高学习者的参与度，促进他们的理解和记忆。教师的走动和肢体动作（无论是在教室内还是在教室外，无论是坐在讲台后面，还是在过道里走动），包括其面部表情以及与每一个学生的眼神交流（或者缺乏眼神交流），都具有至关重要的影响。一位热情洋溢的语言教师如果采取比较放松的身体姿态（例如坐在椅子扶手上），会让学生觉得更真实、更自然。同样，在课堂这个特定的情感与关系的微观世界中，教师也要保持低调，以便激励学生为自己的学习承担起责任。

McCafferty（2008）强调指出，模仿在二语手势的学习中非常重要。他认为，模仿具有双重功能，在儿童适应环境和自然习得一语的过程中发挥着至关重要的作用：（1）借助有意义的手势，可以使外语话语具象化；（2）通过手势进行情感的传递与领悟，有助于标记他们的“*群体身份*”（tribal identity）。

互联网为观察作为口语组成部分的非语言替代策略提供了无与伦比的工具。为了研究以计算机为媒介的跨文化会议，Dervin 和 Vlad（2010）在“网络人类学”方法的框架内，安排芬兰和罗马尼亚的硕士生进行线上交流，并在聊天过程中共同撰写课程大纲，以此开展口头学术话语实践。参与交流的学生通过各种类型的线索（如笑脸符号、模态化等）展示他们在网络中的虚拟存在，从而产生了一个异质语料库。尽管互动过程给人留下了礼貌和“跨文化正确”的总体印象，但依然能够感受到一种强烈的紧张氛围，这主要是由于教学和学习传统的差异所致。面对面谈话中固有的非语言线索的缺失（在本例中主要是表达生气的方式）通过标点符号的使用得到了有效弥补。

5.11 礼仪模式

5.11.1 相互满足

学习外语，无论是基于二语文化、一语文化，还是已经掌握的任何其他语言的文化，都意味着学习如何通过语言融入社会世界。语言形式编码的目的在于实现社会关系的话语化，而任何语言形式的理解都离不开它所传达的意义。

话语能够含蓄地传达关于对话双方或所谈论对象的地位、性别、年龄或任何其他特征的信息：在温哥华岛的努特卡语（一种印第安语言）中，在女性面前谈论特殊话题会使用特定的表达方式；同样，在对儿童说话时，也会使用特定的词汇（Sapir，1968：251）。

Canut（2002）指出了 senankuya（结盟契约）的象征性含义，这是马里的一种传统习俗，通过这种习俗，互动各方可以借助历史上形成的规约来维护他们现有的社会地位。如果外国人不能通过这种玩笑与诙谐的交流方式参与人际关系的互动游戏，他们就无法真正融入当地的社会结构。

Mauss（2007）通过考察送礼和回礼系统，揭示了古代社会中隐藏在个体行为背后的社会规则。他强调，人们交换的不仅仅是商品和财富，还有仪式、庆典和礼貌。

所有社会都有一套必须遵循的发言权原则，以及言语和交谈的礼仪模式，包括可以被高度编码化的强制性迂回表达。文化社群中通行的语言知识（例如：谁有权说？说什么？对谁说？如何说？用什么措辞来维持良好的人际关系？）受到规则的制约，但这些规则很难进行系统化的表述。举例来说，在法国，博士论文答辩委员会的成员会用 vous（您）来称呼答辩人，即使他们平时以 tu（你）相称；人们在进入面包店时会向在场的所有人打招呼，但进入服装店时则不会；在公共场合打喷嚏时会说 pardon（对不起）（Holec，1988：106-107）。

显然，互动的基础在于普遍性原则，但在不同的文化、亚文化背景下，这些原则的具体运用却存在差异（Brown & Levinson，1978：288）。

例如在商业互动中，无论涉及怎样的交易目的，都有相当一部分语言和非语言材料是为礼貌服务的。礼貌似乎成为一种工具，用以维系或重建互动者之间的仪式平衡，并为双方带来满足感（Kerbrat-Orecchioni，2001：118）。为此，Weinrich 提出了这样的问题（1986）：“Lügt man im Deutschen, wenn man höflich ist?”（在德语中，礼貌是否意味着说谎？）①

在特定的社会环境中，当社会行为者做出选择时，语言的使用必不可少。礼

① 这里化用了歌德《浮士德 2》中的一句台词：“Im Deutschen lügt man, wenn man höflich ist ?”（用德语表达礼貌就意味着撒谎吗？）

貌作为社会行为者微观选择的一部分，其选择过程与选择恰当的社交用语并无二致（Coulmas，2008）。礼貌是伴随着正式或非正式、制度化或非制度化表达的一系列社交姿态。作为互动的基本元素和补偿机制，礼貌自然与社交固有的脆弱性密切相关（Kerbrat-Orecchioni，2005b：189）。

5.11.2 称谓形式

即便是最简单的问候，比如一个眼神交流，也足以反映出两个人的社会共存状态及其互动能力（Weber：38）。互动往往从一个表情开始，说话者借此传达最基本的交流意愿。外国人常惊讶于巴黎人在乘坐公交时与司机打招呼的习惯。还有一个更普遍的现象：当两个法国人在狭窄的楼梯上交错而过（一个上楼，一个下楼）时，他们会说 pardon（对不起）。其实，这种礼貌性的表达只是一种打招呼的基本形式，并不是真正的道歉，而在其他文化中可能完全没有对应的言语行为。

问候语（开场白和结束语）通常是一种对称的二元交换，一方发出问候“How is it going?”（最近怎么样？），另一方回应“good!”（很好！）。交流形式既可以是对问题的回答（Kerbrat-Orecchioni，2005a：111），也可以是提出另一个问题“How do you do?”（你好吗？）。

然而，问候语在不同文化中，甚至在同一种语言内部，都存在显著的差异。每种文化都会对以下问题作出自己的回答：谁向谁打招呼？在哪里？什么时候？距离多远？为了什么目的？伴随问候的手势有哪些？西非多贡人的问候语全天都在变化，他们借助 Amma（神）的潜在庇佑来划分时间。早上，他们会说：“愿他允许你离开！”，临近傍晚时会说：“愿他让你度过一个平静的夜晚！”，上床睡觉时则会说：“愿神允许我们明天早上互道早安！”，等等。在多贡社会，还有一些根据个人情况和不同对话者使用的表达方式，如对户外工作的人致以“太阳的问候”，对从灌木丛劳作归来的工人致以“口渴的问候”，对刚刚为您端上饭菜的女士致以“炉火的问候”，等等（Calame Griaule，1987：357-358）。

如果措辞与交际情境不符，我们就会深刻体会到仪式性话语及其表达力所带来的挑战。在贝齐寮语（一种马达加斯加方言）中，neny（意为“母亲”）是一位女性对另一位女性的称谓，但她们之间并没有任何血缘关系（Ouvrard，2010）。贝齐寮社群的主体是农民和牧民，他们的地位历来不平等。为了维护这种传统，社群内部一直沿袭这种等级制度，neny 就是这种策略的体现，它在互动中的作用就是让 B 表达她对 A 的喜爱和尊敬。此外，这个词还有一种特别的用法，即通过它来表示说话者与 A 的亲近，同时凸显与 C 的疏远。那么，这样的称谓在翻译成另一种语言时应当如何处理？“母亲”的译法能否体现该词在功能上的丰富性？事实上，在任何语言交流中，都存在着必须遵循的礼仪规范（表 35）。

表 35　对女性部长的称谓

英语	法语	匈牙利语	俄语	阿拉伯语	汉语
Madam Minister	Madame le/la Ministre	(Tisztelt) Miniszter Asszony!	Госпожа Министр *(or first name+ patronymic)*	معالي الوزيرة	（姓）部长
女士部长	女士部长	（尊敬的）部长女士	女士部长（或名字+父称）	阁下部长	

语法范畴的运用常常受到语言因素和语言外因素的双重制约。关于法语中 vous（您）和 tu（你）的使用，Dewaele（2002）指出，由于涉及诸多变量（如对话双方的年龄、关系、交流发生的情境、对话者的体貌特征，等等），我们很难对这两个代词的具体使用规则做出明确的表述。

对于这些母语者经常使用的称谓代词，即使精通外语的人士也很难掌握其使用规范，这一点并不奇怪。当然，母语者和非母语者有时会采取相似的策略来应对互动中的这种选择。不过值得注意的是，在不同文化中，体现社会关系的礼仪框架和规约符号的内容（包括 tu 和 vous 的含义）并不相同。西班牙语的 Usted/Ustedes 多用于上下级关系，体现的是距离而不是单纯的礼貌。在匈牙利语中，ön 和 maga 这两个相互补充的代词都可以表示“你”这一称谓，但两者之间的微妙差异令非母语者难以分辨：ön 显得比较疏远，甚至有些生硬，用于陌生人（或不真正熟悉）的人之间，也见于行政文书；而 maga 属于通俗用语，有时甚至有些粗俗，另外当彼此熟悉（或比较熟悉）但又想保持距离时，也会使用该词。同样在匈牙利语中，传统的问候语“Jó reggelt!”（早上好!）、“Szervusz!”（嗨，你好!）常结合多种称谓一起使用（如 Jenő bátyám = 我的兄弟尤金，用于称呼名叫尤金的男人；tanító néni = 老师+阿姨，用于称呼小学老师）。此外，匈牙利语中还有一些固定的替代性话语，可以表示礼貌和友善，如："Ezer éve nem láttalak."（好久不见。）、"Kicsi a világ."（世界真小）、"Kit látnak szemeim?"（瞧瞧我看到了谁？），或者告别语 kézés lábtörést（祝你断手、断脚、断胳膊、断腿＝祝你好运）。

称呼和问候语是社会秩序的载体，它们的使用涉及一系列社会语言学参数，这些参数因文化而异（Ervin-Tripp，1986：230）。

"Good bye!"（再见！）和"Many kisses!"（送上许多吻！）这两个告别语的使用受限于不同的社会语言学条件。Kinginger（2008：57）对一组在法国生活的美国年轻人做了一个学期的语言学研究，他在报告中强调了社会语言限制的重要性：有些告别语只能在特定情境中使用，如 bonne fin de repas（用餐愉快）[①]、bonne continuation（再接再厉）。

韩语的称谓种类繁多，但其使用受到一些因素的制约，例如 Ajumeoni、halmeoni、eonni、samonim 等，都在某种程度上与"女士"一词有关。称谓的选择能够迅速反映出说话者以及对话者的身份和地位。在韩语中，必要时使用略带奉承的称谓会对交际进程产生积极的影响，相反，不恰当的称谓则会妨碍交际的进行，轻则造成尴尬，重则导致交际中断。Yun-Roger（2010）指出，在文化实践与语言数据之间，在深入剖析影响说话者行为的社会和文化组织与细致描述相应的语言事实之间，都存在着重大挑战。

语言的词汇与话语能够反映社会地位以及不同个体之间的关系性质，可以表达爱情、友情、冷漠、敌意等不同的情感和态度（Fishman，1971：17）。

在日常交流中，我们经常会使用略带亲昵的用语来显示自己的身份。任何用语，如果在适当的社会和话语情境中使用，都可以传递一种情感态度。匈牙利诗人 Attila József 在 1928 年写给 Márta Vágó 的信中，使用了一系列别致的称谓，如 ablakocskám（我的小窗户）、kalácsom（我的蜂蜜面包）、versem（我的诗）、mennyezetem（我的天花板），等等[②]。与动物有关的昵称十分常见，如大人对孩子的称呼（法语：狼、鸭、跳蚤；匈牙利语：猫、昆虫、松鼠；俄语：兔子、小猫、燕子；阿拉伯语：小鸡、猫、鸭子；中文：未考证）、恋人之间的称呼（法

① 字面意思为："用餐末尾愉快"或"用餐结束愉快"。——译者注。

② Fehér，E. (Ed.). József Attila válogatott levelezése [M]. 布达佩斯：科学院出版社，1976.

语：猫、狼、兔子；匈牙利语：猫、兔子、松鼠；俄语：山羊、猎鹰、老鹰；阿拉伯语：未考证；中文：未考证）等。

5.11.3 仪式性平衡

Goffman（1974：9）认为，人际互动的基础在于尊重“保全面子”这一基本原则，这里的“面子”既包括自己的面子，也包括别人的面子。面子与仪式密切相关，而仪式的形式与程度因社群而异。道歉与致谢都属于纯粹仪式性的行为，且均由先前的事件所触发：道歉是对“冒犯”行为的补救，“礼物”则是谢意的表达方式。这两种行为的目的都是为了恢复互动的仪式性平衡（Kerbrat-Orecchioni，2005a：124 & 134）。

最完整的道歉可能包含多个要素：表达羞愧和难过；表示对应有的行为有明确的认识；保证不当行为不再发生；承诺修复关系，等等（Goffman，1973：117）。而在表达谢意时，对方可能会作出一些回应，以示不用感谢，如：“By all means.”（不必客气。）、“It is normal.”（这是我应该做的。）、“Don’t mention it.”（不用放在心上。），等等。致谢的仪式化表达还可以根据具体语境进一步延伸。以传统的致谢用语为例，人们在收到礼物后，可能采用一种类似责备的表达方式（似乎有些讽刺）来表示感谢，如：“That was very nice of you.”（您真是太好了！）、“You shouldn’t have.”（您太客气了！）（表 36）。

表 36　　您太客气了！

英语	法语	匈牙利语	俄语	阿拉伯语	汉语
You shouldn’t have!	Il ne fallait pas.	Nem kellett volna.	Не стоило.	بس ليه التعب ده ؟	您太客气了！
你本不应该！	本来没有必要。	那本来是不需要的！	这些麻烦是值得的。	那么，为什么，这么疲劳？	

通过致谢等语境，我们可以了解到，在一个特定社会中哪些是良好的行为；同样，表达谢意的措辞本身也是一种文化指标。例如，法语中的 merci（谢谢）仅仅表示收到礼物并表达些微的感谢，英语中的“Thank you!”（谢谢你！）以及类似的“I appreciate it.”也是如此。在阿拉伯语中，这一言语行为常以祝福的形式出现：“Allâh ykhallîk.”（愿真主保佑你。）。在日语中，表

达谢意甚至会使用诸如“(どうも) すみません.”(对不起!)之类的道歉用语。透过这些仪式性的用语可以窥见某种潜在的文化逻辑(Kerbrat-Orechhioni, 2002：41)。

在同一语言中，不同结构的语句也可能传达相同的信息，例如，请求帮助的意图可能被“包裹”在谨慎的措辞和一些“最小化”元素之中：“I would like to obtain a bit of information from you, if I may.”(如果可以的话，我想从您这儿打听一点儿情况。)。在很多情况下，互动者需要采用温和的方式来表达威胁，包括词汇、句法、韵律或非语言手段，这通常表现为一种间接的言语行为，即，用一个言语行为来表达另一个言语行为，例如，使用请求的方式：“Could you do me a favor?”(您能帮我一个忙吗？)，而不是用命令的口吻：“Do me a favor!”(帮我一个忙!)；又如“I’ll be with you in just a minute...”(请稍等……)。礼貌的表达还可以采用其他策略，如使用“开场白”来引入话题：“Good morning, could I ask you something?”(早上好，我能问您点儿事吗？)，或者采用“消除对方防备心理”的措辞：“I don’t want to disturb you, I don’t want to be a burden on you, but...”(我不想打扰您，不想给您添麻烦，可是……)。要在各种社交场合中遵守礼仪规范，单纯依靠命令式的使用通常是不够的。

在表达同一个意图时，说话者可以使用不同类型的语句，例如陈述句或疑问句、语义明确或含蓄的语句，等等。当然，为了避免不必要信息的干扰，我们需要经济高效地组织话语（表 37)。不过在下达命令时，我们会采用委婉的表达方式，这对命令的下达者和接收者来说都很微妙(往往也需要“付出更多努力”)，对于非母语者来说，则需要进行大量的学习（见下页表 38)：

表 37　　把门关上!

英语	法语	匈牙利语	俄语	阿拉伯语	汉语
Close/Shut the door!	Fermez la porte!	Csukja be az ajtót!	Закройте дверь!	اقفل الباب لو سمحت!	把门关上!
关门!	关门!	关门!	关门!	关门，如果你允许的话!	

表 38 **劳驾……**

英语	法语	匈牙利语	俄语	阿拉伯语	汉语
Would you be so kind as to close the door?	Voudriez-vous avoir l'obligeance de bien vouloir fermer la porte?	Megtenné azt a szívességet, hogy beteszi maga után az ajtót?	Будьте добры, закройте, пожалуйста, дверь.	ممكن من فضلك تقفل الباب لو سمحت!	劳驾您把门关上好吗?
您能否如此好心地去关上门?	您能否如此乐于助人而想要去关上门?	您能否提供关上您身后门的服务?	友善点，请关门。	可能的话，蒙您恩典，您关上门，如果您允许!	

每个语言社群都拥有自己的“柔性”策略，以便在提出个人问题时显得更为礼貌得体（Geoffroy，2000：43）：“How old are you—if I may ask?”（请问您方便透露一下您的年龄吗？）、“How much did you pay for it—if you don't mind telling me?”（如果你不介意的话，能否告诉我您花了多少钱？）。如果未能掌握这些“柔性策略”，就有可能在跨文化情境中引发误解，甚至形成对他者的刻板印象。

Brown 和 Levinson（1978：224）曾谈到“夸大”策略（即说话者可能会“言过其实”，例如“今晚合作社来了一百万人!”“我打过一百次电话……”等）。与此类似，致谢表达也经常被夸大，如“I really want to thank you.”（真的要谢谢您!）、“Thank you ever so much.”（非常感谢!）、“I thank you a thousand times over.”（万分感谢!）、“I cannot thank you enough.”（怎么感谢您都不过分!）。相反，像“Thanks a little.”（稍微谢谢!）这样的表达是不存在的。当个体意识到可能会给别人留下不好的印象时，他会尝试进行补救（Goffman，1973：177）。

当交流中出现意外情况时，为了重建平衡，说话者会竭力在某种程度上“挽回”局面，特别是通过“缓和紧张”的表达方式，在对互动加以评论的同时，尽可能减弱不利影响，如“It was just a joke.”（开个玩笑而已。）、“Let's not make a big deal over it.”（我们不要小题大做。）、“Yes, but let's put it behind us.”（是的，不过我们换个话题吧。），等等。

5.11.4 语义空缺

常规的语言活动都有自己的表述规则，并且需要保证主题推进和事件分段的连贯性，当然更要考虑与内容相关的制约因素（Gumperz，1989：70）。在英国，人们之所以经常谈论天气，是因为那里的天气多变，经常下雨，但很可能还有另一个原因，即："天气既安全又不涉及个人立场，对于既想展现友好态度，又希望保持距离的人们来说，是个合适的话题"（Romaine，1994：23）。Kerbrat-Orecchioni（2005a：119）也认为，天气在交流中，特别是在谈话刚开始的时候，扮演着非常重要的角色。

闲聊是社交交往的组成部分。在很多情况下，闲聊的主要目的是展现交际或重启交际的意愿，通常会围绕一些比较稳妥的话题（如时尚、体育）展开。表明交谈的意愿，与掌握如何开始或结束交谈同样重要。Malinowski（1923：477-480）提出了"寒暄性交际"的概念，即以维护人际关系作为唯一目的的交际行为。像"Nice day today!"（今天天气不错！）之类的表达，其目的纯粹是为了社交需要，而非传递具体的想法。

Jakobson（2003：217）认为，所有的言语交际都应被视为特定语境下两个相互作用的主体共同生成的信息，他们共享一套编码系统，"发送者"按其交际意图构建信息，并传递给"接收者"，其中某些信息的作用主要是建立、维持或中断交际。他将这种加强联系的功能定义为"寒暄功能"。

很多时候，言语的作用仅在于表示"交流在继续"。通过社交编码调节语，说话者可以表示自己在倾听、听懂了或者正在思考。调节语既可以鼓励说话者继续，也能表示自己没听懂或者想要说话的意愿（Maingueneau，2009：108）。除了言语调节语（如"好吧！"）以外，还有非词汇单位的声音调节语（如"嗯……"）。调节语只有在检查受话人是否理解话语时才具有互动意义（Pop，2000：190），但这一功能在日常使用中可能会被削弱，例如"You see..."（你知道……）。

在语言学文献中，关于构成会话的语用单位，存在诸多术语，如连接词、标记语等。Keller（1981）引入了 gambits（信号语）这一概念，用来指代某些半固定的表达方式，例如："The main point is..."（主要观点是……）、"Are you following me?"（你懂我的意思吗？）、"I have something to add to that..."（我想补充几句……）、"What I really said is this..."（我真正想说的是……），等等。这些表达方式在口语交际中扮演着多功能信号的角色，用于控制会话进程、表达存在感、标记话轮转换的起始、过程或结束，以及表示话题的中断或恢复等。

我们比较关注语法化过程（即词汇单位转化为语法单位的过程），而对语用化现象（即词汇单位最终承担语用功能的现象）的探讨相对较少，其实二者之间可能存在着潜在的关联。

在"I could really go for a hot cup of coffee!"（我真想喝杯热咖啡!）这句话中，情态动词的使用在表达间接请求时起到了常规的缓和作用。与此类似，you see（你看）、listen（听）等标记性语句也已经语用化，成为话语中的评论和点缀。许多社交性话语失去了原有的字面意义，成为语用惯例语，而众所周知，惯例语的作用非常重要。在英语中，right（对）的使用频率远高于 wrong（错），但它在会话中的含义只是表示赞同而已。在现代法语中，除了 oui（是）以外，还有不少方式可以用来表示肯定回答，如 d'accord（好的）、tout à fait（完全正确）、absolument（绝对正确）、ça marche（行）、voilà（对）。Verschueren（1981）把回应感谢的常用语，如"Never mind!"（没关系!）、"Forget it!"（不必放在心上!），或在别人打喷嚏时常用的祝福语等，称为"被遗忘的惯例语"。这些表达在使用时，并不反映其字面意义，例如在对别人说"Gesundheit!"（祝你健康!）或"God bless you!"（上帝保佑你!）时，并非真的期望对方身体健康或者为其祈求上帝的保佑。

Cali（2001）指出，在国际会议的全体会议上有一种仪式机制，对于维护多边谈判中的发言空间至关重要。通过对会议记录的分析，我们可以发现大量的表达方式（主要是与会者在互动中用以表明立场的发言规则）。此外，与会者还会频繁提及机构创始的标志性价值观，这些不断被重申的价值观已然成为团体凝聚力的象征。

与对话中所传递的具体信息相比，对话这一行为本身显得更为重要。仪式性行为能够使对话者感受到尊重、重视、欣赏等。例如，交流开始时的"软化任务"策略，就是为了尽量减少不愉快的风险。Traverso（1993）对会话中的惯例语产生了浓厚兴趣，并主要研究了恭维语（例如："你剪短发很好看!""这件毛衣很适合你!"）以及对周围环境的评论（例如："这栋楼的氛围真好!""这套房子真不错!"）。这两种情况都利用了相对固定的"填空式"语句，从而更轻松地建立联系并开启对话。

这些例子表明，对交流情境的微观考察很有意义。通过这种考察，我们可以了解交流的主要维度：（1）任何交际情境的形成不仅取决于参与者的身份及其交际意图，而且还受到互动所发生的物理"场所"的影响；（2）在日常生活的各种情境中，互动者必须产出言之有物的话语。恭维以及对恭维的回应是语用学研究的核心议题之一。Szili（2004：164）的研究显示，超过 80%的匈牙利人在面对关于外貌的恭维时会表示感谢，此外，三分之一的女性和一半的男性会反过来恭维对方，如："Te is!"（你也是！）、"Hogy te milyen aranyos vagy!"（你真好！），等等。在很多文化中，人们多少都会害怕对话中出现任何形式的空白，说话者甚至宁可打断对方也不愿冷场。当然，如果当地文化要求人们保持沉默则另当别论。

面对新西兰橄榄球运动员的毛利战舞，"全黑队"的对手们谁不曾感受到恐惧与颤抖？这种仪式已经融入新西兰橄榄球的精神内核，甚至成为我们这个"地球村"文化的一部分。那么，这种伴随着杀气腾腾的眼神和好战手势的舞蹈究竟传递了怎样的信息？"Ka mate！Ka mate！Ka ora！Ka ora！Tenei te tangata puhuruhuru！Nana nei te tiki mai，I whakawhiti te ra！Upane！Upane！Upane！Ka upane！Whiti te ra！"（死！死！活！活！毛人去寻找太阳，让它重新发光！迎击！迎击！迎击！在闪耀的太阳前，列队迎击！）。拉帕拉哈（Te Rauparaha）[①]创造的毛利人哈卡舞，在体育场上被用作威慑对手的手段，正是一个语义空缺或语言冗余的例子，仪式化的言语事件和高度形式化的社会行为都具有这种特征。在这些事件和行为中，植根于话语历史的传统创造出语句，但语句的意义或许并不重要。Rizza（2009：285）认为，用巴赫金的话来说，这种吟唱也是一种"异语"（heteroglossia），是一种远远超出文学文本范畴的现象。在这里，咒语的产生由多重声音交织而成：15 名现役球员的齐声呐喊、对前球员声音的回忆、未来球队的声音，还有（伟大的毛利战士）拉帕拉哈的声音再现。

关于特定场景中的仪式化预制表达方式，Kramsch（2009a：9）认为，它们在交流中起着规范实践以及调节社会凝聚力的作用："这些仪式不具有任何特定的指称意义，其作用是通过支持友好交往、维护和谐关系的传统伦理，发挥主体的社会象征作用"。

当然，在没有任何特定信息需要传递的情况下，那些看似言之无物的对话或者走廊里的闲聊，其实都是交际能力的一部分。因此，我们不禁要问，人们会以刻板方式聊起哪些主题，以避免冷场、打破僵局或者谈论一些家长里短？如何在保护自己不受损害的前提下开启对话？针对不明确或完全不了解预期语言行为而引发的不安，Duda 和 Parpette（1985：29）提出了一些活动建议，旨在提升对这类走廊或电梯交流的敏感度。

---

① 新西兰毛利人的领袖，战舞的发明者。——译者注。

5.11.5 身份礼貌与即时礼貌

礼貌原则是否具有普遍性？随着国际交流的日益频繁，我们发现，语用策略的欠缺，尤其是对礼貌规则与规范的忽视，在很大程度上是误解产生的根源所在。

在很多语言中，“Are you hungry?”（你饿了吗？）及其字面翻译“Is your stomach empty?”（你的胃空了吗？）都是再平常不过的问题，但在日语中，如果你对上级说“お腹が空いていますか.”（你饿了吗？），则会被视为粗鲁的表现。尽管在日语中，涉及身体细节的问题被视为冒昧，但询问对方是否想吃东西却是符合习俗的，如“食事に行きませんか.”（吃点东西怎么样？），这体现了一种从关注身体需求到关怀精神状态的过渡。在文化背景不同的个体之间，其对话是不平等的，因为这意味着一种特殊的情感挑战：其中一方必须使用对方的语言，这对他来说是陌生的，他不得不在一个不熟悉规则的领域中进行交流（Besse，1984：99）。

一种文化中的礼貌行为，到了另一种文化，却可能被解读为缺乏尊重甚至轻视的表现。在中国，把一个人的年龄说得比实际年龄大，可能是一种尊重的表现，但在其他文化中则未必。在一次乘坐大巴旅行时，一名中国学生好心地对一位外教说：“您是老人，不能劳累生病。”，但他没有意识到，自己刚刚冒犯了这位五十多岁的西方人（Shuang，1985：113）。

成功的跨文化关系往往体现在最不起眼的日常对话之中。Geoffroy（2000：42）曾对一组母语为法语和英语的受试者进行了调查，他们均任职于跨国公司，访谈地点就是他们的工作场所。访谈收集的信息为揭示受访者的行为准则及其相互表征提供了线索。他们提到，英语中存在一些过度礼貌的用语，如仪式化的结束语 yours sincerely（您真诚的），这令法语人士感到困扰，因为他们有时难以理解这些刻板表达可以去语义化，即它们所蕴含的关系性语义远远大于信息性语义。相反，对于英语国家的人来说，法语正式信函中的礼貌表述 veuillez avoir l’obligeance de = would you be so kind as to（请您费心）也会带来类似的惊讶。

区分以下两种情况似乎很有意思：（1）常规礼貌，如对话和书信中（开头、结尾等）必须使用的礼貌用语；（2）非常规礼貌，可以体现在日常生活的平凡事件中，例如在市场上算错了账，在公交车上不小心推搡了别人等。在这种情况下，对话中会出现一些不太容易预测的语句，意在化解矛盾，平息事件。Neustupný（1968：412）也曾对礼貌做过类似的区分：“身份礼貌”（status politeness）（社群内的既定模式或规范）与“即时礼貌”（instantaneous politeness）（对特定个体的即时和特别关注）。

怎样才能“压缩”与礼貌规则相关的知识，进而将其转化为课堂上可操作的数据？Lang-Félicité（2000：32）回顾了一系列对外法语教材，并分析了法德两国学生对这些教材的态度。作者指出，互动现实在这些教材中基本是缺失的。事实上，教材中的某些礼貌模式非但不会促进交流，反而可能给青少年之间的交往带来障碍。

即使已经熟练掌握一门外语，适应母语人士的礼仪也需要时间。Romero（2000：36）在谈到 hasta luego 和 adiós 等告别用语时，举了一个在西班牙留学的外国学生的例子，这位留学生对上述两种表述的交替使用十分不解：无论他使用哪一个，对方都会用另一个来回应他——或许纯粹是为了避免沉闷的重复吧。

5.11.6 不同文化的待客之道

Moirand（1990：74-76）观察了大学秘书处的交流情况，发现学生们能够轻松识别和理解互动礼仪（如“什么事？”“有什么可以帮您？”），而阻碍互动顺利进行的原因可能在于学生未能遵守那些超越语言层面的社会文化规则（如学生冲到办公桌前，或站得离秘书太近，或长时间站在门口等待有人召唤，甚至不敢敲门），这些规则可能与学习者的母文化大相径庭。

是否应当指出，同样一句话在不同的文化环境下可能会产生正面或负面的不同解读？同样的言语行为既可能被视为赞美，也可能被视为威胁。根据文化的容忍程度，询问某人的私生活可能是取悦对方的表现（对其感兴趣），也可能构成一种威胁（试图闯入其私人领域）。诸如此类的礼貌用语在不同语言之间可能存在显著差异。因此，我们可以通过以下几个维度来观察致谢的方式（Traverso，2000：12）：（1）是否当面表达感谢（在特定情况下，这一点可能并无不同）；（2）表述方式（以这样或那样的形式表达感谢）；（3）交流的组织（可以将致谢内容融入更广泛的交流之中）。

待客是一种极具象征意义的习俗，其中每个角色似乎都受到某种契约的规范，承担自己特定的职责。在土耳其，就有这样一种待客场景：客人会对女主人说 elinize sağlık（祝您双手健康），女主人则回应 afiyet olsun（希望对您有帮助

= 祝您用餐愉快）。由于地位的差异，各方角色在很大程度上形成了互补，并遵循一种社会预设的情景进程。与不同文化背景的人进行面对面的交流对于语言学习似乎非常重要，这也是 Wilczynska 和 alii（2003）研究待客习俗的原因：待客是一种相互认可的庆祝活动，也是人际交往中受特定习俗（亲吻？握手？提供帮助？等等）制约的重要环节，这些习俗通过在某一方的空间内主人的礼貌和热情接待得以体现。这一游戏对双方来说都很微妙：当一方应邀到另一方家中做客时，仅从字面上理解这个邀请是不够的……因为文化图式深受当地文化特征的制约：在捷克，冰爵利口酒（Becherovka）是一种餐后酒；在希腊，乌佐酒（Ouzo）既可以作开胃酒，也可以作餐后酒；在冰岛，人们习惯在餐后喝一杯咖啡或白兰地；在波兰，伏特加是用餐过程中饮用的餐中酒。

礼貌问题从学习伊始就已存在。在学习的初期阶段，掌握一些预制短语有助于学习者在使用外语时更加轻松自如。不过，构建“惯例语汇”（repertoire of routines）并不意味着详尽地提供关于赞美、道歉或结束谈话等言语行为的所有细节，而是旨在让学习者意识到语用功能的存在，以及语言形式、用法及其使用条件之间的联系，从而理解“编码交流”（codified exchanges）在本文化以及他文化中的重要性。

Grandcolas（2000：53-58）针对外语学习者在未掌握他者语码的情况下所面临的困难提出了多种课堂活动建议。作者依据所谓的元语用学标准综合了所有的对比观察结果，从而根据交际的成败识别互动中的文化行为。在礼貌问题上，学习者往往会不自觉地参照母文化的标准，然而，如果将这些礼貌习惯机械地照搬到目标语言当中，可能会给人留下笨拙、谄媚甚至无礼的印象。从一种语言到另一种语言，即使语言要素的形式特征相似，其含义也未必相同，因为我们还需要考虑文化方面的限制。另一种推荐的方法是会话分析法，其目的主要是分析会话结束前的表述所承载的重要功能，这些表述在不同语言中多少都具有一定的仪式感，可以有效避免对话的突兀终止。为了能用外语自然流畅地结束对话而遇到的巨大困难，我们谁不曾经历过呢？为了克服这一难题，我们需要学习外语中与日常交际情境相匹配的特定表达方式，这再次凸显了语言目标和文化目标的相互依存关系，以及在不同语境中管理语用信息所面临的挑战。学习者需要掌握的语用技能主要是根据当时的社会需要和限制从众多可能的语句中选择恰当的表达。在一语中，父母在传授这类知识方面发挥着积极的作用，比如：“你应该对这位女士说什么？”“向这位先生问好！”（表 39）。

表 39　　　　向这位先生问好！

英语	法语	匈牙利语	俄语	阿拉伯语	汉语
Say hello to the gentleman!	Dis bonjour au Monsieur!	Köszönj (szépen) a bácsinak	Поздоровайся с дядей.	قول صباح الخير لأنكل يا ولد !	叫“叔叔”！
向这位先生说“你好！”。	向这位先生说“早安/你好！”。	（友好地）向叔叔问好！	和叔叔打招呼！	向叔叔说“你好！”，哦，小男孩！	

儿童在学习一语词汇的同时，也在学习如何将词汇应用于恰当的交际情境。从这个意义上讲，外语学习者既不是“处女地”，也不是白纸一张，相反，他们的外语学习过程始终受到一语的影响，这可能导致他们在使用外语时出现不恰当的表达，甚至出现石化现象。更重要的是，如果把一语文化视为一种基底，那么这种源文化就会在外国文化学习的各个阶段显现出来，学习者会不可避免地以它为参照，特别是在使用礼貌用语的时候。如果学习者被枯燥的、学究式的语言学习所困扰，同时又要面对脱离语境、难以理解的话语，他们就可能将外语视为简单叠加在母语和母文化代码之上的一层新代码。

因此，礼仪规则在教授和学习外语结构以及发掘语言主体所蕴含的文化内涵之间发挥着重要的桥梁作用。文化教学并不是给语言学习增添一层表面的光泽，而是改变学习者与文化之间的关系。从这个意义上讲，也是重塑学习者与语言之间的关系，包括自己的语言与他者的语言，因为文化在某种程度上决定着语言的形态。一旦我们忽视了习俗和仪式，忽视了礼仪为参与社会生活所制定的行为规范，词汇和语法就无法发挥作用。

6

他异性和想象

6.1 表征

社会团体继承和共享了许多信息、意象和价值观。“表征”（representation）这个概念可以理解为产生于互动情境中的实践集体认知（舆论、意象、态度、偏见、信仰）（Seca，2010：13-14）。

表征是社交不可或缺的，是一个社群的话语资源的组成部分。表征可以让人们了解和证明群体行为和实践的合理性。表征主要以“共享参照系”（shared frames of reference）作为“理解框架”（reading grid），从而让世界具有意义，让个体确定在世界中的位置。表征被广泛传播，常常是构建说话者所属世界的“规定性准则”（prescriptive norms）的载体，它们能够开辟新的知识领域、“期待视野”[①]（horizon of expectations）以及经验和行动空间（Moore 和 Py，2011：264-265）。文化身份势必影响对世界的表征；对世界的表征能够证明建立在非理性选择之上的群体日常生活的合理性（Zarate，1986：12）。所有现象，无论是物质的（一道菜）、人际的（友谊）、想象的（尼斯湖水怪）还是社会政治的（民主），都能够成为社会表征的客体（Marková，2007 ：209）。

表征能够在社交场所形成或瓦解，它让社交场所变得更清晰。表征涉及场所、物体、名人、机构、季节、体验、概念，它是社群和规约性指称以及各种话语所组成的整体。每个国家都有自己的饮食习惯、营养日和膳食类型，每种文化对“早餐”也有自己的定义。对英国人而言，早餐是吐司、麦片粥、培根和鸡蛋。对法国人而言，早餐是牛奶咖啡、可颂、法棍和黄油、果酱。

Py（2004：8）把社会表征定义为一个“高效的微型理论”，他大幅简化了这个理论，并拓宽了其应用范围。例如，“女人比男人更敏感”这样公式化的信息可以立刻为人所用，除了用话语进行陈述之外，无需任何其他操作。

Charaudeau（2007：51）把表征描述为构建现实的机制，或者社会共享的关于世界的知识模式：“……仿佛个体无法满足于直接采取行动，他需要给自己一个理由、动机和目标，让自己的行为具有合理性，因此，他必须在与他人的互

① “期待视野”指接受者在进入接受过程之前，根据自身的阅读经验和审美趣味等，对于有关学术著作接受课题的预先估计与期盼。——译者注。

动中进行设想”。

表征在日常交流中得以产生和发展，通过以前积累的知识进行加工。各种各样的话语让表征像物质一样形成、存在和消失，让表征具有了一种可以被观察到的维度，使其成为被赞同、怀疑、引用和评论的对象。表征在话语中的传播并不意味着每个成员都赞同，只是每个人都承认它，理解它的意思，在必要时能够让自己远离表征的内容。就此而言，Moore 和 Py（2011：268）提出进行以下区分：（1）“预制表征”（prefabricated representations），它是社群成员的个人资源的组成部分，（2）“新制表征”（neofabricated representations），它是在被言语表述出的那一刻形成的（例如在辩论中），是说话者在特定的情境下，为了与对话者交流所努力的结果，能够为个人自由开辟空间。

想象力是一种理解表征机制所孕育的世界的方法。它的构建源自社会团体中传播的话语的积累，尤其是叙事话语和论证话语，这些话语能够描述和解释世界和人类行为现象。谜语、神秘现象和集体幻想（例如百慕大三角等神秘地区或吸血鬼、狼人等魔幻生物）证明了想象力存在于各种各样的文化之中。

许多研究表明，移民会把改造的想象带到他们移居的环境中。同样被注意到的是，相同的想象客体可能会遭到正面或负面的评价，这取决于它所出现的区域。例如，人们对鸟类有不同的认知：黑色或者吃生肉的鸟与“死亡”和“威胁”有关；有的鸟类与“爱情”（鹌鹑）或“忠诚”（生死不离的鸟类）有关；还有的鸟类与“警惕”和“智慧”有关，例如卡皮托林山上的圣鹅，它们保护了古罗马人民免受屠戮。想象不在于真与假。它呈现的是一种世界观（Charaudeau，2007：54-60）。

6.2 交流的智慧

“集体想象”（collective imaginary）的构成特征汇集在一个从最稳定到最不稳定的连续系统中（Boyer，2003：29）。某些要素（名人、重要事件、地点、作品、话语）在社会交际中能够得到最大程度的承认。集体想象的其他层次的形成则必须以具体时刻作为参考。

媒体话语包含有大量真实的文献资料，它能够利用“引人注目的表演”或者“引发共感的庆祝”，让人们最大程度地了解集体想象（Boyer，2001：337-340）：

（1）把注入了时代精神、符合时代风格的社群经历变得“主题化”（thematizing）；（2）让被提升到“案例”级别的场所、人物、事件和姿态变得“范畴化”（categorization）；（3）“区别化”（distinction，对恶名和模范行为的宣传，象征化，神话化）。“集体现实”（collective real）的意象能够为一个社群的成员提供“随时可了解/可思考/可讲述的”信息，它们能够为社群成员交际行为提供稳定支撑，构成了一种将外语者全部或部分排除在外的交流智慧。

许多表征都和身体有关，这证明了个体以何种方式设想自己在社会空间中的位置。不同性别对彼此的意象是什么？目标文化中的男性或女性理想形象是什么？学习者自然会对这些问题很感兴趣。每种文化所投射和放大的意象都会表明它的女性和男性身份。通过对（尤其难以破解的）婚姻类别的广告的分析，我们可以发现每个性别群体对另一个性别群体的表征。社会角色会捍卫自己的地盘，为了“面子”而“假装勇敢”。Singly（1984）提到这些迹象和其他社会规范一样，揭露出各种各样的凸显过程以及人们甚至对自身的苛责，例如男人要有较高的社会地位（经济资源的提供者）、女人的身体特征（好身材），等等。

一个社群的成员所共享的表征具有非常明显的刻板化倾向。然而，“刻板印象”（stereotype）这个概念的范围不易界定，更何况把某种符号称为刻板印象是一种谴责的方式，这就让它的范围界定难上加难（Dufays，1997：319）。

刻板印象是长期“集体复现”（collective reiteration）的结果，它可以从不同的学科角度来理解，并涉及性质迥异的要素，例如固定的表达方式，反复出现的文本要素（和目前讨论的客体），简化的、准自动化的表征（长期记忆受其影响的接受者群体能够感知到它们时，它们才有价值）（Dufays，2007：81-82）。

为了理解刻板化现象，我们可以对一些话语状态进行区分，尤其是“正典”（canon）、“通俗本”（vulgate）、“信念”（doxa）①（Longhi & Sarfati，2007：124）：（1）“正典”呈现和确立刻板印象，它是自反式的，参考的是自己；（2）“通俗本”是对刻板印象的修改或解释；它参考的是“正典”；（3）“信念”能够让刻板印象出现在话语中，此时它的参照物已经比较遥远了。这种方法能够让我们观察到构建刻板印象的动态过程，以及所有潜在的重复叙述和处理方式融入“信念”中的过程，对这些重复叙述和处理方式的省略或灵活处理是刻板化过

① 这三个单词都与基督教有关，canon 指的是基督教中的“正典”，形成于公元 4 世纪；vulgate 指的是圣哲罗姆所译的拉丁文圣经《武加大译本》；doxa 的宗教含义是“荣光”，它在希腊语中含义为“期望；想法、意见；猜测”等。——译者注

程的一部分。

互动者所共享的一切信念是所有互动的基础。“信念”（doxical，与共享的想法有关）构成了共同基础，没有它，任何交流都不可能实现（Amossy，1997）。例如，“论辩性语篇”（argumentative discourse）的效果不仅来自它严格的逻辑衔接，也得益于它在坚实的“信念基础”之上把信念和文化证据为己所用。讲话者必须考虑多个因素：（1）听众的文化能力（他们必须能够了解交流时使用的刻板印象）；（2）听众重新构建和处理预先设定的文化类型（只了解文化模式还不够，也必须能够破解它）；（3）听众的意见和价值观（刻板印象需要能够被听众接受）。

刻板印象能产生一种似曾相识的效果。作为一种固化的集体表征，刻板印象涉及规范和态度取向。它可以用一种疏离或有趣的方式被讲出来并受到欢迎。在理想情况下，讲话模式和接受模式是一致的。然而，失衡的情况也频繁发生，尤其当一方是语言学习者而非母语者时。使用刻板印象的外国人能够表明他对母语者的文化的熟悉程度。尽管如此，实现或激活模式化的意象并非总是轻而易举；不完整或者改动过的刻板印象需要进行更多的解释（Amossy，1997：267）。

讲话者以常见的、重复的方式来探索刻板印象，而刻板印象反映了一种有倾向性和约束性地看待现实的视角，并参与到现实的建构中去。刻板印象是一种“交互式的冷凝器”：所有相对固化的表达都能让互动中的讲话者省略无需阐述的解释性片段（Pepin，2007：197-199）。

关于博物馆陈设的文献是一个值得研究的主题。展览的设计目标是让参观者做出与设计师意图相似的猜测。这种类型的符号系统重点突出了一些作者所写的、参观者能够理解的刻板印象（特别是主题性和叙事性的），因此，这些刻板印象如同数量众多的参考标准，参与了共同思想的构建（Poli，1997）。

Coste（1994：133）把刻板印象描述为一种“损害理性的情感泛滥”，和它履行的功能相比，它的内容是次要的。然而，刻板印象远非一种“寄生幻想”（parasite fantasy），它是一种省力的信息储存手段，也是在社交环境中开展行动的思想工具。

6.3 全能的意象

“文化事实”（cultural facts）并没有把自己局限在文本中。我们生活在一个意象无所不能的时代，外语学习也没能够逃脱这种现象。视听材料和数字材料可以提供真实的、可反复使用的对话模式，照片、图片、漫画、海报、卡片等让学习变得更有吸引力，成为教师（无论是外语为母语还是非母语）必不可少的补充工具。艺术和小说一样，是特定的语言形式，有助于培养创造力和学习动力。在构建自我和理解他者文化的过程中，艺术情感的地位是无法被忽视的。意象是传播我们对世界的理解以及行为模式的最重要的场所。意象不仅具有表现力，也是社会知识的传播渠道。它与真实调换了位置，也是一种内在的真实，与作品的视觉物质性和多模态性融为一体（Maurer & londei，2011：217）。

对一种意象的“批判性解读”（critical reading），文本、声音和视觉之间的质疑性互动，以及对未言明内容的识别等，都需要一定的技巧，也让分析者认为范围庞大的“意象间现象”（inter-image phenomena）是存在的。一个社会保留的或忘记的、掩盖的或颂扬的意象为我们提供了与它想要保留或放弃的价值观有关的宝贵信息。教师重点强调不易察觉的意象网络，因为从意象中观察到的文化就在这个网络中形成。众多意象被发现、模仿、改变形态。绘画是一个经常出现在我们的文化环境中的重要领域，它也广泛出现在媒体、广告和书籍封面中（Pauzet，2005）。虽然我们不太可能为图标索引做一个穷尽式的名录，但我们有必要：（1）思考我们现在的想象从过去的表征中保留了什么，移除了什么；（2）找回属于目标文化遗产的关键意象；（3）更好地理解我们在破译最常见的意象时发生了什么。

艺术表征、社会习俗和集体想象之间有着密切联系。想要学习一门外语，我们必须了解塑造讲话者视角的模式以及一个社会对自己艺术品的认可程度。电影片段能够传递真实的语言，也是能够让我们接触意识形态和他者想象的时代产物。对它们的研究能够让我们了解一个社会，破解它的视觉构造以及表象下的隐藏内容。电影能够传达文化群体的表征和神化。使用电影能够让学习者了解表达和创造某个历史时刻的手段，以及可能被他长期观察的已知和未知世界的意象。电影通常被提到的是它的片段，它和语言课程的内容也并非毫无关联，因为一节课也可以充满乐趣和情感的。电影可以传递掌握语言的快乐，以及学习材料（不管何种类型）所带来的情感（Rodriguez，2004：8）。

即便如此，电影也不仅是一个方便观察视听环境要素的多样性和可变性的工具；它也不仅是推动课堂交流、帮助探索言语内容的手段。就像叙事性评论一样，电影原声配乐本身也是重要的文化线索（Hillman，2011）。它与视觉内容的互动便于检验历史和身份要素、民族和跨民族的表征，例如“世界音乐”现象。

意象本身能够传达创造者和读者的价值观和表征。一些令人不齿的历史片段能够让我们想到电影作为动员、影响和宣传的载体是多么有效。众所周知，媒体自己无法创造传播；没有深入思考如何使用它的多渠道，素材本身永远不会具有互动特征。同理，我们可以说，没有和文化维度的使用和学习方法相结合的意象很难培养文化能力。

6.4 范畴化模式

为了描述说话者所认同的共享事实，人们常常使用一些“陈词滥调”（cliché）。这样的语言反射是预先存在的“范畴化模式”（categorization patterns），它反映了话语和社会想象之间的关系，也是社群内部的凝聚力之一。加入一种被认同的范畴能让个体间接表明自己对群体的忠诚；如此一来，个体的判断力就被他渴望加入的社群的态度所替换（Amossy & Herschberg Pierrot，2005：43-44）。

我们的社会行为受到分类现象的深刻影响。在每种文化里，人们都往往会：（1）评估（“太荒谬了！”“那不是真的。”“没关系。”等常见的话语在文化里占据了重要地位），（2）对个体进行分类（“落伍的”“愤世嫉俗的”等），（3）根据我们认为个体所属的范畴来调整我们和他们的关系。对范畴的感知是一种心理活动，它的目的在于统筹，也以某种特定方式来简化从周围环境中收集的信息要素。

思维发挥作用依靠的是数量有限的概念，有时这些概念成对存在，每个概念都有对立面，这也证明个体在无意识中需要根据二元系统来分辨物体、人类、动物和群体。两个形象的对立本质可以多种多样，可以是敌对的（上帝与魔鬼），也可以是互补的（白与黑）。通常在两个对立的形象中，一个会受到积极评价，另一个则受到负面批评；此外，对立的形象必须被重新放置在它们的文化背景中（例如不同地区对“城镇”和“乡村”这两个概念的不同理解），它们能够为学习表征提供一种新颖的工具。Gouabault（2007：116）分析了海豚的友好形象（爱好和平、聪明，等等）（尤其是在重要的生态保护机构的话语中）和邪恶形象（主要是在挪威捕鲸人支持者的话语中），他得出的结论是，刻板印象和反刻板印象能够很好地诠释两种描绘我们与世界的关系的对立方式。

两个对立面在一种文化中可以是显而易见的，但在另一种文化中可能并非如此，甚至并不存在。我们可以把法国文化中的“马格里布人/法国人”作为范畴化案例来分析。Lacassagne 和 alii（2002）观察了法国的马格里布人在词语联想中提到的四组表征：社会地位（“移民”“融入”）；反社会行为（“偷窃”“攻击性”）；对待他们的特定方式（“种族歧视”“排斥”）；宗教领域（“祷告”“信教者”）。在同样的调查中，和“法国人”这个单词有关的言语刺激的结果主要涉及一种拉伯雷式的对法国人的看法（“吃”“喝”）、法国的象征（“自由”“公鸡”）和开放态度（“好客”“友好”）。

使用“陈词滥调”的前提是拥有共同知识。萨尔塞勒（Sarcelles）、拉库尔纳夫（La Courneuve）、韦尼雪（Vénissieux）和莱曼盖特（Les Minguettes）一度成为法国不安全地区的代名词[①]，“这里和莱曼盖特一样”（c'est les Minguettes）这种说法是一种重要的态度表现。一位大楼管理者在访问中表示：“阿尔法维尔和莱曼盖特一样，得有把猎枪才能在这里当管理员。”（Alphaville, c'est les minguettes, faut avoir le fusil de chasse pour être gardien là-bas.）。读者很容易就能理解这句话对缺乏安全的映射，这是一个被媒体广泛宣传的敏感社会问题。Dulong（1993：166）测试了一批公众对“得有把猎枪才能在这里当管理员”这句话的理解。很明显，其中部分外国人难以理解这句和阿尔法维尔有关的话语。想要理解这句话就必须了解某些地区典型的安全问题以及极端的回应方式（自卫），这些信息已经被各种新闻报告和评论所普及。

“南方”（the South）这个术语（=超过四分之三的世界人口）已在各种科学语境中（气候变化、热带农业、债务、国际贸易）得到一致认同。这个话语刻

---

① 前两个城镇分别位于法兰西岛大区的瓦勒德瓦兹省和塞纳—圣但尼省，后两个位于奥弗涅—罗讷—阿尔卑斯大区的里昂大都会地区。这四个城镇都是社会治安不太理想的移民聚居地区。——译者注。

板印象是和“北方”（the North）同时出现的，“南方”已经不再用来指代地球上特定地理位置的所有国家，而是一种从全球意识形态所规定的发展标准的角度对不发达国家的刻板范畴化（Dufour，2007：105）。

体育媒体话语是“陈词滥调”的有力传播渠道。此外，体育赛事的高度媒体化（某些新闻节目最重要的主题，有时甚至超过经济、政治和文化新闻）表明体育在社会想象中的地位。橄榄球五国赛（如今为六国赛）证明了让国家取代俱乐部进行比赛的特殊之处，Bonnet（2010）以此为例思考了半个多世纪以来法国足球媒体对欧洲国家的看法。法国与英国之间的比赛创造了大量群体内和群体外的刻板印象，这些刻板印象是由一系列“自我确认的意象”（self-confirming images）和隐喻所构建的。英国队的橄榄球员是“强悍的对手”“胜利的机器”，他们的特点是“没有感情”。法国队则被介绍为“真正的艺术家”，和音乐有关的比喻最常用来描述他们的比赛，例如“比赛充满节奏感”“美妙的传球乐曲”“法国懂得如何创造一曲交响乐”等。除了这些不断复现的群体内刻板印象之外，还有一些和英国有关的、涉及战争的“陈词滥调”成功地激活了对背信弃义的英国人的厌恶，这些文化身份的认同构成了一个记忆过滤的过程。

世界上的每个事物都可以从一个封闭沉默的存在变成一个可通过社会来了解的言语状态。Barthes（2010b：225-240）发现，我们的日常生活因为神话[①]（广告、音乐、运动、旅游等）而丰富多彩；他对一定数量的源自时事的事实进行了分析之后，表示神话消除了人类行为的复杂性，组建了一个没有矛盾的世界，一个“布局一目了然”的世界。言语需要特定的条件才能变成神话。

让我们以葡萄酒神话为例。法兰西民族把葡萄酒神话视为“属于自己的商品”，它对奶酪的种类和自己的文化也有同样看法。任何不赞同这个神话的法国公民都会遭遇融入问题，喝葡萄酒而且懂葡萄酒的人会得到一张“融入证书”，

---

① Roland Barthes 的神话指的是包含了一整套观念和实践的意识形态，他对神话的定义是：“神话是一种言语，是一套交流系统”（le mythe est une parole, un système de communication）。神话是我们所有人在社会生活的中的一种“背景”，神话中的内容无形塑造了我们的价值观，即一套意义系统，人类之间的所有交流都离不开这套意义系统。Barthes 还指出这种言语是一类信息，它可以是任何形式而不仅仅指说话的语言，它可以是任何写下来的东西，也可以是照片、电影、新闻报道、体育、演出、广告，所有这些都可作为神话的传播方式（Cette parole est un message. Elle peut donc être bien autre chose qu'orale; elle peut être formée d'écritures ou de représentations: le discours écrit, mais aussi la photographie, le cinema, le reportage, le sport, les spectacles, la publicité, tout cela peut servir de support à la parole mythique）。——译者注。

在日常生活中没有这张证书就像来自异域的东西一样让人震惊（Barthes，2010a：100-101）。

神话穿越了历史，例如加勒比海盗的神话（反抗既有秩序的人、摆脱了一切陆地根基的海上人物形象，等等）及其在不同民族文化中的各种文学、音乐和视觉变体。这种意义丰富的神话在几百年间为集体想象提供了营养，它针对的既有从 15 世纪末地理大发现开始的早期全球化，也有面对欧洲政治空间的扩张、大西洋和殖民地重商主义所产生的“欧洲人的罪恶感”（April，2005）。

6.5 自我刻板印象与异己刻板印象

刻板印象不仅是保持距离的工具，也是交际手段，它能够让一个社群的成员定义自己（自我刻板印象，auto-stereotypes），与他人区别开来（异己刻板印象[①]，hetero-stereotypes）。一个民族群体创造的自我形象会推动刻板印象在其他文化中的产生。因此，自我刻板印象和异己刻板印象是互相混合的。我们在和他者产生联系之前，会用自身文化去过滤外来文化，因此我们拥有了关于他者的某种印象（Collès，2004a：29）。有时我们的刻板印象会让人发火：巴西人都会踢足球、跳桑巴？所有法国人都能用 3B（法棍、贝雷帽、自行车）或者 2G（大蒜、高卢烟）来形容吗？一个社群的想象不能被简化为自己的身份，因为它的目标也包括生活在自身社群空间或者邻居空间的他者的身份。下面是匈牙利语中一些源自“集体无意识”（collective unconscious）的表达方式，它们很难称得上是对其他民族或民族团体的赞美：őrült spanyol（疯狂的西班牙人=疯狂）、cigányútra téved（走罗姆人的道路=走错路）、angolkór（英国病=佝偻病），等等。这一系列表达方式也表明了某些文化很少或者根本不会出现在一个社群的表征的地理范围内。

对世界上（物质的或精神的）物体的态度不仅与人们对这些现实的表征有关，也和不同的民族的历史构建方式（神话、价值观、原则）有关。Atienza（2006：474）在西班牙奥维耶多大学对一组来自 20 个国家的学生进行了调查，结果表

---

① 某一种族或群体成员对非本种族或群体成员所持有的刻板印象。——译者注。

明，意大利最有代表性、最常被提到的建筑物有罗马的古斗兽场、比萨斜塔、罗马的圣彼得大教堂、威尼斯的圣马可大教堂，英国则是伯明翰宫、大本钟、英国议会、圣保罗大教堂和塔桥。在回答“当你听到或读到西班牙这个名字时，你脑中会出现哪些单词、意象或想法？”这个问题时，受试学生大部分回答：斗牛、阳光、海滩、海鲜饭、弗拉明戈舞。还有一系列回答超出了媒体传播的刻板印象的范围，提供了一个更加个人化的了解西班牙现实的视角，例如内战、紧身衣舞蹈、情感、马德里大众文化运动、大胡子男人等。西班牙语教学传统则会给出了一份截然不同的代表西班牙日常生活的清单，例如西诺·德·普拉维亚香皂[①]、餐巾杯、塔帕斯（酒吧中和饮料一起供应的各种西班牙风味小吃）等（Baruch，1988）。

外国人的表征通常有简单化和概括化的特点，根据一定的特征来描述一个文化群体或构架，通过限制其特性来减少“陌生感”（Zarate，1986：63）。所有文化群体都会赋予自己的成员和其他群体一些限定特征（例如行为规律）。人们在幼年时学习这些特征，长大后表现出这些特征，证明自己属于某个群体。那么，表征起到了什么样的过滤作用？学习者接受家庭传递的判断、由媒体提供和固化的看法和层级体系。Zarate 和 alii（2003：23）从更广阔的角度观察到语言教学领域不仅包括工具的生产或者对具有学校特征（教材）或由学校发起的学习情境（交流）进行分析，也包括能够传递他异性的表征（媒体）和个人体验的非学校情境。“旅居国外计划”（Residence abroad project）是朴茨茅斯大学针对英国学生对外国人的态度而进行的一项协同研究。研究者观察到了明确的刻板印象，例如意大利人没耐心，德国人工作刻苦，拉美人吵闹，俄罗斯人严肃（Coleman，2001：134-135）。弗拉芒地区的外语学习者对德国人的印象偏负面（让人联想到战争的国家、难吃的食物、嗜喝啤酒的人民）。与法国人有关的负面信息也不少，例如傲慢、沙文主义、懒惰、不爱干净（Sercu，2001：171）。

语言教学理论在发展过程中越来越重视知识传授中的文化维度。然而，尽管有这种进步，Buchart（2010：97）依旧指出，许多学习者仍可能对目标语产生模式化表征。芬兰坦佩雷大学的一年级学生对普通法国人的描述为：“典型的法国男人个子不高……有个大鼻子……体毛也很重（需要每天刮胡子）。他有一

① 于 1905 年在西班牙北部小镇普拉维亚（Pravia）创立的香皂品牌。——译者注。

只名字叫菲菲的贵宾犬，每天都出去遛它，狗在巴黎大街上拉屎。这个人从不捡狗屎！……他听英语歌曲是为了有一种优越感……他听不懂歌词”。

任何与文化差异有关的判断都可以被视为社会心理特征的三种变化的结果（Charaudeau，1985：107）：（1）赞同（主体想要适应他者的行为）；（2）排斥（主体把他者的行为视为对自己的否定）；（3）迷恋（主体感觉自己被他者排斥，同时又被其吸引）。Ruegg（2004：43）从提到他者的文献资料，尤其是记录了许多长期存在的刻板表征的旅行记录中提取了三种针对他异性的态度：（1）恐惧、（2）好感、（3）羡慕。旅行者很少会保持中立，因为他异性是研究其他民族的重要动力。

身份是在矛盾中构建的：我们需要他者，但又对其小心翼翼。因此，任何文化中都可以观察到微妙的语言规则游戏，利用增强和贬低的词语和句子来接受或排斥外来者。表征是不断被操纵的对象，它可以拉近也可以推远与他者的距离。在一个社群中被谴责的表征可能在其他文化中受到青睐。在某种意义上，属于一个群体意味着不属于其他群体。

观察一个社群中用来指代自我和他者而使用的词语非常重要。通常，媒体和政治话语会让语言和讲这种语言的人的贬义表征流传开来，首先就是对民族群体及其语言的命名。在这些表征中，有些根深蒂固，反复出现，理性解释也难以将其消除。下面是中东欧语言中的一些具有贬义色彩的词语（Szende，2010a：157-158）：在马其顿语中，人们使用 Шиптар（流浪者）而非 Албанец（阿尔巴尼亚人），用 Цинцар（贪婪的）取代 Влаф（瓦拉几亚人）。在保加利亚语中，Мокър（淋湿的人）在某些情境中替代 румънец（罗马尼亚人），рязан пищов（被切割的手枪）是 турчин（土耳其人）的贬义变体，мангал（被烟熏黑的平底锅）的意思是“罗姆人”。在罗马尼亚语中，Rusnac（由具有贬义色彩的后缀-ac 构成）是 Rus（俄罗斯人）的变体，Bulgaroi（也含有贬义成分）用来取代 Bulgarian（保加利亚人），Bozgor 也是用来以贬义的方式指代匈牙利人[①]。

刻板印象会高估或者低估他者的属性，它同时能够体现对他者进行范畴化的社群以及被范畴化的社群的特征。上文所举的例子间接提到了当地的价值观和被当作教学对象的外国文化的价值观。刻板印象既是文化身份的“见证，也是遮蔽了整座森林的那棵树”（Charaudeau，2001：348）。

① Irina Babamova（马其顿人）、Georgi Armianov 和 Snejana Gadjeva（保加利亚人）、Alexandru Mardale 和 Gabriela Halasiu（罗马尼亚人）为我们提供了宝贵的信息。

6.6 “多难听的语言！”

本书的总主题是“语言中的文化”（culture-in-the-language），但并未将“文化中的语言”（language-in-the-culture）这一视角排除在外。共同的语言如同一面镜子，让个体把自己视为一个语言社群的成员。会讲一种语言既是依照母语者的规范和习惯来了解这种语言，也是了解与他们的语言、地位以及学习方式有关的意象。和语言（包括我们的母语）有关联的刻板印象是社会组织不可分割的一部分。此外，一种文化的价值观时常和一种语言的特性相混淆。人们首先会根据美学范畴（有乐感的语言，难听的语言）来感知母语或外语，因为每种语言都有自己的声音类型，有时听起来比较有魅力，但有时令人失望。人们也会根据政治范畴（通用语言、殖民者的语言、占领者的语言）、经济范畴（工作语言、贸易语言）、文化范畴（传统语言、媒体语言）或情感范畴（家庭语言、敌人的语言、竞争语言）来感知语言（Christ & Hu，2011：107）。

作为社群的粘合剂，语言也是重要的表征对象和各种态度的“结晶器”。因此，在和语言有关的“语言接触情境话语”（language contact situations discourses）中，讲话者和学习者呈现了自己的社会处境，这是历史的一部分（Moore & Py，2011：271）。Alén Garabato（2003）特别关注了罗曼语（以及相关语言社群）的意象。下面是他对圣地亚哥·德·孔波斯特拉大学的学生所进行的调查的简要结论：法语是说“我爱你”的理想语言；加泰罗尼亚语是经济、现代性和权力的语言；葡萄牙语是“穷邻居”的语言；意大利语是完美的语言；罗马尼亚语是德古拉的语言……这些稳定但简化的表征是历史偶然性的一种功能；它们是多个世纪的直接和间接接触的结果，呈现了一系列态度，而这些态度常常是选择学习某种语言的核心动机。每个社群在他者眼中出现的方式以及对外国现实的好奇心都受到人们在社群内部所受教育以及习俗的限制。比利时这样国土面积不大的国家有三种官方语言（法语、荷兰语、德语）以及许多与移民有关的语言（意大利语、阿拉伯语、土耳其语、西班牙语等），还有罗曼语族或日耳曼语族中的少数语言（弗拉芒语、瓦隆语、皮卡迪语等），这样的国家为个人多语现象创造了有利条件。然而，年轻人时常因为对其他官方语言缺少兴趣而备受批评（Fagnat & alii，2008：17）。

在复杂的环境中，刻板印象和僵化的社群表征是引导社会参与者的不可或缺的要素。和语言有关的表征为提高社群凝聚力发挥了重要作用，但也参与了群体之间的分离和歧视。

普通的元语言表征是讲话者（通常不是语言专家）对非正式的普通语言现象所做的阐释，它以定义、评判和信仰的形式出现，例如我们语言中的某种形式，或者可观察到的不标准的发音等。这些普通的元语言表征对讲话者的行为有很深的影响（Tabouret-Keller，2004）。我们在提到传统、思想深度、亲密程度、距离概念时，甚至会把某些语言理想化。

其他语言因为刻板的评价而被贬低了价值，例如某种语言太难，无法理解，难以发音，观念不正或乱七八糟，是一种掉价的共同语言；句子“不符合标准，只是一种普通方言，拼读和书写都没什么规则”，早在讲话者上学前，这些刻板评价就已刻在他们脑中，这进一步巩固了两种语言或两个民族群体之间的距离有时无法克服这种想法，甚至能够转变成政治行为。模式化的信仰会影响“家庭教育语言政策”。

我们曾无数次听过这些话：“这语言太难听了！”“他们有大舌音！”“字体像面条！”，等等。Weinrich（1986：200）总结了和德语有关的模式化评价，例如辅音太生硬，单词太长，句子太复杂，不到句子末尾都不明白意思是什么，等等。

我们可以假设每个学习者都有一幅“心理语言地图”（mental language map），它是通过启蒙故事展现出来的。Gohard-Radenkovic（2008：241-244）提到了一个名叫皮埃尔的卢旺达学生把语言按照严格的等级进行了排列：在卢旺达所学的法语，高贵的社会成员身份的语言；斯瓦西里语，东非重要的交际语言；英语，很有必要但不喜欢；林加拉语，土匪的语言；瑞士德语，虽然在日常生活中很实用，但令人讨厌。为了更好地了解讲话者和他的语言之间的关系，以及讲话者对语言的态度在对母语和其他语言的评估中扮演的角色，Houdebine（1995）提出了一个名为“讲话者的语言想象”（linguistic imaginary of the speakers）的模型，他发现关于语言的论述受到外部原因（某种用法、变化或语言的等级划分和合理性）或内部原因（讲话者针对用法、变化或语言所作的假设或理性解释）的影响。

我们如何讲授敌人的语言，如何谈论与自己关系密切的文化？1914年，德语是法国境内学习人数最多的外语，法语则是德国学校里最常被讲授的现代语言。这种情况是战争造成的，随后德语成为在法国最受厌恶的语言；在德国，无数人呼吁取消法语教学（Mombert，2001：16-17）。了解和理解敌人的需求导致一个百科全书式的问题出现：语言学者成了命运的“观察员”。

语言的名称尤其能够揭示它们获得的地位或者人们为它们寻求的地位。Saillard（2000）以中国台湾地区原住民为语言所取的各种名称为例，试图证明语言的名称承载着一种等级体系。对话语等级进行分析后，我们可以发现，没有名字或者回避命名都是在语言和相应群体内部缺少认可的标志。少数语言难以被命名还有一个结果，大量案例表明，这些语言没有属于自己的名称，人们使用和范畴有关的术语对其进行指代，例如中文的“母语”，这是证明自身合理性的一种方式。

我们是否有必要强调这样一个事实：和某种语言有关的价值观和刻板表征在语言边界地区之间是相互的。瑞士是一个和欧洲文明共存的多元文化社会（为许多语言政策提供了范本），röstigraben①（薯饼鸿沟）这个词在该国被用来指语言边界。这个术语用一种模式化的方式代表了瑞士人彼此的负面集体表征，对两个社群之间（德语区 vs 西部法语区）的思想差异（无论是真实的还是想象的）提出了批评，而这两个社群“之所以能够共处是因为他们彼此不了解”，这句描述再恰当不过了。

6.7 文化吸引力

在文化问题上，我们的出发点通常不是“未知内容”，而是“不太了解的内容”。事实上，很少有学习者在开始学习之前对外国文化没有半点了解。全球化的工具（互联网、媒体、广告、歌曲等）让人们与外国文化有了最初的接触，甚至对那些学习人数最多的语言有了一定了解。然而，一种语言和文化自身的价值与其在另一种语言和文化中的价值并不对等。有的语言很容易成为情感类型的“教学材料”（英美音乐、意大利歌曲、西班牙油画、法国饮食、日本生活方式）。在这些案例中，文化是一种“传递”语言的手段，让学习者“无法脱身”

① 在瑞士，操不同语言的人各据一方，划分成不同语言区，而薯饼鸿沟便是德语区与法语区的隔阂。薯饼鸿沟（Röstigraben）由两个词语组成，rösti 是瑞士德语区的传统菜黄金薯饼，graben 则解作壕沟，组合起来便成为象征瑞士德语及法语区之间的薯饼鸿沟。——译者注。

的语法困难当然也包括在内。Casanova（2002：8-19）认为每种语言都附带一种文学资本，例如人们谈论“莎士比亚的语言”时就会想到这一点。为了衡量这种资本的雄厚程度，他把政治社会学的标准借用到了文学领域，但是“中心—边缘”（center/periphery）这个对立体被“主导—被主导”（dominant/dominated）所取代。文学资本的分配并不均等，这最终导致“主导—被主导”文学语言的出现（主要是用这些语言所写的具有普遍性的文献的历史和数量导致）。在这种背景下，翻译就成为作者和作品的合理地位及名望要面对的重要挑战，译者则如同出口和进口的作品之间创造价值的“外汇经纪人”。

表征是一种文化的缩略形式，它可以成为人们用来批判或赞颂的借口。针对“浪漫的法国人”（主要围绕着类似的内容）这个表征，Dreyer（2007）引导中国台湾地区的学习者思考了着装习惯的传播，并鼓励他们对家庭内部几代人的女性时尚观念进行了探讨。这种教学方式是为了让学生（90%的课堂）了解“良好的品味”或者“思想的开放”并不是法国文化与生俱来的优点，它表明了身为法国人和（或）穿法式服装并不一定就“浪漫”，一种文化中最容易发现的态度在其他情境中也一样。此外，如今被视为“普遍的”与第一语言和第一文化有关的习俗在历史上却并非总是如此。

一个群体的身份构建总是要通过与他者的碰撞来实现。因此，自我强化的刻板印象和以他者为代价的负面刻板印象形成了鲜明对比。在我们之中，谁不发自内心地认为我们的母语和母语文化是一种与众不同的表达和行动的手段？所有学习者都往往认为他者的语言不过是自己母语的翻译。此外，双语词典以及第一语言和第二语言的互译练习都为这种可迁移性提供了支撑。有些学习者甚至把与他者有关的社会事件理解为荒谬之事，并让自己难以彻底摆脱这种偏见：对他者的印象是通过一种特定的文化语言符码表达的。

除非故意而为，否则不了解一个国家的传统就是一种无知。民族优越感往往和不想失去自己身份的欲望联系在一起，有这种感受的人常把自己的文化作为范本，甚至认为自己的习惯是标准，觉得自身群体的价值观具有普世性。另一方面，把标准和价值观做等级之分（一种对其他文化的盲目态度）可能导致他者的标准和价值观被拒绝，从而严重减缓另一种语言的习得过程。Kramsch（1998：74）认为“我学过十年法语/英语/德语，等等，但我仍然不会……”这样的句子所揭露的当然是学习的失败，但或许最能体现单语者的傲慢，同时也是“单一声音、稳定的、民族的”身份的表现。

与外国文化的碰撞可以让非母语者对外国文化进行分析，但通常以刻板印象为途径。Cain（1997 : 202）发现中学生的刻板表征证明了他们对目标国家的历史和社会几乎一无所知，这些表征主要通过景物、爱好、听觉和情感因素进行传播。此外，这些表征在学习开始（12 岁）和结束（18 岁）之间几乎没有改变，表征偏负面往往会阻碍学习进程。

文化介绍时常被简化为精致的人工制品。Sercu（2001：176）对弗拉芒地区的英语、法语和德语教师进行了测试。他们的答案证明对这三种外语而言，课堂和教科书最常被提起的主题是相同的：（1）旅游目的地；（2）日常生活；（3）饮食。

Maijala（2007：130）的关注点在于刻板表征的危险之处（Globalmeinungen），例如，作为外语的德语教材中提到的关于食物（Essen）、时间观念（Pünktlichkeit）、巴伐利亚传统服装（Lederhosen）、生态绿色（Öko）等概念都以不同的方式证明了“典型德意志”（typisch deutsch）的存在。

我们需要承认的是，在外语文化中，我们往往会选择它最突出的特征，但并未考虑它们是否真的恰当。同样，我们在课程中不由自主地把文化维度简化为针对语言结构学习的普通装饰工具。Kramsch（1991 : 218）观察发现，当文化介入教学实践时，会被系统调整为四个 F：Foods（食物）、Fairs（集市）、Folklore（民俗）和 statistical Facts（统计事实）。

6.8 民族优越感

如何在质疑他人的世界观、如何融入其他文化的同时，对自己的传承拥有更高的自觉性，这对学习者和教师而言都是挑战。教师的表征可能和学习者一样，也是刻板的，能够传递陈旧的意象。Nikou（2007：198）在一门跨文化入门课程中引导听众（未来的希腊语教师）进行互动式自省，目的是让他们思考自己与他者的关系。从收集起来的故事来看，对他异性的体验被视为一种痛苦的、暴力的，有时是创伤性的事件。

Zarate（2001）描述了语言之间的复杂关系，指出在多元文化背景下的欧洲，语言是明确身份、排外和亲外态度的主要载体。亲外和排外一样，都以价值观的相对性为基础。Todorov（1986：9）根据本地人对外来者文化的感知，即外来文化优于还是劣于自己的文化，指出了两种类型的亲外倾向：（1）“玛琳卡主义”（malinchismo），这是一个源自墨西哥的单词，指的是对西方价值观（最初是西班牙，如今是英美）的盲目追捧；（2）“高贵野蛮人”（the good savage），外来文化因其原始性、落后和劣等反而受到赞赏。

语言如何能够产生吸引力，学习者如何才能摆脱源于自身指称的民族优越感，尤其是当语言缺少明显的文化认可时？改变表征的前提是学习者有兴趣了解目标语世界的表征，例如目标语的象征价值、经济、社会和文化利益、和语言使用相关的生活方式等（Kramsch，2011：305）。

学习者需要明确了解在外国流传的刻板印象以及根植于集体记忆中的意象和表征的刻板特征。如果外国人无法识别扎根社会的历史表征或者盛行的思想观念的重要主题，那么他在与母语者进行交流时就无法做到真正的理解。

教师必须帮助学习者（后者带着确定的社会标签进入教育场所）改正先入为主的概念，克服简单化、理想化或负面的态度以及经常导致刻板印象出现的碎片化信息。作家和旅行家 Philippe Tesson 对俄罗斯非常了解，他对“斯拉夫灵魂”（Slavic soul）以及“民族集市逻辑”（logic of the bazaar of the peoples）这种表达方式提出了批评①。恰当的做法是训练学习者去留意那些简化表征，因为它们已成为不可或缺的规则的一部分；但学习者也需要熟悉文化的原则和雏形，以便于识别从中衍生的话语以及那些自我重复的原则和雏形（Dufays，1997：320）。有许多操作类型可供我们考虑，例如解码、对比、疏离、颠覆性再利用。

发现一种文化关于另一种文化的刻板表征的源头参照物是大有裨益的。通过这个过程，教师能够在表面毫无关联的事实之间建立联系。法国社会似乎非常喜欢论战。Charaudeau（1985：108）试图解释 maudits placoteux（该死的话匣子）这个短语，它是魁北克人为法国人的言语行为所构建的刻板表征。两种论据为这种判断提供了支持，即法国人在言语交流中的话语量和法国人的说话方式（他们用言语能力吸引听众，然后喋喋不休）。

在对某些外国现实进行构建的过程中，学习者重构了自己的文化。Geoffroy（1998：57-58）在讲授文化中介时更加关注法英双文化职业关系中的行为，他在

① *Magazine des Livres*，第 33 期，2012 年，第 45 页。

这个框架下开设了旨在让学生关注他异性的课程，他使用的材料包括旅行账户、国外侨民的书籍和采访片段等。讲英语者对法国、法国的风俗和行为的看法往往会让学生大感意外，因为他们发现了与自己国家有关的表征和刻板印象。相反，发现自己与其他文化的关系中的新维度之后，他们也了解到了自己对英国的表征和刻板印象。

Su（2011）不提倡强迫学习者记忆文化事实，为了让刻板印象更加客观，这位学者建议在积极构建的过程中落实“文化档案袋项目”（cultural portfolios），调动学习者自己收集的经历（互联网、媒体、文献搜索、采访）并使其系统化。在实施该项目之前，被观察的中国台湾学生对盎格鲁—撒克逊文化的认识比较浅显（快餐、万圣节、体育运动）。文化档案袋在很大程度上让他们对文化的了解更加多样化，并且重新评估了类似“英语国家的所有人……”的最初表征。角色扮演能够对一些遭诟病的未知或已知的他者习俗进行思考，从这个意义上来讲，这些习俗也教导学习者的心态要更加开放，例如，面对不了解的菜肴，不要摆出厌恶的表情，要使用礼貌的话语（Anquetil，2003：126-127）。

在学习外语的过程中，我们要面对自身文化和目标文化的集体表征。在可以被描述为文化指示符号的刻板意象中，电影占据了无可争辩的一席之地，Celotti（1997）研究了法国电影和法意合拍电影中专门指代意大利的意象，例如意大利骗子、意大利情圣、意大利母亲对儿子的控制、教会在意大利人生活中的影响、歌曲中的意大利，等等。这些意象都属于可预知的范围，因为它们已经存在于某地，然后被集体再创造所使用。饮食（主要通过意大利面和披萨来呈现）和语言［通过没有任何翻译的简短感叹句呈现，如 Silenzio（安静）、Vieni qui（过来）、Mamma mia（我的妈呀）、Pronto（你好，电话用语）等］这两个宏观语义范畴似乎在电影中有着特殊地位，它们承载了明显的身份特征，可以让我们轻而易举地辨认出一个社群。

客观看待文化词汇和刻板印象的动摇、瓦解和重组有着密切联系。因此，学习者必须理解第一语言社会的复杂性。为此，学习者需要了解的既有一个社会中用来命名自己和他者的词汇，也包括教师和学习者经历过的最典型的交际失败案例。这样的任务要求对两种文化集合之间的各种接触进行系统思考，这也有助于了解为何大量相互的刻板印象会长期存在。

6.9 某些语言比其他语言更陌生

“外语”这个概念涉及各种各样的情境，它们构成了一个从陌生到熟悉的连续统。如果一种语言不存在于学习者的世界中，它的陌生感就更明显（Dabène，1994 : 38)。根据源语言和目的语的语言相似度的不同，外语学习过程大有不同。大体看来，习得近距离的语言的投入要比远距离的语言少很多。从这个角度来看，我们可以假设第二语言习得依赖于距离和相互理解的程度，进而区分“近距离语言”(proximate languages）和“远距离语言”(distant languages)，为各种类型的学习者制定差异化的教学方法（Robert，2004：499)。然而，我们对距离的理解必须一致，因为源语言和目的语之间的距离是个极为复杂的概念。语言（遗传/类型）距离、地理和/或文化距离对外语学习的影响很大，而且常常会减缓外语学习速度，导致相互理解出现各种问题。

近距离语言或亲属语言(related languages)之间的相互理解程度有的较强(乌克兰语—白俄罗斯语)，有的较弱（挪威语—德语）甚至不存在（匈牙利语—芬兰语)。对远距离语言来说，讲法语者学习一种欧洲语言和一种亚洲语言的困难程度是不同的。Robert（2004：501）向他的应用语言学和语言习得专业的学生推荐了两篇原版文献，一篇是波兰语的，另一篇是越南语的。学生对波兰语文献能够有最低程度的整体理解，但完全无法理解越南语文献。

为了让“距离”(proximity）这个概念更精确，Eloy（2004：397-398）以“亲缘关系”(relationship)、“社会政治共识的差异或存在与否”(distinction or existence of a socio-political consensus）和“相互理解”(inter-comprehension）这三个标准为基础，制定了一个评级表：A=无区别（同一种语言的变体，能够互相理解)，例如英国英语和美国英语、阿拉伯语各方言等；B=最近距离（差异有争议，能够互相理解)，例如塞尔维亚语和克罗地亚语、土耳其语和阿塞边疆语；C=近距离关系（公认的差异，能够互相理解)，例如丹麦语和挪威语、芬兰语和爱沙尼亚语；D=中距离关系（公认的差异，有读写能力的人能够看懂书面形式，除此以外无法互相理解)，例如法语和意大利语、德语和瑞典语；E=远距离关系（公认的差异，无法互相理解)，例如阿拉伯语和希伯来语、法语和俄语；F=最远距离或无法识别距离（公认的差异，无法互相理解)，例如法语和日语、法语和阿拉伯语。

虽然所有的语言系统都因为语言表征而更加丰富，但无论有什么样的地理、文化或语言距离存在，外语的教与学都不可能忽略社会角色对差异度（degrees of the foreignness）的看法（Lévy，2011：64-65）。

我们必须承认，语言的接近程度或距离并不代表习得过程的难度等级。语言之间的差异性可能将人引入歧途，但相似性也会让人心生沮丧（Lévy-Mongelli，1996：428）。学习者时常能够察觉到自己熟悉的发音和表达方式，发现有着根本不同的语言之间也存在着联系，Novarina 用“神秘的姐妹会”（mysterious sororities）巧妙地描述了这种联系（2012：9）。语言之间可以存在各种程度的相似性，但绝对的相同并不存在。同理，无论一种语言多么特殊，它和其他语言总有某些相似之处。虽然相似性（始终是部分的）有利于学习，但也会误导学习者，在很多情况下成为干扰源。意大利语被视为法语的近亲，所以对讲法语者而言“比较容易”，但这种表象之下可能隐藏了某种“盲区”，两种语言因为同源而拥有某种相似性，这就导致学习者无法察觉到语言符号的不一致，所谓的“几乎相同”常常与“一模一样”相混淆。意大利人在法国生活几年后所用的表达方式也表明了他们对第一语言的细微之处变得不太敏感（Vegliante，2003：348-349）。

近距离语言之间的透明度是一种自然现象，语言同源会导致许多形态—句法和语义方面的误解。错误的相似性会让我们思考“假朋友”（false friends）这种现象，即存在于源语言与目的语中的形式或词源类似的所有单词，但这些单词的意义不同或者在各自语言中有特定的用法，例如 to bless（英语，“保佑”）对应的法语是 bénir；blesser（法语，“伤害”）对应的英语是 to injure；bachelor（英语，“单身者”）对应的法语是 célibataire；bachelier（法语，“业士”）对应的英语是 holder of the (French) baccalaureate。教师同样必须指出，在一种语言里也可能存在几乎一模一样的词或者“替身”词，尤其在英国英语和美国英语之间［参见 Bernard Shaw，“被一种共同语言分割的两个民族”（two peoples divided by a common language）］。

法语中的 pays（地区，国家）和意大利语的 paese（p 小写表示城镇，P 大写表示国家）有着相同的拉丁语词源，但这种近距离的单词对应的是特定的现实事物，无论在语义还是文化层面都有许多差别。翻译这样的单词时，应当使用与特定社会政治语境紧密相连的两种语言系统中不同的对等词汇。例如，意大利的内政文章经常使用 il Paese（国家）这种换喻手法来指代意大利（这种用法在法语中不存在）；如果想表达自己与祖国的联系的话，il Bel Paese 应当被翻译为 la Douce France（Hédiard，2006：51-58）。

两种语言之间虽然存在着表面的相似性，但各自融入了新元素，语义也产生了变化，这一点会让学习者感到沮丧。德语中有一些假法语词，如 blamage（耻辱）、raffinesse（精炼），匈牙利语中有一些假德语词，如 unszimpátia（厌恶，德语中没有 unsympathie 这个单词）、antipatikus（令人反感的，德语中没有 antipatisch 这个单词）。

对“假朋友”的错误阐释会导致误解，让学习者困惑，这也是许多蹩脚翻译的根源。然而，我们不应当忘记，大部分时候，想要避免文化隔阂导致的词汇陷阱，也意味着要知道除了陷阱和盲区以外，“真朋友”同样存在，它们的词汇和句法的相似性比较可靠，全球化和一致化也常常制造和传播一些国际化（英语化）的表达方式。用有亲缘关系的词语进行翻译是否合理取决于类似用法是否存在，而非它们的共同起源。教师必须确定两个词语以及它们衍生出的结构之间是不对等、部分对等还是对等的（Szende，1996）。

我们习得母语之后就会自然而然地运用那些印刻在脑中的语言形式和语音，任何其他语言似乎都是陌生的。然而，我们与自己正在学习的语言之间的距离似乎有时远，有时近。我们对母语系统和外语系统之间的距离表征会影响我们接收新语言数据信息的方式。

学习者会根据目的语和源语言之间的近似程度和距离来发展出不同的语言习得策略，最明显的包括：（1）与远距离语言有关的“简化策略”（reduction），如结构的概括化、简化语法、各种各样的固定词序等；（2）与近距离语言有关的“叠加策略”（superimposition），学习者会消除干扰，使用共同的文化所指等，在目标语层面来改变自己的话语（Robert，2004：503-509）。

外语和文化是否应当被描述为某种不可参透的东西？或者距离是否应当被抹去或消除？远距离语言和远距离文化的某些方面（包括盲区在内）可以吸引学习者，甚至使其着迷，这一点非常明显。在某些情况下，他异性有可能激发学习者的好奇心，从而方便学习（Weinrich，1986：191）。“被感知的”距离可能受到和语言毫无关系的因素的影响。面积不大的安道尔公国是一个多语国家，法语、加泰罗尼亚语和西班牙语共存，民众听懂第四种罗曼语葡萄牙语的比率较低，毫无疑问，这也是葡萄牙语在安道尔的地位不如其他几种语言（Marquilló

Larruy & Matthey，2011：297-298）的原因。

无论两种语言和两种文化之间的距离如何，它们都有可能彼此影响，这种影响可能是双向的或单向的，但交集始终存在，它可以是语言的、文化的、历史的、政治的、军事的、经济的或其他类型的关系。这些持续的或偶发的接触能够揭示出主导关系或服从关系。对其他文化的刻板表征也是文化交集的产物。文化交融和迁移的存在表明最多元化的社群也可以拥有共同的文化记忆。

7 文化：教学挑战

7.1 课堂

7.1.1 真是奇怪的相遇!

课堂上的说话者和对话者能产生预期效果吗？语言课堂是与世隔绝的吗？为什么课堂上不太可能成真的主题和交际情境可以被提升到与生存有关的高度？外语学习似乎造成了智慧能力与语言技能之间的不平衡，因为在母语中，这两者通常是共同发展的，但当人们试图用外语进行表达时，“可能看起来像个大孩子”（Defays & Deltour，2006：14）。

从外部看来，语言课堂是与真实世界相隔离的，它可以被视为一种“不合理的”（delirious）的集会类型（Medgyes & Major，2004：182）。社会学家 Bourdieu 曾表示“在语言课堂上，人们开口说话，但言之无物”[①]。这种想法可以被视为一种幽默，但并不能完全描述现实。“制度化的语言学习”[②]（institutional language learning）的特征主要在于没有误解的风险，因为它处于一个被保护的空间里，一个表面看来“不会产生问题的”交际空间（Kramsch，1993：43）。通过空间和时间的压缩，课堂以人为的方式创造了获得知识的条件。然而，它也是特别重要的交际场合，学习者与教师、学习者与学习者之间有着可变的交际关系网络和布局结构。在这样的微观环境中，课堂上的同学不仅仅是普通的伙伴，他们彼此也是（1）进行各种交流和表演的对话者；（2）实施共同计划的队友；（3）效仿的榜样或者；（4）竞争者（Defays & Deltour，2006：16）。

如果有人问学生窗子是否是关闭的，而所有人都知道答案，那么这其实是一个展示型问题（displaying question）。这种类型的问题只是为了检查学习者是否在教师提供的参考框架内学习。学习者不会与课堂本应为他所准备的现实发生冲突。提出和回答展示型问题似乎是课堂上必不可少的交际方式。作为一个发现知识、将知识系统化的场合，每个课堂也是一个微型社会，因为每门课程都拥有许多互动和真实的互动实践。语言课堂上有许多固定的对话交流和肢体

① 引自 Porcher: 2006。

② 制度化语言学习通常指学校等教育机构中的语言学习。——译者注。

交流。把参与者的位置排成 U 形比直线排列更重要。如同在现实生活中一样，教师和学生的话语分别在熟悉的语言习惯和即兴话语之间转换。课堂上的规矩（及其元语言维度）和规矩的打破、有引导的和自发的语言产出可以依次进行。如果不听话或者叛逆的学生拒绝语法或词汇练习，把它变成另一种话语体裁，上演一出“生活故事”，那么自然交际就会出现在语言课堂上（Kramsch，1993：51）。

语言课堂与外界形成竞争，但绝不可能与之媲美。课堂虽是一个经过设计的场合，但依旧具有社交属性，因为完成所有任务都需要交际。在课堂上，除了学习被讲授的语言之外，还有被落实的各种策略、“事件”以及自发的或思考过的实践活动（Cicurel，2002）。为了明确表述自己的信息，学习者会受到教师话语及其对世界的认知方式的启发，也会从“课堂语言”以及学习者和教师在教学过程中创造的共同行动文化的影响。试想一下，我们是否多次试图通过模仿语言老师的声音和姿态来讲外语？

7.1.2 情景转换

语码转换（code-switching）包括功能性和情感性，通常发生在把语言系统和不平等地位联系在一起的双言话语（diglossic discourses）中：主导系统提供的是主要的、不可或缺的话语片段，它负责把讲话时间分配给被支配的系统，后者的作用仅限于对语言进行选择性、装饰性的扩展。

语码转换并无害处，相反，它在教师和学习者的互动中占据重要地位。在外语课堂的情境中使用母语能够让教师和学习者之间形成“共同语码”（common code），Ehrhart（2002）把这种“共同语码”比作两个搭档在动态过程中的双人舞。学习者找不到词句来表达自己时，尤其是在高情感语境中，就会使用语码转换；教师使用语码转换和语言教学目标以及课堂管理有关（让指令更加明确，组织课堂进程，方便知识构建以及和学习者之间的关系）。

外籍教师使用学习者的第一语言是出于明显的语言教学目的（减少目标语的学习困难，避免尴尬的交际中断），同时也出于社会文化目的，尤其是表达一种被融入、“被东道主社群”（host community）接纳的愿望（Causa，1996）。

对多种外语和文化的探索能够让母语系统对外语系统保持距离和客观的立场。Neuner（2004：19）指出，在学习者的脑中，第一语言不仅不应被摒弃，相反，它应有意而为地、积极地参与到学习中去。

禁止学习者参考母语的概念范畴以及自身社会的价值观究竟有什么好处？这些内容都是非常有用的参考模式。已经有足够多的试验从课堂中排除了母语和母语文化，但是这两者无法从学习者的脑中消失。“时间性”（temporality）拥有多个“体”维度，它的结构非常复杂，而说话者习惯了特定的系统之后，或许永远无法将其摆脱。我们可以从法语和匈牙利语的对比中观察到这一点。法语中表达过去的方式很多，但匈牙利语构成过去时的工具却只有一种。匈牙利语中的及物动词根据宾语是否定指而配有定指、不定指两套变位词尾：定指变位针对的是“I’m waiting for **the** bus.”这种句子，不定指变位针对的是“I’m waiting for **a** bus.”这种句子。即便是学习匈牙利语很长时间的外国人也很难掌握这种对立规则，但该规则在匈牙利语的动词表达中却十分重要。同样，在法国生活很久的匈牙利人也会把“复合过去时”和“未完成过去时”弄混，对他们而言，这两种动词时态（nous avons chanté/nous chantions）的区别“没有意义”。语言中的“性”也是一个例子，这种很普遍的概念在不同的语言之中可能有很多种表现形式。两种语言之间的很多对比无法通过“自动”替换的方式变成教学过程（教学法化）（Szende，2004）。

语言课堂也可以禁止使用翻译，但是“心译”（mental translation）却始终存在。据 Kramsch（1994：83-84）所述，“分裂人格”状态是源自外语学习的乐趣之一，也就是学习者在说“Pass me the bread. / Passe-moi le pain.”（给我面包。）的同时也能够想着“Gib mir ein Stück Brot.”，仿佛一个人格像母语者一样说话，另一个人格把“Pass me the bread. / Passe-moi le pain.”视为一种普通的言语行为或者文化和社交姿态。

在文化反射（cultural reflex）的学习中，从教学的角度把第一语言融入某些活动中至关重要。Van Campernolle 和 Williams（2012）建议使用母语，以便于讲解关于社会文体变体的假设（在认知层面非常复杂），使其在课堂上以合作互动的形式表现出来。

将外语译成母语更能够检查目标语要素的理解情况；将母语译成外语更加便于正确掌握目标语。母语和外语之间的差异应当作为构建新型能力的基础，这主要是为了在学习者的语言知识中寻找支撑或者调动学习者所有语言储备（母语+其他语言知识，因为每种新的语言经历都能改变我们的行为），而不是为了把第一语言教学和外语相结合（这种结合出现在个体培训的不同阶段，功能有所不同）。能力的转移可以让学习者更好地掌握外语的新概念。

当然了，第二语言课程必须把目标语视为优先事项，否则就会非常荒谬。正如这句经典表述："给我们外语，越多越好！给我们母语，需要多少给多少！"（Give us the foreign language, as much as possible! Give us the native language, as much as necessary!）

所有语言课程的前提都是高度的情境异质性（Cicurel，2002）：（1）具有元语言特征的讲解/问题构成的"语言世界"（the universe of the language）；（2）以参与者讲述其在语言课堂经历过的事件为代表的"自述世界"（the "self-narration" universe）；（3）"虚构世界"（the fictional universe）（想象的情境，一个或多个参与者的表演）；（4）针对教师/学习者互动、适用于所有语言学习情境的"教学世界"（the pedagogical universe）；（5）"文本世界"（the universe of text），对应的是以书面或声音文本信息为基础的互动框架；（6）受对话事件影响的"私人世界"（the private universe）。在语言课堂互动中，从一个世界到另一个世界（一个情境到另一个情境）很常见，无论是教师还是学习者都可以推动这种转换。为了指代第二语言教学情境中的情景动态转移，我们可以参考语码转换，引入"情境转换"这个术语（参见"世界转换"，Edmondson，2004）。

7.1.3 真实的、模拟的和虚假的

想要在具体的情境中教学，教师会在课堂上使用一些典型的"证据"物品（银行钞票、餐馆菜单、公交车票、学校工具等），所有这些就像被装饰的教室墙内一样，构成了教学情境的异域特征的外部表现。表面上最不重要的日常仪式可能与学习者了解的情况既关系密切，又有很大差别。创造一个代表目标文化的微型环境或许并不局限于尺寸缩小的证据物品：Windmüller（2011：77-80）提倡通过不一定能在课堂上展示的物品的历史来让学习者了解法国历史遗产，例如断头台、吊袜束腰带、坐浴桶和双人床。

教师必须善于在课堂中把抽象和现实结合在一起，轮番展示"被表演的"和"真实存在的"内容，这两者之间的边界比表面看起来的更加游移不定。有时，虚构与现实之间只有一步之遥。

为了便于交际任务具有现实色彩，Julié 和 Perrot（2008：87）设置了一个名为"请不要说法语！"（No French Please!）的"象征性的气密安全锁"：一个标志被放置在距离教室入口一步远的走廊上，另一个则在教室里，来上英语课的学生进教室后必须用英语作答。

如果能制定一份关于语言课堂中的会见、交际、现实与虚构世界的混淆类型的清单或许大有裨益。我们曾经多少次因为语法或词汇术语而中断了“行动”（就像叙述者因为自己的个人评论而中断了叙述），将其解释清楚后才能再次投入虚构的行动中？那么为何不采用数量众多的方式（重写故事、把故事设定为另一个时间和地点、构思一个新标题或者新颖的结局），让教师以真实信息为基础，把学习者带到一个想象的世界中？

众所周知，外语学习把两种文化联系在了一起：一种文化建构的是母语，另一种文化建构的是第二语言。外语学习让学习者同时面对自身社群以及他想了解的另一个语言和文化社群。因此，在学习的过程中，我们必须同时聚焦两种文化：（1）已经习得的第一文化；（2）习得中的新文化。然而，学习一种外国文化不能被简单归结为两种知识体系的对比。让我们回忆一个特别但并非例外的案例。在这个案例中，学习第二语言的目标是与一个不讲这种语言的文化社群的成员进行成功交际：法国工程师为了去阿塞拜疆工作，学习的是土耳其语或俄语，而非阿塞拜疆语，但他必须了解阿塞拜疆文化社群，但该社群的特点与俄罗斯和土耳其都无关。

任何学校的外语教学政策都可以包含多种外语。有一种特别常见的情况就是，第一外语的教学尚未“完成”，另一个能力层级的外语学习就开始了。很多班级中都有不同语言和文化的学习者。对于这一方面，一位小学教师的描述值得一提[①]：在她的班上，大部分学生的家中都没有法语环境；引入一门外语能够打破“母语/学校语言”的二元关系，让学生有理由用第三种语言来表达自己。

7.1.4 信息的高可用性

课堂不再是了解外国文化的唯一场所。在日常生活的交流中，学习者不停地分享各种信息。如同第一语言的学习一样，这里要提出的问题是如何把与学校有关的语言能力和校外获得的语言能力联系起来。如今的多语语境无处不在，对我们的日常生活有着重要影响，无需机构作为中介，就可以不断为各种语言的学习者和讲话者创造新的相遇场所。

“经典的”（我们可以如此表述）外语教学都有一种“事先确定的”空间：语言教室，一个足够小、能够识别学习“事件”的框架。此外，街道和交通、

① 《应用语言学研究》（*Etudes de linguistique appliquée* ），2008 年，第 151 期，第 357-371 页。

博物馆和咖啡馆、媒体、互联网和各种了解现实的新技术手段构成了数量众多的学习空间，而且这些空间里的学习是可以观察到的。我们需要承认，语言教室无法提供发生在“沉浸场所”（place of immersion）的所有交际情境，出国旅行绝对不会像课程和教材编写者设计的那样进展，学习者的信念会受到动摇。然而，正式的和非正式的学习场所之间的文化冲击是有益的，Kohler-Bally（2003：140）将其描述为一种能够引导学习者深入思考策略和新环境的社会文化层面的“文化觉醒”（cultural awakening）。Graves（2008）区分了三种社群，学习者可以在课堂之外与其进行交流：（1）真实的社群：与真实的讲话者进行真实的会面；（2）想象的社群：班级中的角色扮演；（3）虚拟的社群：通过互联网和其他新科技与真实的讲话者会面。

我们周围新研发的记忆辅助工具从根本上改变了社交实践和学习条件。外语教学依赖它所属的交际环境，这一点我们无需赘言。外语教学向来需要使用与时代匹配的技术手段。如今，在一个信息具有“高可用性”（hyper-availability）的世界中，每个学习者都可以构建自己灵活而动态的环境，这得益于在电脑和移动设备上均可使用的众多网络服务。远距离和近距离这样的概念只存在于单一的地理纬度。新技术能够让课堂来到外部世界，让外部世界走进课堂：“即便第二语言学习者不来到世界中，世界也会走向他们”（Kumaravadivelu，2008：174）。

表 40　　@的名称

英语	法语	匈牙利语	俄语	阿拉伯语	中文
at	arobase	kukac	Собачка	آت	圈 a
		蚯蚓	小狗	at	圈 a

因特网把传统媒体资源和互联优势相结合，能够带来新的教学和工作方法。教师指导一群“期待知识传递”的学习者的传统学习方法逐渐被合作式的知识技能产出平台所取代，这样的平台集合了能够满足语言学习需求的工具，这一点在过去已经得到了证明。键盘和麦克风就可以让学习者构建共同的故事，因为交际空间（例如针对书面语的博客，针对口语的语音同步在线平台）能够提供真实的会面情境：探索、冒险、事件、妥协、共谋、讨论等（Audras & Chanier，2007）。Tudini（2010：19）的研究聚焦于在线二语交流（尤其是讨论）并证实了学习者为了共同构建日常对话而使用在线虚拟协商的益处，聊天环境被定义

为一种混合型社交和教学交际空间，非正式谈话和学习情境的特征被融合在了一起。

“多语现象”（multilingualism）是互联网的主要特征，它可以在很大程度上影响针对讲话者在每种语言—文化中的表征和认知的特定工作任务。互联网通过大量新闻译文和无处不在的各种语言的广告语篇提供了平行语料库，因此学习者能够在对比法和批评分析的基础之上，对这种语料库进行各种各样的探索，例如创建个性化的词汇表、对提供的译文进行评估、提取词组搭配（Guidère，2009：69-70）。Mourlhon-Dallies（2008：69）提到了大楼管理者的案例，为了适应电脑化办公（读邮件、写汇报等），这些习惯接电话的管理者不得不接受语言培训课程。

书面语的终结尚未来临，因为即时通讯非常需要它。然而，试图一统天下的网络语言打破了图形标准和拼写规范，改变了它与书面语的关系。登录互联网有点像来到了未知世界：图标、新构词法、首字母缩合词、英语外来词、缺少大写、省略标点，尤其是书面语的口语特征等，旧规则被清除，新规则被创立。人们渴望用最少的空间和时间表达最多的内容，这就催生了一种图腾氏族式的交际方式，每个符号都有意义。

在线相遇的场所多种多样，这主要源自社交网络技术的发展。网络可以作为课程的延伸，也可以直接成为课程的一部分，它可以让学习者交替使用母语和其他语言，与其他语言学习者或者远程的母语者在线交流，培养自身能力。外语学习者可以被全世界的学习者和教师读到、听到或纠正。未来的学生将会与他的老师或同学们一起学习，还是在虚拟社群中远程学习？毕竟虚拟社群中人与人的距离几乎和传统面对面的学习方式相同。

在公共和私人场合中，如今的教师和学习者免费获得无数能提供新语言和文化学习体验的第二语言资料。如今的学习者可以接触到无数被语法书、教材和辞典所遗漏的语料。然而，互联网资源虽丰富但缺乏角度，这也是毋庸置疑的风险。在这种情况下，我们应当如何处理时代为我们提供的汹涌而至的话语、视觉和听觉信息？我们该用什么方式创造、处理、宣传和分享在线内容？

信息技术工具改变了获得资源的方式，影响了语言学习。Kettemann和Marko（2011）请他们的学生以独立的方式使用语料库分析工具（尤其是WordSmith Tools）对美国基督教基要派的所有代表性文本进行分析。这种教学试验能够巩固受众的学习动机和方法论意识，其目标是激活数据化与分析能力，但其结果却是负面的，因为学生使用自己的设备，却只能运用软件的部分功能（词频表），并没有做到真正的探索，例如这些词组搭配和话语规律涉及了什么内容。

很明显，只要在经过深思熟虑的教学计划的框架之中，一切技术都是可用的。只有一开始在方法论层面付出努力，设定语言和文化数据的选择和处理目标和方式，学习者的自主性才有可能实现。把多媒体资源合理融入教学中能够让学习者注意到被保留的话语要素的产出条件，同时有利于理解这些要素所传达的价值观。Boulton（2011：69）提到了教学方面存在的双重困难，这两个困难与角色转变有关，即学生要为自己的学习负责，教师失去了课程的掌控权："教师和学习者或许对改变既有的习惯、挑战传统角色都犹豫不决"。

无论使用什么载体，哪种实施方式，无论交际工具更新换代的速度有多快，教师依旧享有外语教学的专家权威。在共同构建知识的过程中，网络上的实践操作和学习系统不断增加，面对这种情况，教师也不断被要求把面对面的教室和没有地理距离的虚拟世界结合起来，他不得不学习掌握新工具的使用方式以及相关的交际行为。

7.2 教导者

7.2.1 一个文化中介

Cain（1997：203）记录了其他人告诉他的一个对话：一个老师要求一个从英国旅行回来的学生讲述旅行感想时，该学生说："啊，不怎么样！那边所有的房子都一个样。" Cain 听到这个对话时，心中便出现了构思如何为外语文化能力的培养提供便利的愿望。

语言教学领域的日常管理者要保证不同文化空间之间的连续性。他们扮演的"供应商"角色就如同译者和外交官所扮演的中介角色：理解能力、让混乱的交际恢复、解释被隐藏的意义、把模式化的指称融入新语境（Lévy & Zarate，2003：189）。语言教师是位于不同教育制度之间的文化中介，把部分不相容的价值观体系连接起来，例如，（1）要求教师让学习者去探索一门外语的价值观体系；（2）教师讲授的外语所传递的价值观体系。Zarate（1993：11）解释道，教师就像特洛伊木马，需要推广外语和外语文化的学习，尽管他身处的体制要求通常倾向于推广本国的民族身份。

如今，定义语言教师的身份不能仅仅依靠他讲授的文化和他工作的国家的文化之间的双面关系，而是要依靠被扩展至国际层面的竞争关系（Zarate，1998：11）。语言教师的主要职能是辅助学习，如今他已经“在无意中成为地缘政治的参与者，与此同时，他又被地缘政治学家所忽视，却又经常被推到国家间关系变化的前线”（Zarate，1998：8）。

Driscoll（2003：194）指出，和其他与外部世界有直接联系的学科不同，语言课程通常由教师主导，学习者只接触语言课堂上所学习的内容。无论技术如何进步，教师都将承担着创造有利的语言和文化环境的主要任务。

7.2.2 一个特别的社会学形象

语言教师能够创造社会联系，与他异性的关系是他的职业核心，他们拥有一个特别的社会学形象，而且这个形象所围绕的是许多被接受或被隐藏的从属关系。许多外语教师的工作方式是通过多语经历（通常是移居经历）制定的，这些经历有幸运的，也有不幸的；他们的多语意识有助于外国语言和文化教学法的构建。

一个人的职业道路和个人道路有可能紧密相连。语言教学这个职业往往是根据个人路径所选择的。教师的职业身份通常会影响自己的个人身份。我们可以观察发现，由于语言教师受到外国目标文化的“渗透”，他们往往会使用自己讲授的外语中的句型、动作和表情，甚至在使用母语时也是如此。对法语老师而言，无论他们住在哪儿，都喜欢葡萄酒和各种奶酪。

教师既是交流中的专家和关键的参与者，也是信息来源和旁观者，他们通常借用自己的目标语经验来介入其中。教师会在课堂实践中回顾过去，把自己的热情、主观性和偏见传递给学习者。许多语言教师总是感觉有必要解释自己的故事，传达自己在日常或职业生活中接触的话语活动和互动经历，他们也会讲授自己了解的历史，或许甚至是他们“不了解”的经历。这些内容对学习者而言尤其重要，因为这不仅仅是在学习一种新语言，也是在了解如何应对自己在这种语言中的不足。

让我们把话题回到教师身上。这份职业让他想要对世界始终保持开放的态度，他的工作不能始终被机械的“传授—评估”方法所约束，不能只被纯粹的语言内容所包围。

和语言特征有关的所有知识都涉及世界以及价值观。语言和文化带来了许多政治和公民问题，它们随时可能引发一场争论。谁能对争论内容保持中立？对课堂材料的接受必然会受到教师的影响，因为教师介于学习者/阅读者和文本之间，他的评论也充满了自己的表征和信仰（Cicurel，2001：32-33）。

对文化的感知受制于集体的和个人的经历。教师所传达的关于外国文化的意象也受限于他自己对外国现实的理解程度、他培养的与这种文化的关系以及他个人的意识形态立场。语言教师不仅仅是某种语言表现的经理人，他也是不断膨胀的批判能力和文化能力的催化剂（Kramsch，1995：67）。

7.2.3 教师是母语者还是非母语者？

在学习者眼中，语言教师首先是一位语言学家，然后才是一位人类学家或者多语言和多文化交际的专家。此外，语言教师的语言能力是根据“语音—词汇—语法”这个老生常谈的三角形构成的（Derivry，2011：29）。人们时常听到某位外语并非母语的教师的语调好或坏，但很可能从未听过有人说他对目标社会或文化的了解有多深。

Kramsch（1998：9）提出了这样一个问题：谁有权断言谁能代表某种文化，是观察文化的“局外人”还是在内部体验文化的“局内人”？

作为自身文化的承载者，讲授母语的教师需要对比自己的文化和学习者的文化。如果外语教师的母语不是这种外语，那他就是一位真正的“旁观者”，必须对比外国文化和学习者的文化（后者也可以是他自己的文化）。在这两种情况下，文化对抗都可能发生，并根据教师对自身文化的“偏离程度”（decentration）获得不同程度成功。研究中国文化的专家 Jullien（1986：99）指出，一种文化的某些根深蒂固或者非常普通的方面只有在接触外部世界并形成差异时，重要性才会再次凸显：“传统现象通常十分庞大，包罗万象，人们如果不通过对比视角来掌握内容，就很有可能深陷其中，孤立无援”。

一个团体的成员对自己团体的内部形象的了解是否比其他团体更完整？答案似乎很明显。

人们通常认为母语者在孩童时期就在自然环境中习得了这种语言，无需专门讲授（Derivry-Plard，2011：183），因此母语者比非母语者更适合讲授这种语言。以前，人们认为外语教师必须来自被讲授的语言的文化区域，仿佛这样的教师就是真实的化身，受到某种外交豁免的保护，他们必须来自其他地区（Lévy，

2003：22）。

当然了，他们最大的价值就是能够应用母语和母语文化特有的规则以及言语和非言语符码，尤其是人际和经验方面的可靠性。在一些大学中，只有外语为母语者才能接手文化课程，仿佛仅仅是他们的国籍就赋予了他们超能力（Pugibet，1986：70）。

某种“语言”和“文化”权威巩固了“地位”权威，后者甚至能够带来教职。在大众眼中，教语言不过是闲聊而已。然而，会讲目标语并不能构成一种资质[①]。在课堂上引导互动意味着引导学习者在事前确定的行动框架内，根据预先确定的目标，用尽量自然的（为跑题和打断互动的事件留出空间）、“标准的”话语来表达自己。在互动程度和遵守大纲之间保持平衡有时比较困难。语言教师不是普通的助教，Krashen（1982：65）的评论应该会让外语并非母语的教师感到安心：“单纯的说话”或者人们所称的“自由对话”不足以填满一节语言课程。

一个人对自身文化的“中介”（mediation）是一种能力，但涉及属于该文化的主题时，这种能力并不会因为该人是母语者就随时发挥作用（Anquetil，2003：121）。

Coste（1994：120）强调指出，由于母语者的知识具有心照不宣的特点，所以他们的视角是变形的，而且也有许多盲区，就像“戴着本地眼镜的”参与者；非母语者在提取自己不太熟悉的文化要素的相关信息时，更容易“不完整、不恰当的抽样选取”。

我们是否懂得如何明确表述那些总是以内隐形式出现的集体参照标准？一种文化的参与者不一定熟知如何客观而系统地呈现自己的世界观。母语者对自己社群的熟悉度无法保证其观察和描述的准确性（Zarate，1986：28）。奇怪的是，作为被讲授的语言的教育和教学文化的“天然”载体，外语为母语的教师却很难传播文化知识（有时因为过于熟悉），外语非母语的教师却能更好地掌握讲授外语文化的方式（Bellassen & Lin-Zucker，2011：69）。

然而，对于那些和教师拥有相同文化的学习者而言，外部观察者的理解或许很有启发性。在外语语境中，外语非母语的教师的数量远多于外语为母语的

① 笔者曾在一个发展中国家担任使馆领事多年，经常能够遇到一些高水平教师，他们从未去过自己所教语言的国家，但却非常懂得如何让学习者去关注一种他们自己从未“体验过”的文化。

教师，前者能够以自己的方式来理解外国现实，他们精通如何以外国现实为导向，描述他们认为重要且独有的特征，因此，他们无需因为自己是目标文化之外的“游客”而为自己辩解：“……第二语言使用者可以是用第二语言与塔台沟通的飞行员、用另一种语言演唱的歌剧演员、CNN 记者、为父母翻译医疗建议的儿童、用法语写作的萨缪尔·贝克特（Samuel Becket）、难民营里的难民、使馆里的外交官员……他们和任何其他人类群体一样多元化”（Cook，2008：22-23）。

虽然外国人没有目标社群中的“普遍默契”，但他仍然可以发现母语者看不到的线索和实践方式。他的观点可以让他客观对待任何一种分类和一切价值观体系。外语非母语的教师必须意识到自己绝对有能力进行这项探索语言与文化、传递价值观和经验的工作；上述优势可以让他们与母语为外语的教师形成完美的互补。

我们还要指出的是，在许多情况下，外语为母语者和外语非母语者的对立意味着放弃考虑更加细微的语言和文化形貌。拥有多元文化经历作为资本的教师在不同程度上都是双语者和二元文化者。相关各方可能属于多个社群，这一点让“母语者/非母语者”的对立更难定义。在针对外语为母语者在语言教学中的角色和地位的讨论中，Price（2000）呼吁在“外语为母语者 vs 本地人”的游戏中出现“第三个半场”。

外语非母语者讲授一种语言和文化会带来各种形式的阻力；作为目标社会的代表和后代，外语为母语者讲授一种语言和文化也并不轻松，因为没有任何教师能够声称自己是一种文化的理想代言人或者了解一种社会文化语境的所有内容。然而，我们都可以学着去描绘这个语境。因此，我们必须始终坚持外语为母语者和非母语的观察者之间的互补性，他们拥有各自的培训背景以及对目标文化的独特视角。如同 Medgyes（1992）所述，我们可以相信，外语为母语的教师和外语非母语的教师拥有相同的机会出现在课堂上，我们并不认为教师的出身地对学生的学习效果会产生任何实质影响。

此外，我们还要提及的是，外语为母语并不意味着他就懂得如何把身体当作工具并具有良好的沟通技能；身为外语非母语也并不意味着在使用外语时就必然缺少自信。外语非母语者发起的对话并一定没有营养，它同样可以培养流畅的口语能力，和阅读真实语料一样能够方便学习者了解第二语言的标准。想要证明自身存在的合理性，教师不需要是某种语言的母语者，他的童年也不需要沉浸在目标文化语境中。同理，声称在语言科学领域存在着“内部”语言学家和“外部”研究者这两种互斥的专业人士也是非常荒谬的。

7.2.4 传统与独创性

每个社会都有自己的传统和复杂性。在课堂情境中，所有语言教师都会选择（通常是无意识地）现成的教学思维，从他们自己的老师那里借用授课经验，Puren（1994：20）将这种情况形象地描述为“教学意向性的密封”（encapsulation of the teaching intentionality）。例如，提出一个问题之后，目光扫视教室一圈；或者重复学习者说出的错误句子，在说到错误形式之前停下来；在讲话的过程中，尤其在面对初学者时，故意改变语言的节奏和真实度；用“今天不讲这个”（no es la pregunta para hoy）这种言语策略压制学生在课堂上的积极性，这么做是为了强调教学大纲中的某个语言结构（Di Pietro，1987）。

与此同时，教师也会使用自己独创的教学法，根据自己的经验、个性、风格、节奏、利用空间的能力等所创造的“方法”（目标是发现和掌握语言和文化知识）。在语言教学法中，有多少情境和观众，就有多少种方法论。鉴于性质独特，语言课堂很难找到一个标准类型。教学机构制定的课程不过是教师用来组织（有时候是一种难以预知的方式）真正的授课内容的材料。哪怕教学机构强迫他接受一本参考教材，教学方法的介绍、说明、大纲、层次结构和信息关联等在不同班级或不同学年都各不相同，每次都会有新路径和新变化，在授课过程中也会出现意外事件。的确，每个语言课堂都有一丝神秘元素。

“自从交际法”（communicative approach）出现之后，语言教育专家们很乐于讨论“自主”学习。学习者成了自学的主体，学习策略的作用主要是让学习者做好准备，不再需要学校。

如今，电子技术的发展和“省时课堂”的出现（互联网、资源中心、随便使用的多媒体房间等）都在逐渐限制教师在学习过程中发挥的作用。然而，“以学习者为中心”这个很好听的术语意味着教师这个职业的末日。在第二语言现实的重构过程中，过滤作用最强大的依旧是教师（Zarate，1986：112），无论他是否出现。当然了，教师的角色在不断演变。从各种术语来看，他正在变成一个助教、资源顾问、工具设计者，也被要求成为一个终身学习者。在学习者与教师互相依赖的关系框架下，“自主性”（autonomy）如何才能在课堂上付诸实践（学习如何学）？引导学习者去参与，进行批判性思考，让他们意识到学习的构建过程，这一切都要求教师扩大和重新定义自己的职能，因为这已经在很大程度上超出了传授知识的范围。确定和明确目标、使用语言以及与目标相关的第二语言文化来创造剧本，为了呈现学习者正在学习的语言和文化而去了解社群中的既有资源等，这些都是教师职业能力的一部分（Martinez，2001&2008）。

7.3 教材

7.3.1 语言内容与文化内容

在这部分内容中，“教材”（textbook）这个术语涵盖了一切学习材料，无论它们以什么文献为基础。作为语言教学的一个核心要素，教材就像一个棱镜，透过它，我们可以发现教学目标、教学方法，并对第二语言和第一语言社群的文化有所了解。教材的主要功能之一是让第二语言文化与学习者所在地区的官方文化相协调。

概括第二语言知识点的做法多种多样（例如官方的课程设计者提供的分析清单）。为了保证学习进度，打下足够的基础，让学习者拥有一定的自主性，语言教材编写者要根据教学进行选择，列出一份有限定范围的要素清单，作为目标语言教学的参考依据。信息的入选标准既有它的语言内容，也有它的文化维度。不可否认的是，从最早习得的语言内容开始（I am+民族名称，I live+地名，I speak+语言，等等），教材就置入了身份标记，有利于文化能力的培养（Augier，2000：192）。

在理想情况下，语言内容所围绕的兴趣点使用的是有利于了解目标社会的现象。例如，在俄罗斯的中学法语教学中，提供给老师的参考框架围绕着同时涉及语言和文化的六大主题（Patte&Hemon，1998）：国土面积、气候对比、宗教和传统文化、俄罗斯乡村农场、社会政治常态（强国、多民族帝国）、与西方世界的关系（从彼得大帝到现在）。

德国外语教材 *45 Stunden Deutschland*（KIlimann & alii，2008）主要针对的是移民群体，它围绕着过去和现在的关键词、机构和体制来构建主题内容：（1）民主制度的政治（政府、权力、参与）；（2）历史和责任（法西斯时期、战后时期，德意志民主共和国、欧洲内部的德国）；（3）人与社会（什么是文化？

教育、价值观、规范、日常生活、宗教）；等等。

我们应当保留哪些文化事实，怎么把它们和谐地组合起来？文化内容在不同教材中的目标、数量和组织形式都有很大差异。此外，每种语言所特有的传统教学也有巨大区别。对法国学校体系内使用的九种外语学习材料的研究（Baruch，2002）表明，西班牙语教材中使用了大量的艺术品图片。在英语和德语教材中，文化内容的地位不如纯语言内容，这些教材的编者采用的是一种比较零散的方法，他们提到的文化内容只涉及日常生活，而且和单元内的其他内容截然不同。在阿拉伯语教材中，编者把文化内容融入了对话文本以及对话插图中，这种内隐式编排占据了主导。某些汉语和希伯来语教材没有给出任何外显的文化内容。只有意大利语教材包含有专门针对文化内容的处理方式，主要形式为相关练习（测验、探索行程、调查、多选题）。对文化的处理似乎成了一个常见的借口，最终目的是传统的语言能力，评估模块的内容也是严格地以语言为主。

Louis（1998）设计了一个针对学习教材所包含的文化内容的分析表，他区分了（1）精英文化（艺术、文学、历史、地理）；（2）民族社会类（思想、信仰、价值观、世界观、态度、意见、刻板印象、神话）；（3）日常生活；（4）社会学类型的信息（由研究、报告、调查和统计数据提供）；（5）人类学类型的信息（步态、姿态、音量、争吵方式、问候方式、公共交通工具上的人与人之间的距离、餐桌礼仪、注视的时长、握手的力度、笑声的功能、礼貌规则等）。

如何在避免时事带来的风险的同时，还能传递那些经过精挑细选、与目标社群的身份组成要素有关的信息？Diaz（1998）提出了三个选择所谓的文化素材的标准：（1）真实性（针对所有素材）；（2）特殊性（与主题相关）；（3）教学单元的整体性（文化不是单独分开的课程）。

文化类型的内容似乎局限于针对初学者的教材中（旅游景点、节庆、食物、交通方式、使用电话等）。Beacco（2000：45）准确地观察到了文化信息的简化（有时带有某种优越感）有可能传播一些概括化的表征，或许不符合成年学习者的期待。为了在语言学习方面取得进步，成年学习者需要细致的文化解读。

大量教材偏重那些可以作为语法或语言学习的背景的趣闻轶事。然而，文化不仅仅来自肉眼可见的素材。每种文化都有各种共享的、仪式化的迹象，支配着我们的习惯。第二语言课堂上的教学材料不应当忽视这些不易被观察到的要素。Augier（2000：195）以欧洲 8 个国家的 40 所把法语当作外语的学校的教材为基础，发现了她所称的“文化标记符”（cultural designators），即参与文化内容编写的所有话语要素和图像要素，而且它们通常是模式化的。她发现，如果跨文化学习没有（和语言学习）同时开始，学习者就无法培养出对所接触文化的反思态度。

语言结构具有足够强的连贯性和稳定性，因而能够以语法的形式呈现，学习者能够从中学到掌握语言所必需的规则。因此，我们需要提出的问题是，能否设计一种系统融合了文化的语法？对语法范畴的描述（动词时态、变位模式、名词性后缀，等等）往往具有某种穷尽性。例如，通过文化来学习计算或数数似乎更加困难。“把文化视为客体”进行构建遇到的问题要比“把语言当作客体”更多；文化信息的代表性和必要性都不是既定事实。教师应当以什么理由去讲授一个城市而非另一座城市的区位和新特征（Beacco，2000：107）？

然而，某些教材（经常是从媒体中搜集的文本）的确有着强烈的意愿，涵盖与文化相关的所有“需求”，并将自己变成了某种便携式的百科全书，行政和经济数据、重要事件、知名人士、名胜古迹和奇闻轶事都包含在内。然而，对第二语言文化的需求远不是某种立刻能够拥有的数据，它是一个应当根据受众来确定和细化的动态客体。如果我们想要了解一个社会的所有方面，就有可能陷入不加区分的信息汪洋之中。教材的任务更多的是构建文化能力，而不是盘点知识。Beacco（2000：115）指出，向学习者展示无法理解的文化元素始终是一种有风险的教育方式。

详述一家工厂的劳动力规模不一定就能成为一则恰当的文化信息。如果这家工厂生产的品牌在目标文化想象中拥有特殊地位，那么它就有利于对社群成员话语的理解和有效沟通。没有任何文化事实能够脱离“话语实践”（discursive practice）（Young，2007），这也解释了所有以简单的描述性记录为基础的文化学习的不足之处（Abdallah-Pretceille & Porcher，1996：117）。

7.3.2 光环视角与冲突视角

教材通常围绕一些标准特征，抹去社会中并非主流的细微差别，宣扬那些堪比旅游手册的刻板印象（Berger，2005：43）。把一个民族视为典型特征的集合，把个体理想化为一个社群的所有典型特征的载体，而非将其描述为某个群体的代表，这些处理方式都会带来许多问题。从技术层面来看，设想一个普通个体是可行的，但从方法论层面来看，却很难操作（Zarate，1986：86）。

在语言方面，指示（“这是一只猫。”）和宣告（“我是一名工程师。”）绝对不是仅有的言语使用方式。同理，在文化方面，我们可能看到同样的刻板形象不断重复：有两个孩子的单核心家庭、统一的职业活动、没有失业和犯罪等。Martinez（1996：103）提出了这个问题：到底是什么阻止教材编写者把死亡、死亡的原因、与死亡相关的仪式等写入教材中？

教材经常优先选择一种光环视角来描述目标语国家，并为此借用一种过于简化的旅游推广式的方法，最终产生的是一种和日常社会体验相矛盾的僵化描述（Zarate，2011a：169）。为文化赋予一种一成不变的趣味而随便的特征，无异于证实了它在客观上处于次要地位（Beacco，2000：81）。

事实在于，教学所扮演的角色既不是颂扬或讽刺某种文化，也不是为某个国家唱赞歌，而是证明现实总是复杂的。文化既是对话的空间，也是冲突的舞台（Kultur als Arena der Konflikte.）（Volkmann，2020：41）。冲突能够创造联系，推动交际。

从这个方面来看，我们应当被允许呈现目标社会中的矛盾和“幕后”，但同时不能宣传一种“自我感觉良好”的心态。Morin（1994：75-76）客观评价了一切不符合统计规律的事物。各种现象、极端突发情况和危机能够揭示某些潜在的现实，成为重要的社会学信息来源，而且社会学的资源不能仅仅依赖“代表样本”。

Macintyre、Bruns 及 Jessome（2011：81）通过“用第二语言进行交际的压力无处不在”这种意象描述了“沉浸式情境”（immersion situation），为了让学习者为这种情境做好准备，教材必须呈现社会现实的复杂性和历史真实性，同时摒弃民族主义带来的影响。

Zarate（1990：59-60）列举了一套标准，用来评估“出版商勇气”和描述的“相关程度”：（1）社会多样性是如何表达的？教材描述的角色的社会认同是否超过了他们所属的民族和职业？社会边缘群体是否占据一席之地？在教材描绘的国家的沉浸情境中，外国人会遭遇什么？（2）描述的精准度如何？文献是否有明确标识（日期、来源、制作方式）？声音和视频参考资料的准确度是否受到关注？最近的事件是否从它们的历史角度进行阐述？（3）描述的范围如何？局限于一个国家，两个国家，还是国家化的语境？

7.3.3 一个中介世界

社会、文化环境和教育机构直接主导了对语言和文化事实的描述，没有任何学习材料的功能是绝对的。一般来说，某个特定的社群希望把“外国特征”（foreign）作为一种模式提供给它所教育的人，教材体现和分析了与这种“外国特征”的关系问题，与此同时，教材以浓缩的形式呈现了在这个社会中分散传播的内容（Zarate，1993：11），构成了能够真正反映特定世代的思想模式和生活条件、某个时期的地缘政治状态的“历史客体”（historical objects）。教材编写者的“教育技能”（savoir-faire）就是懂得教育当局、教学所在国家的政策以及预期的教材使用者（无论是教师还是学生）“协商”各种适当的形式（Zarate，1998：10）。

许多教材传播的关于他者的观点多少都有细微差别和刻板特征，它们也是对自己的民族特征（甚至经济效益和文化表演）引以为傲的政府进行自我推销的工具。Yamamoto（2010）提出并分析了现代日语教材《大家的日语》（みんなの日本语）中以内隐形式传递的信息，这是一本针对在日本生活的外国人的教材，全球多个国家都有使用。教材在描述西方（美国、欧洲）时尤其使用了赞美的词汇；那里是“大家去”“大家学习”“大家求学”的地方。这本教材中的“完美先生”Mike Miller是一个28岁美国单身男子，在大阪的一家电脑公司上班，很喜欢日本。他在书中出现了三百多次，没有一次是负面形象（他总是笑容满面，精力充沛，有绅士风度，知道日本首相的名字）。他的印度同事Gupta却没有任何积极描述（他边看电视边吃东西，不参加公司聚会，想离开日本，去美国挣更多的钱）。这本教材也提到了中国、韩国、巴西和印度尼西亚，但非洲、中东、东欧和中亚基本从未出现过。

教材所牵连的世界涉及的问题非常多。背景应当设定在学习者的国家还是目标国家？故事线所包含的文化背景是什么？教材描述的角色行为都和目标社群的讲话者一样吗？真实信息是否应当只涉及外国文化？在理解作为学习目标的外语的文化世界时，是否不应参考学习者自身的文化？在有些教材中，人物都是源自学习者社群的“本国人”，他们能遵循当地规则来思考和交流，唯一特别之处就是完美掌握了外语，如何看待这类教材？本国人的文化体验是否应写进教材？如果应该的话，采用何种方式？我们发现有这么两种极端情况：（1）局限于描述目的语国家现实的教材；（2）局限于用被学习的语言来描述学习者国家现实的教材。

如此多种多样的问题却很少得到回答。我们能否为讲授某种特定的目标语的所有国家设计同一套教材？还是根据不同的教学地点、潜在使用者的文化来因地制宜（例如分别针对日本人、芬兰人、印度尼西亚人的不同的西班牙语教材）？用一种教学法来满足每个人，这是一种幻想。无论是在语言还是文化层面，我们都应避免普遍性的陷阱。因为在任何地方，语言和文化都不能用同一种方法讲授和解释。当然了，在语言和文化都各不相同的课堂里，为每一个社群设计专门的课程是不可能的。然而，关于这些语言和文化对比的研究有利于规划恰当的教育资源的内容和结构。编写具有普遍性的教材的潜台词就是思考能否确定一种由最少量的"事实性知识"①（factual knowledge）构成的基础，在这一基础上，无论是什么样的目标群体，无论教师有什么样的初始文化背景，无论讲授语言的国家在哪里，教学内容都相同。

另外一个必须提出的根本问题是：一本外语教材能否包括讲目标语的所有国家和地区？这个问题尤其适用于英语和某些"多中心语言"②（polycentric language），这些多中心语言在许多国家既是官方语言也是民族语言。学习者在循序渐进的学习过程中要参照哪种语言和文化变体？哪种文化应当享有优先级？此外，只关注国家身份难道不会损害多元文化成员的利益吗？语言和文化的教与学曾立足于国家框架之内。前人在外语学习中所需要的大部分教材就是这种倾向的体现。如今，如果学习者的目标是在世界任何地方的社会职业情境中得到融入和提升，那他是否需要一种在文化上经过仔细考量、在地理上进行区域划分的教学？

强调英语在世界范围内的影响力意味着不必再局限于英国和美国的文化单元之内。因此，越来越多的英语教材涉及的空间远超国家边界划定的区域，它们在语言方面进行了精心的教学编排，是全球化情境的一部分，这在很大程度上归功于和跨文化主题相关的、脱离语境的材料和文献（例如，其中一些主题在英语教材中被称为"身份"③（Identity），目的是帮助学习者了解来自其他国家的人：性别与文化、个人主义、社会变化、多元化……）。

讲授一个社群的文化时，不完整的介绍是不可避免的。面对形态多样的现实，教材所提供的是经过筛选的、近似于目标文化的结构。Neuner（1999）提到

① 教育心理学将知识维度由具体到抽象分为四大类，即事实性知识、概念性知识、程序性知识、元认知知识。事实性知识是学习者在掌握某一学科或解决问题时必须知道的基本要素，包括术语知识（knowledge of terminology）、具体细节和要素知识（knowledge of specific details and elements）等。——译者注。

② 多中心语言或多元中心语言是指有多种标准语的语言。——译者注。

③ Shaules, J., Tsujioka, H. & Lida, M. 身份（*Identity*）[M]，纽约：牛津大学出版社，2004.

了一种为学习者而设计和改造的“中介世界”（Interimswelt）。

这让我们想到了一个问题：教授语言能否脱离文化？一本没有任何现实所指的教材所提供的不过是与外国文化的虚假接触。功能教学的某些方法或者以速成、“生存”为核心的方法是一种无节制的语言简化，最终会导致文化知识的匮乏。语言教学就是传递一种与我们自己文化极为不同的文化的某种意象。

7.3.4 真实语料与编写语料

教材编写者的声音（通过教学框架、材料的选择和等级排序）体现在教师与学习者群体的对话中。出于教材使用的考虑，避免直接暴露编者意图的一种方法就是仅使用最能展现外国文化的外界语料。无论是在哪个学习阶段（探索、系统化、应用、再应用、评估等），教师都尽量使其处于接近真实的情境中。由于语言教学涉及源自真实的主题，所以潜在素材的数量和范围是无尽的。

所谓的“真实语料”（authentic documents）有属于不同类型的语码（书面语、口语、听力、图像、电视、电子等等）的各种话语形式，相比于“编写语料”（fabricated documents），真实语料的益处非常明显，它们把“真实”带入语言课堂，构成了可信的样本，与母语者日常接触的语言相差无几。此外，它们还能让学习者接触到各种口头和书面语体。为了课堂而复制现实当然不属于剽窃，而且从历史的角度来看，值得被引入课堂的原版文本语料库也似乎在不断扩大。Buttjes（1995：148）赞成为学习者提供“个性化文本”（personalisierende Texte）和“一般文本”（generalisierende Texte），例如采访、自传、媒体文章等，它们能以尽可能显性的形式把社群成员的社会体验传递出去。

真实语料更重视介绍从最近发生的新闻反馈中提取事实，方便学习者把事实联系起来，并获得对各种语料的理解和阐释能力，让学习者以动态视角来看待社会。真实语料最初的目的不是为了教学，它们承载的语言是应用于社会活动中的语言，因而更加符合一个非常重要的动机，即了解目标语社群的日常生活是如何围绕着“普遍行为”（universal acts）展开的（如生活节奏、寓所、家庭、年轻人、教育、工作、娱乐、音乐、消费、饮食习惯等）。总的来说，和寻找真实语料一样，阅读真实语料的情境也是务实的：阅读是为了解信息，而不是为了获得能力，这有些令人出乎意料。然而，直接而盲目地赞同外国文化会成为理解“文化事实”（cultural facts）的障碍（Zarate，1986：88）。因此，我们有必要以批判性的、审慎的方式来呈现真实语料。

一份语料即便很有话题性，也不能保证它在教学中是有效的，或者是能代表文化的。Porcher（1988：97）指出，虽然真实语料的功能毋庸置疑，但它们也是可怕的工具，如果它们描述的是一种暂时状态，很快就会过时，这很容易导致它们成为相关社会习俗的错误代表。

因此，语料在时间和空间方面必须做到完美的情景化，以展现所有状态、所有观点的绝对特征，并以相对的方式呈现轶事性的、偶然性的或短暂性的特征，对比语料针对特定文化事件的各种看法是一种重要的方式。真实语料必须从它最初的情景环境中截取，而且只有与学习大纲相结合时，它才有意义。学习大纲所包含的使用策略能够让语料具有某种交际可能性，同时在某种程度上，也能够重现接受语料的真实性。因此，我们可以发现，真实语料成了不可避免地具有特殊效应的客体，它们理应允许非母语者通过它们的“真实效应”（truth effect）与外国文化形成一种具有激励效应的关系。在语言学习中的应用和课堂话语都让真实语料脱离了最初的语境，偏离了最初的目标，最终变成了学习材料。

我们可以根据语言形式对课堂使用的语料进行分类，辨别这些语言形式对理解语料而言是不可或缺的。在这种能力中被激活的社会知识的性质和复杂程度以及语料的话语形式可以成为其他分类类型的标准。我们可以从这个角度发现，某些语料的“文化密度”（cultural density）较低，而其他语料对现实的解读更加复杂。对于这一点，有人或许会思考文本是否渗透着内隐式的文化信息，以及和“互文性”[①]（intertextuality）与“篇际互文性”[②]（interdiscursivity）相关的现象并不是证明一个文本是否真实的形式。引用一个可能发生在任何国家的普通新闻事件（例如道路事故）或许只能呈现较低程度的文化意义，虽然它在词汇或语言层面的操作比较容易，但肯定无法拥有与一则“自叙型”（self-narration）语料相同的文化信息含量，后者可以显示目标社会的多个维度，引出价值观、参照标准和分歧。

“知识”（knowledge）这个术语应当如何理解？一个社群所特有的哪些数据是学习者应当处理的？Lévy-Mongelli（1996）对话语进行了详细分类［一“封

① 互文性是法国符号学家茱莉亚·克里斯蒂娃（Julia Kristeva）提出的概念，其基本内涵是，每一个文本都是其他文本的镜子，任何一个单独的文本都是不自足的，都是对其他文本的吸收和转化，其意义是在与其他文本交互参照、交互指涉的过程中产生的。——译者注。

② 篇际互文性指的是特定语篇中与一定机构和社会意义相关联的不同体裁、话语或风格的混合语交融。——译者注。

闭型话语”（closed discourse），它限定了文化参照网络的范围；—“半开放型话语”（semi-open discourse），只有读者能够识别语境时才能够被读懂；—“开放型话语”（open discourse），深厚的（和不可避免的）“文化负载”（cultural load）是其典型特征]，在此基础上，他引用了一篇从报纸中提取的真实语料，非母语者很容易忽略外部参照信息（此处指的是一个政党的人员构成），这种类型的信息是不可缺少的，但非母语者并不具备。Lévy-Mongelli 以这个例子为出发点，试图衡量“超语言事实”（extra-linguistic facts）的“可了解度”（degree of notoriety），识别文本的“不透明度”（levels of opacity），并最终对“知识”（knowledge）和“理解”（comprehension）进行了区分，后者包括了感情和历史维度以及讲话者自己的源文化体验。

语言教学的话语体裁往往使用一些相互对立的概念来自我定位，例如“使用母语/不使用母语”“语法进度/词汇进度”等。这样的分类意味着不可能支持某一方。同理，如果一个人需要在两个极端立场之间做出选择，例如（1）真实的 VS 编写的，或者（2）现在的 VS 历史的，那么争论是无意义的。虽然为了学习而编写和制作的文本有可能消除社会文化维度，但如何把那些为了授课而选择的真实语料变成教学材料才是困难所在。因此，我们可以理解为何许多老师对真实语料持怀疑态度，因为它们的话语非常复杂，而且如果没有合适的教学工具，它们相互关联的文化典故网络也很难被梳理清楚。

虽然有些人只使用一套教材，但是更多的人采用折衷态度，使用各种材料，他们下意识地相信最好的教材是用来被解构，甚至被颠覆的。很明显，文化教学是一个始终不断建构的过程，因此补充和替代教材的文献和材料的增加也是没有止境的，时效性也导致教材很快就过时（这要求教师必须付出巨大努力才能与时俱进）。还有一些争论把外语教学和教科书的消亡联系在一起，教科书被认为阻碍了创造力和“后方法时代”的崛起（Hall，2011：103）。

传统的学校工具已经不再是外国语言文化教学的唯一路径，具有创造力的数字化学习资源开创了新的多样化的设想。在电子通讯网络的帮助下，一本语言教材能够以“复制粘贴”的方式随时随地出现，同时传播到世界各地。在互联网和全球市场背景下，学习者、教师和教材设计者可以同时立足局部，放眼全球。

7.4 学习者

7.4.1 动机

7.4.1.1 外部和内部因素

动机是一切教育规划的重中之重。是什么激励（或阻碍）学习者投入一种语言和文化的学习中去？学习环境？目标语社群的活力？对目标语者的态度？通过语言来飞黄腾达？融入一个社群？模仿目标语群体成员的行为方式的愿望？自信？或者如同 Dörnyei（2003：12-14）所提出的沟通意愿或任务动机？学习者该不该相信自己在课堂上能够做到的事情在未来能够被独立完成？

语言学习常常是人和事件或者关键时刻导致的结果，例如母亲（她喜欢一种语言，但自己没有能力学）、家庭（家庭的搬迁或历史而导致必须学习一种语言）、教师（引导我们入门）、冲击与探索（激励一个人去学习一种语言）、命运（一份国外的工作、一次相遇、战争、流亡等）、对另一种生活的追寻（社会变迁），等等（Gohard-Radenkovic，2008：241-244）。人们经常引用 Gardner 和 Lambert（1972）的著作，他们区分了“融入型动机”（integrative motivation，学习者对目标社群抱有积极态度，想要发现其文化，并融入其中）和情感色彩更弱、功利色彩更强的“工具型动机”（instrumental motivation，通过掌握一门外语来获得社会或经济利益）。

在许多情况下，“融入型动机”和“工具型动机”的对立很可能是高度有效的，但这似乎并不符合中国台湾的大学中选修法语的学习者的情况。他们没有提到职业期待，或者融入讲法语群体的希望。他们的动机更像是“存在主义的”，与一种认同过程有着密切联系，在这个过程中，梦想和社会表征发挥了重要作用（Dreyer，2009）。

Defays（1998）区分了语言和文化学习的三种动机：（1）外部动机，即触发语言学习进程但又不足以保证学习成功的客观环境，例如教学大纲中的外语课、考试取得成功、找到工作等；（2）文化和心理动机，即能够以内在方式为学习提供理由，同时能够保证学习自身进展的动机（其他人、其他文化、其他国家）；（3）认知动机，此类动机甚至可以参与学习进程的每个阶段，影响教师和学习者之间的关系：学习者需要有人为他展示、讲解和纠正，需要老师允许他去探索、尝试和建构。

Dörnyei（2003：11）提到了以语言课程自身［“课程特定动机组件”（course-specific motivational components）］、个性、风格和教师的实践［“教师特定动机组件”（teacher-specific motivational components）］以及学习集体、集体的凝聚力和规则［“学习集体动机组件”（group-specific motivational components）］为核心的动机组件。Raby（2008：10）具体指出动机是一种心理机制，（1）它能够让学习第二外语的渴望得以保持，触发学习行为（在语言课堂上大声开口说话这一点尤其明显）；（2）它能够允许学习者投入需要完成的任务之中，不管在与其他学习者或老师的互动中，他能取得何种立竿见影的效果；（3）它能够引导学习者使用可支配的工具（教材、词典、CD 光盘等）；（4）任务结束之后，它能够督促学习者重新投入语言和文化训练之中。

学习者可以被一个语言和文化集体的固有特征所吸引。特定因素能够影响某种语言的教与学。Bellassen（2004）在汉语学习者身上发现了一种特别的动机，它不仅源自文化和语言他性的“意象”，也源自“对大脑的训练”（mental gymnastics）。

7.4.1.2 朝着理想的自我

对外语学习而言，发现与自身不同的其他生活方式是一个关键的动机因素。在理想情况下，当“我”学习一种语言时，“我”把自己视为想要融入的社群的一分子。维也纳文学理论家 Leo Spitzer（1948：2）被法语的魅力所折服，他用下面这些话表达了对这个陌生世界的心生爱意：“在一个法国剧团上演的法国戏剧的幕布升起的那一刻，贴身仆人用沉着而有趣的嗓音说出‘夫人，请用餐！’这句话，我的心得到了极大的愉悦，他的众所周知的口音能被观众立刻察觉。”

Csizér 和 Dörnyei 对大约 8 600 名 13 岁和 14 岁的匈牙利学生进行了两项调查，证明了外语学习是一个复杂的、异质的建构过程，他们提出了以下想法：“我们或许可以把第二语言动机重新定义为一种通过减少“现实自我”[①]（actual self）和“理想自我”（ideal self）的差异来实现“理想语言自我”（Ideal Language Self）的渴望”，这包括了在任何学习情境下都不可能与历史上一直讲目的语的社群和地区有直接接触的情况。他们所指的“融入性/融入”（integrativity / integration）依旧是综合识别过程的一部分，但他们的阐释与 Gardner 不同。

一般来说，语言并不是习得自身的目标。很少有人学语言只是为了学它的词汇和语法结构。了解差异的渴望让我们接触到一种新文化，它在语言学习中也是一个强大的动力。当然，语言学习中的选择常常受制于职业需求，集体想象、个体想象和“对象征主义的渴望”似乎也非常重要。一门外语可以代表集体想象中某种非常正面的、可持续的东西。虽然学习过程中困难重重，但学习者很难摆脱理想化的想象（它或许是学习一门外语的主要原因），这种想象也很难在接触日常/学术/职业现实之时就朝着更加微妙的语言和文化表征转变（Dervin & Suomela-Salmi，2007：75）。

语言学习可以促进一种独一无二的交际能力的发展；用“并非自己的”语言进行表达的作者能够对生活进行重组。Kinginger（2011：50）从 Nancy Houston 和 Vassilis Alexakis 等双语作家的案例中获得了启发，对这些作家而言，使用外语是一场自我发现之旅，克服个人经历的影响的一种方式就是和过去一刀两断。他指出，学习者固然会有工具型动机（经济和职业），但在他们的动机深处存在着一种“对发展、改善、多样性的渴望”，而且学习一门外语是一种“让创造力受到鼓舞的个人行为”。

改变语言是否意味着改变文化？出生于保加利亚的 Kristeva（2000：68）从 1966 年开始在法国定居，她把自己定义为一个混合型的移民作家：“虽然法语让我获得新生，但是将近 50 年过去了，我的法式爱好有时候却抵不过从一首从尚未消失的记忆中突然浮现的旧时乐曲……”。

---

① 心理学家 Higgins 在 1987 年提出的“自我差异理论”（self-discrepancy theory, SDT）认为个体自我概念分为“理想自我”（ideal self）、“应该自我”（ought self）、“现实自我”（actual self）这三个部分。现实自我指个体自己或他人认为个体实际具备的特性的表征，现实自我又分为以自己的角度表征的现实自我、以他人的角度表征的现实自我；理想自我指个体自己或他人希望个体理想上应具备的特性的表征，理想自我也分为以自己的角度表征的理想自我、以他人的角度表征的理想自我；应该自我指个体自己或他人认为个体有义务或责任应该具备的特性的表征，也分为以自己的角度表征的应该自我、以他人的角度表征的应该自我。理想自我和应该自我被称为“自我导向”（self-guides）或自我标准。在这三种自我的基础之上产生了“自我差异”（self-discrepancy）的概念，自我差异指的是现实自我与自我导向之间的差距。——译者注。

学习者与他人进行交流的意愿并不能保证他能掌握新的语言系统。然而，语言和文化方面的不足并不一定会阻碍交流。语法功底扎实的学习者并不一定能成功交流，语法有所欠缺的学习者也能够在社会互动中应对自如（Kern & Liddicoat，2011：20）。参加学校交换项目的青少年会沉浸在外语环境中，他们往往会制定一些策略［语码转换、新词、语言和“副语言”[①]（paraverbal）并用、夸张手法，等等］，这些策略可以被描述为一个有利于接受多语现象的语言修补系统（Brohy & Triantaphyllou，2011：129）。

7.4.2 包袱和轨迹

学习者在童年时期就内化了母语和母语文化的规则，在原则上，他们都能够对一句话语是否具有可接受性、是否符合交际情境做出评判。然而，由于源文化、教育背景和“心智显著性”（mental availability）等因素，外语学习者的情况则完全不同。每个学习者在自身能力的建构过程中都得到了指导和支持，培养了自己的学习策略。

在习得新语言的过程中，学习者的知识结构和发展结构有很大的可变性，动机程度、表征、年龄和非母语个体的教育程度在很大程度上决定了对语言和文化内容的感知。学习者不是一个简单的单词表和组装程序的容器：“语言学习者不仅仅是交流者和问题解决者，更是有身心和思维、记忆、幻象、忠诚、身份的完整的人”（Kramsch，2006b：251）。

让我们来简化一下：我们的每个课堂都有自己的情况，有的倾向于输入，有的倾向于输出；某些学习者能接受新系统的“建构”，另一些学习者的表达则受到了母语的语法和概念范畴的影响。许多学习者把外语视为一种挫败，一种对自己身份的质疑，或者某种形式的“文化萎缩”（deculturation）。幸运的是，虽然某些人经历的是文化焦虑，但另一些人感受到的却是熟悉外国文化之后的舒适感。无论如何，已经掌握的语言和文化知识与巩固过程中的要素共同在一个网络中发挥作用。第二语言、第三语言等外语的学习者不需要每次都从零开始。我们在学习一种新语言的词汇时，不可能不参考其他语言中已经学到的单词。同样非常明显的是，我们的记忆没有被细分到“风雨不侵的隔间”之中，

① 副语言（辅助语言）是不以人工创制的语言为符号，而以视觉、听觉、嗅觉、味觉、触觉等其他感官的感知为信息载体的符号系统。狭义的副语言指超音段音位学中的韵律特征、突发性特征和次要发音等，广义的副语言既包括狭义副语言特征，也包括面部表情、视觉接触、体态、手势、谈话双方距离等非声特征。——译者注。

新知识是从一个预先存在的知识储备中获得的（Neuner，2004：16-17）。

从理论上来讲，每个学习者的语言初学水平是相当的（完全的初学者）。然而，同样的情况很难应用到文化层面，因为每个学习者的敏感性与其经历、与外国文化的接触有着密切联系。所有初学者都对外国有所了解，哪怕是最基本的。因此，我们经常有这样的感觉，乍一接触某种外国文化时总觉得似曾相识。识别和评估周围的所指对象是教师应做的工作。对学习者而言，识别文化要素或许是一种乐趣。学习者通过学习一种新语言，能开阔自己的眼界，在不同程度上“接受”新文化的信仰、态度和价值观（Holec，1988：108）。与移民群体有关的案例表明，如果缺少使用，母语和母语文化的影响也会下降，与此同时，某种“双重文化主义”（biculturalism）或一种新文化的出现会让个体产生想要融入的意愿。对此我们不做离题万里的长篇赘述。

外语教学中的主要挑战之一是考虑学习者的轨迹以及他们各种类型的知识，这些类型的范围构成了一个从非常正统到最不正统的连续系统。语言是文化身份的一种表现，学习者在习得语言的过程中，把一种文化的有形和无形的要素都归为己有（Zarate & alii，2003：57）。人们经常使用“文化包袱”（cultural baggage）这个短语，但这个隐喻是有误导性的；Byram（1992：148）恰当地指出，走进语言课堂的学生没有任何可以留在门外的文化包袱。他们自己就是和他人分享的文化的化身。没有他们，文化还能存在吗？

时间在语言学习中的表征不是传统官方历史所提出的那种（Zarate，1986：49-50），即按照线性年代顺序排列的、为培养爱国情感发挥重要作用的一系列事件。这里的时间可以围绕着“程度各异的非连续序列”（discontinuous sequences of varying intensity）（个体或社会群体自发形成的故事）来组织。我们必须通过学习者的历史、他在学校环境内部和外部的经历、跨越民族或国界的空间里去理解他。与生平有关的信息会不断充实“多语语库”（multilingual repertoire）（家庭、移民、职业需求等）。从这个角度来看，思考学生的背景是有益的，一种由此而来的教学方法涉及课堂和教学组织实践，它能够实现过程的客观化，有利于语言习得（Martinez，2011：2）。

7.4.3 关于错误

不出错的学习是不存在的。错误是和语言系统不一致的语料布局或特殊实现形式。错误绝非“反常现象”或者对假想的正确语言使用的“羞辱”。在习得一个语言系统的过程中，错误是不可避免的，它们常与心理因素有关（例如不安全感、无法进步、对新反射的抗拒、害怕踏入他者文化领域、担心失去从小到大逐渐获得的参照标准……）。理解和纠正系统化和概念化的错误能够让学习者取得进步，而且错误是理解学习者的过渡性、可渗透性的系统的关键所在，这种系统存在着“石化”的可能（Selinker，1972）。

以前的所有学习会对以后的所有学习产生（正面或负面的）影响，错误主要“出现”在母语和外语之间（最明显的情况），但也会出现在学习者用其他外语习得的知识储备之中，这是不可避免的，而且常常是几个原因共同作用的结果。然而，学习者最早说出的话语很少是根据母语模型来构建的，因为他尚未掌握让自己犯错的手段（Klein，1989：143）。

研究者和教师一直认为，文化“失误”比语音和语法错误更能让母语者感到震惊。如果学习者使用的是不遵守语用规则而且产生矛盾的文体要素，就会让人感觉不礼貌、奇怪或者有攻击性。此外，这种类型的错误很少会被纠正。母语者（诗人、幽默作家、儿童、普通说话者）能够轻而易举地发现“属于自己的”语言中最细微、最私密的限制，但是对非母语者而言，即便他对目标语有一定程度的了解，同样的方法也很容易被视为不合礼仪。

当我们努力用外语进行表达时，通常会得到称赞，即便你根本没有机会说出多少句子，你也会被夸外语讲得好。母语者不在意和语法有关的错误，但他有可能被一个不礼貌的句子惹怒，Dewaele（2012：218）建议，在这种情况下，学习者要意识到讲话者必须遵守当地的社会文化和语言规约与准则，在此基础上构建和开展互动。

的确，所有母语者都受到对现实阐释图示的影响，这些图示会扰乱对不同的文化系统的适应。图示的缺陷会导致“不合规的”结构长期存在：学习者无法感知两种现象之间的联系，使用不合理的比喻或草率做出结论等（Cain, Briane & alii，1996：6）。

如同所有不规范搭配（“形式不存在”这种类型的错误，例如编造的单词）和句法错误（形式存在，但不符合句法规则）一样，文化错误可能是一种被改动的形式或者其他正确形式的不正常搭配。文化性的错误与说话者不合规范的使用有关联，在对话者看来，它可以被视为一种语言错误，换言之，就是任何并非故意而为的不合惯例的语言产出。

无论如何，对于一个“理想”的系统而言，无论是语言层面还是文化层面的不足，学习者对目标语数据的不当处理总能够证明这是一个进行中的适应过程。Peeters（1997）明确指出了文化领域的两种失误：（1）“语用语言失误”（pragma-linguistic failure），非本族语者赋予某句话语的意图和本族语者不同，例如，法国客人用“Thank you!”来回答服务生的问题“Would you like some more coffee?”的话，就会得到一杯他其实不想要的咖啡；（2）“社会语用失误”（socio-pragmatic failure），这类失误的原因是不同社群之间的价值观有差别，例如，英语短语 from time to time 译成法语是 de temps en temps，如果它出现在一份重要的官方文件中，法国商人可能拒绝承认文件的清晰度、透明度甚至诚实度。

过了某个年龄段之后，语言和文化学习的能力是否就无法以令人满意的方式被激活？这样的年龄段存在吗？年龄是重要因素吗？Hagège（1996：27）把“11 岁视为一个关键门槛”。与此同时，Singleton（2003）提到的许多研究表明初学者有很高的第二语言能力水平，他指出，在青春期后开始第二语言学习的学习者无法拥有和单语母语者相同的语言行为。Nikolov（2009：4）用下面这句话总结了与“关键期假说”（Critical Period Hypothesis）有关的研究：“幼儿能够实现自然语言习得，但是青少年和成人在这一方面就受到限制，甚至无法实现”。

关键期假说认为大脑有可能会失去处理外语相关数据的可塑性，但是这样的关键期或外语学习（或者意识到文化情境的相对性的）最佳年龄是否存在的问题超出了本书的研究框架。我们从日常经验中可以得出下列整体性假说：如果青春期后，学习者真的很难掌握母语者拥有的某些语言能力（例如发音、语调），那么习得外语的最佳年龄段很可能也不存在：大量接触外语肯定能带来进步（流利度、自发性、语用反射），数量众多的交换项目或成功的交流方案都证明了这一点，此外还有其他不可忽略的因素，例如动机程度、母语流利程度等。

7.5 取得进步

任何教学课程都需要按照层级来组织和构建。教课意味着要确定教学顺序，把阶段性和连续性相结合，而“学习单元”（learning unit）只有以“温故”和“知新”为基础才有意义。因此，为了保证内部连贯性，语言教材引入的教学顺序只有定位在范围更广的框架内才有意义。以恰当的方式来组织内容是外语学习的传统要求和重要工具。

外语学习不可避免地会涉及外语文化的进度问题（Szende，2012b）。如果学习一种外语是一个需要制定大纲的循序渐进的过程，那么文化内容该如何处理？是否有可能选择合适的路径，设计一种符合逻辑的统筹方式，把与文化能力相关的教学实践组织起来？在学习的起步和发展阶段，语言内部的某些词汇内容和初级的形态句法结构似乎是不可或缺的。所有语言教材中必然有起步阶段［能够让学习者“描述”（它是/它们是）、“介绍自己”（我是/你是）、“形容”（他聪明/她漂亮）的基本语言材料］。从基础语言模型来看，文化知识是否应出现在与生存有关的主题中？例如一些绝对有必要的社交互动、最基本的交际必备的文化知识。

到目前为止，我们对“文化”问题的性质所进行的阐述表明，无论是确定文化教学涉及的内容，还是设计有意限定范围（如基础英语、基础法语）的“文化子集”（cultural sub-ensembles），又或是构思一种类似于包括不同层级的语法教学法的线性发展模式，都非常困难。文化数据是一个无法确定的数字。和语言能力相反，文化能力没有任何恒定的构成要素。让学习者对外国文化的表征发生变化是一个涉及语言学习所有层次的横向目标。

我们应该根据什么标准把文化事实重新分配到所有课程中？教师不应当依靠假设的“最简知识基础”（minimal knowledge basis），而是根据教学水平，培养学习者可持续的文化能力和自主性，准备一个包含知识等级的真正的“文化大纲”，鼓励学生永远不要停止思考使用语言时调动的资源与对应的社会价值观和表征之间的关系。语言学习的整个过程都涉及不同角度的文化维度，我们的推进不是线性的，而是不断重复的（Diaz，1998：26）。

讲授一种外语意味着：不断扩展与课堂上被观察的语言要素有关的经验范围，让学习者面对自己的时间、空间和文化情境的相对性。

讲授一种外国文化在某种程度上意味着，根据这种文化来定位自身，掌握这种文化的关键，在不断的接触中提及它，学习去探索它，赞叹它的独特之处。文化能力要通过一系列体验才能获得，幽默、尴尬或痛苦时而有之，这些体验能够让非母语者提出一些关于交际标准的具有可操作性的假设，吸收这些标准，在新文化中构建自己的行事模式。

Bourdieu 认为文化主要在于懂得如何“区分”（differentiate），Porcher（2004a：51）引用了这个概念，针对进一步培养文化知识举了一个提示性的例子：（1）不要混淆普拉蒂尼（Platini）和巴尔扎克（Balzac）；（2）不要混淆巴尔扎克和龙沙（Ronsard）；（3）不要混淆巴尔扎克和司汤达（Stendhal）；（4）不要混淆《欧也妮·葛朗台》（*Eugénie Grandet*）和《高老头》（*Père Goriot*）；（5）不要混淆《欧也妮·葛朗台》的第一章和第三章，等等。

我们应当如何对待差异？在整个学习过程中，外语学习者都被自己的文化所塑造，他需要有人指引他去了解目标社群成员的价值观、态度和行为，并将其与自身经历和自己所在社群的集体知识作对比。在文化方面，一些经典问题涉及理解能力的所有方面，例如“被学习的是什么？”“讲的内容和学的内容之间有多大差距？”等（Harris & Snow，2004：55）。

7.6 能力

7.6.1 交际能力

文化的教与学不仅涉及对内容的定义，也包括能力的构建。实际上，用来构思外语和文化所要求的能力类型结构的方式多种多样。Hymes（1984；1986）拓展了Chomsky（1977：4）对“能力”（competence）和“表现”（performance）、能力和“实现”（actualization）、“所知的”和“所做的”进行的概念区分，虽然Hymes承认Chomsky仅对语言内部进行研究，并做到了极致，但他拒绝把能力限定为语法知识，拒绝把能力描述为一种独立于社会文化因素之外的东西。同样，他也认为对“表现”的定义过于简化，并对其发起挑战，例如，有限的语法规则可以衍生出无限多的新句子，但在这些句子中，哪个才是符合新情境的？他通过一个问题（1972a：54）指出，一个语言社群成员所共享的既有语言知识，也有非语言知识，即由“语法规则”（grammar norms）和“使用规则”（usage norms）所组成的知识。

Hymes（1972b）提出了交际能力所不可或缺的四个特征（可能性、可行性、得体性、现实性）：（1）在形式上是否正确（以及正确的程度）；（2）是否具有可行性（以及可行的程度）；（3）在特定的使用和评估语境中是否恰当（得体、成功、合理）（以及恰当的程度）；（4）是否可以在现实中应用，应用涉及什么。Hymes（1986：59）后来又提出了S.P.E.A.K.I.N.G.模型，每个字母代表交际能力的一个组成部分："话语情境"（Situation）、"参与者"（Participants）、"结果"（Ends）、"行为"（Act）、"手段"（Key）、"渠道"和"形式"（Instrumentalities）、"交际模式"（Norms）、"体裁"（Genre）。

Hymes 的理论在语言教学中获得了广泛支持。交际能力，即以恰当的方式来产出和理解话语的能力，是一个强有力的模型，它以语言知识为中介，是实施习得策略的核心事项。想要根据交际情境来理解现实并付诸行动，纯粹的语言能力远远不够。显而易见，只有具有包含各种要素的综合能力（例如语法能力、语用能力和社会语言能力）才能够完成交际任务（Bachman，1991）。没有任何与外语习得相关的研究能够避开交际能力这一概念，目前我们的研究领域中有一个发展非常迅猛的理念："语言意识"（language awareness）不仅仅是实现"交际"目标，它还以特定的、彼此关联的方式将能力、技巧和"合规性"（compliance）联系在一起，例如懂得如何在语境中使用语言，同时能够对语言层级保持敏感；它也涉及与他者建立联系的能力，例如了解他者的生活方式、他者对我们的认知等。正如 Saville-Troike（2006：101）所述，"一个说话者需要知道的内容"必然包含复杂的社会和文化维度。

如果我们承认语言（一种形式系统）也是一种社会实践，那么我们很容易就能认同仅凭单词和规则的内化不足以实现有效的交际。然而，这种将决定交流成败的语言手段和社交规则融合在一起的知识整体却无法被概括为现成的方法，这一点与大部分语法规则恰恰相反。

7.6.2 技能和学习领域

许多术语名称（交际和文化/跨文化能力、社会语言能力、社会文化能力、话语能力、语用能力、行动/互动能力、策略能力等）常常包含一些趋同的内容。如果在任何语言事件之中，语言手段都和文化准则有所关联，那么我们可以假设语言模块和社会/文化性格模块也是紧密相连的。

Blanchet（2000：106）提出了四个不能分开的"能力范围"：（1）语言符码（语言和副语言能力）；（2）话语符码（话语能力）；（3）社会文化符码（民族—社会文化能力）和（4）心理符码（策略能力）。Johnson（2008：14-62）指出了三种能力类型：（1）系统能力——语言是一种系统；（2）社会语言能力——使用规则和话语规则；（3）策略能力——针对交流障碍的弥补。无独有偶，Garza（2010）设想了传统能力（听、说、读、写）之外的"第五技能"，该技能的主要目标是培养学习者感知、理解和接受文化相对性（cultural relativity）的能力。

因此，随之而来的是一系列问题：培养社会/文化意识是否应等同于培养交际能力？社会/文化模块是否能用能力来进行定义？我们如何才能将语言/交际能力与对社会/文化价值观的探寻结合在一起？

Byram 和 Zarate（1997）认为社会文化能力是一个围绕着四个目标的类概念：（1）“品格”（savoir-être）：面对他者特性能够抛弃民族主义态度和认识的情感能力，在自己文化和外来文化之间建立和维持联系的能力；这种能力独立于语言内容之外，但只有在外语学习框架之内才能得到培养；（2）“学能”（savoir-apprendre）：构思和落实一个能够随着未知的意义、信念和文化实践而不断更新的“解释系统”（interpretative system）的能力；从定义来看，这种能力同样独立于某种外语的学习之外，但它是学习一种或几种外语的结果；（3）“知识”（savoirs）：“文化参考系统”（cultural references system），能够让在语言和文化学习过程中获得的内隐或外显知识形成体系，把学习者在互动情境中的特定需求和外语的母语者结合起来；这种能力取决于特定语言的学习及其使用情境；（4）“技能”（savoir-faire）：在两种文化发生接触的情境中，将上述三种知识结合起来的能力（学习者的文化与目标语的文化之间：关系型技能、解释型技能、行为型技能、地缘政治型技能）。最后一个目标同样取决于特定语言的学习，无法被直接再次应用到另一种语言的学习中。

Lussier（1997：241-243）提出了三个在实践中很难分开的“学习领域”。在她的模型中，品格与情感领域有关，例如接受他者文化的标准、能够灵活讨论风俗习惯和行为举止、推动与他者的互动。技能与“让知识适应真实交际情境要求”的能力有关，例如对日常社会常规的意识、让知识在各种情境中发挥作用、懂得如何分析属于他者文化的行为。知识涉及的则是外显知识的获得，例如分辨象征符号、仪式、庆典和制度体系，了解现实、历史事件和地理要素。

7.6.3 文化模块与《欧框》

作为一个语言教学政策工具，《欧框》实施了针对所有语言和所有学习者的共同语言水平参考标准，保证了课程和文凭的透明度。《欧框》（5.1.1.1&5.1.1.2）列出了概括性的语言能力（词汇、语法、句法、发音、拼写），建议教师着眼于某些区别性特征以及社会特征：

对世界的认识。成年人对世界及其高度发达的体系有清晰而准确的认识，这与他们拥有的母语语法和词汇密切相关。事实上，世界映像和母语互相关联，共同发展。对世界的认识（无论是通过经验、教育还是信息等获得）包括：

—地点、机构和组织、人、物品和事实，以及不同领域的运作程序等；

—各类事物（具体/抽象、有生命/无生命，等等），它们的特质和关系（时空关系、联结关系、分析关系、逻辑关系、因果关系等）。

社会文化知识：

—日常生活领域，例如：饮食、用餐时间、餐桌礼仪；法定假期；工作时间和工作习惯；娱乐活动（休闲、体育、阅读习惯、媒体）。

—生活条件，例如：生活水平（地区、种族、社会群体的差异）；住房条件；社会保险。

—人际关系，例如社会阶层之间的关系；男女之间的关系（日常交往和亲密往来）；社会结构与家庭关系；代际关系；工作关系；与警察和官方机构的关系等。

—同下列因素相关的价值观、信仰和行为举止，例如：社会职业各阶层（知识分子、干部、官员、手工业者和体力劳动者）；财富（收入和财产）；地区文化；安全；机构；传统和变化；历史，尤其是标志性历史人物和事件；少数民族（民族和宗教）；民族特性；等等。

—体态语：指支配人的行为举止的一些约定俗成的肢体语言，属于语言使用者和学习者的社会文化能力。

《欧框》还提到了社会语言能力（5.2.2）和语用能力（5.2.3）。

社会语言能力是指从社会角度应用语言的能力及其相关知识（表明社会关系的标识性词语；礼仪规则；大众智语；语体；方言和口音）。

语用能力指语言的学习者和使用者对原则的了解，根据这些原则，信息：

（1）被组织、架构和改编：既有信息/新信息；因果关系；修辞效果；

（2）被用来实现交际功能：为了实现某些特定目标而运用口语或笔语进行交际的能力；欧洲理事会在其发布的《欧洲外语学习基本水平标准》（*Threshold Level*，1990）的第五章对微观功能进行了详细分类：确认、报告、纠正、询问、回复、同意/不同意、知道/不知道、意愿性的（意愿、渴望、意图、偏好），等等。

（3）根据互动和交易的模式进行排列；购物或服务时互动交际的总模式包括：前往交易地点；建立联系；选择商品或服务；付费；告辞；等等。

以下这些坚定的信念确定了《欧框》观点的本质：外语知识是一个不可分割的整体；它是一个可识别的要素构成的整体，这些要素组成了交际能力的各个部分。这种“能力法”（competence approach）意味着学习者应当能够明确表述规则（语法的和文化的），能够用活动来促进习得（Beacco，2007：113-121）。

《欧框》似乎并没有重新掀起关于文化在外语教学中的地位问题的讨论。的确，该框架的主要类别是按照层级设计的，主要特征是语言和交际。当然了，这份具有重要意义的文件提出了一些技术性问题，例如“我们所说的是一种能力还是一系列能力？”“它是关于社会文化、多文化还是跨文化的能力？”“这个/这些能力和语言交际能力的六个层级是否应当关联起来？”，等等。Zarate（2010a：16）发现，对这些问题进行更深入的研究需要引入新的参数（全球化、个人生活经验、欧洲语言和非欧洲语言的互动、语言对身份标准客观化的贡献），而且亟需一个跨学科基础，目前这个基础已经扩展至社会科学。

7.6.4 适应能力

作为对语用学、话语分析和社会语言学理论的延伸，Charaudeau（2000&2001）提出，交际行为本身并不存在，因为想要产生意义，所述内容需要和一系列条件产生关联。文化身份的产生是四种语言能力交汇的结果：（1）“情境能力”（situational competence）：任何进行交际和理解的主体都应当能够根据交流对象的身份（谁对谁说话？地位、社会角色、权力关系）、交流目标（话语目标：描述、请求、信息、鼓动、通知、示范）和表述（“在谈论什么”）来构建话语；这个层次的能力可以让人们发现每个社群在处理不同的交际情境时的方法（Charaudeau，2001：344）；（2）“话语能力”（discursive competence）：任何进行交际和理解的主体都应当能够根据情境框架的限制，发现和操控话语设计的步骤。这些步骤主要是陈述性的、描述性的、叙述性的和解释性的，它们构成了语言材料的组织原则，例如构建“待人接物的礼仪”：问候、礼貌交流、道歉、信件的开头与结尾，等等；（3）“语义能力”（semantic competence）：它涉及的是共同的认知环境；人们想要彼此理解，需要被视为语言交流同伴所共享的共同知识（认知、定义、信仰、价值观体系）；（4）“符号语言能力”（semiolinguistic competence）：它要求所有主体能够发现和操控符号形式、符号的组合规则及其意义，句子和篇章的构建发生在这个层级，想要让它们成功构建，就需要能够让它们根据意图、事先确定的限制以及每种文化中占据主导的书面语和口语习惯进行调整的能力（Charaudeau，2001：345-346）。

Charaudeau（2000：42-43）在这个并未谈及文化能力的模型基础之上，通过试错法提出了局部调整策略。对于双语者和双文化背景者而言，他们很可能拥有对应每个社会文化群体的语言能力。

7.6.5 了解全球化时代

或许我们应当加上括号。与移民工人的经验（备忘录、安全指南、工资单等）直接相关的量身定做的（只聚焦于学习者“严格意义上的真实世界”的）教学法是否会把学习者局限在他的当务之急之中？当然了，人们学习语言的目的是使用它，与此同时，任何教学法在根据学生要求的能力类型进行设计的过程中都会受益匪浅（Szende，2012b）。很明显，对于财政状况并不稳定的移民工作者的融入而言，针对职业目的的语言大纲至关重要。Borel 和 Guigoz（1979）介绍了伦敦机场的旁遮普印度咖啡厅女服务员的功能大纲；学习者拥有潜在的英语知识，她们的“封闭”态度可以被理解为一种有攻击性的立场。因此，大纲的目标是鼓励她们在职业经历的典型情境中做出恰当的回应：“有人告诉他刚刚丢了五英镑，你应该说什么？”，拥有表演天赋的培训教师会给出两个选择：“天哪，真可惜！”还是“不，真的，这太糟糕了！”，以此来消除她们的拘束感。然而，与工作岗位有关的语言适应、肢体动作和模仿是否能够提高学习者在社群内部的独立感和环境中的批判意识，从而获得职业晋升和社会地位的提高？他是否能够成为完全成熟的社群成员？

请允许我们再说些题外话。下面是非洲西部法语区殖民地学校的一些原则：“驯服”村庄学校里的人口是让法语长期存在的第一步，这样的法语摆脱了任何美学功能，局限于日常行为的表达，不需要句法层面的雕琢，也不需要自称优雅，它只是行政系统的正常运转所需要的；教师必须以幽默短剧（在杂货店、村子广场等）的形式，通过话轮转换中的具体运用和戏剧冲突来讲授语言，不能使用任何语法规则（Spaëth，2001）。

上述内容直接促使我们对“交际”这个术语进行思考。当然，交际意味着解决问题，参与事先确定或未确定的任务并与他人合作，也意味着获得和语言传递的意识形态相关的批判视角，揭露构建信息的权力关系或者信息结构中固有的权力关系，从而揭开信息的任意性特征。因此，话语分析的过程成了外语学习中不可或缺的资源。

Kramsch（2008）不断思考与词汇的工具功能密切相关的词汇的历史和情感价值，让交际能力不断丰富："问学生：这个单词让你联想到什么？它让你想到了什么？……不仅仅要教词典里的意思，或者包含着说话者意图的意义，也要把这些单词在母语者和非母语者的集体文化想象中代表的概念范畴讲出来。"

"社会炼金术"（social alchemy）可以把任何"社会事实"[①]（social fact）变成一个"象征性事实"（symbolic fact）。Bourdieu 提出了"实践感"（practical sense）这个概念，探索了行动和实践的类型，这些类型脱离了它们产生的领域的逻辑就无法被设想。在这个概念的启发下，Kramsch 和 Whiteside（2008）认为，在如今的世界中，说话者需要一种多语"实践感"（multilingual "sens pratique"），进而根据适应情境和时机的策略来使用外语实施行动。这种与世界的全球化和流动性保持一致的实践感构成了"象征能力"（symbolic competence）。这种能力引导我们的行动以及对世界和他人（通常是拥有复杂价值观的多语者）的判断，它的主要构成模块包括：（1）主体性：所有语言都让各自的讲话者身处一个情感和象征的空间里；（2）历史性：所有语言都能传达文化记忆。象征能力也是一种能让我们身处于语言和文化之间的能力。

这不是一种需要获得的新能力，而是培养交际能力的一种新方式，它能够允许身为"文化交际者"、能够使用多种语言的讲话者进行选择，让自身适应，进一步思考单词的社会影响、思想价值观和历史密度以及它们传递的情感，没有这些要素，我们就无法了解自己在世界上的位置："为了了解他人，我们必须了解他们对历史的继承、对未来的想象和归化……象征形式不仅仅是词汇或交际策略，也是身体经验、情感共鸣和道德想象"（Kramsch，2006b：251）。

相比于知识的收集，它更像是知识（尤其是学术知识）、经验和判断能力的组合，也是被 Kramsch（2009b：114&118）用"悟性"（savviness，源自西班牙语 sabe usted）这个词形容的一种社会智慧，一种后现代社会的元能力。

7.6.6 文化敏感性

Porcher（1986：35-43）认为，"文化能力"（cultural competence）指的是一系列语言和非语言能力，例如：（1）关于领域内客体的知识［如美食领域的法

① 法国社会学家涂尔干提出的概念。社会事实指的是可以度量或其因果可以度量的社会总体现象，它超越个人和个人行为，以外在形式强制和作用于个人行为，对个人有约束作用或广泛地贯穿于一个社会中。——译者注。

国什锦砂锅（cassoulet）、文学领域的巴尔扎克等]；（2）话语知识（各种领域也是按照话语组织起来的，这些话语受到内部语义共识的影响，例如美食领域中关于法国什锦砂锅的话语）；（3）关于领域内身份的知识（领域内客体和该领域的话语体裁的重合部分是一些拥有地位、能够发挥作用和组织相关领域的角色，例如美食领域内的餐馆业主、美食专栏作家等）；（4）关于规则的知识（在每个领域内，每时每刻都有一个等级，一个受到社会承认的价值量表；在美食领域，鱼子酱和沙丁鱼的地位并不相同；对于不同的菜品，人们会搭配某种葡萄酒，而非其他类型）。

在英美文献中，许多论文著作都提到了3Ps，即Products、Practices、Perspectives（产物、习俗、观念），其中Products指的是具体的要素（文学、饮食等），Practices涉及仪式和称呼等，Perspectives指的是价值观和态度。AATF（美国法语教师联盟）将“理解文化”划分为三大要素：（1）对其他文化的同理心；（2）观察和分析文化的能力；（3）在文化情境中的交际（言语和非言语）。

教学方法论问题和国际管理挑战有时有着惊人的相似之处。Lee和Calvez（2007：18-19 & 31）将文化能力定义为能够让个体理解不同文化的民族的行为、价值观和表征，并从他们的角度用一种能够令人接受的方式采取行动，从而方便交际的所有知识、技能和能力。两位作者具体指出，接触其他文化的个体需要做好长期学习和不断调整的准备，这一切都源自与预期表现和文化事件相比较之后发现的差距。

如同我们在本书中所提到的，文化绝对不是纯粹的学术知识本身（Abdallah-Pretceille & Porcher，1996：116），对文化的思考应当在它与话语和互动的关系之中进行，它也涉及对某种情景中可预知的、被社会接受的行为进行假设的能力（Arditty，2003）。

Bennett（1993）用个人发展阶段来定义“跨文化敏感性”（intercultural sensitivity）。这个模型能够区分适应另一种文化的阶段、开放的过程以及对“文化冲击”的传统反应。前三个阶段的民族中心主义色彩更强，后三个阶段则呈现出民族相对主义特征，每个阶段都有与之相关的不同态度所组成的特点：第一阶段：否认差异阶段；第二阶段：抵制差异阶段；第三阶段：最小化差异阶段，用自身文化和与他者文化的相似性来把差异最小化；第四阶段：认同差异阶段；第五阶段：适应差异阶段；第六阶段：差异融合阶段。

在Bennett的模型基础之上，Witte（2009）认为，外语学习框架中的（跨）文化敏感性的进程介于从“无知”（阶段 1），经过一系列语言和文化技能的学习，然后到（跨）文化能力融入日常思考和行为（阶段 9）之间。

我们认为文化敏感性是一种能力，它能够：

（1）感知支配社群内部交流的外显和内隐规则；

（2）理解接触外来文化时遇到的以集体形式被习得、记忆、体验和表达的指称事物；

（3）在特定情境中，预知应当采取的行为，培养恰当的关系。

我们还应再补充一点：正如同语言能力能够让我们理解以前从未说过或听过的某个社群的话语，文化敏感性也必定能够让我们在前所未有的社交情景中做出恰当的行为。必须注意的是，这种能力能够识别什么是常规的，什么是违规的，既能把文化视为一个整体，也能将其看作被体验过的事物。学习者必须准备好在未知的课外情境中，在没有老师来纠正、惩罚和保护自己的情况下，培养这种敏感性。外语的自主练习需要无尽的能动性和各种能力，但只有不断分析自己的文化和个人化的体验才能获得这些能力。

7.6.7 文化描述者

教师必须能够分析自己采用的方法，不断思考自己的策略。作为任何语言习得过程中的关键要素，评估在文化教学中是否还有意义？我们是否能用“拥有……的能力”这种方式来形容文化描述者？每次语言测试中是否专门针对文化的部分？

Knox（1986：7）列出了四种用来支撑文化能力测试的主要领域，他也承认这四种领域有所重叠：（1）基础知识：环境、历史、制度；（2）人际行为：语言和其他；（3）象征系统：符码和表征；（4）世界观：主题、意识形态、价值观。当文化知识指的是一系列知识项或者对外来事实的分类描述时，它是可以测量的。同理，当答案根据正确或错误的逻辑来设计时，评估就相对容易。然而，在外国文化习得的框架之中，是否能够使用与外显的事实性知识相同的方式，设计练习题来评估接受度、同理心和对他者的尊重这种无形的内容？对社会文化能力的评估尤为敏感，因为对这些能力的严格描述只能在多个学科交叉互动的情况下进行，例如社会学和人类学，这种在双学科中形成的模糊性被归结为“社会文化的”（socio-cultural）这个术语（Byram & Zarate，1997）。

7.7 策略

7.7.1 经验和整体

想要学习任何类型的新材料，不可避免地要去限定它的范围并且构建出更多简化版本。与此同时，从定义上看，文化研究领域没有边界，而且难以观察，此外，它也很难被转换成一个教学过程。与在历史发展过程中自带方法论工具（规则、例外、练习）的语法和词汇相反，文化事实虽然在语言结构层面是不可或缺的，但我们很难设计练习来实现它们的输入、记忆和重新使用。然而，掌握了基础语言知识之后才决定讲授文化，这是不合理的。

语言学习的每个阶段的语言研究都能让我们发现各种文化能指以及根据文化规则实现互动所需要的条件。外语能够鼓励学习者去思考对现实的感知与现实自身之间的矛盾关系，发现许许多多的价值观，并衡量自己的相对性："把自己和他人一样，视为人类生活在各个地方呈现的不同形式的一个本地案例，众多案例中的一个，众多世界中的一个……"（Geertz，1986：24）。

如何引导学习者去获得一种在文化层面较为恰当的方式来使用语言的能力？用什么样的策略把文化事实来引入课堂？我们在研究中发现了一些主要（但并非全部）的语言教学倾向：

需要避免的陷阱有：（1）抽象式教学：想要把语言系统视为一种和鲜活的、可感知的现实没有实际联系的事物来讲授；（2）民俗式教学：想要用零散的、针对特定事件的方式来讲授外国文化习俗，但并未讲解相关事实是如何联系起来的。这两种危险在第二语言文化教学中随处可见，它们让我们想到了第二语言文化能力构建的两个要求：引导学习者去理解文化应当被视为一个整体，也应该被视为一个不断变化的、有生命力的、以体验为基础的事物（Porcher，1988：96-98）。

文化教学并不意味着以单项方式提供知识，它涉及的是以协商为基础的积极互动。从这个角度来看，不断回顾第一语言文化能够为课堂实践提供重要内容。讲话者的知识是由话语组成的，对学习者而言，能够传达自己是谁、自身文化以哪些价值观为基础是一个重要的动机因素。

7.7.2 与自己的重聚

在与他异性的碰撞中，学习者寻找的是重新发现自己的快乐以及自身不变的价值观。世界观包含有天然的确定性，让我们认为自己的价值观是绝对的，这是学习第二语言文化知识的首要障碍（Zarate，1986：24-27）。

文化教学是一种打破刻板印象、客观对待第一语言文化的方法，关键在于不断培养让学习者与第一语言文化保持距离、培养相对意识的能力。学习者与第一语言有着深厚的情感联系，因此，清晰客观地对待自己的文化并非易事。此外，个人经历只能提供有限的视角。如何激活学习者从源文化中获得的零散知识？如何把“惰性知识”（inert knowledge）转变为“有用知识”（useful knowledge）（Meissner，2010：30）？

身为教师培训者的 Pugibet（2001：363-364）所言非常正确：“吃东西和穿衣服、做梦、去工作……使用自己的身体和目光……在生活中，有什么比这些更普通、更基础呢？”因此，新教师应当被鼓励去观察、分辨和解码，去客观对待自己的实践，帮助自己构建新的文化能力。拥有第二语言文化能力意味着能够分辨和管理自身以外的社群所特有的分类模式。在提出目标文化问题之前，Galisson（2002：508）建议使用一种源文化分析法，因为学习者需要动用自己的第一语言文化参照系统，与对他而言是“陌生的”内容发生接触。Galisson 建议学习者依靠他所称的“内文化”（intracultural），这是一个利用已知来了解未知的阶段。

7.7.3 学习如何去中心化

学习意味着吸收超出范围之外的新知识，取代和巩固旧知识。教师的出发点不应是学习者不了解的内容，而是学习者从自己的语言和文化中获得的信心。习得第二语言文化包括思考自身社群的价值观和运行方式的能力。所谓审视自身文化，就是要把它与使用条件、特定的时间和空间联系起来，而不是把它视为绝对的、普世的规则。因此，文化教学成为学习“去中心化”[①]（decenter）的过程。它包括接受他者独特身份同时又不自我否定的能力。在这种情境下，与文化独特性有关的问题就出现了。Willimas（2011：19）把一组被吉普赛家庭视

① “去中心化”是一种接受他者身份的能力。——译者注。

为自我表达的歌曲作为语料库，他了解到，没有被发现的文化要素是某个群体所特有的，它会再次出现在另一个罗姆人或非罗姆人群体中；“沉浸是一个共同特征，超脱是另一个共同特征”：罗姆人沉浸在一个社会之中，但他们又让自己与众不同，他们的特性总是情境化的、暂时的和相对的。

去中心化既不是强迫学习者“族群化”（ethnicization），也不是要抹去其自身文化。显而易见的是，不失去自己身份的渴望是习得第二语言文化的一个重要障碍。Naito（2002：146）指出了一个日本群体在学习法语时遇到的困难，该群体很害怕失去自己的文化身份。这个四面环海的国家的居民从未有机会，也从未觉得有必要学习其他语言，单语制深深影响了岛国居民。因此，Naito 提到了在一种日本“沉睡”的语言能力，尤其是英语之外的其他语言。

通过与其他文化的差异和对比来发现自身文化机制是一种特殊的语言教学方法，这种方法鼓励学习者去了解的不是文化外部的文本或系统，而是“文化自身的神秘之处，触动他的一切，让他与众不同或者拉近与他者距离的一切，在此之前，他对这些都没有了解”（Cortès，2003：45）。

在这种情境下，教师仍然要记得对外国讲话者而言，某种语言的母语者所坚信的“具有普世性”的价值观和范畴会造成问题。教师要鼓励学习者去思考，身为母语者，他们是采用何种方式用自己的语言与非母语者沟通的，他们在这样不对称的情境中必须不断合作和适应，应对由此而来的挑战。

我们如何通过一个社会的谜团去理解这个社会本身？我们可以认为一个人无法完全进入另一种文化，又无法彻底离开自己的文化，“我们的思想试图在二者之间玩一个游戏，让我们承认两种文化各有特别之处”（Morin，1994：28）。

知识的累积是一种比较可靠的学习方式。然而，真正的挑战并不在于形成完整的社会知识，对母语者和非母语者而言，这一点都是真的。把刻板化的文化要素加入语言知识中是不够的。学习者无法了解文化的所有方面，我们可以努力训练他去适应文化，“在文化之中生活，同时避免遭遇意外的障碍”（Porcher，1976：48）。

拥有第二语言文化能力意味着掌握一种能够理解在接触目标国家和目标语的过程中遇到的社会现象的能力。与事实性知识的积累相比，熟悉第二语言文化绝对是学习者更需要掌握的与“理解相关的知识”（interpretation-related knowledge）的能力。教学制度的构建方式应当能够允许学习者通过不断趋近，建立自己的学习路径，获得自己的经历。文化事实的联结、“联网”可以让第二语言文化观念越来越完整。

Zarate（1986：96-99）的研究让我们关注到“Go ahead!”（做吧！）和“Do not ...!”（不要做……）等命令所实现的从一种文化向另一种文化的过渡。这些文献用简化的方式提出了一种标准化的第二语言文化观念，并且在某种程度上认为文化能力就是应用一系列封闭的规则。然而，文化能力不仅仅是懂得如何调整自己，也并非如何忠诚地执行协商一致的计划。如同 Sinclair（1991：493）的观点，我们认为，如果向学生提供规则，最好是“试试看”类型（try-this-one rules）的规则，而非“不要这么做”类型（do-not rules）。

文化身份并非一种本质，而是一个自我发现的过程，这个过程取决于在特定的社会历史情境中与他者的关系，因此它处于一个不断更新的状态。身份构建也与外界有关，只有意识到他者的差异时，身份意识才会出现：“他和我不一样，所以我和他也不同，因此我是存在的。”；我们也可以把笛卡尔的名言略作修改：“我思不同，故我在。”（I think differently, therefore I am.）（Charaudeau，2005：82）。通过“镜像效应”[①]（mirror effect）来努力再现身处外国社会时自然体会到的冲突是一个值得探索的语言教学问题（Charaudeau，2001：347-348）。让学习者置身于许多问题之中（例如：我是谁？我们相信自己是谁？他们是谁？他们相信自己是谁？简言之就是学习让我们的信心暂停）能够带来意想不到的效果，实现同样效果的文化冲击。Hall（1990）对文化冲击的定义如下：他者未知的习惯对我们在本国形成的大部分习惯的替代或扭曲。

7.7.4 从外国视角来看世界

第二语言和文化教学在不同层次的学习中所使用的材料都和第一语言形成反差，但又有相似之处，以此让学习者意识到自己的理解框架，引导他们发现从一种文化到另一种文化的“跳板”。

学习一种语言类似于想象其他生活方式和事物关系。通常，一种语言相较于另一种语言的缺失范畴以及所有存在差异的范畴功能都会被明确指出来。谈论第二语言文化是引导学习者意识到这种文化必然包括学习者参考体系中所没有的范畴，或者这些范畴会出现但包含有特定的、不常见的内容。

如果遇到两种文化相似的情况，教师会自动优先重视差异（相似之处容易

① 源自库利的“镜中自我”理论，所谓“镜中自我”是指人们通过观察别人对自己行为的反应而形成自我概念。——译者注。

察觉），相反，如果两种文化差别很大，学习者需要能够让他们安心的、比较清晰的相似之处，或者介绍两种文化之间部分相同的社会情境。

麻省理工学院的一组老师观察到（1）讲授文化容易被局限在传授与特定文化习俗有关的知识之上，而且（2）学生很少能够接触到文化的“隐藏维度”，于是他们设计了一份“文化计划”①（Cultura program）。这项计划提出了一种对比法，允许不同文化的学生分别对他们的价值观、态度、信仰、行动和互动方式进行思考，这种思考的基础是一个正在进行中的以对多样化、原生态和经过媒体宣传的材料进行互动分析为基础的项目。例如：法国媒体对《三个奶爸一个娃》（*Three Men and a Baby*，1987）的评论、美国媒体对《三个男人和一个摇篮》（*Trois hommes et un couffin*，1985）的报道，以及对“自由”或“成功”等概念的对比分析（Furstenberg，2010）。这项计划是一个具有参与性和对比性的模型，它成功地提出了一些更好地理解文化要素的方法，普鲁斯特的一句名言能够体现它的本质：“唯一真正的旅行，唯一沐浴在青春之泉中的，不是去造访陌生之地，而是拥有别样的视角，用另一个人，用另外上百个人的眼睛来观察宇宙，去看他们每个人眼中所看到的那一百个宇宙”②。

用什么样的方式来介绍相似性和差异性才能避免让它们成为判断价值观孰优孰劣的借口，避免从理解转变为评价（“它是最美的。”“它是最发达的。”）？以公正客观的态度来调查自己的语言社群，对比自身与他者的实践，辨别这些实践的相对性，这些都是文化学习不可缺少的组成部分。Clerc（2006：62）对移民儿童进行了研究，并提议对语言进行对比，目的是让外语学习者身处一个他对自己的语言了如指掌的情境之中，同时鼓励他运用自己和同学的所有语言变体所构成的语言系统，在两种语言之间不断转换。这样一种反思性实践很有可能被应用于其他学习情境之中，凸显差异与相同之处，这种实践有利于知识的构建，不同文化之间的过渡，其目的是在新学生开始构建个人身份时，减少学校世界和家庭世界之间的隔阂。

7.7.5 相互理解

“近距离语言/亲属语言”和“邻近语言”涵盖的情况截然不同：近距离语

① http://cultura.mit.edu/c

② 出自《追忆似水年华第五卷：女囚》（*À la recherche du temps perdu*, tome V, *Prisonnière*）。——译者注。

言/亲属语言仅指语言关系接近，邻近语言则仅指在文化和地理层面的接近。邻近语言可以是近距离或亲属语言（例如瑞典语和挪威语），也可以是远距离语言（例如瑞典语和芬兰语）；近距离语言/亲属语言可以是邻近语言（例如法语和意大利语），也可以不是（例如葡萄牙语和罗马尼亚语）。利用语言之间的近距离来优化学习方法的计划通常源自欧洲多语主义发展的意识形态领域（Capucho，2010），其目的是让学习者有使用自己的语言能力的机会，检测他们在不同语境如何转换这些能力，以此来提高他们的语言技能和语言直觉。

所以建立在亲属语言的讲话者的相互理解的基础之上的方法论都需要鼓励学习者依赖他们的语言知识以外的一切文化知识。共同的文化参照物的重要性毋庸置疑。如果相关语言（无论是否亲属语言）拥有共同的历史和社会文化维度，那么相互理解就极为便利。近些年来，北欧语族、拉丁语族和斯拉夫语族等内部发展起来的相互理解方法论所涉及的都是有着共同文化遗产的语言。从这些观察中得到的结果就是，让学习者对使用第一语言和第二语言的话语和互动的文化根源具有敏感性，意味着引导他去了解文化的相关模式和相互的文化影响之间的关系。需要注意的是，地理位置邻近地区的语言彼此有接触，相互影响，一些共同特征能够反映这一点，尤其是意象或共同的表达方式。

例如，在历史进程中，讲匈牙利语（芬兰—乌戈尔语族或乌戈尔语族）、罗马尼亚语（拉丁语族）、保加利亚语和斯洛伐克语（斯拉夫语族）的人经常共同生活，最终发展出了部分相同的隐喻基础。例如以下表达（Péntek，2001）：（1）匈牙利语 eső után köpönyeg（字面义：雨后夹克）、保加利亚语 след дъжд каметала（字面义：雨后斗篷=你应当事先想到）；（2）匈牙利语“rágja a fülem egy kérdéssel/kéréssel”（他用一个问题/请求来咬我的耳朵）、匈牙利语 изяд ми чшите（他吃我的耳朵）、罗马尼亚语 a mânca urechile cuiva（吃某人的耳朵）、斯洛伐克语 pílit' niekomu uši（锯掉某人的耳朵=打扰某人）。

“语言联盟”（Sprachbund）（Trubetzkoy，1930）这个概念强调的是源头不同的语言之间的语音、形态和句法相似性的回应，例如巴尔干地区的语言属于不同的语族，但是由于密切的接触而形成了数量众多的相似之处，从而形成了一个“联盟”（Feuillet，1986），作为对这一概念的回应，“话语联盟”（Sprechbund）出现了：邻近的社群可以超越语言边界，分享拥有共同历史的修辞和语用规则与传统。Romaine（1994：23）区分了“语言纽带”（语言形式层面的相关性）和“话语纽带”（共享的说话方式），两者不一定重合。

7.7.6 密切接触

本地人在出生之后以沉浸的方式“从内部”习得第二语言文化，非本地人只能将其客体化，“从外部”接触（Porcher，2006：9）。因此，以观察和利用真实情境为基础的语法教学是一种能够拉近我们与文化的距离，从而更好地理解它的教学，这种语法教学懂得如何利用意义、如何产生意义，能够从语言结构中把可预知的、可复制的内容与随机的、不规律的内容区分开（Crutzen，2005：264）。

乘坐长途客车在城市之间穿梭，但却从未下过车，这不足以了解一个国家。因此，我们应使用人类学研究法，如同昆虫学家对社会的理解一样，同时还要深入社群，分享社群的生活方式，而不仅仅是和旅游有关的陈旧观念。例如，Roberts 等（2000）的著作有一个纲领性的标题：《像人类学学者一样的语言学习者》（*Language Learners as Ethnographers*），这本书鼓励学生在目标国家做长时间的语言学习逗留，努力系统观察本地人的价值观和信仰、他们日常生活中的互动方式、他们与周围环境的关联等。这里的人类学研究一样的好奇心指的是在密切的跨文化接触框架下研究事物的“日常性”（everydayness）。

像人类学学者一样的语言学习者的理解工作表面上涉及的类型各异的、琐碎的数据，它们能够揭露与实践和社会构建的话语相关的信息，这项理解工作以三个重要问题为基础（Roberts，2000：118-125&150）：（1）“发生了什么？”，让日常实践中隐形的内容显现出来；（2）“它有什么意义？”，解释与日常生活实践有关的共享知识；（3）“它为何拥有这些意义？”，从历史和批判视角来审视日常实践。Ochs（2002：115）也注意到了严格的人类学观察的重要性，没有它，很难理解社群中的“老手”和“新手”成员在互动时构建的社会意义。

为了让未来的语言教师对社会性事实有质性分析的意识，Zarate（1988：114）建议区分“经验观点”（empirical view）和经过严格构建的观点，把“社会世界”（social world）的直接经验转变成写作主题。可供观察的场合有高中教员休息室、互惠生①中介机构的走廊、公共游泳池等。观察目的包括：识别在被观察的场合构建起来的隐性规则，在此基础上，对知识构建、社会表征的相对性

① “互惠生”（au pair）是最早起源于英、法、德等国的自发的青年活动，旨在给来自全世界的青年们提供一个在别国的寄宿家庭里体验文化和学习语言的机会。——译者注。

进行思考。保持写“惊喜日记”的习惯也是一种新颖的训练工具，它同时可以被用作某种“试用期报告”和学术论文。这种反思型方法也拥有一个职业维度，它能够证明未来语言教师将“他异性”客体化的能力（Develotte，2006）。

7.7.7 激发社会意识

我们可以用成功或失败来分析一句话。当一个单词或一个句式不够清晰时，讲话者通常会避而不用，用其他方式来解释。然而，这种情况也是话语中语言或文化能力不足的表现。我们通过社群共享的词汇、语法和行为手段，努力避免或挽救因为不了解对话者身份信息或者其他干扰互动导致的交际事件。Canale和Swain（1980：30-31）把这种语用现象描述为一种策略能力：“弥补因为能力不足而导致的交际障碍的语言和非语言交际策略。”两位学者提到了两种涉及这种策略的典型领域：（1）解释掌握程度不够的语法形式的能力；（2）与身份未确定的外国人对话的能力。语言教师始终有责任通过激发社会意识的方式让学习者对文化隔阂保持敏感。这种在课堂上被唤醒的意识能够在课堂之外得到培养，学习者的“社会图式”（social schemas）与课堂之外的现实发生碰撞，他需要让这些社会图式适应本地人必须应对的各种情境。

我们能否预知与常规或预先设定的任务相矛盾的文化事件？列出第二语言环境中所有可能导致冲突和各种困难的“高风险情境”（high-risk situations）只是一种空想，通过分析误解的产生机制来预知这些情境才更加合理。了解文化不能被简单归结为了解各种类型的材料（例如被广泛接受的文学和历史著作以及各种事实性材料），它同样需要不断思考个体与他者发生关联的情境中固有的异常情况（Zarate，1993：98）。从这个角度来看，对最普通的情境也必须保持“文化警惕性”。

对于正在学习的语言，学习者想要了解其“自然的”和“普通的”互动准则。考虑到这种最基本的渴望以及语用交际失误的影响，如何设计书面语与口语交际规约的教学就成了一个自然而然的问题；这些规约既不具有普世性，也不总是外显的或被编码的。一方面，学习者接触的事实只有一部分属于词汇和语法要素；另一方面，想要让人们识别和进一步理解管束讲话者的文化态度的语言、社会和心理参数的真实比重，“元语用讨论”（metapragmatic discussions）似乎是不可或缺的。那么，如何才能让学习者接触事实和元语用讨论并存呢（在实践中，并存能够让二者互相渗透）（Cohen，2008）？

7.7.8 恐慌症

Descamps（1995：60）分析了一套娱乐性词汇教学软件，该软件使用的是随机组合的经典文学作品片段，这些内容里有大量共享文化事实，尤其是一些分散的刻板信息，它们能够帮助学习者找到正确答案。他从中发现，除了对待任何领域都采用连贯一致、条理清晰的方式的“建构文化”①（constructed culture）之外，任何个体身上也存在着使用点状小笔触和重复注射的“点彩文化”（pointillist culture），它可以被称为“解构文化”（deconstructed culture）。二语教学始终要发挥重要作用，制定策略把下面两个内容联系起来：（1）与目标文化中具有百科性质的所有“直接知识”（immediate knowledge）相关的知识和（2）不太明显、更难分辨但仍然有可能激活一个“心理系统”（mental ensemble，它涉及的内容比术语本身更广）的文化参照物。所有教师在课堂上都会发现，让学习者接触那些文化内容太过密集、需要宽泛的情境理解（历史、社会、制度）的资料有可能让他产生恐慌感。因此，我们决定不详细阐述一个单词、句子或文章的所有文化内涵。此外，我们发给学习者的资料应当提供可以被理解的教学材料，而且当资料难度大到足以让学习者开始适应第二语言的母语者沉浸其中的系统时，这些材料能起到辅助作用：“把二语课堂的教学材料限定为一些包含很少新内容或没有新内容的材料可能会产生一些负面影响。毫无疑问，如果学生缺少足够的挑战，他们会失去动力。”（Lightbown & Spada，2006：191）。

Cain（1997：206）提醒道：对学习者而言，如果两个参考系统之间不存在适应活动，那么就不会有任何内容被传递。最后，二语学习在某种程度上是一种“选拔”经历，“轻松愉快”的方法并不存在。在任何情况下，它都是一个耗时又耗力的过程。“元语言沉默”（metalinguistic silence，只通过图画和图画功能举例来组织教学）是否可行？在第二语言中，人们很难理解语法规则的功能，无论它是否有趣。Lantolf（2011：43）讨论了“外显的、严格的语言解释的教学相关性”，Lightbown 和 Spada（2006：160）则坚信“语言的某些方面是必须讲授的，而且许多方面需要用外显的方式讲授”。

Porcher（1988：100）重点关注了许多老师所坚持的一个想法所导致的危害，

① 该论文使用法语撰写，原文术语是 culture charpentée（结构严谨的文化），下文的“解构文化”的原文术语为 culture éclatée（断裂的文化）。——译者注。

即“有趣的”（interesting）就是“有用的”（useful）。无独有偶，Margarito（2002：394）指出，在二语教学中，“文化的”（cultural）这个形容词可能会有一种负面含义，它指的是有些肤浅的娱乐性和趣味性。

7.7.9 掩蔽法

外国学习者应当被引导着去了解文化规则的多样性以及在社会中形成的仪式和规范的影响。然而，一个社群讲自己的语言绝对不是为了外国人；他们的行为表现、仪式化和分类的方式都是社群为了成员的使用而慢慢制定的，不是为了外来者（Porcher，1988：33）。语言是最重要的社群活动。一个社群的所有成员都拥有一种理解能力，这种能力让他们为自己的环境和源文化的各个要素赋予社会意义（Beacco，2000：127-128）。这种能力以社会化和经验为基础，通过社会意义（采取立场、信念、口音、肢体语言、服装、城市环境等）的识别来表现出来。

不可避免的是，第二语言学习者会把他的理解能力应用到对目标环境的分析中。他对现象进行选择和观察，将其与自身文化的“追踪系统”（tracking system）联系起来。然而，本地人把以前的知识和当下的经历联系起来之后，会发自本能地对特定情境中所必需的知识进行评估。他所熟悉的知识类型多种多样，这是在世界中不可缺少的经历。如同Zarate（1986：31）所述，本地人的这种熟悉感会带来一定程度的信心，同时也不需要像外来者一样“不停地寻找意义”。

Tréfault（2007：290-291）的研究重点是使用何种教学策略来培训为罗姆儿童、旅行者和其他特定文化团体授课的教师。他指出，对一种文化的特性、被体验的和被传达的内容不一定能从外部感知到。因此，学习者只有对环境非常熟悉之后才能接触到文化。在罗姆人案例中，社群所有成员的共享内容通常不是口头表述的，所以，相对而言，他们文化中的重要元素依旧难以被了解。我们可以发现，对外投射的内容不一定是最真实的。我们在这里谈论的是与他者保持距离的策略。发音的清晰度、挑衅的态度和身体外貌等掩蔽和保护身份的方法往往会打消他者沿着最初的表征继续深入的想法。

在所有文化社群中，“隐性内容”（implicit）形成了一条真实而谨慎的边界，把共享该内容的人和不共享的人区分开来。隐性内容的功能建立在社会共识之上：一个团体的成员彼此有认同感，因为他们拥有共同的表征。隐性内容的前提是一整套拥有“证据力度”（strength of evidence）的观点。一些对隐性内容形成约束的原则（Zarate，1986：16-23）包括：

（1）经济原则（隐性内容只调动知识片段，分享有关内容时无需表述出来）；

（2）适应他者原则（被假定为共有指称的估算、相关者借以表露身份和思想的试错过程是隐性内容的基础）；

（3）游戏规则（隐性内容规定了哪些内容要在社会组织中保持难以捉摸的状态；打破规则需要社会技能；规则的缺陷是允许存在的）。

真实材料中渗透着隐性内容，所以材料中言明的和未言明的内容都要被分析。“集体的民族社会文化想象”（Boyer，2003：24-25）会在社会交际中以暗示的方式表现出来，有时是“悄无声息的”，在其他场合（例如庆典），它也会以非常精彩的方式呈现出来，而且和其他任何“所指”内容（地理报告、艺术继承、社会组织等）不同的是，它对教学有很强的抵抗力。这种想象的所有特征构成了一个复杂的整体。

对文化事实的介绍通常是暗示性或者“沉默的”，那么应当使用哪些方法呢？学习者如何才能意识到对应的“物质现实”（material reality）的缺失或者所有明确的指称都涉及一个由未言明的指称和事物所组成的网络这件事实？学习者如何才能意识到信息被阐述的程度？通过 Puren（1998：42）的分析，我们可以把下列内容区分开：（1）发现：邀请学习者去发现和表述材料中出现的文化事实；（2）敏感化：最初对文化事实的介绍没有其他目的，只是为了让学习者与之接触，感受它引起的反应；（3）概念化：引导学习者按照逻辑把不同的事实联系起来，从而归纳出文化规则；（4）承认：学习者发现已经了解过的文化事实。

教师（像译者一样）努力把文本内嵌的次要的“民族的”“地区的”“局部的”内容变得外显或透明。被推定为共享内容的未言之事不可能轻而易举地从一个社会传递到另一个社会，所以常常具有“不可译性”，面对这些类型各异的未言之事，Gambier（2008：179-180）提到了：（1）包含有特定文化中独一无二的现实（制度、历史人物、地理名称）、在另一种文化中没有对应的指称；（2）与大体上具有普世性的实践和行为（存在于所有社会中，每个社会都以自己的方式对待）相关的指称。普世性的指称会受到特定社群的生活条件和传统的影响（例如家庭关系、时间观念、饮食、穿衣习惯），有可能传递一些无法系统转移的价值观。

我们认为，可以用 Charaudeau（2005：91）非常精确的观察来结束这一部分内容："隐性内容最终意味着在一个社群的社会世界中流传的众多话语体裁。这些话语体裁是社会交际的关键所在。发现它们、描述它们以及试图解释它们能够让我们触及一个身份问题，无论是社会身份还是文化身份"。

7.7.10 虚构的真实

据 Kearney（2010：332）所述，许多教师对于课堂上的"文化沉浸体验"（cultural immersion experiences）犹豫不决，他们认为这些体验只能在目标国家、和目标语的母语者交流时才能获得。她建议"重新设想"学习过程和学习空间。她的标准课堂上有资料、手势和其他符号资源。她鼓励学习者们把自己转换立场，把自己设想为实现构建好的角色。实现这一点的一种手段是分析真实叙事，讲出自己想象的"文化叙事"，例如"我是一个二战老兵。"

无论是第一语言还是第二语言，使用戏剧都有着不可否认的优势，例如发音、记忆（和重述的总次数不一定成比例）、借助于肢体语言的情感表达、观众体验等。"相信你是……"这种方法和各种角色扮演游戏构成了课堂实践的经典元素。某些教师热衷于此，尤其当他们厌倦了那些总是围绕着学习者经历的活动（有时单调又无聊）时。

对于掌握语用机能、培养有利于学习的创造力和想象力而言，以情境调动、客体和虚构的角色为基础的模拟表演有着重要的地位。这项虚构的真实中的任务可以让学习者发现几乎能谈论一切的自由，它的目的主要是让学习者在一个想象的世界里，通过虚构的社会化和独特的新身份获得真实的参与感，而不是巩固和复习实现事先规定好的语言要素。虽然学习者使用语言的方式可能比较粗糙或鲁莽，没有任何"社交技巧"。这种工具非常有用，但需要谨慎处理。

在模拟想象时使用身份转换的目的既是保护学习者，也是帮助他们培养一种个人的、能增加信心的策略。重点在于找到一个让各方的想象力充分释放的剧本。然而，在第二语言课堂上，所有语言习得活动的基础都是个人愿意投入真实的互动中，因此，这些活动必然会与以前那些源自本族语和本族文化的社会经验产生联系。从这个角度来看，提供给学习者的任务应当能够解释他的人生历程，而且他拥有完成任务所必需的"对世界的了解"。只有当借用虚构身份的活动可以和学习者已然能够独立的社会领域沟通时，这项活动才是可信的，或者说真实的（Holliday，2005：104）。

我们都知道，单词和短语可以在脱离行动情境的条件下（教材、语法、辞典）学习，但意义只有在互动中才能构建；学习者接触的各种交际任务的压力越大，通过“互动沉浸”（interactional immersion）掌握目标语的语义结构的机会就越大（Dittmar，1989：42）。

我们设计怎样的情境才能让学习者通过互动来“产生意义”？为了提高语言掌握程度而模拟现实是全球化模拟的出发点。为此，我们应当选择一个地点或交际事件，并建议一组学习者在此地居住或者共同经历这个事件。Cali、Cheval 及 Zabardi（1995）的目光投向了国际研讨会，提出建立一个有案例和建议的真实数据库，在媒体招待会、政府和非政府组织会议的框架内进行模拟。

在圣彼得堡的国立马卡洛夫将军海军学院的外语系学习九个月之后进行全球化模拟的目标是让学习者应对真实的职业交际情境（Artemieva，2006）。这个剧本考虑了参与者的职业和年龄（休培训假的商船官员；撰写和他们的职业相关的商业信函或报告；破译用无线电传递的天气预报，等等）。

邀请语言课堂上的年轻人与士兵对话、为士兵加油可能成为一项棘手的练习，难度不亚于让他们在冰雹毁了庄稼之后，向税务员提出减税请求。在这种情况下，学习者会选择掩饰，而非模拟。在语言课堂上，学习者只有在相对安全的氛围里才会同意交际（即在情感层面和智力层面都尽力付出），因为他们感觉自己不会出丑。与此同时，我们所述的关于外语的内容同样适用于第一语言教学，只不过后者进行真实交际活动的可能性更大。“教可以教的内容”，这是 Lightbown 和 Spada（2006：160）的建议。

一项以学习者的世界为基础的模拟任务比一项与过去、现在和未来的经验没有任何关系的模拟活动更有可能成功；Verdelhan-Bourgade（1986：82）提到了一个针对 11 岁学生的主题（“想象一只猫在火前沉思”），这个主题不过是一种纯粹的文体练习而已。

学习者（第一语言和第二语言）的行为和他们被灌输的符码和价值观体系有着密切联系。Diep（2011）指出了越南语学习者很难开口说话的经历。这些学习者受到他们自身文化和制度情境的影响（对社群其他成员的义务把所有个体联系了起来，人们必须掩盖自己的个性，掌控快乐、愤怒和欲望，自我表达时主要通过行动，而非言语……），他们没有准备好采取积极的态度和自由的发挥。

口语流畅度是参与密切交际合作的能力，也是一项资本，但每个人的掌握程度并不相同。Suzuki（2001）发现自发性不是日本老师寻求的态度之一；大部分时候，他们在面对学习者立刻作答时会保持缄默，因为他们认为这样的回答未经思考。在这个国家，积极参与可以通过说话以外的态度表现出来，教师单一的关注点和权威形象也会导致学习者采取一种保守的态度。同样的文化参数可以解释阅读在日语教学中的重要地位。

如果一些学习者（通常是比较被动的学习者，更糟的是那些在课堂上“无话可说”的学习者）频繁参与角色扮演，让他们的新角色充满活力，其他人（数量很多）会对“真实时刻”保持怀疑，害怕强烈的感情，担心自己幼稚化[①]（Lazanov的暗示教学法的重要元素），并发现躲藏在面具之后很难，最后接受这种类型的创造性社交任务的规则，参见 Bardovi-Harlig（2000：332）：“个性化叙述”（personalized narrative）。

7.7.11 翻译

7.7.11.1 以学习为目标的翻译

在讲授语言和文化时，使用翻译是完全合理的。翻译是指用目标文本来重新表述源文本，在语言课程框架之中，翻译始终是“教学性的”。这是一项基本练习，传统上用来评估词汇和语法点的掌握情况和巩固知识。无论是将第一语言译成第二语言，还是将第二语言译成第一语言，它们检查的都是理解与表述，对于弥补源语言的任何缺失都是必不可少的。翻译既是教学策略，也是形成性信息重组技巧，它有助于识别那些带来“对等问题”（equivalence problems）的语法结构和词汇成分。翻译要求始终关注原文的一切语言和文化维度，调动目标语的所有“文体变体”（stylistic variants）中的各种资源。

翻译活动的基础从来都不是单纯的两种语言之间的词汇替换。如同 Jakobson（2003：80）所述，我们可以认为，大部分情况下，人们在从一种语言翻译到另一种语言时，是用一种语言的信息去替换另一种语言的信息，因此翻译涉及的

① 根据 Lazanov 的暗示教学法，通过一些游戏、角色扮演等，使成年人或青少年学生在学习中体验到幼年时代的幼稚无邪，使其无须矜持于个人的尊严和社会地位，在课堂上天真毕露，回复到儿童时的感情和直觉力，则可接受性大为增加。信息源的权威化和信息接受者的幼稚化形成一种“信息势差”，便于突破学习者的反暗示防线，增加信息接收量，加快信息接收速率。——译者注。

是使用两种不同编码的对等信息。

鉴于学习者在学习第二语言时很自然地会参考自己的母语，翻译似乎是一种特别有效的方法，它能够在两种语言之间寻找并确立最初的关联，消除学习中的模糊之处以及词汇和文化干扰。虽然出于明显的原因，使用节选段落是合情合理的，但孤立的文本却不利于学习者，甚至让他们无法在更广阔、更有启发性的语境中去释意。

因此，翻译是一种能够对比两种语言系统的有力手段；两种语言所提供的语言选择在不断更新，学习者要寻找最具说服力的结构和表达方式，这些都构成了一个特殊的探索领域。对翻译的观察和评估，尤其是对未知的“文化所指”（cultural references）的处理，在第二语言学习的过程中都是极为有利的。我们要意识到，用一种可被接受的方式来翻译单词意味着用恰当的方法来找到同时符合语言标准和文化规约的对等译本。这种练习表明，意义对等之所以常常导致语言形式的不对称，是因为文化不一定包含有对等的“语言容量”（volume of language）。如同 Ladmiral（1998：24）所述，我们应当区别“语言层面未言明的内容”（linguistically unsaid）（不同的语言对真实的明确内容的体现并不相同）和说话者/写作者的策略中的“话语层面未言明的内容”（discursive unsaid）。教师应反复解释，翻译是由交际情境决定的：“在类似的情况下，人们用目标语该怎么说？”（见下页表 41）。

在大脑中，一种语言的某个单词及其在另一种语言中的“对等”通常是非常紧密的，就如同一种语言内部的某个单词及其同义词也是同时出现在一个关联网络之中。法德双语词典把 bilingue（双语的）译为 zweisprachig。然而，把“Je suis bilingue.”（我是双语者。）译为“Ich bin zweisprachig.”虽然字面一致，但不太恰当（Hélot & Benert，2006）。德国人虽然对双语现象比较着迷，但似乎并不会轻易表示自己是双语者。相较于“我是双语者。”，他们倾向于说：“Ich spreche zwei Sprachen.”（我讲两种语言。）或者“Ich bin zweisprachig aufgewachsen.”（我在双语环境中长大。）。同理，在德国，会讲两种或三种语言的秘书也只是一个 fremdsprachensekretärin（外语秘书）。翻译是一个处理过程，一个理解的空间，一种文化中介行为。从这个角度来看，作为中介的教师扮演的角色等同于译者。作为文化中介的空间，语言教学、外国文化和翻译之间的联系是密不可分的。

表 41　　你绝对想不到……

英语	法语	匈牙利语	俄语	阿拉伯语	汉语
You will never believe what happened to me.	Vous ne me croirez jamais ce qui m'est arrivé.	Nem fogja elhinni, mi történt velem.	Что со мной произошло, вы не поверите.	مش حتصدق اللي حصل لـي !	你绝对想不到我遇到了什么事。
你永远不会相信发生在我身上的事。	你永远不会相信发生在我身上的事。	你永远不会相信发生在我身上的事。	发生在我身上的事，你不会相信的！	你不会相信发生在我身上的事。	

7.7.11.2　学习翻译

在语言学习中，被称为“翻译”的练习可以被视为复杂的职业实践的序曲。译者自身位于语言和文化的交叉地带。作为中介，他为现有文本带来了新生命，把读者带入了另一种文化之中。翻译是一种特别的阅读源文本的方式，任何翻译都具有“附加”特征，而不仅仅是“对等”；每个新版本都“既相似，又有不同”，每个译者都会给“互文关系”（intertextual relation）带来一些新内容（Strowe，2001：73）。翻译是一种释意和改写活动，因此 Ladmiral（2010：634）提出了具有争议的思考：“译者需要翻译的不是被写的内容，而是他认为作者在写作时的所思所想”。

翻译的结果是：两种语言材料为作者的意图充当“中介”，译者渴望通过另一种系统的成分进行重新表述（Ballard，1990：11-12）。翻译意味着能够理解和重述一份文本，这要求各种语言和文化能力。译者连接了两个世界以及用言语表达世界的两种方式，这两种方式都具有“反相位”（out of phase）和“同相位”（in phase）两种特征（Ballard，2002：38）：（1）反相位指的是考虑它们的文化和语言特性，（2）同相位指的是它们的普遍特征。在寻找能够被接受的翻译的过程中，始终要学习在保留与（重新）建构之间保持平衡。

翻译的目标是有效地表达原文本，它也倾向于探索自身的“诗性”（poeticity），所以翻译是一个复杂的现象，在单一学科的框架内是无法理解它的。在概括源语言的概念信息时，目标语中缺少某些“语法过程”（grammatical processes）绝不会让翻译变得不可能实现（至少在字面意义上）（Jakobson，2003：82）。

或许问题的关键不在于翻译是直译还是意译。翻译的起点是意义，终点也是意义，翻译最终寻得的结果只能用一种标准来衡量，那就是意义（Pergnier，1983：132）。

译者的选择似乎介于准确翻译和不准确翻译之间。因此，Vinay 和 Darbelnet（1968）提出，译者要使用比较文体学的分析方法，只要不和目标语相悖，就采用直译，只有在涉及保留意义的情况下才放弃直译。

大量对比研究案例表明，将翻译过程中出现的参数进行系统化研究是有可能的，而且大有裨益。面对可能存在多种翻译方案的情况，译者要发挥“创造性的主体性”（creative subjectivity），对这个翻译过程中存在的现象进行语言研究是合情合理的，我们没有理由反对（Lab，1992：84）。

翻译莎士比亚的作品和联合国报告要求不同类型的能力，然而从根本上来看，发挥作用的是同样的语言和技术过程。造成区别的是文本的功能：在某些情况下，占据主导的是信息型目标，在其他情况下，则是美学目标，根据被翻译文本的性质不同，这些功能以不同的方式结合在一起（Oustinoff，2012：65）。

人们是否能够识别翻译过程中的操作？翻译过程是否能被简化为一系列有限的技巧？Vinay 和 Darbelnet（1968）提出了七种翻译技巧：（1）“借词”（loan-word）是所有翻译程式中最简单的。人们可以使用外语词汇，增加目的语的地方色彩。（2）“仿造词”（calque）［或“套译”（loan translation）］借用的是外语中的短语（或句子），把这些短语的构成元素对等译出。（3）“直译”（literal translation）（词对词）指的是从一种语言转换成另一种语言，译者除了语言要求以外不需要考虑其他任何事情。（4）“转换”（transposition）指的是用话语的一部分替换另一部分，信息不发生改变。（5）“调试”（modulation）（新的视角），当人们意识到直译或转换最终产生的是一种语法正确但和目的语的“特质”发生冲突的句子时，“调试”是一种更合理的程式。（6）“对等”（equivalence）指的是用完全不同的文体和结构手段来描述相同情景的方法。（7）“改写”（adaptation）指的是当源语言的信息所指的情景在目的语中不存在时，需要根据对等的情景来重新创造。

人们掌握了这些程式之后就有能力翻译吗？当然不是。译者无法拥有奇迹般的解决方法，但日复一日的教学实践可以证明，为一种语言系统向另一种的快速转换提供便利的策略肯定是存在的，译者使用这些策略可以避免落入许多严重的语法和文化陷阱之中。很明显，文本的类型是多种多样的，语言和术语结构的变化是无穷无尽的。我们怎么可能以策万全呢？

本着更好地安排翻译学习的原则，教师最好使用一些应用范围清晰可辨的文本。Guidère（2011）提出了一种差异教学法，每个学习者对自己的差距进行判断（“我能做什么？”“我应该做出什么改进？”），在此基础上根据自己的需求来调整体系（在线学习网络平台）。他确定了就业市场上存在的五种职业文本类型（经济、法律、医学、技术和信息、广告），每种类型都拥有特定的语言和术语问题，它们需要调动相同的翻译能力，文化维度也包括在内，例如习惯用语和搭配、政治和宗教内容、文学指称和诗学隐喻等，每种类型都通过一组根据真实文本来设计的练习来检查和巩固语言变体（社会、地理、历史、文体）以及特定社群（包括非言语内容）的互动规则的掌握情况。

Baldo（2002：9）提出用元语言来帮助学生入门，并通过分析双语电影语料库来讲授翻译程式，目的就是让学习者意识到翻译的客体不是单词，而是单词背后的思想，并鼓励学习者摆脱源语言文本的形式，因为不同的语言在词汇、句法和文化层面是不对称的。对这种文本类型的思考能够让我们意识到“正确的翻译方式只有一种”这种想法绝对是一种谬误。

7.7.11.3 奶油蛋糕和葡萄干

某些单词无法被翻译，这很正常，因为它们对应的概念在目标文化中并不存在，或者在目标文化中的状态不同。Sechehaye（1969：82）在1932年所写的一篇论文中把语言事实比作“印记”（impressions）：它们“是鲜活的事物，生来与众不同，绝不以同样的方式重复。每个这种类型的事实都具有独一无二的性质……语言事实就是这样，它们能够改变我们的想法，或者将想象付诸行动。两种语言之间没有理由必须存在对应。一个生动的法语单词能够带来复杂而新颖的联想，其他任何语言都没有单词能够以同样的方式将其呈现出来”。“不可译”表达的是各种文化社群所拥有的财富，从人们的集体经历来看，当涉及社群所特有的现实（例如，国家或地区的特色饮食）以及单词负载的内涵时，不可译的情况尤为明显。

Mounin（1963：59, 68&278）在分析翻译的理论问题时表示，不同的世界、不同的文化或文明彼此是不可渗透的，两种特定文化之间的隔阂进一步加剧了它们的语言为翻译所带来的困难。的确，*我们看到的世界只是我们的语言向我们展示的世界*。他进一步表示，把一种语言的信息转换成另一种语言总是有可能的，但是我们必须接受的是，不能要求一种语言的某个单词对应另一种语言的某个单词。归根结底，即便是最短暂、最主观的内在价值观念也可以通过说话者和听者、作者和译者所共享的情境来传递。如果此类单词在孤立情境下是不可译的，那么当它被置入某个情境时就变得可译了。

在 Seleskovitch 所谓的“释意”理论中，所有翻译都被视为（1）连贯的内容重述和（2）某些要素的转码阶段的共存。她用“奶油蛋糕和葡萄干”这个隐喻阐述了二者的混合：“我按压，揉捏，把话语成分混合在一起，就像对待糕点原料一样；然而，我加在混合物里的葡萄干却在揉捏和烘焙过程中保存完好，它在最终的成品中清晰可辨”。同理，我们也可以找到没有被话语所改变的第二语言单词，即便在情境之中，它们自身特定的表意身份也没有改变。

Ladmiral（1998：23-24）在回忆由来已久的“异化”（foreignization，尽可能保留源语言风格）和“归化”（domestication，调动符合目的语要求的资源）之争时，思考了 pancake（薄饼）一词的法语翻译。它既不是 crêpe bretonne（布列塔尼可丽饼），更不是 galette au sarrasin（荞麦饼）。如果译者认为美国文化特性并非重点，大可将其译 crêpe（可丽饼），但是译者保留了 pancake 这个英语借词。

面对如此浓厚的文化内涵，尤其是在文学作品中（文学语言已经远离了当下的交际语言使用），文学译者可以在翻译（=保留它们的形式，不考虑它们的可理解性）、转换（=保证它们的可理解性）和改写（=创造一种“重写”或“仿造”类型的新文本）之间做出选择（Montécot，2001：286）。

从一种语言到另一种语言总是导致最初意图发生改变，如同 Dufays（2007：81-82）提出的，这种情况的首要原因是无法回避的模式化倾向（见下页表 42）；想要接近原意，我们往往必须摆脱原来的形式，因为置换和重组是翻译活动的典型特征（Szende，1994）。

表 42　　请留言……

英语	法语	匈牙利语	俄语	阿拉伯语	汉语
Please leave a message after the beep.	Merci de laisser un message après le signal sonore.	A sípszó után hagyjon üzenetet.	Диктуйте ваше сообщение после звукового сигнала.	برجاء ترك رسالة	请在提示音后留言。
请在嘟声后留言。	请在嘟声后留言。	声音信号后留言。	在声音信号后口述您的信息。	祈祷留言。	

文化典故被视为一种永恒的困境（Bensimon，1998：12），在这种情况下，译者有两种解决方法来避免陷入困境：要么使用一种陌生而晦涩的表述，要么使用一种失去陌生感和原有特征的文本。因此，如何同时避免文化的晦涩和冗余的注解就成为一个关键问题。很明显，过度解释会分散读者对作品的关注，但某些内容对于理解叙事又是不可或缺的。

7.7.11.4 实物

对于想用外语翻译固定表达的译者而言，可供使用的解决方法是多种多样的，但“文化替换”（cultural substitution）是最重要的。Sévry（1998：141）提到了一个祖鲁语成语的翻译案例。最接近源语言的译文是“Stature cannot be obtained by force.”（长身体不能靠蛮力。），“Rome was not build in a day.”（罗马不是一天建成的。）这种译法不能被接受，因为它没有非洲文化的特征。Sévry 没有抹去或消除第一语言文化，他给出的翻译是“It is not force that will lend you scope.”（拓宽眼界不能靠蛮力。）。然而，对“自然”的要求不能掩盖任何用外语书写的文本所固有的陌生感。“未译出的”不能和“无法译出的”混淆，前者通常以直接借词的形式出现，能够创造一种地方色彩或异域风情，不应被“宿主语言”（host-language）同化（Sergeant，1998：225）。

翻译这种活动以一种自相矛盾的方式证明了所有语言彼此既相似又不同，正如 Rey（2005：XIX & 1856）所述：“对翻译而言，没有什么是完全透明的——面对这个名为诗歌的充满创意的过程，一切都是不可译的。但是也没有什么是完全不可译的，因为某种无法理解的功能可以让作者涉足另一种语言，吸取它的魔力，为己所用……”在《法语文化辞典》（*Dictionnaire Culturel en langue française*）中，他使用配有真实语境的例句来阐释 coq（公鸡）一词的用法，同时也配有插图，提供该词在不同时期的各种象征价值，例如报晓的公鸡、将太阳女神从藏身之处召唤出来的公鸡、象征了光明战胜黑暗的公鸡、被视为哨兵和先知的公鸡，当然还有法国的象征高卢雄鸡（在辞典后面章节中被专门提及）。在充满了爱国主义和冲突的法国大革命时期和体育界，公鸡都象征了法国（这个传统有时会和盲目的民族主义联系起来）。

两种文化之间的渗透性是相对的。在语言层面存在不可译性的领域也有着文化层面的不可译性（Bensimon，1998：11）。对于第二语言的文化事实，译者必须提供接近真实的对等词，并且要牢记有些情况是彻底不透明的（例如我们想要翻译的某个事物在目标文化中不存在，因此在目标语中就没有相应的名称），有些是部分透明的（例如，实物的确存在，但有不同的内涵意义），这样才能让源语语码和目标语码存在真正的对应。语言之间的不相符性和文化实物之间的不相符性有着紧密联系。

英语 bread（面包）真的是法语 pain 的对等词吗？Seleskovitch 认为（1968：142），对美国人而言，bread 是一种切片之后用玻璃纸包装起来的海绵状的物体；对法国人而言，le pain 是一种外皮松脆、金黄色的棍状物体。Ladmiral（1998：27-28）提到了一种范围更广的通过语言表达的“社会文化”（socioculture），在他看来，社会实践（大约存在于某个时期）就等于文化（能够创造传统）；翻译从社会到文化的一切是理论上的主要目标，但在真正的翻译实践中是不可能的。

诗人 Bialik①有一句优美的金句：“读《圣经》译文就好比隔着面纱亲吻新娘”。关于能够影响任何文本及其接受的限制（社会的和意识形态的）和规约（修辞尤为明显），文化要素的翻译问题总是出现在特定情境中。Gambier（2008：181-190）以 lamb（羔羊）这种在《圣经》中无处不在的动物为例，它的一系列内涵意义都与天真、脆弱有关，但是如果把《旧约》中的类似段落翻译成因纽特语，那么这些内涵意义的翻译就非常棘手。

多少译者都曾被迫改变、“重构”外来文化事实，让它在被移植到另一种语言的过程中遵守新的文化规范。Bensimon（1998：10）曾提到某些非洲作品的文化距离尤其是其可译性，这些作品包括了西方文化范畴中几乎没有或者完全没有的象征、意象和概念，他思考在某些极端情况下，翻译这个概念本身是否依然可行。Alleton 和 Lackner（1999：7）指出，在空间和时间上都相距遥远的社会之间的一切根深蒂固的差异都应被克服。这部著作的主要结论之一是：没有不可译的文本，只有懒惰的译者。

7.7.12 面向真实的社会行动

7.7.12.1 真实生活任务

通过合作手段把“互动知识”（interactional knowledge）纳入协商计划框架

---

① Haim Nachman Bialik (1873-1934).

之内在很大程度上要求主动参与各类情境。作为全球化不断发展的地球上的公民，如今的个体必须能够适应需要频繁到处往来（实体和虚拟）的复杂现实；良好的第二语言水平要求必须掌握一整套预先习得的知识。语言能力就是参与社会行动和互动的能力。如果不考虑观察者的主体性，就很难掌握文化。因此，让目标文化和源文化发生接触，就必须定向观察那些学习者熟知而且能获得学习激励的社交空间和话语空间。例如，面对由年轻人组成的听众，教师利用这些年轻人的爱好和追求，比如互联网，游戏、电视和电影，通俗语或俚语等（参见 Volkmann，2010：49，“与学校有关的主题原则”），来接近他们的世界和集体行为，他也可以选择一些让学习者渴望了解内容的材料（Meissner，2010：30）。

在语法中，和典型内容及其变体一样，非典型内容能够解释系统的运作方式。Zarate（1986：104）强调了通过文化结构的异常情况来描述文化在教学方面的益处。让学习者通过破裂和冲突来更好地了解日常生活的同时，教师也可以让学习者意识到：（1）互动是由一系列的仪式化、新创造、压力聚集和释放的时期所组成；（2）参与者的立场会因为不间断的微小协商而发生变化；（3）在互动过程中，不可预知的情况尤其是紧急情况都是司空见惯的；（4）不同的说话者会带来完全不同的互动体验（Traverso，2001）。

自然且自发的交流建立在常规之上，无法强行约束，如何能将其移植到外语情境中呢？

在 SCOTLANG 研究项目中，Holtzer（2003）指出，学习法语的苏格兰学生和学习英语的法国学生通过每周的电话互动能够获得不同程度的仪式化技巧，这些技巧符合情境，而且是每种文化环境所特有的。

语言发展与社会实践有着根深蒂固的联系。在语言学习中，认知与社会的部分重叠是一个至关重要的因素。知识不能依靠教师直接传授并机械叠加到已有知识之上，它必须由学习者自己建构，尤其是要通过真实的实践（做中学），根据众多经验来逐渐调整自己的知识，使其符合目标语言的使用规范。

如何才能习得能够保证社会交际的规范？“任务型教学法”（task-based learning）想要超越“交际教学法”（communicative approach），寻求重建真实语境，它认为这足以触发动态习得过程。这种也被称为面向“行动教学法”（action-oriented approach）的方法呈现给学习者的是社会任务，让他们能够在自然情境中处理课堂交际活动（Richer&alii，2010；Ellis，2003；Nunan，2004）。正确处理真实世界的活动是为了证明语言知识和文化知识在很大程度上是可以共同建构的。学习者（拥有自己的语言和文化的“社会行动者”）要面对的活动包括了思考、创造和分享。在 Tomalin 和 Stempleski（1993：9）看来，任务型教学法有三个特点：共同协作、分享和讨论、理解。

“一起做”（doing together）的理念为“一起说”（talking together）提供了有力支撑，“团队合作”成为有效的实施手段。行动教学情境由一系列子任务构成（Bourguignon，2007），它的特点在于任务（1）是语言学习者—使用者将会面对的；（2）在学习过程中起到框架的作用；（3）；让子任务有意义；（4）处于既定的语境之中；（5）与某个领域（社会生活的重要部分）有关联。

情境行为向社会行为的过渡具体包含什么？教学单元框架中的最终任务是否继续强调语音和形态句法？如何在不破坏学习者的学习动力的情况下设计语言结构的学习？这些内容不仅仅是抽象的说辞，也不是一系列脱离实际应用的重复练习，学习者要积极参与制约语言使用的社会和语言规范的构建，并感受它们之间的关联。通过师生共同实施的综合集体活动（筹备一次旅行、设想一个情境、介绍一则新闻快讯等）来共建共同行动文化是真正意义所在。完成一个表述明确的社会任务所需要的框架不能以学习者为中心，而是以共同构建意义的社会成员所组成的群体为中心。为了从社会维度来阐述语境化（解决社会情境化问题），Julié 和 Perrot（2008：155-164）通过电子邮件在课堂上设定了一个行动场景：“我们是美国偶像和澳大利亚偶像的评审团成员”，因此十五六岁的学习者对这种主流节目的兴趣被运用到了教学之中。学习者重新了解了节目的形式和流程，作为想要充分了解虚拟参赛选手的“评委”，他们要以自己的方式重塑和拓展节目。

情景模拟被某种社会惯例所取代。参与者并不是以目标语使用者的身份在课堂空间里表达自我时，而是以彼此同意学习一种语言的第一语言学习者的身份。课堂上的第二语言使用不再是“就像……那样去做”（faire comme si），而是“这样去做”（faire comme ça）（Puren，2009b）。

7.7.12.2 从交际到共同行动

社会行动（social action）和信息素养（information literacy）紧密相连。信息素养明确提到了包括提取和阐释信息、评估信息真实性和适切性、懂得如何使用正确的形式和合适的材质与他人交流信息、懂得如何保存信息以备未来使用，或者废弃不再需要的信息在内的所有能力。严格来讲，面向行动教学法可以被视为一个从交际能力向信息能力的过渡手段，这需要懂得如何处理 Horton（2008）在《理解信息素养入门》（*Understanding Information Literacy: A Primer*）中所解释的“信息素养周期”（information literacy cycle）。

这涉及了交际发生前阶段（意识到存在着某种交际需求或者需要信息才能解决的困难；懂得判定必要的信息是否存在，等等）和交际发生后阶段（懂得如何评估所传递的信息的有效性；懂得通过交际来保存、储存、重新使用、记录信息，等等）的活动。

如同许多交际领域的专家或大师在著作中所指出的，解决问题，尤其是接近现实情境的问题，是掌握和锻炼交际要领的主要方式。因此，交际就是解决问题，克服挑战，对未知做出反应。谁能对此表示反对？当然，我们仍然要对“问题”（problem）进行界定。

与真实世界有关的“任务”（task）意味着要解决困难。这种困难主要指的是需要利用第二语言活动（重述、要求澄清、理解核实、意义协商……）来消除的*不同讲话者之间的信息差*。自然的交际任务和通过分享独立收集的信息来建构知识确实能够创造有利的学习条件，但在第二语言学习中，只有它们还不够（Griggs, Carol & Bange，2006）。

众所周知，仅仅依靠某一种教学方法不利于提高学习效果。面向行动教学法并不禁止任何人寻求其他可靠的教学技巧。在理想情况下，任务是一个范围更广的教育进程的一部分，它能够产生交流，这些交流所带来的协商能够让学习者提高交际能力和语用精准度。面向行动教学法鼓励学习者用语言做事，使用语言来表达个性。当知识以*有待解决的谜题*的形式出现时，教师和学习者之间就会结成秘密联盟，尽管他们合作默契，但此后也彼此竞争。

“拼图式任务”（Jigsaw Task）是利用分散信息来实现合作学习（学习合作，通过合作来学习）的典型案例。它的出发点是在知识学习者之间创造一种依赖，这些学习者所拥有的信息只是解决问题所需信息（例如构思一条连接几个区的路线）的一小部分（例如只有某个虚构城镇的某个区的地图）。每个团队成员必须向其他人解释或论证自己的知识，但无论什么类型的任务，想要将其完成，都需要结合每个学习者所掌握的知识。这种任务的目标是帮助学习者系统建构他的知识，利用创造力来培养他的人际和社会技能（Mackey&Gass，2005：71-72）。这种任务让人想起了 Lozanov 的暗示教学法，这种教学法从最初就提倡用解决问题来刺激想象力：“图 137 飞机从索菲亚飞到巴黎需要三个半小时。如果它在索菲亚晚点25分钟起飞，那么抵达巴黎需要多长时间？……”（Belanger，1978：218）。

为了加快“国际”学生融入大学生活，Lepez（2008：63）在为他们提供语言训练的同时，主张设置“文化项目”，其根源是各种富有创造力的活动中的学习行为。这些涉及社会和日常生活（探索一座城市、一座博物馆，采访，媒体评论，等等）的活动可以让学习者“探查什么是能力建构的根本所在”。

以任务为核心的教学方法把课堂变成了一个迷你社会，一个“学习企业”，拥有自己的契约和交际空间，意图实现合作式社会行为，这些行为能够带来明确的结果，例如摄影小说、图书馆目录、网站，以及需要头脑风暴、协商和分阶段筹备的集体资料。此外，可以确定的是，互联网打破了“课堂”和“外界”的二元对立，我们应当思考的是布置社会任务时“网络现实”（cyberreality）/“网络虚拟”（cybervirtuality）的重要性。

《欧框》的作者与面向行动教学法所强调的重点相同：学习者应当被视为“社会行动者”（social actor），与该语言的其他使用者相同；学习者从交际转向共同行动：语言学习是积极使用语言的准备阶段。相较于形式，人们更加关注意义。《欧框》区分了四种活动类型：（1）语言输入和（2）语言输出（语言课程中的传统活动），（3）语言互动（对话者通过话语转换参与口语和书面交流）和（4）语言中介（基本类型有笔译和口译；语言使用者不表达自己的交际意图，扮演中介角色）。《欧框》以量表的形式提出了能力等级，并给出了大量信息来讨论学习者在特定等级能够（或不能）做的事情。

言语行为（面向他人的“个人行为”）朝着社会行动（与其他人“共同行动”）转变。在《欧框》的参考社会情境中，行动者身处社会和职业环境之中（可以是多语的和多文化的）。第二语言的日常使用情境（目标环境）和学习环境（第二语言课堂）都被考虑在内。在这种教学方法中，学生自己产出的文本如同新一代的“真实语料”（Puren，2009a：158-162）。

7.7.12.3 语言和最终目标

在观察教学行动框架内的社会因素如何发挥作用时，学习者能够意识到日常交际行为中的某些情景及其涉及的行为规范是可以提前预知的。这一点在学习职业语言时尤为明显。Bardovi-Harlig（2005：8）提到了“机构话语”[①]（institutional discourse）并区分了言语事件的两种主要情况：（1）某个机构的代表与机构外部人员（例如顾客）的互动；（2）某个机构内部成员的互动。

想要理解职业或机构语言，就要把日常文化要素、专业领域要素甚至企业文化要素融合在一起。职业情境完美诠释了语言总是有一个最终目标，一个需要完成的行动，例如了解使用说明书、组织人员调换、拟定外交电文、在大学注册、应对与学校有关的常规，等等。

我们以 Wenger（1998：72-85）提出的“实践社团”（community of practice）为例。这个概念所指的既是成员共享活动的团体，也是拥有共同利益者之间的集体学习过程。实践社团的特点不仅在于互相参与和共同行动，也在于共享一切知识，知识的来源多种多样，例如“社团产出或接受的常规、词语、工具、做事的工具、故事、行为、象征、类别、行动或概念”。实践社团共享集体记忆以及不可避免的交际捷径。

“交际社群”（communication community）的概念（Maingueneau，2009：27-28）指的是分享相同的言语规则的个体所组成的群体。如果我们针对的是一个较小的社群，而且这个社群的成员共享某些关于话语类别的知识时，例如大学社群，这个概念就很有用。互联网有利于隶属多种语言和文化的对话者之间的核心交际社群的出现与发展。“专业人员”群体使用的语言是外露的利益与话语产生和传播的场域所形成的审核之间的折衷产物（Bourdieu，1982：167-168）。

无论是在特定的工作场合，在大学里，在双语学校或大城市，任务和交际要求或多或少都属于特定的“社群”，这些社群有着不同程度的关联，也有着自己的价值观、默认的规约或行为、言语、讲话方式、预料之中的举止，有时也有特定的词汇和文本组织形式。从这个角度来看，在一些旨在培养特定社会环境中合理互动能力的语言课程中，“剧本”（script）成为一种宝贵的工具。剧本不一定是范本，它们从共享的职场、大学、学校或城市的知识中构建自己的逻辑。作为提高语言和文化意识的工具，它们能够适应学习者的经验场域（Grünhage-Monetti & alii，2004：53-55）。与此同时，如果我们仅仅把场景作为教学基础，不关注无法预料的情形，就可能培养出一种不完整、不灵活的能力

① 以各种职业或工作场景分类的话语互动被称为机构话语，与日常会话相比，机构话语就有明显的目的性，并且通常发生在一定的环境之下。——译者注。

（Cicurel & Doury，2001：13-14）。

第二语言学习者拥有一定量某些预先习得的知识。在不同程度上，他学习用第二语言表达的内容已经知道如何用第一语言表达。虽然这是不可或缺的，但对于第二语言的理解和话语产出而言，我们通过第一语言文化而获得的某个特定领域的“技术”知识还不够。每个“专业领域”都和某个特定的社会实践有关联；我们可以观察到，“专业化”（词汇和话语使用的要素）的性质和内容根据不同的文化而有所变化。在理论上，语用条件是具有普遍性的，以社会实践的形式来完成交际任务也根据不同的文化环境而有所不同。Gumperz（1989：18）根据不同的讲话方式指出了能够传递贴切信息的语言工具。

在某个特定学科中，根据不同的文化，语言形式、功能和表征都有可能发生变化。Moirand（1992：35）观察到两个“民族”的话语实践尽管有相似性（盎格鲁—撒克逊世界的应用语言学文章和法国第二语言教学法文章），但从修辞角度来看却大相径庭。

在 Bourdieu（2001）看来，想要了解某种文化生产（艺术的、文学的、科学的……），只提到文本内容或者这种生产的社会背景是不够的。因此，他提出了“场域”（field，艺术的、文学的、科学的……）存在假说，这是一些相对自主的空间，拥有自己的规则的微缩世界，而且包含着“行动者”（agent，生产和再生产艺术、文学或科学的个体和机构）。

7.7.12.4 职业现实

如果说二语教学想要让学习者更加接近真实世界，那么针对职业人士（或者在职业化过程中的人）的语言教与学的目标就应该是让他们身处接近职业现实的情境中。专门用途外语教学的方法论有诸多争议。这种教学与专业培养计划有着各种关联，例如机构框架、大纲规范、专业化级别的培训大纲、教学者对某种外语的专门用途的体验和描述等。这样的培养计划应当局限于通用语言吗？它是否应当向一个培养横贯能力、与所有专门职业交际情境相关的领域开放？它是否应当涵盖一个更宽或更窄的职业范围（职场＞商业＞金融＞股市，等等），忽略特定领域的专业术语，发现不同的文化中典型的书面语和口语的多样性？Mourlhon-Dallies（2008：31）准确指出，接受过银行业专业语言培训的商务人士也应当能够在午餐和晚餐时间在餐馆点餐，他们必须能够用非专业语言向朋友们解释自己从事什么工作。

我们能够将工作活动模块化吗？Mourlhon-Dallies（2008：83）指出了博物馆管理员岗位上的三种象征“空间”，每种空间都需要差异化的任务互动：（1）私人领域：工作时不需要与博物馆游客有面对面互动；（2）合作区域：针对一切与同事交流有关的事情；（3）顾客区域：当面或者以电话/电脑为媒介的服务互动。

Grünhage-Monetti 和 alii（2004：13-14）把职业框架内的语言实践描述为一种涉及三个互动维度的现象：（1）操作/功能维度（交换信息、遵从指示等）；（2）文化维度（使用恰当的语言层级，例如身体语言等）；（3）思辨维度（理解某个特定时间社团的关系；评估行为和事件的社会恰当性，等等）。

在任何工作场合，语言都经历着外显和内隐的文化标准的塑造。Barmeyer（2007）力图识别出公司内部受到重视的行为模式。他解释道，由于彼此竞争的价值观念以及源自合作者和管理者的不同视角，国际项目在推动互补的同时，也可能造成冲突。值得关注的是跨国企业的招聘举措，除了发挥中介作用的本地人之外，他们也选择拥有“相互理解能力”的员工，而且在大部分情况下，这些员工在自己的职业生涯中已经接触过各种文化。商界反映了它身处的社会环境的普遍情况。意识到上述内容的个人更容易让职业生涯顺风顺水。不了解企业生活的隐含规则的个体则有可能遭遇失败。Barmeyer（2007：12）指出，和民族一样，企业也有自己的“英雄”，常常是它们的创建者和总裁。

掌握社团的主流话语体裁和参考体系对于提高工作表现至关重要。在我们的社会中，了解影响话语使用的规则正在成为一项重要的优势，与此同时，工作环境也越来越重视语言使用这项“自然”资源的价值，“语库”[①]（verbal repertoires）成为经济利益的关键所在。交际能力正在被赋予经济价值，此外，无论通过日常交流还是层级组织来构建工作场合的权力关系，都与交际能力密切相关。语言既是一种技术能力，也是使用或销售产品的能力（Kahn & Heller，2006）。

在国际范围内，一个被称为“语言工作者”（language workers）的社会类别

① 语库的概念由互动社会语言学家 John Gumperz 提出。语库可以简单理解为某个言语社群通常使用的语言表达形式，包括所有的变体、方言或语言，不同的言语风格等。说话人可以出于特定的交际目的，从这些语库资源中做出某种言语选择，来表达认同、达到交际目的。——译者注。

正在出现，也就是那些以沟通为主要工作的人，例如，“呼叫中心”[①]（call center）可以被重新分配的操作员或代表；译员；信息系统/计算机工作人员；服务提供商；销售代表，等等。在这种情况下，公司以各种形式来增加真实感（虚构环境、英国或美国口音，根据目标客户选择更具文化说服力的名字），将语言活动格式化，使其变得有利可图。“您好，我是桑迪，请问有什么可以帮您的？”，这是成千上万的顾客拨打免费电话号码时经常听到的句子，但实际上，这句话可能出自一个名叫拉克希米（Lakshmi）的年轻男子之口，为了满足外包预约中心的要求，他严格消除了自己的印度口音（Kumaravadivelu，2008：28）。

和其他各种语境中产生的话语一样，职业话语也植根于“文化预制”（cultural preconstruct）之中，充分体现了语言与社会群体之间的关系。Moirand 和 Tréguer-Felten（2007）在研究中阐释了这一点，他们分析了一个国际发行集团的英法版本的职业道德准则。虽然同一份文件使用了两种相同的形式，只是语言表述有所不同，但 Nos principes d'Action 和 Principles of Action 所传递的世界观并不一样。

所有语言都受不同文化的规范所支配，在上述案例中，对工作环境的描述参与创造了两个截然不同的职场环境。英文版使用了现在时的动词（act，perform），这些动词反映了一个动态场景，在这个场景中，集团员工忙碌工作，而“作为员工的个体”的义务被明确表述出来。法文版则相反，文本采用的方式或表达手段似乎将行动变得“理性化”了；集团的管理层要求员工“努力呈现出我们的最佳工作状态”，试图通过法国管理团队来说服，而非强迫。无论使用母语还是第二外语进行表述，编写者都在他们的话语中投射了自己的职业（甚至社会）环境所特有的表达方式。因此，我们可以看到，我们无法让自己和文件所处的语言文化环境保持距离。这一切都意味着要对话语互动进行研究，而且对话间的交互对比与研究职业术语同样必要。

文化的等级在职业领域中是否受到了限制？正如不同的文化中有不同的管理和招聘方式一样，不同的国家的简历也有不同的写法。虽然没有构成单独的板块，但专业语言是有着自己常见的构成规则的语言，一种遵从与特定的思维操作有关的“领域逻辑”（domain logics）的语言（Mourlhon-Dallies，2008：33）。

---

① 即在一个相对集中的场所，由一批服务人员组成的服务机构。通常利用计算机通信技术处理来自企业、顾客的电话垂询，尤其具备同时处理大量来话的能力，还具备主叫号码显示，可将来电自动分配给具备相应技能的人员处理，并能记录和储存所有来话信息。——译者注。

军队职业环境中使用的模板几乎没有留下语言即兴发挥的空间。从标准化角度来说，军队话语的由预先设立的话语组成，一经产出，便自动引起接受者的回应，特定情境中的任何其他产出类型都被排除在外，例如某些口头命令[left-right（向左转、向右转）、stand at ease（稍息立正）]和无线电程序[this is（这里是）、acknowledge（请认收）]。话语体裁（仪式演习、颁发奖章）中的相关主题（爱国之情、鼓劲动员）几乎不会因为讲话者不同而有变化（Trouillon，2006）。

所有职业语言都会把工作场所的成员联系起来，并且让人们辨别出不属于这个环境中的人（Szende，2013b）。华尔街的语言，即证券交易经纪人的语言，遵循传统，充满隐喻，外人不易懂，男性特征十足，以口语和身体语言为主，这种语言服务于努力捍卫自身利益的金融社群。Van der Yeught（2004）引用的例证表明，在纽约证券交易所之外学习这种专业的微小领域的语言是不可能的；职业人士总是能通过一些“细枝末节”发现谁是门外汉，这些格格不入的语言细节暴露了他们。专门用途语言的功能不仅仅是高效传递信息，通过不断维持自身的不透明性，它能够区分了解语言规则的内行人和不了解相关知识的外行人。

当然，这种复杂性并不是工作场合所独有的，任何人类团体都可以通过有创意的秘密规则来凸显自身的不同，帮助团体成员接受一整套价值观。要理解这一点，我们只需要想想青少年语言中无数种偏离原意的表达，所有意有所指、饱含幽默或充满敌意的回应，以及他们的“副语言交际”（paraverbal communication）中的象征手法。

7.7.12.5 学术环境

在国际交流的大背景下，学术第二语言为我们提供了一个新的思考领域。在某种程度上，无论是外国人还是本国人（后者也一样），学生都必须遵守大学的要求，掌握明确的话语情境中的事实性知识（factual knowledge）。在落实根据学生的横向需求而制定的语言培训大纲时，我们会涉及两个问题：（1）什么样的语言和文化内容应当被纳入这类大纲，（2）学习者应当培养哪些特定的职业能力？

除了严格的语言维度（专业术语和学科表述，不同学科中的宏观横向话语能力，例如阅读图表、示意图、绘图，程式化的交际情境，等等），一个帮助学生融入大学的项目想要获得成功，也要求帮助学生深入了解大学文化。这种文化包含各种内容：学习和评估的逻辑、对空间和时间的使用、大纲的筹划、写作方法和知识处理（其中一些是从中学时期开始的），以及和当地文化有关的共享知识，例如，科学语篇中特别常见的隐喻经常为了教学而被重新表述（Mangiante&Parpette（2011：57））。然而，我们需要承认的是，希望去国外上大学的人所面临的“大学社会行动”的困难和那些本地学生所要面对的困难是相似的。

考虑到话语无与伦比的多样性，Gohard-Radenkovic（2004a：175）列出了五个语言使用者在大学情境中可能遇到的能力类别：（1）介绍自己以及展现关于自己的信息（简历、附信、申请材料）；（2）压缩信息（技术数据表、读书笔记卡片、项目工作表、进度报告）；（3）展现信息之间的平衡性（概括、推荐和持续性活动报告、卷宗）；（4）分享自己的想法或为之辩护（叙述、评论、论文、口头汇报、辩论、演讲）；（5）重新建构或阐释他人的信息和想法（翻译、理解、换位）。

熟练掌握专业实践意味着要仔细审视自己所涉足的话语活动。在学生需要完成的主要大学任务中，讲座最能代表大学特点（时间长、信息密度大、不间断、内容抽象、几乎不可能与教师互动，等等）。在讲座中做笔记比在普通谈话中获取意义更加复杂。对讲座和较为次要的演讲的理解涉及许多大学情境（制定大纲、工作方法、考试答案要点，等等），这些情境所必需的不只有语言训练。需要注意的是，学术报告是一种在各种情境中反复出现的活动，既有面对范围有限的熟悉人群的非正式情境（如实验室会议），也有针对公开的、听众群体范围更广的场合（如国际科学会议）。

作为一种重要事件，学术报告在多个重要维度上都属于“正在形成的学科”（Miecznikowski & alii，2001）：（1）“时间”（例如有限的演讲时间）；（2）“互动”（例如，该活动面向它的公众，接待活动是组织筹备的一部分）；（3）“物体”（该活动离不开对中介物体的操作，例如，传单、幻灯片、幻灯片展示，等等）；（4）“空间和视觉”（用于活动筹备、在报告过程中分发的印刷材料）。

学习者面对的困难在很大程度上取决于各自的母语。因此，对写作实践的掌握程度受到第一语言的所有语言知识和写作体裁的文化根源的制约。作为一种论述性的写作练习，论文和本地学校以及大学的传统联系密切，有可能让外国学习者倍感沮丧。这种体裁的特点是严格的组织结构，它完美证明了文本的结构绝非放之四海而皆准的。文章或论文写作练习需要遵守文本和文化限制。学术写作专家 Hyland（2008b：548）发现：“对于写作中什么是符合逻辑的、吸引人的、相关的或者结构合理的，不同的文化有不同的看法”。

教育文化（一个社群的成员共享的、通常在家中或者培训机构的教育过程中不知不觉中习得的所有知识）应当被进一步培养，这样才能更好地理解那些有利于或者不利于第二语言写作的修辞差异和写作规范（Hidden，2008）。

使用法语国家和地区广为流传的法式论文写作方法（围绕着一个宽泛的文化主题进行讨论）进行写作的人会发现，在其他文化中，同样体裁的文章是以一种“异域风格”的方式来组织的，或者根本没有任何结构。以职业需求为核心的语言需要了解它所传达的表达方式。我们能否限定学术语言的范围，确定它的“遣词造句方式”？继 Coxhead（2000）的“学术世界清单”（Academic World List，AWL）之后，Simpson-Valch 和 Ellis（2010）制定了一个名为“学术表达清单”（Academic Formulas List，AFL），里面列出了大学语言所特有的所有表达方式。

两位学者没有否认不同领域和科学体裁之间的变化，他们在这份清单中记录了口语和书面语的核心表达，这些表达似乎超越了学科界限，可以被归结为三个功能和实用类型：(1)指称表达(例如，详细列举：“在……的背景下”“在……的基础上”)；(2)定位表达(例如，评估：“重要的是……”“很明显……”)；(3)组织语篇的表达（例如“换言之”“与此同时”)。这种类型的清单建立在这样的假设之上：虽然学术活动的素材、概念和方法千差万别，但它们仍然拥有一些共享的、修辞方式类似的常规做法。

大学文化不仅仅是一个纯粹的术语问题，它也拥有自己系统的仪式和行为，让它在历史中建立的与知识的关系以及它的等级结构长久存在下去。每个参与者都围绕着外国学习者无法轻易了解的所有参数和隐含的规则，扮演着特定的角色，行使其地位所对应的职能。瑞士学者 Gohard-Radenkovic（2002）思考了她自己职业背景中的隐藏维度，即让她被雇用、被承认、被续聘的维度。她赞成增强实践意识，全身心融入语言或其他培训计划中去，从而预判她的外国学生曾经经历过的误解和束缚（不仅仅是语言或心理层面的困难）。

我们可以承认的是，科学领域如同包括辨别、交流、评估与识别分类等活动的地点。在每个学科内部都建构有一些理论范式，它们构成了与相邻领域的范式一致的非均匀概率（Lahire，2007）。

两个学科之间的区别或许也源自那些涉及科学社群的分区功能，尤其是这些社群所划定的领域（Boutet&Maingueneau，2005），由于研究根深蒂固的合作特征，它的认知方面和制度方面始终存在着互动。

事实上，学科的学术划分与研究者社群的分裂是密不可分的。这些社群虽然形成了一些存在立场冲突和证明合理性的“例子”的区域，但它们都建立在相同的概念和范畴化、相同的驳斥/赞同之上；属于某个群体也意味着要掌握某种行话和不成文的规则。对 Touraine（2007：30-35）而言，“时代精神”（zeitgeist）是由占据主导的解释性话语所构成；社群在分享实践和共同利益的同时，交换信息，用一种备受推崇的方式参与相同的演示活动（学术会议、圆桌会议、博士论文答辩评审等），被列入相同的参考文献框架之中（有些被过度引用，有些则无人问津），在每个领域中，都存在着不可避免的“被说过了”和“被写过”的内容。

要解释与科学交流有关的所有文本化结构是极其困难的。一切交际情境都可能导致一种特定的语言实践，“关于陀螺运动的官方学术讨论或者在沙滩上讨论相对论”都可能存在（Bogaards，1994：59）。

在所有科学领域中都存在着高密度的言语材料流通。不同的话语社群中有着不同的引述做法、为了论证而直接或间接引用他人观点的方式、讲话者（参照单位/机构）的删除或委婉表达策略，或者被 Rastier（2005a：159）称为“客观性模仿”（objectivity mimesis）的一系列过程。

这就引导我们对一切类型的文献资料进行思考，哪怕是科学特征不太明显的：它是否系统使用了原始材料（真实的职业话语案例）？它是不是普及性文章？它的方法论是否合适？根据“言外语境”（extralinguistic context）会给语言带来特殊用法的假设，Loffler-Laurian（1983：10-11）重点指出了六种科学语篇：专业化科学语篇、半科普语篇、科普语篇、教学科学语篇、论文型语篇和官方科学语篇。

科学语篇是否只有外延，没有内涵维度？在信息的严谨性背后，还有很多专属于“生成语篇的文化”（generating culture）的语篇位置。与普通语篇类似的是，从自由表达到习惯表达的过渡发生在特定位置，通常是在文本的开头和结尾（Laurian，1995）。Rastier（2005a：159）区分了三种主要的文本分析层次：（1）“副文本”（peritext，例如标题）；（2）“内文本”（intratext，例如图文栏目）；（3）“次文本”（infratext，例如注释）。他也把同样的层次应用到了口语分析中（介绍、阐述等）。

通过观察比句子范围更大的空间中的语言要素之间的关系，Janich、Rhein 及 Simmerling（2010）试图发现四种不同体裁（科学文章、招标投标、普及读物、新闻文本）中无知（非知识，non-knowledge）和确定性缺失（不确定知识，uncertain knowledge）所留下的痕迹，并得出结论，认为每种文本类型都包含自己的语法规则和复现的话语和语用机制，例如否定形式、模态类型、修辞手段或典型的隐喻表达。

7.7.12.6 使用外语感受到的学校时光

内容与语言综合学习法（CLIL）近年来在欧洲被普遍接受。通过“综合”，我们能够理解学校课程中的“锚定”（anchoring）。这个表达方式包括了丰富多样的教育情境，从简单情境到更加完整的情境均包括在内。学习者用两种语言来接受课程中不同主题的指导（通常是官方语言搭配目标语，后者可以是第二语言、地区语言和/或少数语言）。这样的教学方法能够让学习者获得学习大纲中特定内容领域的知识，培养日常教学语言之外的一种语言的语言能力。使用外语感受到的学校时光是一个特别的教学情境，它能够清晰地表明语言本身不是目的，而是获得知识、进行活动的手段。外语为母语者在课堂的出现能够保证一个真实的语言环境。

这种方法的核心在于实现“具体的、自然的、情景化的交际”。这个视角能够提高学习者在语言和被讲授的科目中的动机和自信，强调外语不应当被单独讲授，只关注自身，与其他学科隔绝；相反，各种各样的知识领域通过外语来进行探索和同化时，学习效果会提高（CLIL-EMILE，2006）。

综合的教学/教育把学校内容、学科理念和概念、一个国家的教学方法与另一个国家的相关内容联系在一起。我们无需赘言，学科的分解和重组在不同的社群各不相同，每个国家特有的学科布局也是最能够表现真正的文化多样性的标志之一。教科书如同宝贵的文化指标，贯穿学校所有课程，并提炼出一种设想世界的方式的主要特征。以第二语言呈现和书写的文本、图形、表格等都包含有该语言以及该语言所指国家的固有文化特征。文化特征也可以通过一定数量的仪式和学校习惯来呈现，例如教师/学生的比例、听课/参与的方式、做笔记、评估考核等（Duverger，2008）。语言和文化的混合（Stahl&Müller，2011）有三个主要特征：（1）多样性、（2）真实性和（3）自发性，这种混合应当被视为一个激励学习的机遇和因素。

在这种情境下授课所要求的职业能力也是一个重要问题。在理想情况下，教师拥有融合了语言和非语言学科的双重专业知识，但我们更常见到的是以纪律、学科、创新和体育为内容基础、用第二语言授课的专业教师（讲授某个科目），以及专门讲授第二语言的教师。

7.7.12.7 城市空间

城市生活提供了大量的相遇机会（通常是和完全不认识的陌生人），这些相遇的跨文化特征越来越明显，这有利于多种多样的成员网络的形成。城市是语言和语言变体相遇的共存空间。文化的相互渗透会在城市环境中形成新的话语模态，这些新模态揭示出对民族和社会身份的追求。各种各样的情境包括国际交际语言和跨国性、地区性、民族间或地方语言之间的竞争、交替、创造力、“酝酿”和通用语。城市既是语言统一的场所，也是语言共存的要素，它从未停止过语言的标准化，并越来越渴望得到认同。城市空间的特点在于它是一个聚集了政治和经济力量、交通、会议、娱乐、餐馆和交流的场所，也是一个社会和民族多样性非常丰富、全球性胜过地区性的场所。

在今天，大都市区域似乎形成了一个不受边境线限制的超国家网络。国际移民专家 Block（2006：212&213）提出了“全球城市”（global city）这个概念，其特征如下：大规模移民、民族多样性（宗教、饮食等）和“去国家化”的生活方式。伦敦的前任市长 Ken Livingstone 曾经表示[①]，这座城市中的 300 种语言形成了创造力和活力的源泉，伦敦这座城市也成了最典型的全球城市。被 Kasarda 和 Lindsay（2011）称为“航空大都市”（aerotropolis）的机场正在开辟新的交际空间。它们正在摆脱边缘化，成为互动的全球化世界的中心，预示着一个电子和物理联系密不可分的新城市系统即将出现。

城市区域的关键在于考虑社会文化符码的多样性。城市是一个文化产物，也是一个基地，一个行动和较量的场所：为了在城市社会游戏中帮助自己，个体必须处理始终存在的小型危机。例如，在队伍中，共鸣感和拓扑情境联系在了一起。从拓扑学角度来看，在这种特定情境中，排在我前面的都是我的敌人，排在我后面的都无关痛痒（Moles & Rohmer，1976：45）。

城市环境形成了一个由实践、计划和故事构成的网络。对城市环境的研究有助于理解一个社会的特征和不断变化的踪迹、复杂的空间规划以及对城市记忆的利用。街道和街道上的文字固定了过去的故事和历史。对城市的研究也能

---

① “伦敦的儿童是独一无二的。他们讲超过 300 中语言，其中五分之二属于黑人、亚洲或少数民族团体。他们的多样性是伦敦最强大的优势之一，也是它的创造力和活力的源泉……”，“为了所有儿童和年轻人，让伦敦变得更好”——伦敦市长 Ken Livingston 的序言：“市长面向儿童和年轻人的策略”，伦敦市政府，2004 年。

够把学习者零散的、趣闻性的知识和城市的现实联系起来。城市也综合了人们所想的一切以及谈论的关于自己的一切。Margarito（1995：36-38）在关于他异性的研究框架下，关注了“繁荣的、碎片化的、不连续的大量文本”和构成了城市文字的趣味盎然的语言材料（商店、公司、服务部门、公共场所的名称）。我们所处理的共享知识涉及大量语言内和语言外的信息，例如通过新词体现出来的词汇创造力、模式化的方方面面、当下取名潮流的趋势和规则等。除了这些内容以外，还要再加上大量“幻想”，例如巴黎的一家名叫 Caprizia（女性内衣）的商店，它的名字的灵感来自意大利语，但符合法语的阅读和发音规则。

居住地、通勤、街道、城市空间内部的接触，等等，都是文化事实。城市是一个社会生态系统，个体之间在这个系统中偶然发生互动，这些互动存在着可以察觉的类型（Morin，1994：138）。Stébé 和 Marchal（2010：115-116）指出，女性是城市时间性重组的真正参与者；她们的日常行为主要围绕着彼此关联的众多社会身份展开：交通、手机交谈、工作、超市采购杂货、去日托中心接孩子、组织家庭生活。无论是对一群年轻人、一节楼梯还是一次城市漫步所进行的研究都可以让我们更好地理解现代世界的隐秘之处（Copans，2010：108）。

理解一种外语和文化也意味着去熟悉不同于自身的城市环境的参考标准和运行规则，并且去适应它（例如借助“城市广场”“时尚区域”“富裕社区”等概念；许多文化都会给周围环境和十字路口，而不是街道本身取名字）。在某些城市，房屋按照时间（建造的顺序），而不是按照序列编号（例如，街道的一边是偶数，另一边是奇数）；编号也可以按照街区来进行；在人口稀少的地区，可能根本没有编号……

每个人通过一系列社会能力在城市中生活，例如在公共场合介绍自己、对他者的尊重、偶遇、普通互动等。生活不仅仅是短暂社交关系的舞台，它也可以是本地社交的基础。因此，邻里社区可以成为关系和特定社会实践的催化剂（Stébé & Marchal，2010：109-112）。

对一个非母语者而言，想要表达空间关系，必须在他所掌握的有限语言知识内寻找恰当的或有效的语言手段，而且要强调之前所学的文化内容（Porquier, Cammarota & Giacobbe，1987：173）。例如，指路的特点是有一定数量的信息要素（定位和识别地址、路径导航信息，等等），调动这些内容所需要了解的不仅仅是语言系统。穿越一个社区可以是一个漫长的过程，尤其对远道而来的人来说：他需要理解公共场合的符号和普通的牌子；对每一个视觉信息，观者都需要辨认、识别和理解他接收的是什么。

人们对城市空间所捕捉和记录下来的日常交流缺乏认识。Barbros 和 Manes Gallo（2007）主编的《城市漫步：行人路线的描述》（*Parcours dans la ville. Descriptions d'itinéraires piétons*）阐述了捕捉在互动中由城市所引发的话语、人际姿态和仪式的益处。在这种情况下，话语运动的是身体、话语和空间资源。语言事件从来都不可能是一模一样的。接近他人的礼节、义务、限制和自由空间等都随着语言的不同而有变化。我们可以在匈牙利语中观察到一些和询问方向有关的典型语句："Elnézést kérek!"（请原谅我！）；"Legyen szíves"（您是否乐于……）；"Kérem !"（请！）；"Bocsánat ! Bocsi ! Bocsika"（不好意思！）；"Figyelj már !"（您能否听我说？）；"Egy picit, légyszi !"（请稍等。）。使用某个句子主要取决于年龄，尤其是当下所处的情境中说话者之间的熟悉程度。每种文化都有自己的类似于规约的、与路人搭话的句子："不好意思，女士，圣母玛利亚教堂怎么走？"或者"请原谅我，女士，圣母玛利亚教堂怎么走？"，或者更好的方式"您知道圣母玛利亚教堂吗？"，等等。作出回复的话语活动所使用的句子比较好猜测（表 43）。我们再一次可以发现数量有限的话语结构："我该怎么说呢？""我该怎么解释呢？""稍等，让我想想。"，等等；"您走这条街。""您沿着这条街走。""一直往前走。""您必须沿着这条路走。""您必须左转。"，等等。

表 43　　抱歉，我不是这儿的人！

英语	法语	匈牙利语	俄语	阿拉伯语	中文
Sorry, I'm not from here!	Désolé, je ne suis pas d'ici.	Sajnos nem vagyok idevalósi…	Простите, я не местный/ая	أنــــا آسف جداً. أنــــا مش مــن هنا	抱歉，我不是这儿的人。
对不起，我不是这里的人！	对不起，我不是这里的人！	唉，不是这里的存在。	原谅我，我不是本地人。	我很对不起，我不是这里的人。	

引导一个人从一个地方到一个地方的路线是根据文化来构思，并受到文化的限制。它是一个包含有序列的完整的话语程序，这些序列是按照层级、以连贯的方式组织起来的。为此，Mourlhon-Dallies（2008：36）思考了"实用型的"话语情境所引发的互动（包括问路这种类型）在某种意义上并不涉及"专业话语"范畴。

后　　记

本书致力于对语言和文化学习进行更为深入的思考。笔者希望读者在阅读中能够找到合适的内容，为他们在丰富多样的机构、语言和文化空间里的教学实践中提供支撑。

无论这些内容是针对未来的非母语的第二语言教师，还是那些准备讲授母语的教师，人文或语言课程中固有的语言教学法都为他们提供了一个框架，帮助他们观察、规划和有效开展语言学习中通常涉及的描述性领域，例如语音、语法、词汇等。

在教学培训大纲中，提醒人们关注语言的文化层面的重要性也十分关键。在设想和组织课堂时，表征和常规有关的专题（这些内容特别困难，因为它们不会以书面形式出现在任何地方）和文化事件也应被考虑在内，对这些文化事件缺乏尊重可能导致："不同文化的言语行为各不相同，这些不同的方式或许会导致沟通困难，从令人发笑的小事到后果严重的情况都可能出现"（Gass，1995：1）。

我们面临着巨大的挑战。思考第二语言教学内容的构建与传播也意味着（1）观察自己的文化环境及其传播第一语言的方式，包括各种程度的隐含内容；（2）解读那些规范目标文化社群成员的行为，同时确保成员之间相互理解以及具备默契的价值观。

我们现在得以撰写本书的结语，它也意味着一个值得落实的完整工作规划。未来的前景振奋人心，如同 Medgyes 和 Major（2004：182）所提醒的，我们的工作之所以美好，因为它建立在聋哑人可以成为歌剧演员，傻瓜能变成天才的基础之上。

——文化并不局限于语言，文化的表达在很大程度上依赖于将其转变为文字的语言。

在本书中，与具体的交际情境密切相关的语言被视为一种文化的复杂表达，语言源自这种文化，并沉浸其中。Riley（2007）建议将“文化知识”（cultural knowledge）分为三个子领域：“知道是什么”（know-that），群体成员认为真实的一切（撒谎是错的）；“知道为什么”（know-of）意识到群体当前的担忧和影响他们的重大事件（邻居儿子的婚姻）；“知道怎么做”（know-how）（如何选择配偶？）是一种深刻的语言技能。

准确地行动、反应和预测，避免望文生义的陷阱，破解编码的语句来回应母语者社群的预期并与其产生共鸣，这些都是掌握第二语言文化的众多令人欣喜的表现和标志，它们也构成了 Lévy-Mongelli（1996：422）所称的与文化形成了“令人放心的熟悉感”（reassuring familiarity），这也鼓励了学习者，凸显了他的知识的重要性，无论这些知识呈现出怎样的碎片化特征。

如同我们所观察到的，任何对源自共同文化遗产的意义（该词最宽泛的内涵）的暗示都能够证明一个人使用语言的能力，同时也能够证实与对话者之间的默契程度。在“—你昨晚看 X 进球了吗？—他进的是手球，我等着看慢镜头回放。”这个日常交流中，第一个讲话者假设第二个人能够破解他的信息意义；第二个人在扩大回答范围（他本可以只回答一个“看了。”）的同时，确认了他与第一个人之间的确有默契。第二语言的习得取决于适应第二语言文化的能力的发展，在第二语言文化中，所有语言行为都可以在社会空间的特定领域中找到，在语言方面采取主动的能力与深入了解文化背景密切相关。然而，文化不仅仅是一些令人好奇的民俗传说，它是社群成员共享的行事方式和理解方式所构成的生活环境，支配着他们的日常生活，他们的语言构成了一个重要的载体，所有这些复杂特性都给那些知道如何使用文化的人带来了巨大的力量，那些无法破解它的人则被排除在外。文化是一整套必须遵守的规则，不遵守就会受到社会惩罚，这些规则中的大部分依旧没有被表述出来，尤其是在不同情况下，应当（以及不应当）用语言讲出来的一切内容。如同 Hall（1976）所指出的，除了其他功能以外，文化还扮演着人与外界之间的选择性滤光片的角色，它界定着需要注意和需要忽略的领域。

语言是文化的要素之一，也是文化的载体，同时它也依赖于这种文化的表达方式。每种文化都有自己构建思想和论点的方法；每种语言都通过微妙的功能网络来组织话语和互动。用语言表达自己是一种深刻的文化行为。由于文化维度不断出现在交流中，文化事实也采用了以语境为基础的语言事实的形式。获取这些信息的最佳方法是观察一种话语如何在语境中遵循体裁规则，反思现有文化中的各种语言标记，例如，接受礼貌和人际关系准则、使用恰当的称呼术语、必要时能听懂侮辱、知道如何应对交流不畅的情况。通常，如果我们只满足于从一种语言到另一种的简单“迁移”，那么许多仪式化的表现形式会导致误解。

只有通过对比，我们才能意识到：（1）语言和文化以自己的方式选择信息元素并分级；（2）被语言和文化所支配的选择和优先排序的习惯往往不足以实现第二语言的模式化。语言为说话者提供了在日常交流中行动和反应的语言形式。正确使用常规用语的能力（有时可能带有潜在规则的痕迹）是语言学习作为一种社会实践所不可或缺的一个方面。

本书中的表格汇集了不同语言和文化产生的数据，这些数据以一种强有力形式鼓励我们去思考语言与文化、说话者和说话者的条件、规则和使用之间的联系。这些表格在解释“相同—几乎相同—不同”这个无止境的连续体的同时，也让我们观察到语言之间的距离有时比人们想象的要小，但语言之间的相似性往往具有误导性。我们引用的例子仅作启发之用。哪些话语体裁和互动序列可以用来说明第二语言的文化根源？这应当由教师根据学习者和课堂目标来决定他的讲解原则。

Kasper 和 Rose（2002：164-15）谈到了一种普遍的语用能力，这种能力可以让说话者进行一种大概的互动分析（普通/庄严；问候/分离；接受/拒绝；书面/口头行为等）。然而，“互动能力”不是即时可用的，无法从一种文化背景转移到另一种文化，也不能从一种社会实践转移到另一种（Pekarek Doehler，2006）。

在外语中，没有什么是既定的。通常，仪式化的行为包括一些要素，它们从严格意义上看是“多余”的，从对比角度来看是“不正常”的。Bally（2007：164）指出：“如果讲话者每天无意识地使用某种语言特性，那么他就不会意识到这种特性，但如果有人将这种特征和另一种语言进行对比，尤其当这个观察者是外国人时，这种特性或许会令人十分震惊”。

在语言的日常使用中调动的资源，包括用于问候、分离、感谢、道歉、侮辱等术语，都与社会确立的价值观密切相关，社会塑造这些价值观是为了培养说话者不同等级的文化能力。这些术语和行为之间的绝对匹配是很难实现的。正如概念界限因文化领域而异，语言行为的设计、阐述和解释也因语言而异。此外，语言的实施、组装和使用的频率也各不相同（尤其是在特定的交际情境中，我们可以察觉到某些语言比较安静，或者相反，比其他语言更啰嗦）。

讲授语言意味着要对语言的使用条件和限制进行界定。一般来说，在没有具体说明使用方法的情况下，学习用一种语言说“早上好”在很大程度上是不够的，甚至是徒劳的。学习一门外语就是学习如何构建和分享意义。在面对国外的世界时，如果学习者不满足于记录语言形式的差异，也思考那些往往比较复杂的语言使用规则，以及在母语者群体中引起的反应，那么就可以避免许多误解。我们收集的事实揭示了文化之间的一些“交叉点”（crossing point）和“警戒点”（vigilance point）。对比不同背景下的社会常规和交际选择成为多语言和多元文化教育学的一个研究领域（Zarate, Lévy & Kramsch，2011），这门学科不仅被理解为多种语言和文化的实践，也被理解为定性概念，包括在各种情境中使用多种语库来构建意义的能力，这些语库包含了讲话者为了寻找实践问题的具体答案而使用的各种资源（Castelotti，2011；Lüdi，2011）。我们希望能够通过改进各个要素，对语言进行更广泛的思考，从而得出一些能够成功应用到各种学习情境中的结论。

——外语和行动语境以及社会意义网络是密不可分的。

语言不仅仅是一套单词和语法规则。在表达自己时，说话者不仅仅是挖掘储存的语言要素。一种语言之所以是共享的，是因为它通过多种多样的话语来具体化，在社会互动中得以构建和内化，进而允许说话者构建自己的身份，标记自己在社群中的成员身份。文化能力的获得要依靠允许主体根据特定语境来理解言语（Maingueneau，2009）以及根据特定的立场（政治、意识形态等）来产出言语的规则。语言学习绝不仅仅是习得语言代码，而是习得特定语言社区的成员所共享的表达方式。Cortès（2003：35-36）谨慎地指出，面对越南中学生和日本企业家，他的“词位”和“词素”几乎没有用处，随后他得出结论，在实践中，必须讲授的不是语言学，而是“一个综合了使用说明的复杂交际系统……语言，当然，但应当是沉浸在文化中的语言，因为这种文化与语言保持着永久的联系”。

在课堂上学习一种文化意味着通过交流和争议来识别现象，而不仅仅是记录和存储预先设定的关于社群如何运转的信息。了解外国文化需要通过一个社会的成就和著名思想、所有行为、它的神话和表征来发现它的组织形式。我们自发地把母语视为一种拥有“文化默许”（cultural acquiescence）的空间，当这个空间被填充或者缺失时，它就难以被真正感知到，尤其是在外语中。两个对话者之间的文化默契是他们交流成功的条件。我们与 Porcher（2004a：52）的观点相同，当外语学习者能够理解、预测和做出目标社会做出的选择时，他就可以融入目标社会中。

新技术推倒了教室围墙构成的界限，这些技术提供的各种资源吸引着语言教学的参与者，促进了相应的媒体教学法的实施。当实时接触目标语言变得越来越容易时，这无疑将对外国文化的习得产生影响，在真实与虚拟的边界处，主打创造性和自主性的新方法有望出现。

“书生气”必然要和“实践性”结合在一起：学习者通过加倍系统学习某种类型的词汇，努力描述一个国家的社会、政治、经济和文化体制现实的同时，也要思考这种现实在这个社群成员中所唤起的形象：“在任何社会行为的附近，都有词汇能够预测、调控和解释它”（Kasper & Rose，2002）

问题关键不在于用“大众文化”（popular culture）取代“精英文化”（savant culture），在 Habermas（1992：166）的描述中，这种取代是针对等级化的权力世界及其官方仪式和日常纪律而定期出现的或暴力或温和的反抗；而是在目标社群的价值观和实践中去适应社会，从而对目标社群的目的产生影响。学习被视为一个能够让学习者成为某个特定社群成员的过程，Pavlenko 和 Lantolf（1999：155）进一步将外语习得描述成为“参与”新文化而进行的斗争。

在外语学习过程中，人们会偏离从生活环境中获得的范畴类别和（衡量一切事物时往往采用的）母语参照标准构成的领域，并转向其他范畴和参照标准。这里提到的是语言材料本身和话语结构，“思维的运转”，尤其是语言中为吸引说话者注意力、促进交际事实发展而采用的所有手段。然而，仅仅采用他者（Other）的语言资源是不够的；理解和被理解需要通过介绍自己的历史和经历，作为独立的成员、获得认可的讲话者和“被倾听和被认真对待的主体”（Kramsch，2011：27），在社群中“站稳脚跟”。

——文化自身很难被盘点。

在本书即将结束之时，我们是否可以说，为了成功实现学习者和母语者之间的交际，所有必要的知识都已在方法论层面进行了界定和整理？衡量外国文化掌握程度的可靠指标是否存在？

提出语言的文化层面问题并非易事，况且这个问题也与身份问题重叠。文化对学习者和教师来说都很难参透。文化教学似乎是一项永无止境的任务，是语言教育的“达那伊德姐妹的水桶”①。人在社会中的行为方式要遵循规律，同时能够证明个人的选择（有意识或无意识）：在每种语言中，受到环境制约的话语和互动现实都介于从最容易被预知到最无法预知的连续系统中。在这种情况下，如果企图形态句法模型作为文化教学的基础，那我们就会不断面临风险，被无法掌握的数据洪流淹没，并且产生一种永远无法“摸清头绪”的尴尬之感。依照“陈述—分析—综合”这样的模式，将方法论的各个单位逻辑严密地联系起来并非易事。这样的项目要求我们能够辨认出每个民族群体确立自己身份的机制，以及将群体中的个体联系起来的所有共同特征。

如同我们不断强调的，问题在于文化规则很难被明确表述出来，是否遵守这些规则也很难衡量。文化知识不可避免地源自这些规则。同时，“文化附带现象”（cultural epiphenomenality）的危险始终存在于外语课程中。我们的目标并不是拟定一份文化内容和影响的清单，任何方法都不能保证或规划如此浩繁的文化现象的教学，这些现象千差万别，相互关联，也不稳定，例如儿童故事、谚语、通俗文学或宗教语录、著作或合法出版物的标题、带有隐含意义和媒介特征的常用词汇单位、带有社群背景的关系网等。

语言能力能让我们把从未说过的单词和句子组合在一起，并理解从未听过的词句组合。相比之下，只有讲话者掌握了一套可供使用的常用规则，“开放”的互动才有可能实现。即便如此，在难以预测的动态过程中，讲话者的表达意愿也会受到来自对话者的表达意愿的挑战。从这个角度来看，为了培养学习者感知文化现象的能力，似乎有必要让他接触各种类型的（自然的、根据方法论构思的）话语序列以及各种情景构成。很显然，把外语的全部产物、意义和表征都包括在内是不可能的。教材编写者很清楚，考虑到国外环境中的语境千千万万，为了不让学习者格格不入而编写“礼仪指南”（知道如何在电话里说“你好/早上好”和“再见”、给服务生留小费、如何说“你们的语言我讲得不好”）是一个不切实际的项目。

本书的目标不是为读者提供一份非正式的不同文化的行为规范“语法”草

① 源自古希腊神话，利比亚国王达那俄斯被统治埃及的埃古普托斯打败，被迫将50个女儿（被称为达那伊德斯姐妹）嫁给后者的50个儿子，达那俄斯命令女儿们在新婚之夜将丈夫杀死，其中49个女儿照做，她们的灵魂到冥界之后接受了严厉的惩罚，哈迪斯判处她们朝一个没有底部的水桶倒水，直到水桶装满，但这一天永远不会到来。“达那伊德斯姐妹的水桶”这个短语由此而来，表示“竹篮打水一场空”或“徒劳无功”的意思。——译者注。

稿，或者私人和公共话语的跨文化语库。能够确保话语是否恰当的社会文化、语用和话语参数有着错综复杂的联系，而且多种多样，想要把它们盘点清楚难上加难。学习一门外语的目标并不是为了达到母语者的完美水平，而是达到一个明确指定的水平（参考《欧框》提供的水平）。

不管我们多么努力去模仿关系经验、职业或工作环境中的日常情境，无论我们多么努力去“调节”学习者用既定的方式，按照既定的含有高密度文化的列表去表达自我，我们都不认为他在学习结束之后能够像母语者一样行事。在这种情况下，我们如何能够克服那种减慢学习速度的孤立感，如何才能平息那种“另一种文化中的不完整马赛克的焦虑感”（Lévy Mongelli，1996：428）？

个体是其文化的产物，他是文化的参与者，他塑造文化，也构建文化。文化准则由具有多重身份的讲话者来传递，他们根据个人经验行事。习得是发现、组织、存储和使用与已经存储在记忆中的知识相关的新信息。这需要把学习者多种多样的语言和文化记忆变成教育财富，同时为他们的各种话语“提供资本”。作为“独一无二的”用户类型，外语学习者不是“失败”的母语者；作家帕斯捷尔纳克（Pasternak）曾说：“我们唯一能够控制的，就是能够不去歪曲我们内心发出的生命的声音。”[①]

学习他者的语言就像重置自我。在寻找个人表达方式，一种“声音”以及一系列姿态、手势和面部动作的过程中，学习者能够*优先成为非母语者*；所谓的“声音”是让学习者能够靠语感辨别另一种语言中的其他语言的能力。外语教学中应当更加明确学习者的“存在方式”（语言的和行为的）。那些用非母语的语言写作的人可以证实：我们不能让他人告诉自己新语言不属于我们。我们学了它，它就是我们的。如果相信讲好外语只有一种方法，把单纯模仿母语能力作为外语教学的终极目标之一（无论是否明确指出），那就错了。Porcher（1982：41）警告说，这是一种“不断重生的巨大诱惑，对于它的危害怎么谈论都不为过”。

正在被习得的新文化能力并非与之前的文化能力无关，而且外语学习者并不会失去母语文化能力。就其历史、身份和价值观而言，讲外语者根据自己的历史、身份和价值观，把外语和其他语言文化资源相结合，从而充分利用外语，

---

① “Единственное, что в нашей власти, это суметъ не исказитъ голоса жизни, звучащего в нас.” 帕斯捷尔纳克（Пастернак, Б. Л.）. 空中航线：散文集（*Воздушные пути. Проза разных лет.*）［M］. 莫斯科：苏联作家出版社，1982.

在社会世界中发挥作用（Kern&Liddicoat，2011）。

语言课程是一个各种文化观念相遇和对抗的空间，一个对民族融合进行文化反思的场合。哲学家米歇尔·塞尔（Michel Serres，1991：12）喜欢阿尔勒坎（Arlequin）这个穿着拼接外套的小丑形象："混杂拼接的衣服，组成它的是各种尺寸的补丁、碎布或烂布条，有一千种不同的形状和颜色，来自不同的时代，有着不同的来源，纺织技术很差，拼凑起来没有任何和谐之感，根本不注意布料之间的搭配，根据情况、意外或事故进行修补……每一件都独一无二"。被缝制成衣服的布料，随着人类生活的进步，承载着各种相遇的痕迹和记忆，这样的衣服也成为一种对他异性（Otherness）保持开放态度的美好隐喻。

——文化也是语言要素组合的一部分。

近和远、相似和不同、普遍和独特的意象贯穿了对文化能力的思考的全过程（Szende，2010d）。前所未有的是，面对一个不断变化的身份所组成的动态环境，我们不仅有自己的参照体系，同时也是世界文化的一部分。如今，无论是"当代性"（contemporaneity）所代表的内容，还是共享参照体系这个事实，都根植于一个特定的环境中。

"地球村"的社会实践往往具有某种普遍性，但这并不意味着不同的社群都是一个面貌。面对类似的情况，个人会通过各种语言要素和微观行为做出反应，这些内容都会强化他们对周围文化的感知过滤。虽然语言命名的是同一个世界，但它所表达的世俗经验却绝不相同（Mounin，1963：52-53）。

选择性态度涵盖语言整体，不仅涉及词汇层面，也涉及话语和互动层面。所有语言都是从属关系和选项构成的整体。说话者必须考虑从属关系，因为这会阻碍他的言论自由，与此同时，他必须从自己面临的选项中做出选择，以传达和限定自己的信息。在每种语言中，说话者都有数量各不相同的语言手段，这些手段以特定的方式彼此相连，他们也拥有可用的或者重复的，或者不可用的重要元素。

掌握一门外语不仅在于掌握词语所能支撑的社会价值观，还在于选择适当的句法和话语组织的形式。信息是根据语言潜势构建的，但句法连续性、类型丰富的固定序列、仪式化各不相同的话语事实也让我们事先了解了产生、传递、审核它们的社会。这就是为什么 Hyland（2008a：41）致力于在一项外语书面形式教学的研究中证明这一点："所有文化都赋予事件和人际关系不同的含义，这些文化框架影响了我们觉得写什么是合适的……"。限制主体的标准，例如文本图式，因文化而异。一种语言中可以说的内容在另一种语言中可能会令人不安。自己的修辞手法和惯用表达在自己看来一目了然，对其他人而言则不是。

同样应强调的是，如果一门语言的学习是基本语言要素（发音、词汇、语法等）的总和，那么，构建对自身文化之外的外语现实的感知还需要一个比语言学更广泛的观察领域。观察和理解日常现实、习惯和态度，意味着语言课程应被视为一扇通向比语法和词典中描述的语言更广阔空间的大门。教授一门语言意味着将课堂环境转变为：（1）一个社会交遇中（2）由个人和集体学习经验构成的事件（Kramsch，1993：67）。

必须即可明确指出的是，把严格的语言要素之外的交际要素纳入考量绝不意味着否认或轻视语言结构的存在。毫无疑问，外语教学离不开语言类型描写中所提到的规律和例外，语法作为一种认知结构与其他知识和信仰系统也有着互动（Chomsky，1977：36）。

——外国文化不是将外语取而代之或与其共存的学校新学科。

个人的所有行为都带有他所属的社群的痕迹。如前所述，行为方式和自我表达方式是身份的重要组成部分，有助于使用母语和外语来产出和接受意义。因此，文化不是一门补充学科。它始终是各个层次的语言教学大纲的背景。教师同时主导语言和文化的学习，而不仅仅是将它们并列在一起。学习外语意味着（1）用外语交流、（2）针对母语和外语进行交流，以及（3）针对母语文化和外国文化进行交流（Kramsch，2002：64）。

外国文化的学习不应在语言之外进行，而应在传达文化的语言中进行：语言和文化取决于互补的教学措施。文化内容不是自主的，如果没有承载它们的语言，似乎很难被传递出来。我们能在排除外语的情况下设计一门关于外国文化的课程吗？Hagège（2000：220）引用了奥奈达人易洛魁部落的一位妇女的话："如果你不会说这种语言，你就无法理解它的文化"，指的是部落成员之间口头交流的仪式。

外语的根源在于我们用母语进行意象重组。了解外国文化有助于理解母语文化：个体只有在了解其社群之外的其他特征的情况下才会意识到自己的身份。

学习者对母语和外语中的文化知识的认识：（1）在不脱离自身语言资本的情况下，能够促进第二语言习得以及对外国文化现实的了解；（2）允许我们用新语言来表达自己的文化，用这种语言来传播自己的独特性和差异性（"说出自己是谁"）；（3）允许在与外国人的交流中表达（与目标文化、局部世界和全球化世界有关的）自己的现实和新现实；（4）有助于缩小误解的范围，消除我们面对“外语”时可能体验到的“陌生感”（我们对外语的体验如同置身一个自己遭到排斥的世界）。

在语言课堂上，通过所提供的语言而接触到的文化被明确设定为“外来的”，这种差异在某种程度上是制度化的（Zarate，1986：23）。简而言之，与外国文化的接触让学习者成为不断自我建设的核心，这种接触有助于让外语成为自己的外语，一种通过社会获得的工具，这种工具私密而有效，能够让学习者进入他者的世界。

正如我们在整本书中所看到的，社会化是对知识遗产的获取，是规范、角色和价值观的逐步内化，这些规范、角色与价值观决定了我们对社会主体的归属。认为学习外语可以复制所有母语者所遵循的社会化过程［这一过程成为各种社会情境的预先适应的工具（Zarate，1984：115）］就太荒谬了，这就如同认为从有限数量的外语等级符号中产生的无限组合可以用来教学。

在必须观察、评估和模拟目标文化社群成员的行为的情境中，非母语学习者不会重现社交互动过程中的真实情况。在这项研究结束之时，我们可以很容易发现，一个人可以学会行动和反应，协商和掌握一系列不同的情况，但学习者的“想说”（想要表达）永远不会达到“能说”（=能够表达）的高度。另一方面，他可以懂得如何解释真实情况，即在语言交流中识别文化的能力。一旦学习者“在现场”保持独立并投入日常生活之中，成为面对交流和生存需求的语言使用者，他就可以动用文化解释能力来帮助自己（Ellis，2010：106），从而充分履行文化义务。外语学习中的口译是一种让目标语说话者的日常现实和源语言社群的集体经验变得能够被人理解的技能。

这就解释了我们在本书开篇所引用的 Spindler 和 Spindler 的名言。

参考文献

Abdallah-Pretceille, M. (1986). Approche interculturelle de l'enseignement des civilisations. In L. Porcher (Ed.), *La civilisation* (pp. 71–87). Paris: Clé International.

Abdallah-Pretceille, M. & Porcher, L. (1996). *Education et communication interculturelle*. Paris: Presses Universitaires de France.

Abdallah-Pretceille, M. (2009). Pour un humanisme du divers. In S. Tessier (Ed.), *Famille et institutions: cultures, identités et imaginaires* (pp. 221–230). Toulouse: Editions Erès.

Achard, P. (1993). *La sociologie du langage*. Paris: Presses Universitaires de France.

Achard, P. & Fiala, P. (1997). La locutionalité à géométrie variable. In P. Fiala, P. Lafon & M.-F. Piguet (Eds.), *La locution: entre lexique, syntaxe et pragmatique* (pp. 273–284). Paris: Klincksieck.

Adam, J.-M. (2001). Type de textes ou genres de discours ? Comment classer les textes qui disent de et comment faire ? *Langages, 141*, 10–27.

Adam, J.-M. (2002). Le style dans la langue et dans les textes. *Langue française, 135,* 71–94.

Adam, J.-M. (2005). *La linguistique textuelle. Introduction à l'analyse textuelle des discours*. Paris: Armand Colin.

Adam, J.-M. (2006). Intertextualité et interdiscours: filiations et contextualisation de concepts hétérogènes. *Travaux neuchâtelois de linguistique, 44*, 3–26.

Adam, J.-M. & Bonhomme, M. (2007). *L'argumentation publicitaire. Rhétorique de l'éloge et de la persuasion*. Paris: Armand Colin.

Adamczewski, H. (1975). Le montage d'une grammaire seconde. *Langages, 39*, 31–50.

Agar, M. (1994). *Language* Shock. *Understanding the Culture of Conversation*. New York: William Morrow and Company.

Aijón Oliva, M.A. & Serrano, M.J. (2012). Towards a comprehensive view of variation in language: The absolute variable. *Language & Communication. An Interdisciplinary Journal*, *32*, 80–94.

Акишина, А. А. & Формановская, Н. И. (1975). Русский речевой этикет. Москва: Русский язык.
Alao, G. (2008). Promotion du yorùbá en contexte nigérian multilingue et multi-ethnique. In G. Alao, E. Argaud, M. Derivry & H. Leclercq (Eds.), *Grandes et petites langues. Pour une didactique du plurilinguisme et du pluriculturalisme* (pp. 3–15). Bern: Peter Lang.
Alao, G. (2010). De la réalité à l'imaginaire, ou comment enseigner la culture yorùbá à travers un roman de D.O. Fágùnwà. In G. Alao, H. Medhat-Lecocq, S. Yun-Roger & T. Szende (Eds.), *Implicites, stéréotypes, imaginaires. La composante culturelle en langue étrangère* (pp. 19–35). Paris: Editions des archives contemporaines.
Alao, G., Argaud, E., Derivry-Plard, M. & Leclercq, E. (Eds.) (2008). *Grandes et petites langues. Pour une didactique du plurilinguisme et du pluriculturalisme*. Bern: Peter Lang.
Alao, G., Medhat-Lecocq, H., Yun-Roger, S. & Szende, T. (Eds.) (2010). *Implicites, stéréotypes, imaginaires. La composante culturelle en langue étrangère*. Paris: Editions des archives contemporaines.
Alao, G., Derivry-Plard, M., Suzuki, E. & Yun-Roger, S. (Eds.) (2012). *Didactique plurilingue et pluriculturelle: l'acteur en contexte mondialisé*. Paris: Editions des archives contemporaines.
Alén Garabato, M. C. (2003). Les représentations interculturelles et les images des langues romanes en milieu étudiant espagnol (galicien). In M. C. Alén Garabato, P. Gardies, N. Auger & E. Kotul (Eds.), *Les représentations interculturelles en didactique des langues-cultures. Enquêtes et analyses* (pp. 9–33). Paris: L'Harmattan.
Alleton, V. & Lackner, M. (Eds.) (1999). *De l'un au multiple. Traductions du chinois vers les langues européennes*. Paris: Editions de la Maison des sciences de l'homme.
Almela, M. (2011). The case for verb-adjective collocations: corpus-based analysis and lexicographical treatment. *Revista de Lingüística y Lenguas Aplicadas*, 6, 39–51.
Altmayer, C. (2007). Landeskunde als Kulturwissenschaft. Ein Forschungsprogramm. *Jahrbuch Deutsch als Fremdsprache 32*, 181–199.
Amossy, R. (1997). La force des évidences partagées. *Etudes de Linguistique Appliquée, 107*, 265–278.
Amossy, R. & Herschberg Pierrot, A. (2005). *Stéréotypes et clichés*. Paris: Armand Colin.

Amossy, R. (2006). *L'argumentation dans le discours*. Paris: Armand Colin.

Anastassiadis-Syméonidis, A. & alii, (2011). Analyse d'erreurs de langue des apprenants du grec langue seconde dans un corpus écrit. In M. van Campenhoudt, T. Lino, R. Costa (Eds.), *Passeur de mots, passeur d'espoir, Lexicologie, terminologie et traduction face au défi de la diversité* (pp. 287–298). Paris: Editions des archives contemporaines.

Anquetil, M. (2003). Apprendre à être un médiateur culturel en situation d'échange scolaire, La médiation et la didactique des langues et des cultures. In D. Lévy & G. Zarate (Eds.), *La médiation et la didactique des langues et des cultures, Le français dans le monde, Recherches et applications.*

Anscombre, J.-C. (2001). Le rôle du lexique dans la théorie des stéréotypes. *Langages, 142*, 57–76.

April, T. (2005). Pirates des Caraïbes et mondialisation: histoire culturelle et comparatisme. In J. Aden (Ed.), *De Babel à la mondialisation. Apports des sciences humaines à la didactique des langues* (pp. 129–135). Dijon: CRDP de Bourgogne.

Arditty, J. & Vasseur, M.-T. (1999). Interaction et langue étrangère: Présentation. *Langages, 134*, 3–19.

Arditty, J. & Vasseur, M.-T. (2002). Contexte, variabilité et activités d'appropriation des langues. In F. Cicurel & D. Véronique (Eds.), *Discours, action et appropriation des langues* (pp. 251–264). Paris: Presses Sorbonne Nouvelle.

Arditty, J. (2003). *Acquisition et interaction*, *Linx*,49. Retrieved from <http://linx.revues.org/530>.

Aristote (2007). *Rhétorique, Nouvelle traduction du grec.* Paris: Pocket.

Armengaud, F. (2007). *La pragmatique.* Paris: Presses Universitaires de France.

Artemieva, I. N. (2006). L'organisation des simulations globales en Russie. In *Didactique et convergences des langues et des cultures* (pp. 133–138). Paris: FIPF.

Assmann, J. (1997). *Das kulturelle Gedächtnis, Schrift, Erinnerung und politische Identität in frühen Hochkulturen*. München: Beck.

Atienza, J. -L. (2002). Comment peut-on être didacticien ? *Études de linguistique appliquée, 127*(3), 349–360.

Atienza, J. -L. (2006). Les représentations culturelles d'étudiants étrangers. *Etudes de Linguistique Appliquée, 144*, 465–483.

Atifi, H &. Marcoccia, M. (2006). Communication médiatisée par ordinateur et variation culturelle: analyse contrastive de forums de discussion français et marocains. In P. von Münchow & F. Rakotonoelina (Eds), *Discours, cultures, comparaisons, Les carnets du Cediscor 9* (pp. 59–73). Paris: Presses Sorbonne Nouvelle.

Audras, I. & Chanier, T. Acquisition de compétences interculturelles. Interactions orales et écrites en tridem en ligne. *LIDIL, 36*, 23–42. Retrieved from <http://lidil.revues.org/2383>.

Augé, M. & Colleyn, J.-P. (2004). *L'anthropologie*. Paris: Presses Universitaires de France.

Augier, N. (2000). Concevoir l'analyse des manuels de français langue étrangère: les désignants identitaires, une alternative pour cerner la compétence culturelle. In L. Collès, J.L. Dufays, G. Fabry & C. Maeder (Eds.), *Didactique des langues romanes. Le développement de compétences chez l'apprenant (*pp. 191–197). Louvain-la Neuve: De Boeck-Duculot.

Austin, J.L. (1975). *How to Do Things with Words*. Cambridge: Harvard University Press.

Authier-Revuz, J. (1995). Méta-énonciation et (dé)figement. *Cahiers du français contemporain*, 2, 17–39.

Bachman, L. F. (1991). What does language testing have to offer. *TESOL Quarterly, 25*(4), 671–704.

Bally, C. (2007). *Sur la stylistique. Articles et conférences*. Édité, présenté, annoté et commenté par É. Karabétian. Paris: Eurédit.

Bakhtine, M. (1984). *Esthétique de la création verbale*. Paris: Gallimard.

Baldo, S. (2002). Apprendre à analyser la traduction pour apprendre à traduire. *Les langues modernes, 4*, 7–17.

Ballard, M. (Ed.) (1990). *La traduction plurielle*. Lille: Presses Universitaires de Lille.

Ballard, M. (2002). Critères et décalages de l'équivalence. *Les langues modernes, 4*, 27–38.

Ballard, M. (2003). *Versus: la version réfléchie. Repérages et paramètres*. Paris: Ophrys.

Bange, P. (2005). *L'apprentissage d'une langue étrangère. Cognition et interaction*. Paris: L'Harmattan.

Barbéris, J.-M. & Manes Gallo, M. C. (Eds.) (2007). *Parcours dans la ville. Descriptions d'itinéraires piétons*. Paris: L'Harmattan.

Bardovi-Harlig, K. (2000). Tense and Aspect in Second Language Acquisition: Form, Meaning, and Use. Oxford: Blackwell.

Bardovi-Harlig, K., & Hartford, B. S. (2005). Institutional Discourse and Interlanguage Pragmatic Research. In K. Bardovi-Harlig & B. S. Hartford (Eds.), *Interlanguage Pragmatics.Exploring Institutional Talk* (pp. 7–36). Hillsdale: Lawrence Erlbaum.

Bardovi-Harlig, K. (2009). Conventional expressions as a pragmalinguistic resource: Recognition and production of conventional expressions in L2 pragmatics. *Language Learning, 59*(4), 755–795.

Baré, J.-F. (1997). L'anthropologie et les politiques de développement. Quelques orientations. *Terrain, 28*, 139–152.

Baric, D. (2010). Le plurilinguisme dans l'Empire des Habsbourg – l'exemple de la Croatie au XIXe siècle: sources et méthodes pour une recherche historique. In P. Renaud (Ed.), *Les situations de plurilinguisme en Europe comme objet de l'histoire* (pp. 85–96). Paris: L'Harmattan.

Barmeyer, C. (2007). *Management interculturel et styles d'apprentissage. Etudiants et dirigeant en France, en Allemagne et au Québec.* Québec: Les Presses de l'Université Laval.

Baroni, R. (2009). Généricité ou stéréotypie ? *Cahiers de Narratologie*, 17. Retrieved from <http://narratologie.revues.org/1090>.

Barthes, R. (1985). *L'aventure sémiologique*. Paris: Editions du Seuil

Barthes, R. (2010a). Textes choisis et présentéspar C. Coste. Paris: Editions Points.

Barthes, R. (2010b). *Mythologies*. Paris: Editions du Seuil.

Baruch, M. (1988). Les contenus de civilisation. Quoi enseigner ? *Les langues modernes, 4*, 30–34.

Baruch, M. (2002). Etude comparée de manuels dans la recherche sur 'L'épistémologie de la discipline Langues Vivantes: constantes et variations'. *Les langues modernes, 1*, 46–52.

Bassano, D. (2005). Production naturelle précoce et acquisition du langage. L'exemple du développement des noms. *LIDIL, 31*, 61–84. Retrieved from <http://lidil.revues.org/136>.

Beacco, J.-C. (1981). La construction du savoir culturel. In S. Lieutaud, & J.-C. Beacco (Eds.), *Moeurs et mythes. Lecture des civilisations et documents authentiques écrits* (pp. 22–33). Paris: Hachette & Larousse.

Beacco, J.-C. (2000). *Les dimensions culturelles des enseignements de langues. Des mots aux discours*. Paris: Hachette.

Beacco, J.-C. (2007). *L'approche par compétences dans l'enseignement des langues*. Paris: Didier.

Béal, C. (1993). Les stratégies conversationnelles en français et en anglais: conventions ou reflet de divergences culturelles profondes ? *Langue française, 98*, 79–106.

Belanger, B. (1978). *La suggestologie*. Paris: Retz.

Bellassen, J. (2004). L'enseignement du chinois aujourd'hui: état de l'art. *Actes du séminaire national – Enseigner le chinois 26–27 mars 2004.* Retrieved from <http://eduscol.education.fr/pid25214-cid46187/l-enseignement-du-chinois-aujourd-hui%C2%A0-etat-de-l-art.html>.

Bellassen, J. & Lin-Zucker, M. (2011). La didactique sinographique à l'épreuve des profils individuels. In M. Lin-Zucker, E. Suzuki, N. Takahashi & P. Martinez (Eds.), *Compétences d'enseignant à l'épreuve des profils d'apprenant. Vers une ingénierie de formation* (pp. 62–71). Paris: Editions des archives contemporaines, 2011.

Bellassen, J., Medhat-Lecocq H. & Ouvrard, L. (Eds.) (2012). *Ecritures, politiques linguistiques et didactique des langues*. Paris: Éditions des archives contemporaines.

Benedict, R. (1987). *Le chrysantème et le sabre*. Arles: Editions Picquier.

Benjelloun, S. (2008). Sexe et religion dans les insultes marocaines. In A. Tauzin (Ed.), *Insultes, injures et vannes en France et au Maghreb* (pp. 33–41). Paris: Karthala.

Bennett, M.J. (1993). Towards ethnorelativism. A developmental model of intercultural sensitivity. In M. Paige (Ed.), *Education for the Intercultural Experience* (pp. 21–71). Yarmouth: Intercultural Press.

Bensimon, P. & Coupaye, D. (Eds.) (1998). *Traduire la culture, Palimpsestes 11*. Paris: Presses de la Sorbonne Nouvelle.

Benveniste, E. (1966). *Problèmes de linguistique générale – 1*. Paris: Gallimard.

Benveniste, E. (1974). *Problèmes de linguistique générale – 2*. Paris: Gallimard.

Berger, C. (2005). L'ethnologie, une discipline de référence en didactique des langues. In J. Aden (Ed.), *De Babel à la mondialisation. Apports des sciences humaines à la didactique des langues* (pp. 35–46). Dijon: CRDP de Bourgogne.

Berger, C. (2011). Strategies of adaptation to hypermobility: migrants who do not settle anywhere. In G. Zarate, D. Lévy, & C. Kramsch (Eds.),

Handbook of Multilingualism and Multiculturalism (pp. 147–150). Paris: Editions des archives contemporaines.

Bernd, Z. (2005). Enseigner les littératures francophones des Amériques en vue de la diversité. *Le français, défi de la diversité, FIPF*, 192–196.

Berrier, A. (2001). Culture et enseignement de l'oral en français langue seconde: quel cadre et quels aspects présenter en classe ? *Les langues modernes, 95*, 12–18.

Besse, H. (1984). Didactique et interculturalité. *Dialogue et cultures, FIPF*, 99–106.

Bialystok, E. & Hakuta, K. (1994). *In Other Words. The Science and Psychology of Second-Language Acquisition*. New York: BasicBooks.

Bidaud, F. (2002). *Structures figées de la conversation. Analyse contrastive français-italien*. Bern: Peter Lang.

Bierbach, C. (1986). Type de texte et organisation référentielle. Comment les enfants de travailleurs immigrés italiens racontent des blagues, In A. Giacomi &, D. Véronique (Eds.), *Acquisition d'une langue étrangère. Perspectives et recherches* (pp. 107–128). Aix-en-Provence: Université de Provence.

Binon, J., Verlinde, S. &. Selva, T. (2001). Lexicographie pédagogique et enseignement/apprentissage du vocabulaire en français langue étrangère ou seconde (FLES). Un mariage parfait. *Cahiers de Lexicologie, 78*, 41–63.

Blanche-Benveniste, C. (2010). *Approches de la langue parlée en français*. Paris: Ophrys.

Blanchet, P. (2000). *La linguistique de terrain, méthode et théorie. Une approche ethno-sociolinguistique*. Rennes: Presses Universitaires de Rennes.

Blanco, X. (2002). Les déterminants figés. *Langages, 145*, 61–81.

Block, D. (2006). *Multilingual Identities in a Global City. London Stories*. London: Palgrave Macmillan.

Blondel, A., Briet, G., Collès, Destercke, L., & Sekhavat, A. (1998). *Que voulez-vous dire ? Compétence culturelle et stratégies didactiques*. Louvain la Neuve: Duculot.

Bogaards, P. (1994). *Le vocabulaire dans l'apprentissage des langues* étrangères. Paris: Crédif, Hatier/Didier.

Bogaards, P. (2003). La répartition des données dans les dictionnaires bilingues. In T. Szende (Ed.), *Les écarts culturels dans les dictionnaires bilingues* (pp. 75–86.). Paris: Honoré Champion.

Boissat, D. (2002). Formation à la communication interculturelle: un dispositif didactique réflexif en réseau. *Les langues modernes, 3*, 29–41.

Bonnet, V. (2010) Le stéréotype dans la presse sportive: vision de l'identité à travers l'altérité. *Signes, Discours et Sociétés, 4. Visions du monde et spécificité des discours*. Retrieved from <http://www.revue-signes.info/document.php?id=1417>.

Borel, A. & Gugioz, M. (1979). Renouvellement de l'apprentissage des langues, *Communication et langages 43*, 5–19.

Boulton, A. (2011). Bringing corpora to the masses: Free and easy tools for interdisciplinary language studies. In N. Kübler (Ed.), *Corpora, Language, Teaching and Resources: from Theory to Practice* (pp. 69–95). Bern: Peter Lang.

Bourdieu, P. (1972). *Esquisse d'une théorie de la pratique*. Genève-Paris: Droz.

Bourdieu, P. (1979). *La distinction. Critique sociale du jugement*. Paris: Editions de Minuit.

Bourdieu, P. (1982). *Ce que parler veut dire. L'économie des échanges linguistiques*. Paris: Fayard.

Bourdieu, P. (2001). *Les usages sociaux de la science. Pour une sociologie clinique du champ scientifique*. Paris: INRA Editions.

Bourdieu, P. (2002). Les conditions sociales de la circulation internationale des idées. *Actes de la recherche en science sociale, 145*, 3–8.

Bourdieu, P. (2010). *Sociologie de l'Algérie*. Paris: Presses Universitaires de France.

Bourguignon, C. (2007). De l'approche communicative à l'approche communic-actionnelle': une rupture épistémologique en didactique des langues-cultures. *Synergie Europe, 1*, 58–73.

Bourguignon, C. (2010). *Pour enseigner les langues avec le CERCL: Clés et conseils*. Paris: Delagrave.

Boutet, J. & Maingueneau, D. (2005). Sociolinguistique et analyse de discours: façons de dire, façons de faire. *Langage et Société, 114* (4), 15–47.

Bouton, C.P. (1974). *L'acquisition d'une langue étrangère. Aspects théoriques et pratiques. Conséquences pédagogiques essentielles*. Paris: Editions Klincksieck.

Bouvier, B. (2003). Chinois et Français: quand les habitudes culturelles d'apprentissage s'opposent. *Etudes de Linguistique Appliquée, 132*, 399–414.

Boyer, H. (2001). L'incontournable paradigme des représentations partagées dans le traitement de la compétence culturelle en français langue étrangère. *Etudes de Linguistique Appliquée 123–124*, 333–340.

Boyer, H. (2003). *De l'autre côté du discours. Recherches sur les représentations communautaires.* Paris: L'Harmattan.

Bozdémir, M. (1998). D'une langue impériale à une langue nationale: vicissitudes d'une politique volontariste en Turquie. In S. Chaker (Ed.), *Langues et pouvoir. De l'Afrique du Nord à l'Extrême-Orient* (pp. 139–149). Saint-Rémy-de-Provence: Edisud.

Bracops, M. (2006). *Introduction à la pragmatique.* Louvain la Neuve: De Boeck.

Braudel, F. (1993). *Grammaire des civilisations.* Paris: Flammarion.

Breton, P. (2006). *L'argumentation dans la communication.* Paris: La Découverte.

Brohy, C. & Py, B. (2011). Espaces plurilingues. Les discours dans la ville. In G. Zarate, D. Lévy, & C. Kramsch (Eds.), *Handbook of Multilingualism and Multiculturalism* (pp. 277–282). Paris: Editions des archives contemporaines.

Brohy, C. & Triantaphyllou, C. (2011), Individual and collective itineraries and institutional discourse: school exchange among European tennagers. In G. Zarate, D. Lévy, & C. Kramsch (Eds.), *Handbook of Multilingualism and Multiculturalism* (pp. 127–130). Paris: Editions des archives contemporaines.

Bronckart, J.-P. (1996). *Activité langagière, textes et discours. Pour un interactionnisme socio-discursif.* Lausanne – Paris: Delachaux & Niestlé.

Brown, P. & Levinson, S. (1978). Universals in language usage: Politeness phenomena. In E. N. Goody (Ed.), *Questions and politeness. Strategies in social interaction* (pp. 56–289). Cambridge – New York – Melbourne: Cambridge University Press.

Buchart, M. (2010). Dimensions culturelles dans l'enseignement du FLE en Finlande. In G. Alao, H. Medhat-Lecocq, S. Yun-Roger & T. Szende (Eds.), *Implicites, stéréotypes, imaginaires. La composante culturelle en langue étrangère* (pp. 97–104). Paris: Editions des archives contemporaines.

Bühler, K. (1969). L'onomatopée et la fonction représentative du langage. In J.-C. Pariente (Ed.), *Essais sur le langage* (pp. 111–132). Paris: Les Editions de minuit.

Buridant, C. (2006). L'interjection: jeux et enjeux. *Langages, 161*(1), 3–9.

Buttjes, D. (1995). Landeskunde-Didaktik und Landeskundliches Curriculum. In K. R. Bausch, H. Christ & H.-J. Krumm (Eds.), *Handbuch Fremdsprachunterricht* (pp. 142–149). Marburg: Francke.

Byram, M. (1992). *Culture et éducation en langue étrangère*. Paris: Hatier/Didier.

Byram, M. & Zarate, G. (1997). Définitions, objectifs et évaluation de la compétence socioculturelle. In M. Byram, G. Zarate, G. Neuner (Eds.) *La compétence socioculturelle dans l'apprentissage et l'enseignement des langues. Vers un Cadre européen commun de référence pour l'apprentissage et l'enseignement des langues vivantes: études préparatoires* (pp. 9–44). Strasbourg: Editions du Conseil de l'Europe.

Cabau-Lampa, B. (2008). Diversification linguistique dans le système éducatif suédois: réalité ou utopie. *Les langues modernes, 3*, 75–79.

Cadiot, P. &. Visetti, Y.-M. (2008). Proverbes, sens commun et communauté de langage. *Langages, 170*, 79–91.

Cain, A. (1996). *Culture, civilisation. Propositions pour un enseignement en classe d'anglais*. Paris: Ophrys.

Cain, A. (1997). L'acquisition de compétences culturelles en classe de langue, quels outils, quelles démarches spécifiques ? *Etudes de Linguistique Appliquée, 106*, 201–208.

Cain, A. (1998). Contenus culturels et enseignement des langues: quelle conception selon quelle langue ? *Les langues modernes, 4*, 6–17.

Calame Griaule, G. (1987). *Ethnologie et langage. La parole chez les Dogon*. Paris: Publications de l'Institut d'ethnologie.

Calbris, G. (2003). *L'expression gestuelle de la pensée d'un homme politique*. Paris: CNRS Editions.

Calbris, G. & Montredon, J. (1986). *Des gestes et des mots pour le dire*. Paris: Clé International.

Cali, C., Cheval, M. & Zabardi, A. (1995). *La conférence internationale et ses variantes*. Paris: Hachette.

Cali, C. (2001). Les échanges rituels dans les conférences internationales. *Les Carnets du Cediscor, 7*. Retrevied from <http://cediscor.revues.org/311>.

Callari Galli, M. (2011). Counterpoint. In G. Zarate, D. Lévy, & C. Kramsch (Eds.), *Handbook of Multilingualism and Multiculturalism* (pp. 251–255). Paris: Editions des archives contemporaines.

Calvet, L.-J. (1993). *Histoire des mots*. Paris: Payot.

Calvet, L.-J. (2002). *Le marché aux langues. Essai de politologie linguistique sur la mondialisation.* Paris: Plon.

Camelin, S. & Houdart, S. (2010). *L'ethnologie.* Paris: Presses Universitaires de France.

Campernolle, R.A. van & Williams, L. (2012). Promoting sociolinguistic competence in the classroom zone of proximal development. *Language Teaching Research, 16*(1), 39–60.

Canale, M. & Swain, M. (1980). Theoretical Bases of Communicative Approaches to Second Language Teaching and Testing. *Applied Linguistics, I(1),* 1–47.

Candea, M. & Morel, M.-A. (2002). La gestion de l'indicible à l'aide de différents types d'allongements en français oral. In D. Lagorgette & P. Larrivée (Eds.), *Représentations du sens linguistique* (pp. 471–486). München: Lincom Europa.

Canut, C. (2002). Pouvoir, places et filiation: les senankuya au Mali. *Cahiers de praxématique, 38,* 175–197.

Capucho, M.F. (2010). Ciência, ideologia, intervenção: a Intercompreensão para além das utopias. *Synergies Europe, 5*, 101–113.

Casanova, P. (2002). Consécration et accumulation de capital littéraire. *Actes de la recherche en sciences* sociales, 144, 7–20.

Castelotti, V. (2011), Centrer, innover, diversifier ? Quelques paradoxes pour une éducation à / par la dé-centration. *Les Cahiers de l'Acedle, 8* (1). Retrieved from <http://acedle.org/spip.php?article3229>.

Causa, M. (1996). L'alternance codique dans le discours de l'enseignant. *Les Carnets du Cediscor, 4*. Retrieved from <http://cediscor.revues.org/404>.

CEFR. *The Common European Framework of Reference for Languages: Learning, teaching, assessment.* (2001). Strasbourg: Council of Europe. Retrieved from <http://www.coe.int/t/dg4/linguistic/CADRE1_EN.asp>.

Celotti, N. (1997). Images reçues au cinéma. Quand les Français regardent les Italiens et se regardent. *Etudes de Linguistique Appliquée, 107,* 357–367.

Celotti, N. (2002). La culture dans les dictionnaires bilingues. *Etudes de Linguistique Appliquée, 128,* 455–466.

Celotti, N. & Musacchio, M.R. (2004). Un regard diachronique en didactique des langues de spécialité. *Etudes de Linguistique Appliquée, 135*, 263–270.

Charaudeau, P. (1985). Analyse du discours et pratique de l'interculturel. *Dialogues et cultures, FIPF, 27*, 101–110.

Charaudeau, P. (1992). *Grammaire du sens et de l'expression*. Paris: Hachette.

Charaudeau, P. (2000). De la compétence sociale de communication aux compétences de discours. In L. Collès, J.L. Dufays, G. Fabry & C. Maeder (Eds.), *Didactique des langues romanes. Le développement de compétences chez l'apprenant* (pp. 34–43). Louvain-la Neuve: De Boeck-Duculot.

Charaudeau, P. (2001). Langue, discours et identité culturelle. *Etudes de Linguistique Appliquée, 123–124*, 341–348.

Charaudeau, P. (2005). Réflexions sur l'identité culturelle. Un préalable nécessaire à l'enseignement d'une langue. In J. Gabry, A. Moreau, C. Teninges (Eds.), *Ecole, langues et modes de pensée* (pp. 80–92). Créteil: CRDP de l'Académie de Créteil.

Charaudeau, P. (2006). La situation de communication comme lieu de conditionnement du surgissement interdiscursif. *Travaux neuchâtelois de linguistique, 44*, 27–38.

Charaudeau, P. (2007). Les stéréotypes, c'est bien, les imaginaires, c'est mieux. In E. Boyer (Ed.), *Stéréotypage, stéréotypes: fonctionnements ordinaires et mises en scène, Actes du Colloque International de Montpellier, Université de Montpellier III, Tome 4* (pp. 49–63). Paris: L'Harmattan.

Charaudeau, P. (2008). Pathos et discours politique. In M. Rinn (Ed.), *Emotions et discours. L'usage des passions dans la langue* (pp. 49–58). Rennes: Presses Universitaires de Rennes.

Chiss, J.-L. & Meleuc, S. Présentation. *Le Français aujourd'hui, 135,* 3–10.

Chiss, J.-L. (2006). Didactiques et convergences des langues et des cultures. Conférence d'ouverture. *FIPF,* 11–16.

Choi, S. &. Lantolf, J. P (2008). Representation and Embodiment of Meaning in L2 Communication. Motion Events in the Speech and Gesture of Advanced L2 Korean and L2 English Speakers. *Studies in Second Language Acquisition, 30,* 191–224.

Chomsky, N. (1977). *Essays on Form and Interpretation*, New York: Elsevier North-Holland.

Christ, H. & Hu, A. (2011). Counterpoint. In G. Zarate, D. Lévy & C. Kramsch (Eds.), *Handbook of Multilingualism and Multiculturalism* (pp. 105–109). Paris: Editions des archives contemporaines.

Cicurel, F. (2001). Quand le français langue professionnelle est l'objet de l'interaction. In F. Cicurel & M. Doury (Eds.), *Interactions et discours professionnels. Usages et transmission* (pp. 21–36). Paris: Presses de la Sorbonne Nouvelle.

Cicurel, F. (2002). La classe de langue un lieu ordinaire, une interaction complexe. *Acquisition et interaction en langue étrangère, 16*, 145–164.

Cicurel, F. & Doury, M. (Eds.) (2001). *Interactions et discours professionnels. Usages et transmission*. Paris: Presses de la Sorbonne Nouvelle.

Clas, A. & Roberts, R. (2003). Le dictionnaire bilingue: une mosaïque culturelle ? In T. Szende (Ed.), *Les écarts culturels dans les dictionnaires bilingues* (pp. 237–247). Paris: Honoré Champion.

Claver Zouogbo, J.-P. (2009). *Le proverbe entre langues et cultures*. Bern: Peter Lang.

Clerc, S. (2007). Représentations des langues chez des élèves nouvellement arrivés en France et représentations de leur plurilinguisme. In E. Boyer (Ed.), *Stéréotypage, stéréotypes: fonctionnements ordinaires et mises en scène,* Actes du Colloque International de Montpellier, Université de Montpellier III, Tome 3, Education, école, didactique (pp. 55–64.). Paris: L'Harmattan.

CLIL (Content and Language Integrated Learning at School in Europe) – *EMILE* (L'enseignement d'une matière intégré à une langue étrangère à l'école en Europe), (2006). European Commission – Commission Européenne. Bruxelles: Eurydice.

Cohen, A. D. (2008). Teaching and assessing L2 pragmatics: What can we expect from learners? *Language Teaching*, *41*(2), 213–235.

Coleman, J. (2001). Représentations de l'autre: impact d'un séjour prolongé de l'autre. In G. Zarate (Ed.), *Langues, xénophobie, xénophilie dans une Europe multiculturelle* (pp. 127–149). Caen: CRDP de Basse Normandie.

Collès, L. (2004a). Représentations de l'altérité dans le journal de voyage de Marc Boulet: Dans la peau d'un Intouchable. In A. Gohard-Radenkovic, (Ed.), *Altérité et identités dans les littératures de langue française, Le français dans le monde. Recherches et applications* (pp. 6–13). Paris: Clé International.

Collès, L. (2004b). Littérature migrante et cristallisation identitaire chez les jeunes issus de l'immigration. In A. Gohard-Radenkovic, (Ed.), *Altérité et identités dans les littératures de langue française, Le français dans le monde. Recherches et applications* (pp. 164–176). Paris: Clé International.

Collès, L. (2007). Enseigner la langue-culture et les culturèmes. *Québec français, 146*, 64–65.

Cook, G. (2003). *Applied linguistics*. Oxford: Oxford University Press.

Cook, V. (2008). Multi-Competence: Black Hole or Wornhole for Second Language Acquisition Research. In Z. Han (Ed.), *Understanding Second Language Process, SLA* (pp. 16–26). Clevedon-Buffalo-Toronto: Multilingual Matters LTD.

Cook, V. (2010). First and Second Language Acquisition Revisited. In E. Macaro (Ed.), *The Continuum Companion to Second Language Acquisition* (pp. 137–157). London-New York: Continuum.

Copans, J. (2010). *Introduction à l'ethnologie et à l'anthropologie*. Paris: Armand Colin.

Corder, S. P. (1967). The significance of learners' errors. *International Review of Applied Linguistics 4*, 161–169.

Corrigan, R., Moravcsik, E. A., Ouali, H. & Wheatley, K. M. (2009). *Formulaic Language*. Amsterdam: John Benjamins.

Cortès, J. (2003). Méthodologie, éthique et didactologie des langues-cultures (DLC). In P. Rivenc (Ed.), *Apprentissage d'une langue étrangère / seconde, Volume 3, La méthodologie* (pp. 33–50). Louvain la Neuve: De Boeck.

Coseriu, E. (1966). Structures lexicales et enseignement du vocabulaire. *Actes du Ier colloque international de linguistique appliquée, Annales de l'Est*, Nancy: (pp. 175–217) Université de Nancy.

Coseriu, E. (1975). *Probleme der strukturellen Semantik*. Tübingen: Gunter Narr Verlag.

Coste, D. (1994). Dépendant de la culture et non-dépendant de la culture. Stéréotypes et prototypes. In D. Coste (Ed.), *Vingt ans de l'évolution de la didactique des langues (1968–1988)* (pp. 117–137). Paris: Hatier/Didier.

Coste, D. (2003). Remarques sur les aléas de la notion et du terme de méthode en didactique. In P. Rivenc, (Ed.), *Apprentissage d'une langue étrangère / seconde, Volume 3, La méthodologie* (pp. 21–32). Louvain la Neuve: De Boeck.

Coulmas, F. (1981). Introduction: Conversation Routine. In F. Coulmas (Ed.), *Conversational Routine. Explorations in Standardized Communication Situations and Prepatterned Speech* (pp. 1–17). The Hague-Paris-New York: Mouton Publishers.

Coulmas, F. (2008). *Sociolinguistics. The Study of speakers' choices*. New York: Cambridge University Press.

Coxhead, A. (2000). A new academic word list. *TESOL Quarterly, 34*, 213–238.

Croft, W. (2001). *Radical Construction Grammar. Syntactic Theory in Typological Perspective*. New York: Oxford University Press.

Crutzen, D. (2005). Enseigner le français aux élèves non-natifs: objectifs-obstacles pour intégrer les diversités culturelles et linguistiques. In J. Aden (Ed.), *De Babel à la mondialisation. Apports des sciences humaines à la didactique des langues* (pp. 253–267). Dijon: CRDP de Bourgogne.

Cuq, J.-P. & Gruca, I. (2005). *Cours de didactique du français langue étrangère et seconde*. Grenoble: PUG.

Darmon, M. (2010). *La socialisation*. Paris: Armand Colin.

Dabène, L. (1994). *Repères sociolinguistiques pour l'enseignement des langues*. Paris: Hachette.

Dahrendorf, R. (1958). *Homo Sociologicus. Ein Versuch zur Geschichte, Bedeutung und Kritik der Kategorie der sozialen Rolle*. Opladen: Westdeutscher Verlag.

Debasch, C. & Pontier, J.-M. (2001). *La société française*. Paris: Armand Colin.

Debyser, F. (1976). Lecture des civilisations. *Les amis de Sèvres, CIEP, 3*, 29–43.

Debyser, F. (1981). Lecture des civilisations. In S.Lieutaud & J.-C. Beacco (Eds.), *Moeurs et mythes. Lecture des civilisations et documents authentiques écrits* (pp. 9–21). Paris: Hachette, Larousse.

Defays, J.-M. (1998). Quelle formation - pour quels formateurs - pour quel enseignement des langues ? In A. Wengler (Ed.), *Un enseignement moderne des langues vivantes étrangères pour les citoyens européens* (pp. 48–59). Luxembourg: Eurolingua.

Defays, J.-M. & Deltour, S. (2006). Spécificités et paradoxes de l'enseignement des langues étrangères dans le contexte scolaire: observation et formation. In M. Faraco (Ed.), *La classe de langue: Théories, méthodes et pratiques* (pp. 7–22). Aix en Provence: Publications universitaires de Provence.

Delanoue, G. (1998). L'arabe en Egypte 1800–1940: histoire et idéologie. In S. Chaker (Ed.), *Langues et pouvoir. De l'Afrique du Nord à l'Extrême-Orient* (pp. 41–60). Saint-Rémy-de-Provence: Edisud.

Delbecque, N. (2002). *Linguistique cognitive. Comprendre comment fonctionne le langage*. Louvain la Neuve: De Boeck – Duculot.

Demagny, A.-Cl. & Paprocka-Piotrowska, U. (2004). L'acquisition du lexique verbal et des connecteurs temporels dans les récits de fiction en français L1 t L2. *Langages, 155*, 52–73.

Derivry, M. (2011). Enseignants 'natifs / non-natifs': vers une professionnalité des enseignants de langue(s). In M. Lin-Zucker, E. Suzuki, N.Takahashi & P. Martinez (Eds.), *Compétences d'enseignant à l'épreuve des profils d'apprenant. Vers une ingénierie de formation* (pp. 26–36). Paris: Editions des archives contemporaines, 2011.

Derivry-Plard, M. (2011). Native and non-native teachers: two types of professionals competing on the language market. In G. Zarate, D. Lévy, & C. Kramsch (Eds.), *Handbook of Multilingualism and Multiculturalism* (pp. 189–191). Paris: Editions des archives contemporaines.

Dervin, F. & Suomela-Salmi, E. (2007). Solidité des stérotypes d'étudiants universitaires finlandais de FLE. In E. Boyer (Ed.), *Stéréotypage, stéréotypes: fonctionnements ordinaires et mises en scène, Actes du Colloque International de Montpellier, Université de Montpellier III, Tome 3, Education, école, didactique* (pp. 65–79). Paris: L'Harmattan.

Dervin, F. & Vlad, M. (2010). Pour une cyberanthropologie de la communication interculturelle – Analyse d'interactions en ligne entre étudiants finlandais et roumains. *Alsic, 13*. Retrieved from <http://alsic.revues.org/1399>.

Descamps, J.-L. (1995). Lexiculture et jeu du mai. *Etudes de Linguistique Appliquée, 97*, 42–60.

Désoulières, A. (2010). La compétence culturelle en ourdou: aperçu d'une dramatique de K A. Rizvi. In G. Alao, H. Medhat-Lecocq, S. Yun-Roger & T. Szende (Eds.), *Implicites, stéréotypes, imaginaires. La composante culturelle en langue étrangère* (pp. 47–56). Paris: Editions des archives contemporaines.

Develotte, C. (2006). Le Journal d'étonnement. Aspects méthodologiques d'un journal visant à développer la compétence interculturelle. *LIDIL, 34*. Retrieved from <http://lidil.revues.org/25>.

Dewaele, J.-M. (2002). Variation, chaos et système en interlangue française. *Acquisition et interaction en langue étrangère, 17*, 143–167.

Dewaele, J.-M. (2006). L'effet des variables objectives et affectives sur la maîtrise orale de multilingues adultes. *Etudes de Linguistique Appliquée, 144*, 441–464.

Dewaele, J.-M. (2012). L'acquisition et l'usage de scripts dans les différentes langues de multilingues adultes. In N. Auger, C. Béal & F. Demougin (Eds.), *Interactions et interculturalité: variété des corpus et des approches* (pp. 195–222). Bern: Peter Lang, 2012.

Dewaele, J.-M., Wourm, N. (2002). L'acquisition de la compétence socio-pragmatique en langue étrangère. *Revue française de linguistique appliquée, 2*, 139–153.

Diaz, V. (1998). Allemand et enseignement de la civilisation. *Les langues modernes, 4*, 26–27.

Diep, K.V. (2011). Les prises de parole difficiles chez les apprenants vietnamiens. Vers un enseignement contextualisé de la communication., *Le français dans le* monde, 50, 13–119.

Di Pietro, R. J. (1987). *Strategic Interaction: Learning Languages through Scenarios*. Cambridge: Cambridge University Press.

Disson, A. (2002). D'une culture à l'autre: argumentation et stratégies discursives au Japon. *Etudes de Linguistique Appliquée, 126*, 181–188.

Dittmar, N. & Reich, A. (1987). Référence spatiale dans les variétés d'apprenant de quatre migrants polonais en allemand L2. H. Blanc, M. Le Douaron & D. Véronique (Eds.), *S'approprier une langue étrangère. Actes du VIe colloque international ' Acquisition d'une langue étrangère: perspectives et recherches', Aix-en-Provence, 26–28 juin 1986* (pp. 155–168). Paris: Didier

Dittmar, N. (1989). La sémantique en construction. *Langage et Société, 50*, 39–66.

Dörnyei, Z. (2003). Attitudes, Orientations and Motivations in Language Learning: Advances in Theory, Research and Applications. *Language Learning, 53*, 3–32.

Dreyer, S. (2007). Les Français Romantiques. Une représentation sociale du monde chinois. In E. Boyer (Ed.), *Stéréotypage, stéréotypes: fonctionnements ordinaires et mises en scène, Actes du Colloque International de Montpellier, Université de Montpellier III,* Tome 2, IDENTITE(S) (pp. 85–96). Paris: L'Harmattan.

Dreyer, S. (2009). Apprentissage du français et motivation existentielle. Le cas des universités à Taiwan. *Lidil, 40*. Retrieved from <http://lidil.revues.org/2911>.

Driscoll, P. (2003). Les langues vivantes dans l'enseignement primaire au Royaume-Uni. In M. Nikolov & H. Curtin (Eds.), *Un apprentissage précoce: les jeunes apprenants et les langues vivantes en Europe et ailleurs* (pp. 185–200). Strasbourg: Editions du Conseil de l'Europe.

Drocourt, Z. (2003). Euphémisme et écart culturel dans les dictionnaires chinois-français et français-chinois. In T. Szende (Ed.), *Les écarts culturels dans les dictionnaires bilingues* (pp. 163–172). Paris: Honoré Champion.

Druetta, R. (2008). Les noms de marque et de produit comme marqueurs identitaires. *Etudes de Linguistique Appliquée, 150*, 157–175.

Du, F. (2005). La littérature en cours d'anglais au lycée. *Les langues modernes, 64,* 64–69.

Ducrot, O. (1972). *Dire et ne pas dire. Principes de sémantique linguistique*. Paris: Hermann.

Duda, R. & Parpette, C. (1985). La perception culturelle chez les stagiaires étrangers en France. *Dialogues et cultures, FIPF, 27*, 20–30.

Dufays, J.-L. (1997). Stéréotypes et didactique du français: histoire et état d'une problématique. *Etudes de Linguistique Appliquée, 107*, 315–328.

Dufays, J.-L (2007). Stéréotyper, suspendre, rouvrir: le chantier sans fin de la lecture et de l'apprentissage. In E. Boyer (Ed.), *Stéréotypage, stéréotypes: fonctionnements ordinaires et mises en scène, Actes du Colloque International de Montpellier, Université de Montpellier III, Tome 3, Education, école, didactique* (pp. 81–89). Paris: L'Harmattan.

Dufour, F. (2007). 'Le Sud', un stéréotype discursif qui ne dit pas son nom. In E. Boyer (Ed.), *Stéréotypage, stéréotypes: fonctionnements ordinaires et mises en scène, Actes du Colloque International de Montpellier, Université de Montpellier III, Tome 2, IDENTITE(S)* (pp. 97–107). Paris: L'Harmattan.

Dulong, R. (1993). La fonction des clichés dans l'énoncé de la réputation. In C. Plantin (Ed.), *Lieux communs, topoi, stéréotypes, clichés* (pp. 162–169). Paris: Editions Kimé.

Dumarsais, C. C. (1977). *Des tropes, ou des différents sens*. Paris: Flammarion.

Dumestre, G. (1998). Les idéophones: le cas du bambara. *Faits de langues, 11–12*(6), 321–334.

Duval, A. (2003). Nul ne peut-il ignorer la loi dans les équivalences culturelles entre le français et l'anglais ? In T. Szende (Ed.), *Les écarts culturels dans les dictionnaires bilingues* (pp. 65–73). Paris: Honoré Champion.

Duverger, J. (2008). Interculturalité et enseignement de DNL dans les sections bilingues. *Tréma, 30*. Retrieved from <http://trema.revues.org/137>.

Edmondson, W. J. (2004). Code-Switching and World-Switching in Foreign Language Classroom Discourse. In J. House & J. Rehbein (Eds.), *Multilingual Communication* (pp. 155–178). Amsterdam/ Philadelphia: Benjamins.

Eemeren, F. H. van & Houtlosser, P. (2004). Une vue synoptique de l'approche pragma-dialectique. In M. Doury & S. Moirand (Eds.), *L'argumentation aujourd'hui. Positions théoriques en confrontation* (pp. 45–71). Paris: Presses Sorbonne Nouvelle.

Ehlich, K. & Rehbein, J. (1972). Zur Konstitution pragmatischer Einheiten in einer Institution: Das Speiserestaurant. In D. Wunderlich (Ed.), *Linguistische Pragmatik* (pp. 209–254). Frankfurt: Athenaüm Verlag.

Ehrhart, S. (2002). L'alternance codique dans le cours de langue: le rôle de l'enseignant dans l'interaction avec l'élève - Synthèse à partir d'énoncés recueillis dans les écoles primaires de la Sarre. In A. M. L. Suarez, F. Ramallo & X. P. Rodriguez-Yanez (Eds.), *Proceedings. Second International Symposium on Bilingualism* (pp. 1411–1423). Vigo: Universidade de Vigo.

Ellis, R. (2003). *Task based language learning & teaching*. Oxford: Oxford University Press.

Eloy, J.-M. (2004). Langues proches: que signifie de les enseigner? *Etudes de Linguistique Appliquée, 136*, 393–401.

Elster (2009), J. *Le désintéressement*. Paris: Editions du Seuil.

Ervin-Tripp, S. (1986). On Sociolinguistic Rules: Alternation and Cooccurrence. In J. Gumperz & D. Hymes (Eds.), *Directions in Sociolinguistics. The Ethnography of Communication* (pp. 213–250). Oxford: Basil Blackwell.

Fagnant, A. & alii (2008). Image des langues et motivation. *Les langues modernes, 3*, 17–27.

Fairclough, N. L. (1985). Critical and Descriptive Goals in Discourse Analysis. *Journal of Pragmatics, 9*, 739–63.

Feuillet, J. (1986). *La linguistique balkanique*. Paris: Publications de l'INALCO.

Ferran, P. (1982). Connaître une civilisation, c'est savoir aussi comment elle rêve au futur. *Etudes de Linguistique* Appliquée, *47*, 77–84.

Fillmore, C. J. (1979). A grammarian looks to sociolinguistics. In J. B. Pride (Ed.), *Sociolinguistic Aspects of Language Learning and Teaching* (pp. 2–16). Oxford: Oxford University Press.

Fishman, J. A. (1974). *Sociolinguistique*. Bruxelles: Labor.
Flydal, L. (1951). Remarques sur certains rapports entre le style et l'état de langue. *NTS, 16*, 240–257.
Fónagy, I. (1982). *Situation et signification*. Amsterdam: John Benjamins.
Foucault, M. (1969). *L'archéologie du savoir*. Paris: Gallimard.
Fourment-Berni Canani, M. (2002). Les informations culturelles dans un dictionnaire bilingue d'apprentissage. *Etudes de Linguistique Appliquée, 128*, 467–479.
Fourment-Berni Canani, M. (2003) Structures linguistiques à portée culturelle dans les dictionnaires bilingues français-italien. In T. Szende (Ed.), *Les écarts culturels dans les dictionnaires bilingues* (pp. 87–100). Paris: Honoré Champion.
François, M. (2009). Le stéréotype dans le roman policier. *Cahiers de Narratologie,17*. Retrieved from <http://narratologie.revues.org/1095>.
Franzelli, V. (2008). Traduire la parole émotionnelle en sous-titrage: colère et identités. *Etudes de Linguistique Appliquée, 150*, 221–245.
Fredet, F. (2007). Enseigner le vocabulaire en classe de langue: autour de l'expression des cinq sens en français. In A.-M. Laurian (Ed.), *Les cinq sens et les sensations* (pp. 61–93). Bern: Peter Lang.
Freund, G. (1974). *Photographie et société*. Paris: Editions du Seuil.
Furstenberg, G. (2010). Making Culture the Core of the Language Class: Can It Be Done? *The Modern Language Journal, 94*(2), 329–332.
Gaatone, D. (1997). La locution: analyse interne et analyse globale. In M. Martins-Baltar (Ed.), *La locution entre langue et usages* (pp. 165–177). Paris: ENS Editions.
Gajo, L. & Mondada, L. (2002). Pratiques et appropriation de l'entretien dans une pluralité de contextes. In F. Cicurel & D. Véronique (Eds.), *Discours, action et appropriation des langues*, (pp. 131–146). Paris: Presses de la Sorbonne Nouvelle.
Gajo, L. (2003). Pratiques langagières, pratiques plurilingues: quelles spécificités ? Quels outils d'analyse ? Regards sur l'opacité du discours. *Analyses des pratiques langagières, Actes du 7e colloque d'orthophonie/logopédie. Travaux neuchâtelois de linguistique, 38–39*, 49–62.
Galisson, R. (1991). *De la langue à la culture par les mots*. Paris: Clé International.
Galisson, R. (1995). Les palimpsestes verbaux: des actualisateurs et des révélateurs culturels remarquables pour publics étrangers. *Etudes de Linguistique Appliquée, 97*, 104–128.

Galisson, R. (1999a). Quel statut revendiquer pour les cultures en milieu institutionnel ? La formation par la réflexion entre langue et culture. In R. Galisson & C. Puren (Eds), *La formation en questions* (pp. 95–115). Paris: Clé International.

Galisson, R. (1999b). La pragmatique lexiculturelle pour accéder autrement, à une autre culture, par un autre lexique. *Etudes de Linguistique Appliquée, 116*, 477–496.

Galisson, R. (2002). Didactologie: de l'éducation aux langues-cultures à l'éducation par les langues-cultures. *Etudes de Linguistique Appliquée, 128*, 497–510.

Galisson, R. &. André, J.-C. (1998). Dictionnaire de noms de marques courants. Essai de lexiculture ordinaire. Paris: CNRS, Didier.

Gambier, Y. & Suomela-Salmi, E. (2007). Sites web universitaires: un genre à explorer. In E. Vargas, V. Rey & A. Giacomi (Eds.), *Pratiques sociales et didactique des langues* (pp. 245–264). Aix en Provence: Publications de l'Université de Provence.

Gambier, Y. (2008). Traduire l'autre. Une subversion. *Etudes de Linguistique Appliquée, 150*, 177–194.

Gardner, R. & Lambert W. (1972). *Attitudes and Motivation in Second-Language Learning*. Rowley: Newbury House.

Garza, T. J. (2008–2010). *Culture in Foreign Language Teaching: The Fifth Skill.* Teacher training module for on-line methods course. University of Texas. [In progress]

Gass, S.M. (1996). Introduction. In S. M.Gass & J. Neu (Eds.), *Speech Acts Across Cultures. Challenges to Communication in a Second Language* (pp. 1–17). Berlin: Mouton de Gruyter.

Gaume, J. (1998). La socio-didactique, essai de réflexion transdisciplinaire en didactique du français langue étrangère. In *Pratiques discursives et acquisition des langues étrangères, Actes du Xe colloque international 'Acquisition d'une langue étrangère: perspectives et recherches'* (pp. 57–68). Besançon: Presses Universitaires de Franche Comté.

Gautheron-Boutchatsky, C., Kok Escalle, M.-C., Androulakis, G. & Rieder, K. (2003). Représentations du concept d'altérité dans la publicité et médiation culturelle. In G. Zarate, A. Gohard-Radenkovic, D. Lussier & H. Penz (Eds.), *Médiation culturelle et didactique des langues* (pp. 165–189). Graz: CELV

Geertz, C. (1986). *Savoir local, savoir global. Les lieux du savoir.* Paris: Presses Universitaires de France.

Genette, G. (1982). *Palimpsestes. La littérature au second degré*. Paris: Editions du Seuil.
Geoffroy, C. (1998). De la compétence interculturelle en milieu de travail. Un rôle à jouer pour l'enseignant de langues. *Les langues modernes, 4*, 47–58.
Geoffroy, C. (2000). La politesse des autres. Regards croisés franco-anglais sur quelques éléments de politesse. *Les langues modernes, 1*, 41–51.
Ghemawat, P. (2007). *Redefining Global Strategy: Crossing Borders in a World Where Differences Still Matter.* Boston: Harvard Business School Press.
Giddens, A. (2005). *La constitution de la société*. Paris: Presses Universitaires de France.
Goffman, E. (1973). *La mise en scène de la vie quotidienne, 1. La présentation de soi. 2. Les relations en public*. Paris: Les Editions de Minuit.
Goffman, E. (1974). *Les rites d'interaction*. Paris: Les Editions de Minuit.
Goffman, E. (1987). *Façons de parler*. Paris: Les Editions de Minuit.
Gohard-Radenkovic, A. (2002). La culture universitaire comme culture en soi. *Communiquer en milieu interculturel, Travaux neuchâtelois de linguistique, 36*, 9–24.
Gohard-Radenkovic, A. (2004a). *Communiquer en langue étrangère. De compétences culturelles vers des compétences linguistiques*. Bern: Peter Lang.
Gohard-Radenkovic, A. (2004b). Pourquoi l'analyse de l''altérité et des identités' dans les littératures en français ? In A. Gohard-Radenkovic, (Ed.), *Altérité et identités dans les littératures de langue française, Le français dans le monde. Recherches et applications* (pp. 6–13). Paris: Clé International.
Gohard-Radenkovic, A. (2004c). Apports d'une lecture anthropologique des littératures dans la didactique des langues et des cultures. In A. Gohard-Radenkovic, (Ed.), *Altérité et identités dans les littératures de langue française, Le français dans le monde. Recherches et applications* (pp. 177–188). Paris: Clé International.
Gohard-Radenkovic, A. (2008). Un curriculum transdisciplinaire: ses effets sur les futurs enseignants de langue en situation de mobilité. In G. Alao, E. Argaud, M. Derivry & H. Leclercq (Eds.), *Grandes et petites langues. Pour une didactique du plurilinguisme et du pluriculturalisme* (pp. 239–250). Bern: Peter Lang.

Gouabault, E. (2007). Le dauphin. Stéréotype, contre-stéréotype, symbole. In E. Boyer (Ed.), *Stéréotypage, stéréotypes: fonctionnements ordinaires et mises en scène, Actes du Colloque International de Montpellier, Université de Montpellier III, Tome 2, IDENTITE(S)* (pp. 109–118). Paris: L'Harmattan.

Graceffa, A. (2007). Le culturème Völkerwanderung et la question de l'historien-traducteur. In A. Graceffa, C. Wecksteen & A.E. Kaladi (Eds.), *La traductologie dans tous ses états. Mélanges en l'honneur de Michel Ballard* (pp. 86–93). Arras: Artois Presses Université.

Grandcolas, B. (2000). Comment peut-on enseigner la politesse en langue étrangère ? *Les langues modernes, 1*, 52–61.

Graves, K. (2008). The language curriculum: A social contextual perspective. *Language Teaching, 41* (2), 147–181.

Grice, H. P. (1975). Logic and Conversation. In P. Cole & J. L. Morgan (Eds.), *Syntax and Semantics* (pp. 41–58). New York: Academic Press.

Gricourt, M. (2001). De la tradition du 'double sens' dans les devinettes et les plaisanteries en hindi. In A.-M. Laurian & T. Szende (Eds.), *Les mots du rire: comment les traduire* (pp. 101–118). Bern: Peter Lang.

Griggs, P., Carol, P. & Bange, P. (2006). La dimension cognitive dans l'apprentissage des langues étrangères. *Revue française de linguistique appliquée, 2*, 25–38.

Gross, G. (1996). *Les expressions figées en français. Noms composés et autres locutions.* Paris: Ophrys.

Grünhage-Monetti, M., Halewijn, E. & Holland C. (2004). *Odysseus – la deuxième langue sur le lieu de travail. Les besoins linguistiques des travailleurs migrants: l'organisation de l'apprentissage des langues à des fins professionnelles*. Graz: CELV.

Grunig, B.-N. (1997). La locution comme défi aux théories linguistiques: une solution d'ordre mémoriel. In M. Martins-Baltar (Ed.), *La locution entre langue et usages* (pp. 225–240). Paris: ENS Editions.

Guidère, M. (2002). L'image-texte publicitaire en cours de langue. *Les langues modernes, 2*, 34–48.

Guidère, M. (2009). Presse et publicité: informer et former par le Net. *Les langues modernes, 2*, 64–70.

Guidère, M. (2011). Vers un dispositif interactif d'apprentissage de la traduction à distance. In M. Van Campenhoudt, T. Lino, R. Costa (Eds.), *Passeur de mots, passeur d'espoir, Lexicologie, terminologie et*

traduction face au défi de la diversité, (pp. 259–275). Paris: Editions des archives contemporaines.
Gülich, E. & Krafft, U. (1997). Le rôle du préfabriqué dans le processus de production discursive. In M. Martins-Baltar (Ed.), La locution entre langue et usages (Ed.) (pp. 241–276). Paris: ENS Editions.
Gullberg, M. (2010). Gesture analysis in SLA and bilingualism research. *Second Language Research, 26*(1), 75–102.
Gumperz, J. (1969). Cadrer et comprendre une politique de la conversation. In *Le parler frais d'Erving Goffman* (pp. 123–154). Paris: Les Editions de Minuit.
Gumperz, J. (1989). *Engager la conversation. Introduction à la sociolinguistique.* Paris: Les Editions de Minuit.
Gumperz, J. & Hymes, D. (Eds.) (1972). *Directions in Sociolinguistics. The Ethnography of Communication*. Oxford: Basil Blackwell.
Habermas, J. (1992). 'L'espace public', 30 ans après. *Quaderni, 18*, 161–191.
Häcker, M. (2008). Eleven pets and twenty ways to express one's opinion: the vocabulary learners of German acquire at English secondary schools. *Language Learning Journal, 36*(2), 215–226.
Hagège, C. (1996). *L'enfant aux deux langues*. Paris: Odile Jacob.
Hagège, C. (2000). *Halte à la mort des langues*. Paris: Odile Jacob.
Hall, E. T. (1971). *The Hidden Dimension*. New-York: Doubleday.
Hall, E. T. (1976). *Beyond culture*. New-York: Anchor Books.
Hall, E. T. (1990). *The Silent Language*. New-York: Doubleday.
Hall, G. (2011). *Exploring English Language Teaching. Language in Action*. New York: Routledge.
Halliday, M.A.K. (1990). *Spoken and written language*. New York: Oxford University Press.
Hamers, J. F. & Blanc, M. (1983). *Bilingualité et bilinguisme*. Bruxelles: Pierre Mardaga.
Hamez, M.-P. (2006). Créer une BD en classe de français langue étrangère. *Les langues modernes, 4*, 53–59.
Hannerz, U. (1992). *Cultural Complexity: Studies in the Social Organization of Meaning*. New York: Columbia University Press Books.
Harris, V. & Snow, D. (2004). *Doing it for themselves: focus on learner strategies and vocabulary building*. London: CILT.
Hartweg, F. G. (1982). La civilisation allemande: enseignement et axes de recherches. *Etudes de Linguistique Appliquée*, *47*, 50–64.

Hausmann, F.-J. (1997). Tout est idiomatique dans les langues. In M. Martins-Baltar (Ed.), *La locution entre langue et usages* (pp. 276–290). Paris: ENS Editions.

Hausmann, F.-J. & Blumenthal, P. (2006). Présentation: collocations, corpus, dictionnaires. *Langue française*, *150*(2), 3–13.

Hédiard, M. (2006). Autour de 'pays' et 'paese', à la recherche d'équivalents, *Etudes de Linguistique Appliquée*, *141*, 51–60.

Hélot, C. & Benert, B. (2006). Comment penser la notion d'interculturel dans la formation des enseignants du premier degré ? Analyse de trois notions travaillées en formation: l'étranger, la rencontre, l'autre. *Revue des HEP, Suisse Romande et Tessin, 'Approches interculturelles dans la formation des enseignants: Impact, stratégies, pratiques et expériences'*, *6*, 77–102.

Heringer, H.-J. (2007). *Interkulturelle Kommunikation. Grundlagen und Konzepte*. Marburg: Francke.

Hidden, M.-O. (2008). Apprendre à rédiger un texte en français L2. *Acquisition et interaction en langue étrangère, 27*. Retrieved from <http://aile.revues.org/4293>.

Hillman, R. (2011). Music as cultural marker in film: beyond the frame of national images. In G. Zarate, D. Lévy, & C. Kramsch (Eds.), *Handbook of Multilingualism and Multiculturalism* (pp. 241–244). Paris: Editions des archives contemporaines.

Hilton, H. (2002). Modèles de l'acquisition lexicale en L2: où en sommes-nous ? *ASp, 35–36*. Retrieved from <http://asp.revues.org/1668>.

Hilton, H. (2009). *Systèmes émergents: acquisition, traitement et didactique des langues*, Dossier de synthèse, HDR, Lyon 2. Retrieved from tel.archives-ouvertes.fr/docs/00/60/51/88/PDF/hdr_hilton_nov2009.pdf.

Hinkel, E. (Ed.) (1999). *Culture in Second Language Teaching and Learning*. Cambridge: Cambridge University Press.

Hinkel, E. (Ed.) (2011a). *Handbook of Second Language Teaching and Research*. New York & London: Routledge.

Hinkel, E. (2011b). What Research on Second Language Writing Tells Us and What it Doesn't . In E. Hinkel (Ed.), *Handbook of Research in Second Language Teaching and Learning* (pp. 523–538). New York: Routledge.

Hjelmslev, L. (1966). *Le langage. Une introduction, augmentée de Degrés linguistiques*. Paris: Gallimard.

Hofstede, G., Hofstede G.J. & Minkov, M. (2010). *Cultures et organisations. Nos programmations mentales*. Paris: Pearson.

Holec, H. (1988). L'acquisition de compétence culturelle. Quoi ? Pourquoi ? Comment ? *Etudes de Linguistique Appliquée, 69,* 101–110.

Holliday, A. (2005). *The Struggle to Teach English as an International Language*. Oxford: Oxford University Press.

Holló, D. (2008). *Értsünk szót ! Kultúra, nyelvtanítás, nyelvhasználat.* Budapest: Akadémiai Kiadó.

Holtzer, G. (2003). Learning Culture by Communicating: Native – Non-native Speaker Telephone Interactions. In M. Byram & P. Grundy (Eds.) *Context and Culture in Language Teaching and Learning* (pp. 43–50). Buffalo-Toronto-Sydney: Clevedon.

Honeste, M.-L. (2000). Un mode de classification sémantique: la polysémie. In *Faits de langue* (pp. 27–36). Paris: Ophrys.

Horton, F. W. (2008). *Understanding information literacy: a primer*. Paris: UNESCO Publishing.

Houdebine, A.-M. (1995). Imaginaire linguistique et dynamique des langues. Aspects théoriques et méthodologiques. In A. Figueroa & J. Lago (Eds.) *Estudios en Homenaxe as Profesoras Françoise Jourdan Pons e Isolina Sánchez Regueira* (pp. 119–132). Santiago de Compostela: Universidade de Santiago de Compostela.

Houis, M. (1982). Le langage comme témoin des rencontres de cultures. *La communication interculturelle, Les Amis de Sèvres, CIEP,* 48–61.

Hu, A. (2010). Interkulturelle Kommunikative Kompetenz. In W. Hallet & F. G. Königs (Eds.), *Handbuch Fremdsprachendidaktik* (pp. 75–79). Stuttgart: Klett Verlag.

Hu, A. & M. Byram, E. (Eds.) (2009). *Interkulturelle Kompetenz und fremdsprachliches Lernen. Modelle, Empirie, Evaluation / Intercultural competence and foreign language teaching. Models, empiricism, assessment.* Tübingen: Gunter Narr Verlag

Hubé, N. (2010). Habemus papam. Décès et nomination comme moments privilégiés d'analyse du discours sur l'institution papale. In *Figures sociales des discours* (pp. 109–126). Lille: Travaux et recherches, UL3.

Hufeisen, B. (2008). Textsortenwissen – Textmusterwissen – Kulturspezifik von Textsorten. *Fremdsprache Deutsch, 39*, 50–53.

Hyland, K. (2008a). *Second Language Writing*. New York: Cambridge University Press.

Hyland, K. (2008b). Genre and academic writing in the disciplines. *Language teaching, 41*(4), 543–562.

Hymes, D. H. (1972a). Models of the Interaction of Language and Social Life. In J. Gumperz & D. Hymes (Eds), *Directions in Sociolinguistics. The Ethnography of Communication* (pp. 35–71). Oxford: Basil Blackwell.

Hymes, D.H. (1972b). On Communicative Competence. In J. B. Pride & J. Holmes (Eds.), *Sociolinguistics. Selected* Readings (Part 2) (pp. 269–293). Harmondsworth: Penguin.

Iribarne, P. d' (2006). Que recouvre le mot liberté ? Une opposition entre les univers anglo-saxon, germanique et français. In P. von Münchow & F. Rakotonoelina (Eds.), *Discours, cultures, comparaisons, Les carnets du Cediscor 9* (pp. 145–156). Paris: Presses Sorbonne Nouvelle.

Jakobson, R. (1973). *Essais de linguistique générale. Rapports internes et externes du langage*. Paris: Les Editions de Minuit.

Jakobson, R. (2003). *Essais de linguistique générale. Les fondations du langage*. Paris: Les Editions de Minuit.

Jamet, M.-C. (2008). De l'histoire d'une grande langue – le français – qui, pour ne pas devenir petite, se découvre plurielle. In G. Alao, E. Argaud, M. Derivry & H. Leclercq (Eds.), *Grandes et petites langues. Pour une didactique du plurilinguisme et du pluriculturalisme* (pp. 29–41). Bern: Peter Lang.

Janich, N., Rhein, L. & x Simmerling, A. (2010). Do I know what I don't know. The Communication of Non-Knowledge and Uncertain Knowledge in Science. *International Journal of Specialized Communication, 3–4*, 86–99.

Johnson, K. (2008). *An Introduction to Foreign Language Learning and Teaching*. Harlow: Pearson

Julié, K. & Perrot, L. (2008). *Enseigner l'anglais*. Paris: Hachette.

Jullien, F. (1986). Le plus long détour. *Communications, 43*, 91–101.

Kahn, E. & Heller, M. Idéologies et pratiques du multilinguisme au Québec: luttes et mutations dans un site de la nouvelle économie. *Langage et Société, 118*(4), 43–63.

Kasarda, J. D. & Lindsay, G. (2011). *Aérotropolis. The Way We'll Live Next*. New York: Farrar, Straus & Giroux.

Kasper, G. & Rose, K. R. (2002). *Pragmatic Development in Second Language*. Oxford: Blackwell.

Kassai, G. (1988). La différence sexuelle dans le langage et ses interprétations. *Contrastes, Actes du colloque Adec,* 3–10.

Kassai, G. (1997). Quelques aspects culturels de la traduction. In J. Karafiáth & G. Tverdota (Eds.), *Acclimater l'autre* (pp. 129–135). Budapest: Balassi.

Kearney, E. (2010). Cultural Immersion in the Foreign Language Classroom: Some Narrative Possibilities. *The Modern Language Journal, 94*(2), 332–336.

Kecskes, I. (2007). Formulaic language in English Lingua Franca. In I. Kecskes & L.R. Horn (Eds.), *Explorations in Pragmatics* (pp. 191–218). Berlin: Mouton de Gruyter.

Keller, E. (1981). Gambits: Conversational Strategy Signals. In F. Coulmas (Ed.), *Conversational Routine. Explorations in Standardized Communication Situations and Prepatterned Speech* (pp. 93–113). The Hague-Paris-New York: Mouton Publishers.

Kerbrat-Orecchioni, C. (2001). 'Je voudrais un p'tit bifteck': La politesse à la française en site commercial. In F. Cicurel & M. Doury (Eds.), *Interactions et discours professionnels. Usages et transmission* (pp. 105–118). Paris: Presses de la Sorbonne Nouvelle.

Kerbrat-Orecchioni, C. (2002). Système linguistique et ethos communicatif. *Cahiers de praxématique*, *38*, 2002, 35–57.

Kerbrat-Orecchioni, C. (2005a). *Les actes de langage dans le discours.* Paris: Armand Colin, 2005.

Kerbrat-Orecchioni, C. (2005b). *Le discours en interaction*. Paris: Armand Colin.

Kerbrat-Orecchioni, C. & Traverso, V. (2004). Types d'interactions et genres de l'oral. *Langages, 53*, 41–51.

Kern, R. & Liddicoat, A.J. (2011). Introduction: from the learner to the speaker/ social actor. In G. Zarate, D. Lévy, & C. Kramsch (Eds.), *Handbook of Multilingualism and Multiculturalism* (pp. 17–23). Paris: Editions des archives contemporaines.

Kettemann, B. & Marko, G. (2011). Data-driving Critical Discourse Analysis. In N. Kübler (Ed.), *Corpora, Language Teaching and Resources: from Theory to Practice* (pp. 19–48). Bern: Peter Lang.

Kilimann, A., Kotas, O. & Skrodzki, J. (2008). *45 Stunden Deutschland. Orientierungskurs Politik-Geschichte –Kultur*. Stuttgart: Klett Verlag.

Kinginger, C. (2008). Language Learning in Study Abroad: Case Studies of Americans in France. *The Modern Language Journal, 92, Monograph.*

Kinginger, C. (2011). Repertoires: decentering and the expression of identity. In G. Zarate, D. Lévy, & C. Kramsch (Eds.), *Handbook of Multilingualism and Multiculturalism* (pp. 37–39). Paris: Editions des archives contemporaines.

Klein, W. (1989). *L'acquisition de langue étrangère*. Paris: Armand Colin.

Klein, J.-R. & Gosselain, F. Déracinements ou enracinements linguistiques. In D. Flament-Boistrancourt (Ed.), *Théories, données et pratiques en français langue étrangère* (pp. 281–295). Lille: Presses Universitaire de Lille.

Klemperer, V. (1996). *LTI, la langue du IIIe Reich. Carnets d'un philologue.* Paris: Albin Michel.

Klinkenberg, J.-M. (2005). La diversité linguistique: un dogme ou un programme ? Le français, défi de la diversité. *FIPF*, 60–70.

Knox, E. (1982). Propos d'un usager. *Etudes de Linguistique Appliquée, 47*, 8–20.

Knox, E. (1986). A propos de compétence culturelle. In L. Porcher (Ed.), *La civilisation* (pp. 89–100). Paris: Clé International.

Koda, K. (2012). Development of second language reading skills: cross-linguistic perspectives. In S. M. Gass & A. Mackey (Eds.), *The Routledge Handbook of Second Language Acquisition* (pp. 303–318). New York: Routledge.

Kohler-Bally, P. (2003). Médiation et séjour d'études: le cas de l'étudiant Erasmus. *La médiation et la didactique des langues et des cultures, Le français dans le monde, Recherches et applications*, 136–142.

Koreik, U. (2010). Landeskunde, Cultural Studies und Kulturdidaktik. In W. Hallet & F. G. Königs (Eds.), *Handbuch Fremdsprachendidaktik* (pp. 133–136). Stuttgart: Klett Verlag.

Костомаров, В. Г. (1967). Русский речевой этикет. *Русский язык за рубежом, 1*, pp. 56–72.

Kramsch, C. (1991). Culture in language learning. A view from the States. In K. de Bot, R.B. Ginsberg & C. Kramsch (Eds.), *Foreign language research in cross-cultural perspectives* (pp. 217–240). Amsterdam: John Benjamins.

Kramsch, C. (1993). *Context and Culture in Language Teaching*. Oxford: Oxford University Press.

Kramsch, C. (1995). La composante culturelle de la didactique des langues. *Le Français dans le Monde, Recherches et applications*, 54–69.

Kramsch, C. (1997). Imagination métaphorique et enseignement des langues. In G. Zarate (Ed.), *Les représentations en didactique des langues et cultures* (pp. 78–101). Paris: CREDIF- Didier.

Kramsch, C. (1998). *Language and Culture*. Oxford: Oxford University Press.

Kramsch, C. (2002). Standard, norm and variability in language learning: A view from foreign language research. In S. Gass, K. Bardovi-Haro, S. Sieloff-Magnan & J. Walz (Eds.), *Pedagogical Norms for Second and Foreign Language Learning and Teaching* (pp. 59–79). Amsterdam/Philadelphia: J Benjamins Publishing Company.

Kramsch, C. (2006a). Culture in Language Teaching. In H. L. Andersen, K. Lund & K. Risager (Eds.), *Culture in Language Learning* (pp. 11–23). Aarhus: Aarhus University Press.

Kramsch, C. (2006b). From Communicative Competence to Symbolic Competence. *The Modern Language Journal, 90*, 249–252.

Kramsch, C. (2008). Ecological perspectives on foreign language education. *Language Teaching, 41*(Part 3), 389–408.

Kramsch, C. (2009a). *The Multilingual Subject*. Oxford-New York: Oxford University Press.

Kramsch, C. (2009b). Discourse, the symbolic dimension of Intercultural Competence. In A. Hu & M. Byram (Eds.), *Interkulturelle Kompetenz und fremdsprachliches Lernen. Modelle, Empirie, Evaluation / Intercultural competence and foreign language teaching. Models, empiricism, assessment* (pp. 107–121).Tübingen: Gunter Narr Verlag.

Kramsch, C. (2011a). Voice in L2 acquisition: speaking the self through the language of the other. In G. Zarate, D. Lévy, & C. Kramsch (Eds.), *Handbook of Multilingualism and Multiculturalism* (pp. 25–27). Paris: Editions des archives contemporaines.

Kramsch, C. (2011b). Counterpoint. In G. Zarate, D. Lévy, & C. Kramsch (Eds.), *Handbook of Multilingualism and Multiculturalism* (pp. 305–311). Paris: Editions des archives contemporaines.

Kramsch, C. & Whiteside, A. Language ecology in Multilingual Settings. Towards a Theory of Symbolic Competence. *Applied Linguistics, 29*(4), 645–671.

Krashen, S. D. (1982). *Principles and Practice in Second Language Acquisition.* Oxford: Pergamon Press.

Krieg-Planque, A. (2003). *Purification ethnique. Une formule et son histoire*. Paris: CNRS Editions.

Krieg-Planque, A. (2009). *La notion de 'formule' en analyse du discours. Cadre théorique et méthodologique*. Besançon: Presses Universitaires de Franche-Comté.

Kristeva, J. (2000). Écrire en français. In B. Cerquiglini, J. C. Corbeil & J.-M. Klinkenberg (Eds.), *Le français dans tous ses états* (pp. 63–73). Paris: Flammarion.

Kübler, N., Bordet, G. & x Pecman, M. (2011). La linguistique de corpus entretient-elle d'étroites relations avec la traduction pragmatique ? In M. Van Campenhoudt, T. Lino, R. Costa (Eds.), *Passeur de mots, passeur d'espoir, Lexicologie, terminologie et traduction face au défi de la diversité* (pp. 579–591). Paris: Editions des archives contemporaines.

Kumaravadivelu, B. (2008). *Cultural Globalization and Language Education*. New Haven: Yale University Press.

Lab, F. (1992). Traduire le prétérit: imparfait ou passé simple. In J. Guillemin-Fischer (Ed.), *Linguistique contrastive et traduction* (pp. 57–85). Paris: Ophrys.

Labov, W. (1972). *Sociolinguistic Patterns*. Philadelphia: University of Pennsylvania Press.

Lacassagne, M.-F., Salès-Wuillemin, E. & P. Castel, P. (2002). Les biais de catégorisation dans la représentation des Maghrébins en France. In C. Sabatier, H. Malewska & F. Tanon (Eds.), *Identités, acculturation et altérité* (pp. 151–163). Paris: L'Harmattan.

Ladmiral, J.-R. (1998). Le prisme interculturel de la traduction. In P. Bensimon & D. Coupaye (Eds.), *Traduire la culture, Palimpsestes 11* (pp. 15–30). Paris: Presses de la Sorbonne Nouvelle.

Ladmiral, J.-R. (2010). La traduction, phénomène interculturel et psychorelationnel. *Meta, 55*(4), 626–641.

Lahire, B. (2007). La sociologie, la didactique et leurs domaines scientifiques. *Éducation et didactique,1*(1). Retrieved from: <http://educationdidactique.revues.org/86>.

Lahire, B. (2009). La fabrication sociale d'un individu. Entretien avec Bernard Lahire par N. Duvoux. *La vie des idées.* Retrieved from <http://www.laviedesidees.fr/spip.php?page=print&id_article=849>.

Lakoff, G. & Johnson, M. (1985). *Les métaphores dans la vie quotidienne*. Paris: Editions de Minuit.

Lamiroy, B. & Klein, J.-R. (2005). Le problème central du figement est le semi-figement. *Linx, 53*. Retrieved from <http://linx.revues.org/27>.

Lang-Félicité, A. (2000). Représentation et réalité de la politesse chez les adolescents. *Les langues modernes, 1*, 24–32.
Lantolf, J.P. (1999). Second Culture acquisition. Cognitive considerations. In E. Hinkel (Ed.), *Culture in Second Language Teaching and Learning* (pp. 28–46). New York: Cambridge University Press.
Lantolf, J.P. & Thorne, S. L. (2006). *Sociocultural Theory and the Genesis of Second Language Development.* Oxford: Oxford University Press.
Lantolf, J.P. (2011). The Sociocultural Approach to Second Language Acquisition: Sociocultural theory, second language acquisition, and artificial L2 development. In D. Atkinson (Ed.), *Alternative Approaches to Second Language Acquisition* (pp. 24–47). New York: Routledge.
Laplace, C. (1994). *Théorie du langage et théorie de la traduction.* Paris: Didier.
Lassègue, J. (2003). Note sur la construction des formes sémantiques en anthropologie et en linguistique ; catégorisation linguistique, parenté, rituel. *Langages, 150*, 106–125.
Laurian, A.-M. (1995). Locutions et discours scientifiques. *Cahiers du français contemporain, 2*, 243–269.
Laurian, A. M. & Szende, T. (2001). Avant-propos. In A.-M. Laurian & T. Szende (Eds.), *Les mots du rire: comment les traduire* (pp. 1–17). Bern: Peter Lang.
Lederer, M. (1981). *La traduction simultanée*. Paris: Minard.
Lee, Y.-T. & Calvez, V. (2007). Vers un modèle dynamique des compétences culturelles: en guise d'introduction. In Y.-T. Lee, V. Calvez & A.-M. Guénette (Eds.), *La compétence culturelle. S'équiper pour les défis du management international* (pp. 17–40). Paris: L'Harmattan.
Lee-Le Neindre, B. (2002). Spécificité culturelle des apprenants coréens et perspectives didactiques dans l'enseignement des langues et des cultures étrangères, *Etudes de Linguistique Appliquée, 126*, 157–167.
Léglise, F. (2005). Pourquoi et comment étudier une œuvre complète en Terminale L: Bodas de Sangre de Federico García Lorca. *Les langues modernes, 2*, 51–63.
Léglise, I. & Leroy, M. (2008). Insultes et joutes verbales chez les 'jeunes': le regard des médiateurs urbains. In A. Tauzin (Ed.), *Insultes, injures et vannes en France et au Maghreb* (pp. 155–174). Paris: Karthala.
Lengyel, Z. (2011). Szóasszociációs vizsgálatok (10–14, 18–26 évesek ; 1000–1000 fő). In A. Horváth H. (Ed.), *Társadalmak, Nyelvek, Kultúrák* (pp. 185–189). Veszprém: Pannon Egyetem.

Lenoir, P. (2009). Pour une approche objet-sujet-projet en classe d'espagnol en France. *Synergies Pays Riverains de la Baltique, 6*, 113–123.

Léonard, J.-L. Chorèmes, aires et réseaux. Si l'Estonie m'était contée ... A travers ses isoglosses. In P. Renaud (Ed.), *Les situations de plurilinguisme en Europe comme objet de l'histoire* (pp. 97–123). Paris: L'Harmattan.

Lepez, B. (2008). S'approprier le CECRL: le projet culture. *Les langues modernes, 2*, 59–65.

Leroy, S. (2006). Glasnost et perestroïka. Les pérégrinations de deux russismes dans la presse française. *Mots. Les langages du politique, 82*, 65–78.

Lévy, D. (2001). Langues 'médiatrices' et attitudes xénophiles. Fonction, perception et représentation du français, de l'italien et de l'étranger dans le phénomène d'immigration nord-africaine en Italie. In G. Zarate (Ed.), *Langues, xénophobie, xénophilie dans une Europe multiculturelle* (p. 77–93). Caen: CRDP de Basse Normandie.

Lévy, D. (2003). Médiation, didactique des langues et subjectivité. *La médiation et la didactique des langues et des cultures. Le français dans le monde, Recherches et applications*, 10–23.

Lévy, D. & Zarate, G. (2003). La médiation dans le champ de la didactique des langues et des cultures. *La médiation et la didactique des langues et des cultures, Le français dans le monde, Recherches et applications*, 186–189.

Lévy, D. (2011). Introduction: languages and the self. In G. Zarate, D. Lévy, & C. Kramsch (Eds.), *Handbook of Multilingualism and Multiculturalism* (pp. 63–75). Paris: Editions des archives contemporaines.

Lévy-Mongelli, D. (1996). Logiques situationnelles, extratextualité et attitudes culturelles de l'apprenant dans la compréhension des textes 'ouverts'. *Etudes de Linguistique Appliquée, 104*, 421–430.

Lévy-Strauss, C. (1955). *Tristes tropiques*. Paris: Plon.

Lévy-Strauss, C. (1983). *Le regard éloigné*. Paris: Plon

Lévy-Strauss, C. (1986). *Race et Histoire*. Paris: UNESCO.

Lévy-Strauss, C. (1989). Introduction à l'oeuvre de M. Mauss. In M. Mauss (Ed.), *Sociologie et Anthropologie* (pp. IX-LII). Paris: Presses Universitaires de France.

Lévy-Strauss, C. (2009). *La pensée sauvage*. Paris: Plon.

Liddicoat, A. J. (2011). Language teaching and learning from an intercultural perspective. In E. Hinkel (Ed.), *Handbook of Second Language*

Teaching and Research (pp. 837–855). New York & London: Routledge.

Liddicoat, A.J. & A. Scarino (2013) *Intercultural Language Teaching and Learning*, New York: Wiley and Sons.

Lightbown, P.M. & Spada, N. (2006). *How Languages Are Learned*. Oxford: Oxford University Press.

Lin-Zucker, M., Suzuki, E., Takahashi, N. & Martinez, P. (Eds.) (2011). *Compétences d'enseignant à l'épreuve des profils d'apprenant. Vers une ingénierie de formation*. Paris: Editions des archives contemporaines.

Loffler-Laurian, A.-M. (1983). Typologie des discours scientifiques: deux approches. *Études de linguistique appliquée*, *51*, 8–20.

Longhi, G. & Sarfati, G.-E. (2007). Canon, doxa, vulgate: enjeux sociolinguistiques du stéréotypage dans la dénomination 'intermittent'. In H. Boyer (Ed.), *Stéréotypage, stéréotypes: fonctionnements ordinaires et mises en scène Actes du Colloque International de Montpellier, Université de Montpellier III, Tome 4* (pp. 123–131). Paris: L'Harmattan.

López Díaz, M. (2007). Stéréotype, reproduction et subversion dans la publicité. In H. Boyer (Ed.), *Stéréotypage, stéréotypes: fonctionnements ordinaires et mises en scène Actes du Colloque International de Montpellier, Université de Montpellier III, Tome 1* (pp. 195–206). Paris: L'Harmattan.

Louis, V. (1998). Etude critique de la compétence culturelle à travers l'analyse de manuels de FLE. In A. Wengler (Ed.), *Un enseignement moderne des langues vivantes étrangères pour les citoyens européens* (pp. 34–46). Luxembourg: Eurolingua.

Lüdi, G., Münch, B. & Gauthier, C. (1994). Vers un enseignement pluriel de la civilisation dans le cadre du français langue étrangère. In D. Coste (Ed.), *Vingt ans de l'évolution de la didactique des langues (1968–1988)* (pp. 100–116). Paris: Hatier/Didier.

Lüdi, G. (2011). Vers de nouvelles approches théoriques du langage et du plurilinguisme. *Travaux neuchâtelois de linguistique*, *53*,47–64.

Lugrin, G. (2006). De la poétique à l'analyse du discours publicitaire: l'hypertextualité, entre intertextualité et architextualité. *Travaux neuchâtelois de linguistique, 44,* 133–149.

Lussier, D. (1997). Domaine de référence pour l'évaluation de la compétence culturelle en langues. *Etudes de Linguistique Appliquée, 106*, 231–246.

Macintyre, P. D., Burns, C. &. Jessome, A. (2011). Ambivalence about Communicating in a Second Language: A Qualitative Study of French Immersion Students' Willingness to Communicate. *The Modern Language Journal, 95*, 81–96.

Mackey, A. & Gass, S. M. (2005). *Second Language Research. Methodology and Design*. Hillsdale: Lawrence Erlbaum.

MacWhinney, B. (1997). Second Language Acquisition and the Competition Model. In M. B. de Groot & J. F. Kroll (Eds), *Tutorial in Bilingualism, Psycholinguistic Perspectives* (pp. 113–142). Hillsdale: Lawrence Erlbaum.

Madricardo, H. (2001). Langues et cultures à l'école. *Etudes de Linguistique Appliquée, 123–124*, 325–331.

Maijala, M. (2007). Klischees im Spiegel landeskundlicher Inhalte von Sprachlehrwerken. *Jahrbuch Deutsch als Fremdsprache, 32*, 126–139.

Maingueneau, D. (2006). Les énoncés détachés dans la presse écrite. De la surassertion à l'aphorisation. *Travaux neuchâtelois de linguistique, 44*, 107–120.

Maingueneau, D. (2007). *Analyser les textes de communication*. Paris: Armand Colin.

Maingueneau, D. (2009). *Les termes clés de l'analyse du discours*. Paris: Editions du Seuil.

Malinowski, B. (1923). The Problem of Meaning in Primitive Languages. In C.K. Ogden & I.A. Richards (Eds.), *The Meaning of Meaning* (pp. 451–510). New York: Kegan Paul.

Malinowski, B. (1968). *Une théorie scientifique de la culture*. Paris: François Maspero.

Manesse, D. (2009). Ce que l'on enseigne. Le cas du français. In J. Houssaye (Ed.), *Pédagogie: une encyclopédie pour aujourd'hui* (pp. 27–38). Paris: ESF.

Mangiante, J.-M. & Parpette, C (2011). *Le français sur objectif universitaire*. Grenoble: Presses universitaires de Grenoble.

Manno, G. (2000). A propos de quelques actes 'pseudo-directifs' de la communication écrite. *Revue de sémantique et pragmatique, 8*, 43–62.

Marchal, G. P. (2001). De la mémoire communicative à la mémoire culturelle. *Annales. Histoire, Sciences Sociales* 56 (3), 563–589.

Margarito, M. (1995). Paris Italianissimo ? Dénominations italiennes des pages jaunes: lexique, stéréotypes, image des autres. *Etudes de Linguistique Appliquée, 97*, 31–41.

Margarito, M. (2002). Quelques notes en guise de présentation. *Etudes de Linguistique Appliquée, 128,* 391–397.

Mariet, F. (1982). Enseigner des cultures. Présentation. *Etudes de Linguistique Appliquée*, *47*, p. 5–7.

Marková, I. (2007). *Dialogicité et représentations sociales.* Paris: Presses Universitaires de France.

Marquilló Larruy, M. & Matthey, M. (2011). Ordinary discourses. Teachers' and learners' representations of contact in learning. In G. Zarate, D. Lévy, & C. Kramsch (Eds.), *Handbook of Multilingualism and Multiculturalism* (pp. 295–298). Paris: Editions des archives contemporaines.

Martens, S. (2006). *La civilisation allemande dans les études germaniques en France: ingénierie et atouts*. Paris & Bruxelles: Ifri.

Martin, R. (1997). Sur les facteurs du figement lexical. In M. Martins-Baltar (Ed.), *La locution entre langue et usages* (pp. 291–305). Paris: ENS Editions.

Martinet, A. (1993). Mémoires d'un linguiste. *Vivre les langues*. Paris: Quai Voltaire.

Martinez, H. (2001). Autonomie: une question d'interdépendance entre apprenants et enseignants. *Les langues modernes, 95*, 26–33.

Martinez, H. (2008). *Lernerautonomie und Sprachenlernverständnis. Eine qualitative Untersuchung bei zukünftigen Lehrerinnen und Lehrern romanischer Sprachen*. Tübingen: Gunter Narr Verlag.

Martinez, P. (1996). *La didactique des langues étrangères*. Paris: Presses Universitaires de France.

Martinez, P. (2011). Avant-propos. In M. Lin-Zucker, E. Suzuki, N. Takahashi & P. Martinez (Eds.), *Compétences d'enseignant à l'épreuve des profils d'apprenant. Vers une ingénierie de formation* (pp. 2–6). Paris: Editions des archives contemporaines.

Martins-Baltar, M. (1995). Enoncés de motif usuels: figures de phrases et procès en déraison. *Cahiers du français contemporain, 2*, 87–118.

Mather, P.-A. (2009). L'art de la conversation à Porto Rico: une approche pragmatique. *Signes, Discours et Sociétés, 4*. Retrieved from <http://www.revue-signes.info/document.php?id=1385>.

Matvejević, P. (1993). Nations et cultures nationales dans l'Europe centrale et l'Europe de l'Est. In *Convergences européennes* (pp. 17–29). Paris: Publications de l'INALCO.

Maurer, L. & Londei, L. Introduction: images, discourse and cultural representation. In G. Zarate, D. Lévy, & C. Kramsch (Eds.), *Handbook of Multilingualism and Multiculturalism* (pp. 211–217). Paris: Editions des archives contemporaines.

Mauss, M. (2007). *Essai sur le don. Forme et raison de l'échange dans les sociétés archaïques*. Paris: Presses Universitaires de France.

McCafferty, S.G. (2008). Mimesis and Second Language Acquisition. A Sociocultural Perspective, *SSLA*, *30*, 147–167.

Medhat-Lecocq, H. (2008). Expressions à caractère sacré en égyptien langue étrangère. Démarche interculturelle. In G. Alao, E. Argaud, M. Derivry & H. Leclercq (Eds.), *Grandes et petites langues. Pour une didactique du plurilinguisme et du pluriculturalisme* (pp. 149–161). Bern: Peter Lang.

Medgyes, P. (1992). Native or non-native: who's worth more? *ELT J 46(4)*, 340–349.

Medgyes, P. & Major, É. (2004). *A nyelvtanár. A nyelvtanítás módszertana*. Budapest: Corvina.

Meerhoff, J. (2011). *Read me! Eine Kultur- und Mediengeschichte der Bedienungsanleitung*. Bielefeld: Transcript Verlag.

Meissner, F.-J. (2010). Vers la mise en pratique de l'intercompréhension comme stratégie autonomisante en classe de langue. *Synergies Europe, 5*, 25–32.

Mejri, S. (2008). Figement et traduction: problématique générale. *Meta, 53*(2), 244–252.

Mel'čuk, I., Clas, A., & Polguère, A. (1995). *Introduction à la lexicologie explicative et combinatoire*. Louvain la Neuve: Duculot.

Mel'čuk, I. (2003). Collocations dans le dictionnaire. In T. Szende (Ed.), *Les écarts culturels dans les dictionnaires bilingues* (pp. 19–64). Paris: Honoré Champion.

Mel'čuk, I. & Polguère, A. (2007). *Lexique actif du français, L'apprentissage du vocabulaire fondé sur 20 000 dérivations sémantiques et collocations du français*. Bruxelles: De Boeck & Larcier.

Meunier, J.-P. & Péraya, D. (2004). *Introduction aux théories de la communication*. Louvain la Neuve: De Boeck.

Mey, J. L. (2009). *Concise Encyclopedia of Pragmatics*. Oxford: Elsevier.

Meyer, M. (2009). *La rhétorique*. Paris: Presses Universitaires de France.

Michaud, G. & Marc, E. (1981). *Vers une science des civilisations ?* Bruxelles: Editions Complexe.

Miecznikowski, J., Mondada, L., Müller, K. & Pieth, C. L'exposé scientifique comme activité pratique et interactive. In F. Cicurel & M. Doury (Eds.), *Interactions et discours professionnels. Usages et transmission* (pp. 187–208). Paris: Presses de la Sorbonne Nouvelle.

Mochet, M.-A., & Cintrat, I. (1995). De quelques formes de stéréotypie dans le discours. *Cahiers du français contemporain, 2*, 119–135.

Moeschler, J. & Auchlin, A. (2009). *Introduction à la linguistique contemporaine*. Paris: Armand Colin.

Moirand, S. (1990). *Enseigner à communiquer en langue étrangère*. Paris: Hachette.

Moirand, S. (1992). Des choix méthodologiques pour une linguistique de discours comparative. *Langages, 105*, 28–41.

Moirand, S. (1995). L'évaluation dans les discours scientifiques et professionnels. *Les Carnets du Cediscor, 3*. Retrieved from <http://cediscor.revues.org/497>.

Moirand, S. (2006). Entre discours et mémoire: le dialogisme à l'épreuve de la presse ordinaire. *Travaux neuchâtelois de linguistique, 44*, 39–55.

Moirand, S. (2007). *Les discours de la presse quotidienne. Observer, analyser, comprendre*. Paris: Presses universitaires de France.

Moirand, S. & Tréguer-Felten, G. (2007). Des mots de la langue aux discours spécialisés, des acteurs sociaux à la part culturelle du langage: raisons et conséquences de ces déplacements. *ASp, GERAS, 51–52,* 7–33.

Moles, A. & Rohmer, E. (1976). *Micropsychologie et vie quotidienne. La société au microscope*. Paris: Denoël/Gonthier.

Molinié, G. (1993). *La stylistique*. Paris: Presses Universitaires de France.

Moll, J. (2009). Les enjeux de la relation. In J. Houssaye (Ed.) *Pédagogie: une encyclopédie pour aujourd'hui* (pp. 165–178). Paris: ESF.

Mollard-Desfour, A. & Rivière, B. (2006). *De vert de rage et rose bonbon. Toutes les couleurs de notre langue*. Paris: Albin Michel.

Mombert, M. (2001). Enseigner la langue de l'ennemi. In G. Zarate (Ed.), *Langues, xénophobie, xénophilie dans une Europe multiculturelle* (pp. 15–25). Caen: CRDP de Basse Normandie.

Montécot, C. (2001). Les mots du rire au théâtre. In A.-M. Laurian & T. Szende (Eds.), *Les mots du rire: comment les traduire* (pp. 275–290). Bern: Peter Lang.

Montredon, J. (2001). Enseigner une langue de chasseurs-cueilleurs en France. *Etudes de Linguistique Appliquée*,123–124, 291–298.

Moore, D. & Py, B. (2011). Introduction: discourse on languages and social representations. In G. Zarate, D. Lévy & C. Kramsch (Eds.), *Handbook of Multilingualism and Multiculturalism* (pp. 263–270). Paris: Editions des archives contemporaines.

Moreau, P.-A. (2005). Littérature et classe prépas, ou l'apprentissage du relativisme. *Les Langues Modernes, 2*, 70–74.

Morel, M.-A. (2004). Intonation, Regard et Genres dans le dialogue à bâtons rompus, *Langages, 53*, 2004, 15–21.

Morin, E. (1994). *Sociologie*. Paris: Fayard.

Mougeon, R., Nadasdi, T. & Rehner, K. (2010). *The Sociolinguistic Competence of Immersion Students*. Bristol: Multilingual Matters.

Mounin, G. (1963). *Les problèmes théoriques de la traduction*. Paris: Gallimard.

Mounin, G. (1987). *La linguistique*. Paris: Seghers.

Mourlhon-Dallies, F. (2008). *Enseigner une langue à des fins professionnelles*. Paris: Didier.

Münchow, P. von & Rakotonoelina, F. (2009). Avant-propos. In *Discours, cultures, comparaisons, Les carnets du Cediscor 9*. Retrieved from <http://cediscor.revues.org/65>.

Münchow, P. von (2010). Langue, discours, culture: quelle articulation ? (1ère partie). *Signes, Discours et Sociétés, 4*. Retrieved from <http://www.revue-signes.info/document.php?id=1439>.

Naito, S. (2002). Difficultés linguistiques et culturelles dans l'enseignement du français à un public japonais. *Etudes de Linguistique Appliquée, 126*, 145–155.

Narcy-Combes, M.-F. (2006). *La communication interculturelle en anglais des affaires. Précis à l'usage des étudiants francophones*. Rennes: Presses Universitaires de Rennes.

Narcy-Combes, J.-P. (2005). *Didactique des langues et TIC: vers une recherche-action responsable*. Paris: Ophrys.

Nemser, W. (1971). Approximative systems of foreign language learners. *International Review of Applied Linguistics, 9*, 115–123.

Neuner, G. (1999). Interimswelten im Fremdsprachenunterricht. In L. Bredella & W. Delanoy (Eds.), *Interkultureller Fremdsprachenunterrich* (pp. 261–289). Tübingen: Gunter Narr Verlag.

Neuner, G. (2004). Le concept de plurilinguisme et la didactique de langue tertiaire. In B. Huffeisen & G. Neuner (Eds.), *Le concept de plurilinguisme: apprentissage d'une langue tertiaire – l'allemand après l'anglais* (pp. 13–35). Strasbourg: Publisher European Center for Modern Languages.

Neustupný, J.V. (1968). Politeness patterns in the system of communication. In *Proceedings of the 8th International Congress of Anthropological and Ethnological Sciences, Tokyo & Kyoto*, 412 – 419.

Niemeier, S. (2004). Linguistic and Cultural Relativity. In M. Achard & S. Niemeier (Eds), *Cognitive Linguistics, Second Language Acquisition, and Foreign Language Teaching* (pp. 95–118). Berlin – New York: Mouton de Gruyter.

Nikolov, M. (2009). The Age Factor in Context. In M. Nikolov (Ed.), *The age factor and early language learning* (pp. 1–38). Berlin -New York: Mouton de Gruyter.

Nikou, T. (2007). L'enseignant de FLE devant un défi: démontrer ses stéréotypes vis-à-vis de l'Autre. In E. Boyer (Ed.), *Stéréotypage, stéréotypes: fonctionnements ordinaires et mises en scène, Actes du Colloque International de Montpellier, Université de Montpellier III, T*ome 3, Education, école, didactique (pp. 195–202). Paris: L'Harmattan.

Nora, P. (1997) *Les lieux de mémoire*. Paris: Gallimard.

Novarina, V. (2012). *Une langue inconnue*. Carouge: Editions Zoé.

Nunan, D. (2004). *Task Based Language Teaching*. New York: Cambridge University Press.

Ochs, E. (2002). Becoming a speaker of culture. In C. Kramsch (Ed.), *Language Acquisition and Language Socialization. Ecological Perspectives* (pp. 109–120). New York: Continuum.

Osu, S.N. (2003). Et si les maladies avaient un sexe: l'expression de la différence entre le masculin et le féminin en ikwere. *Journal des Africanistes, 73*(1), 63–73.

Oustinoff, M. (2012). *La traduction*. Paris: Presses Universitaires de France.

Ouvrard, L. (2010). L'appellatif 'neny' (maman) en dialecte betsileo de Madagascar: quels enseignements culturels ? In G. Alao, H. Medhat-Lecocq, S. Yun-Roger & T. Szende (Eds.), *Implicites, stéréotypes, imaginaires. La composante culturelle en langue étrangère* (pp. 87–95). Paris: Editions des archives contemporaines.

Patte, V. & Hemon, A. (1998). Les contenus de civilisation. Métamorphoses russes. *Les langues modernes, 4*, 35–37.

Pauzet, A. (2005). Représentations picturales et imaginaire collectif. *Études de linguistique appliquée, 138*(2), 137–151.

Pavlenko, A. & Lantolf, J.P. (2000). Second language learning as participation and the (re)construction of selves. In J.P. Lantolf (Ed.), *Sociocultural Theory and Second Language Learning* (pp. 155–177). Oxford & New York: Oxford University Press.

Pavlenko, A. (2011). (Re-) naming the world: Word-to-Referent Mapping in Second Language Speaker. In A. Pavlenko, *Thinking and Speaking in Two* Languages (198–236). Bristol-Buffalo-Toronto: Multilingual Matters.

Peeters, B. (1997). Les pièges de la conversation exolingue. Le cas des immigrés français en Australie. *Bulletin suisse de linguistique appliquée, 65*, 103–118.

Pekarek Doehler, X. (2000). Approches interactionnistes de l'acquisition des langues étrangères: concepts, recherches, perspectives. *Acquisition et interaction en langue étrangère, 12*. Retrieved from <http://aile.revues.org/934>.

Pekarek Doehler, S. (2006). 'CA for SLA': Analyse conversationnelle et recherche sur l'acquisition des langues. *Revue française de linguistique appliquée, 11(*2), 123–137.

Péntek, J. (2001). A Magyar-Román interetnikus kapcsolatok néhány nyelvi vonatkozása. In *A nyelv ritkuló légköre* (pp. 30–42). Kolozsvár: Korunk Baráti Társaság.

Pepin, N. (2007). Stéréotypes en interaction. Eléments d'une grammaire de l'identité. In E. Boyer (Ed.), *Stéréotypage, stéréotypes: fonctionnements ordinaires et mises en scène, Actes du Colloque International de Montpellier, Université de Montpellier III, Tome 2 IDENTITE (S)* (pp. 191–202). Paris: L'Harmattan.

Perec, G. (1975).*Tentative d'épuisement d'un lieu parisien*. Paris: Christian Bourgois.

Perec, G. (1989). *L'infra-ordinaire*. Paris: Editions du Seuil.

Pergnier, M. (1983). Quelques considérations sur l'équivalence sémantique. *Revue de Phonétique Appliquée. Colloque de traductologie, 66–68*, 131- 141.

Perrenoud, P. (2009). Curriculum: le formel, le réel, le caché. In J. Houssaye (Ed.), *Pédagogie: une encyclopédie pour aujourd'hui* (pp. 61–76). Paris: ESF.

Peytard, J. (1987). Français langue étrangère et enseignement de la littérature. *Le français aujourd'hui, 78*, 47–50.

Piaget, J. (1978). *Le jugement et le raisonnement chez l'enfant*. Paris: Delachaux & Niestlé.

Picoche, J. (1993). *Didactique du vocabulaire français*. Paris: Nathan.

Platiel, S. (2005). Un conte voyageur. Analyse comparative. In U. Baumgardt & J. Derive (Eds.), *Paroles nomades: écrits d'ethnolinguistique africaine* (pp. 115–138). Paris: Karthala.

Poli, M.-S. (1997). Natures et fonctions des stéréotypes sémiolinguistiques dans les textes de musée. *Etudes de Linguistique Appliquée, 107*, 369–384.

Pop, L. (2000). *Espaces discursifs. Pour une représentation des hétérogénéités discursives*. Louvain & Paris: Peeters.

Porcher, L. (1976). Langues et Civilisation: des concepts transversaux. *Les amis de Sèvres,* CIEP, 3, 45–53.

Porcher, L. (1982). L'enseignement de la civilisation en questions. *Etudes de Linguistique Appliquée, 47*, 39–49.

Porcher, L. (1988). Progrès, progressions, projets dans l'enseignement/apprentissage d'une culture étrangère. *Etudes de Linguistique Appliquée 69*, 91–100.

Porcher, L. (2004a). *L'enseignement de langues étrangères*. Paris: Hachette.

Porcher, L. (2004b). Parcours de l'interculturalité. Actes du colloque *Chemins d'accès: Les nouveaux visages de l'interculturalité*. Retrieved from <http://classes.bnf.fr/rendezvous/archives.htm>.

Porcher, L. (2006). Introduction: le concept de culture. Interculturel, pluridisciplinarité et didactique des langues, *les Cahiers de l'ASDIFLE, n° 18*, p. 7–10.

Porcher, L. & alii (Eds.). (1986). *La civilisation*. Paris: Clé International.

Porquier, R., Cammarota, M.-A. & Giacobbe, J. (1987). Acquisition de la référence spatiale en français par des hispanophones: les tâches d'indication itinéraire. In H. Blanc, M. Le Douaron et D. Véronique (Eds.), *S'approprier une langue étrangère. Actes du VIe colloque international, Acquisition d'une langue étrangère: perspectives et recherches, Aix-en-Provence, 26–28 juin 1986* (pp. 169–179). Paris: Didier.

Porquier, R. (2001). Mots-phrases, phrasillons, locutions-énoncés: aux frontières de la grammaire et du lexique en français langue étrangère. *Langue française, 131*, 106–123.

Pottier, B. (1992). *Sémantique générale*. Paris: Presses Universitaires de France.

Pourtois, J.-P. & Desmet, H. (2004). *L'éducation implicite*. Paris: Presses Universitaires de France.

Price, S. (2000). Natifs contre indigènes: pour une troisième mi-temps. *Les langues modernes, 4*, 8–10.

Prince, P. (1999). L'apprentissage lexical en deuxième langue: des réseaux évolutifs. *ASp, 23–26*. Retrieved from <http://asp.revues.org/2596>.

Pruvost, J. (1999). Lexique et vocabulaire: une dynamique d'apprentissage. *Etudes de Linguistique Appliquée, 116*, 395–419.

Pruvost, J. (2005). Quelques concepts lexicographiques opératoires à promouvoir au seuil du XXIe siècle. *Etudes de Linguistique Appliquée, 137*, 7– 37.

Pugibet, V. (1986). De l'utilisation des stéréotypes. In L. Porcher (Ed), *La civilisation* (pp. 60–70). Paris: Clé International.

Pugibet, V. (2001). La formation des enseignants de langue en IUFM: pour une compétence culturelle. *Etudes de Linguistique Appliquée, 123–124*, 357–64.

Puren, C. (1994). Psycho-pédagogie et didactique des langues. *Revue française de pédagogie, 108*, 13–24.

Puren, C. (1998). La culture en classe de langue: 'Enseigner quoi ?' et quelques autres questions non subsidiaires. *Les langues modernes, 4*, 40–46.

Puren, C. (2000). Du guidage à l'autonomie dans la lecture des textes littéraires en classe de langue. *Les langues modernes, 2*, 46–49.

Puren, C. (2009a). Variations sur la perspective de l'agir social en didactique des langues-cultures étrangères. *La perspective actionnelle et l'approche par les tâches en classe de langue, E. Rosen (Ed.), Le français dans le monde. Recherches et applications*, *45*, 154–167.

Puren, C. (2009b). Les implications de la perspective de l'agir social sur la gestion des connaissances en classe de langue-culture: de la compétence communicative à la compétence informationnelle. *Langues Modernes*. Retrieved from <http://www.aplv-languesmodernes.org/spip.php?article1841>.

Putnam, H. (1988). *Representation and Reality*. Cambridge: MIT Press.

Py, B. (2000). Représentations sociales et discours. Questions épistémologiques et méthodologiques, Analyse conversationnelle et représentations sociales. *Travaux neuchâtelois de linguistique, 32*, 5–20.

Py, B. (2004). Pour une approche linguistique des représentations sociales. *Langages, 154*, 6–19.

Raby, F. (2008). Comprendre la motivation en LV2: quelques repères venus d'ici et d'ailleurs. *Les langues modernes, 3*, 9–16.

Rakotomalala, M. (2010). Mots et expressions merina sur la sexualité (Hautes Terres centrales de Madagascar). *Etudes Océan Indien, 45*, 149–231.

Ranney, S. (1992). Learning a new script: An explanation of sociolinguistic competence. *Applied Linguistics, 13*, 25–50.

Rastier, F. (1997). Défigements sémantiques en contexte. In M. Martins-Baltar (Ed.), *La locution entre langue et usages* (pp. 307–333). Paris: ENS Editions.

Rastier, F. (2005a). Pour une sémantique des textes théoriques. *Revue de sémantique et de pragmatique, 17*, 151–180.

Rastier, F. (2005b). La microsémantique. *Texto, 10*(2). Retrieved from <http://www.revue-texto.net/Inedits/Rastier/Rastier_Microsemantique.html>.

Récanati, F. (1979). Le développement de la pragmatique. *Langue Française, 42*, 6–20.

Revaz, F. (2006). L'allusion dans les titres de presse. *Travaux neuchâtelois de linguistique, 44*, 121–131.

Rey, A. (1993). Préface. In A. Rey & S. Chantreau (Eds.), *Dictionnaire des expressions et locutions* (pp. V–XV). Paris: Le Robert.

Rey, A (Ed.) (2005). *Dictionnaire culturel en langue française*. Paris: Le Robert.

Rey, J. (2007). L'être humain dans tous ses états: l'expression des sensations et des émotions en français et en espagnol. In A.-M. Laurian (Ed.), *Les cinq sens et les sensations*. (pp. 233–251). Bern: Peter Lang.

Rey-Debove, J. (1973). Lexique et dictionnaire. In B. Pottier (Ed.), *Le langage* (pp. 92–96). Paris: C.E.P.L.-Denoël.

Richer, J.-J., Bourguignon C., Griggs P. & Martin Peris, E. (Eds.) (2010). *L'approche actionnelle dans l'enseignement des langues. Dix articles pour mieux comprendre et faire le point*. Paris: Maison des Langues.

Riley, P. (2000) 'Je vous ai compris': Aspects ethnolinguistiques de la compréhension. *Une didactique des langues pour demain. Le français dans le monde, n° spécial,* 79–95.

Riley, P. (2007). *Language, Culture and Identity*. London – New York: Continuum.

Risager, K. (2007). Language and Culture Pedagogy: From a National to a Transnational Paradigm. Clevedon: Multilingual Matters.

Rizza, C. (2009). Semantically Redundant Language - A Case Study. *Applied Linguistics, 30*(2), 276–294.

Roberts, C. (1999). Acquisition des langues ou socialisation dans et par le discours ? Pour une redéfinition du domaine de recherche sur l'acquisition des langues étrangères. *Langage, 134 (33),* 101–115.

Roberts, C., Byram M., Barro A., Jordan, S. & Street, B. (2000). *Language Learners as Ethnographers*. Clevedon: Multilingual Matters.

Robert, J.-M. (2004). Proximité linguistique et pédagogie des langues non maternelles. *Etudes de Linguistique Appliquée, 136*, 499–511.

Robert, J.-M. (2006). Glissements, transparence et problèmes de traduction. *Etudes de Linguistique Appliquée, 141*, 61–68.

Rodriguez, M.-S. (2004). Parcours illustré du cinéma espagnol des années cinquante à aujourd'hui. *Les langues modernes, 3,* 8–20.

Romaine, S. (1994). *Language in Society. An Introduction to Sociolinguistics.* New York: Oxford University Press.

Romero, C. (2000). Sur quelques actes de langage polis en français et en espagnol. *Les langues modernes, 1*, 34–40.

Rosier, L. (2006a). De la vive voix à l'écriture vive. L'interjection et les nouveaux modes d'organisation textuels. *Langages 161* (1), 112–126.

Rosier, L. (2006b). Nouvelles recherches sur le discours rapporté: vers une théorie de la circulation discursive ? *Travaux neuchâtelois de linguistique, 44*, 91–105.

Rossi, M. (2002). Quel souk dans ta chambre ! Images et descriptions des cultures arabe et juive dans les dictionnaires scolaires contemporains. *Etudes de Linguistique Appliquée, 128*, 431–445.

Roulet, E. (2005). Un tournant actionnel en analyse et en didactique des discours. In M.-A. Mochet, M.-J. Barbot, V. Castellotti, J.-L Chiss, C. Develotte, D. Moore & M. Lesguillons, (Eds.), *Plurilinguisme et apprentissage. Mélanges Daniel Coste* (pp. 27–38). Saint-Cloud: Ecole Normale Supérieure.

Ruegg, F. (2004). L'altérité apprivoisée: de la sauvagerie au caractère national. Transformations dans la perception des nomades et des paysans d'Europe centrale et orientale à travers les récits de voyage. In A. Gohard-Radenkovic, (Ed.), *Altérité et identités dans les littératures de langue française, Le français dans le monde. Recherches et applications* (pp. 42–54). Paris: Clé International.

Ruesch, J. (1988a). Valeurs, communication et culture. In G. Bateson & J. Ruesch (Eds.), *Communication et société* (pp. 15–33). Paris: Editions du Seuil.

Ruesch, J. (1988b). Communication et relations humaines. In G. Bateson & J. Ruesch (Eds.), *Communication et société* (pp. 35–65). Paris: Editions du Seuil.

Ruwet, N. (1965). Sur un vers de Ch. Baudelaire. *Linguistics, 17*, 69–77.

Ruwet, N. (1967). *Introduction à la grammaire générative*. Paris: Plon.

Sabouraud, O. (1995). *Le langage et ses maux*. Paris: Odile Jacob.

Saillard, C. (2000). Nommer les langues en situation de plurilinguisme ou la revendication d'un statut (le cas de Taiwan). *Langage et Société, 91*(1), 35–57.

Salins, G.-D. de (1992). *Une introduction à l'ethnographie de la communication*. Paris: Didier.

Sapir, E. (1967). *Anthropologie*. Paris: Éditions de Minuit.

Sapir, E. (1968). *Linguistique*. Paris: Gallimard.

Sapir, E. (1970). *Le langage. Introduction à l'étude de la parole*. Paris: Petite Bibliothèque Payot.

Sarangi, S. (2000). Activity types, discourse types and interactional hybridity: the case of genetic counselling. In S. Sarangi S & M. Coulthard (Eds.), *Discourse and Social Life* (pp. 1–27). London: Pearson.

Saussure, F. de (2002). *Écrits de linguistique générale*. Paris: Gallimard.

Saville-Troike, M. (2003). *The Ethnography of Communication. An Introduction*. Oxford: Blackwell.

Saville-Troike, M. (2006). *Introducing Second Language Acquisition*. New York: Cambridge University Press.

Schank, R. & Abelson, R. (1977). *Scripts, Goals, Plans and Understanding*. Hillsdale: Lawrence Erlbaum.

Schapira, C. (1999). *Les stéréotypes en français: proverbes et autres formules*. Paris: Ophrys.

Schnapper, D. (2007) Mémoire et identité au temps de la construction européenne. In *Identité et mémoire, Centre analyse de prévision* (pp. 4–16). Paris: MAEE.

Scollon, R. (1999). Cultural codes for calls. The use of commercial television in teaching culture in the classroom. In E. Hinkel (Ed.), *Culture*

in Second Language Teaching and Learning (pp. 181–195). New York: Cambridge University Press.
Sealey, A. (2010). Probabilities and Surprises: A Realist Approach to Identifying Linguistic and Social Patterns, with Reference to an Oral History Corpus, *Applied Linguistics*, *31*(2), 215–235.
Searle, J. R. (1972). *Les actes de langage. Essai de philosophie du langage*. Paris: Hermann.
Searle, J. R. (1995). *La construction de la réalité sociale*. Paris: Gallimard.
Searle, J.R. (2007). What is language: Some preliminary remarks. In I. Kecskes & L. R. Horn (Eds.), *Explorations in Pragmatics* (pp. 7–37). Berlin: Mouton de Gruyter.
Seca, J.-M. (2010). *Les représentations sociales*. Paris: Armand Colin.
Sechehaye, A. (1969). La pensée et la langue ou comment concevoir le rapport organique de l'individuel et du social dans le langage ? In J.-C. Pariente (Ed.), *Essais sur le langage* (pp. 69–96). Paris: Les Editions de minuit.
Segalen, M. (2010). *Sociologie de la famille*. Paris: Armand Colin.
Seleskovitch, D. (1968). *L'interprète dans les conférences internationales, problèmes de langage et de communication*. Paris: Lettres Modernes.
Selinker, L. (1972). Interlanguage. *International Review of Applied Linguistics*, *10*(2), 209–231.
Sercu, L. (2001). La dimension interculturelle dans la vision pédagogique en langue étrangère. Analyse comparative des conceptions professionnelles des enseignants d'anglais, de français et d'allemand. In G. Zarate (Ed.), *Langues, xénophobie, xénophilie dans une Europe multiculturelle* (pp. 169–180). Caen: CRDP de Basse Normandie.
Sergeant, J.-C. (1998). L'intraduit culturel dans la presse anglo-saxonne. In P. Bensimon & D. Coupaye (Eds.) (pp. 225–231).*Traduire la culture, Palimpsestes 11*. Paris: Presses de la Sorbonne Nouvelle.
Serres, M. (1991). *Le Tiers-Instruit*. Paris: François Bourin.
Sévry, J. (1998). Une fidélité impossible: traduire une œuvre africaine anglophone. In P. Bensimon & D. Coupaye (Eds.) (pp. 15–30). *Traduire la culture, Palimpsestes 11*. Paris: Presses de la Sorbonne Nouvelle.
Shaules, J., Tsujioka, H. & Lida, M. (2004). *Identity*. New York: Oxford University Press.
Shuang, S. (1985). L'importance de la compétence psycho-socio-culturelle. *Dialogues et cultures, FIPF, 27*, 111–115.

Siblot, I. P. (2007). Implicites d'une stéréotypie de la formation discursive coloniale relative à l'Algérie. In H. Boyer (Ed.), *Stéréotypage, stéréotypes: fonctionnements ordinaires et mises en scène, Actes du Colloque International de Montpellier, Université de Montpellier III, Tome 2, IDENTITE(S)* (pp. 249–259). Paris: L'Harmattan.

Silva, H. (2009). La presse en jeux au collège. *Les langues modernes, 2*, 27–32.

Simeonidou-Christidou, T. (2006). Apprendre à (re)connaître le culturel à travers les textes traduits pour enfants, *Etudes de Linguistique Appliquée, 141*, 33–42.

Simpson-Vlach, R. & Ellis, N. C. (2010). An Academic Formulas List: New Methods in Phraseology Research. *Applied Linguistics, 31*(4), 487–512.

Sinclair, J.M. (1991). Shared knowledge. In J. E. Alatis (Ed.), *Linguistics and Language Pedagogy, Georgetown University Round Table on Languages and Linguistics* (pp. 489–500). Georgetown: Georgtown University Press.

Singleton, D. (2003). Le facteur de l'âge dans l'acquisition d'une L2: remarques préliminaires. *Acquisition et interaction en langue étrangère, 18.* Retrieved from <http://aile.revues.org/2163>.

Singly, F. de (1984). Les manœuvres de séduction: une analyse des annonces matrimoniales. *Revue française de sociologie, 25(4),* 523–559.

Souchon, M. (1995). Pour une approche sémiotique de la lecture-compréhension en langue étrangère. *Semen, 10.* Retrieved from <http://semen.revues.org/2981>.

Spaëth, V. (2001). L'enseignement du français en AOF. *Le français aujourd'hui 132* (1), 78–86.

Sperber, D. (1996). *La contagion des idées. Théorie naturaliste de la culture*. Paris: Editions Odile Jacob.

Spillner, B. (2006). Analyse contrastive des textes multimédias: le cas de la nécrologie. In P. von & F. Rakotonoelina (Eds), *Discours, cultures, comparaisons, Les carnets du Cediscor 9* (pp. 75–90). Paris: Presses Sorbonne Nouvelle.

Spitzer, L. (1948). *Linguistics and Literary History. Essays in Stylistics*. Princeton: Princeton University Press.

Springer, C. (2001). Une approche pragmatique de la certification, est-elle possible pour CLES ? *ASp*, 34. Retrieved from <http://asp.revues.org/1716>.

Stahl, A. & Müller, K. (2011). Hybridität und Sprachdidaktik. *Deutsch als Weltsprache, 2,* 8–17.

Starobinski, J. (1983). Le mot 'Civilisation'. In, *Le temps de la réflexion,* IV (pp. 13–51). Paris: Gallimard.

Stébé, J.-M. & x Marchal, H. (2010). La sociologie urbaine. Paris: Presses Universitaires de France.

Strowe, A. (2011). Is 'Simpatico' possible in Translation? *The Translator, 17*(1), 51–75.

Su, Y-C. (2011). The effects of the cultural portfolio project on cultural and EFL learning in Taiwan's EFL college classes. *Language Teaching Research, 15*(2), 230–252.

Sullet-Nylander, F. (2005). Jeux de mots et défigements à La Une de Libération. *Langage et Société, 112*(2), 111–139.

Suzuki, E. (2001). La grammaire dans l'enseignement/apprentissage universitaire du français langue étrangère au Japon, *Études de linguistique appliquée, 122*(2), 143–151.

Systems Development in Adult Language Learning: The Threshold Level in a European Unit/Credit System for Modern Language Learning by Adults (1990). Strasbourg: Council of Europe.

Szende, T. (1991). Travaux forcés, artisanat, industrie ? Vers un nouveau dictionnaire bilingue hongrois-français / français-hongrois, *Cahiers d'Études Hongroises, 3,* 55–74.

Szende, T. (1992). Sélection des données lexicographiques: considérations méthodologiques à propos du nouveau dictionnaire hongrois-français. *Cahiers d'Etudes Hongroises, 4,* 103–107.

Szende, T. (1994). Traduction et lexicographie bilingue, Traduction littéraire et langues de diffusion restreinte, *Translatio, XIII* (1–2), 189–206.

Szende, T. (1996). Problèmes d'équivalence dans les dictionnaires bilingues. In H. Béjoint & P. Thoiron (Eds.), *Les dictionnaires bilingues* (pp. 111–126). Louvain-la-Neuve: Duculot.

Szende, T. (1997a). An Informal Report on the New Hungarian-French Dictionary. *Meta,* 42, 121–132.

Szende, T. (1997b), Széljegyzetek a készülő magyar-francia szótárhoz. *Magyar Nyelv, 93*(3), 311–322.

Szende, T. (1999a). A propos des séquences intensives stéréotypées. Plaidoyer pour une description lexicographique. *Cahiers de Lexicologie, 74* (1), 61–77.

Szende, T. (1999b). Problems of Exemplification in Bilingual Dictionaries. *Lexicographica, 15*, 198–228.

Szende, T. (Ed.). (2000a). *Dictionnaires bilingues. Méthodes et contenus.* Paris: Champion-Slatkine.

Szende, T. (2000b). L'information sémantique en lexicographie bilingue. In T. Szende (Ed.), *Dictionnaires bilingues. Méthodes et contenus* (pp. 69–82). Paris: Champion-Slatkine.

Szende, T. (Ed.). (2000c). *Approches contrastives en lexicographie bilingue*. Paris: Champion-Slatkine.

Szende, T. (2000d). Que dévoiler de la grammaire dans un dictionnaire bilingue ? In T. Szende (Ed.), *Approches contrastives en lexicographie bilingue* (pp. 241–255). Paris: Champion-Slatkine.

Szende, T. (2000e). La langue hongroise au XXe siècle: permanence et évolutions. In T. Szende (Ed.), *La Hongrie au XXe siècle: regards sur une civilisation* (pp. 263–283). Paris: L'Harmattan.

Szende, T. (2002). La perception de l'histoire dans le discours stalinien hongrois. In M. Prigent (Ed.), *Culture et Pouvoir depuis 1945, Eclairages franco-hongrois* (pp. 25–40). Paris: Centre d'Etude de l'Europe Médiane, Inalco.

Szende, T. (Ed.). (2003a). *Les écarts culturels dans les dictionnaires bilingues*. Paris: Champion-Slatkine.

Szende, T. (2003b). Images collectives et formules codées. In T. Szende (Ed.), *Les écarts culturels dans les dictionnaires* (pp. 259–270). Paris: Champion-Slatkine.

Szende, T. (2003c). Le traducteur dépourvu de contexte. In T. Szende & G. Máté (Eds.), *Frontières et passages, Actes du colloque français-hongrois sur la traduction* (pp. 291–302). Bern: Peter Lang.

Szende, T. (2003d). Une ressource monolingue pour les dictionnaires bilingues. In A.-M. Laurian (Ed.), *Dictionnaires bilingues et interculturalité* (pp. 243–258). Bern: Peter Lang.

Szende, T. (2003e). Introduction. In T. Szende (Ed.), *Les écarts culturels dans les dictionnaires* (pp. 5–18). Paris: Champion-Slatkine.

Szende, T. (2004), A magyar grammatika tanítása francia környezetben, *Hungarológiai Évkönyv, V*(1), 154–162.

Szende, T. (Ed.). (2006). *Le français dans les dictionnaires bilingues*. Paris: Champion-Slatkine.

Szende, T. (2007). L'itinéraire de quelques termes turcs en hongrois, In M. Bozdémir & S. Bosnali (Eds.), *Les mots voyageurs et l'Orient, Contact des langues II* (pp. 289–305). Istanbul: Bogazici Universitesi.

Szende, T. (Ed.). (2009a). *Politiques linguistiques, apprentissage des langues et francophonie en Europe centrale et orientale: les défis de la diversité*. Paris: Editions des archives contemporaines.

Szende, T. (2009b). Politique et linguistique en Hongrie: quelle place pour les langues européennes ? Quelle place pour le français ? In T. Szende (Ed.) *Politiques linguistiques, apprentissage des langues et francophonie en Europe centrale et orientale: les défis de la diversité* (pp. 125–132). Paris: Editions des archives contemporaines.

Szende, T. (2010a). Politiques, linguistiques et identités: quelques expériences d'Europe centrale et orientale. In L.-J. Calvet & M. Bozdémir (Eds.), P*olitiques linguistiques en Méditerranée* (pp. 149–159). Paris: Champion – Slatkine.

Szende, T. (2010b). La langue hongroise dans l'ensemble européen. In T. Szende (Ed.) *La Hongrie dans une Europe élargie: enjeux de société, enjeux de civilisation* (pp. 133–142). Paris: Inalco.

Szende, T. (2010c). Une catégorie-charnière entre le lexique et la culture: exploitation lexicographique – mise à profit didactique. In G. Alao, H. Medhat-Lecocq, S. Yun-Roger & T. Szende (Eds.), *Implicites, stéréotypes, imaginaires. La composante culturelle en langue étrangère* (pp. 195–201). Paris: Editions des archives contemporaines.

Szende, T. (2010d). De l'inobservable à l'observable (avant-propos). In G. Alao, H. Medhat-Lecocq, S. Yun-Roger & T. Szende (Eds.), *Implicites, stéréotypes, imaginaires. La composante culturelle en langue étrangère* (pp. 1–6). Paris: Editions des archives contemporaines.

Szende, T. (2011a). Le hongrois. In E. Bonvini, J. Busuttil & A. Peyraube (Eds.), *Dictionnaire des langues* (pp. 826–832). Paris: Presses Universitaires de France.

Szende, T. (2011b). Une zone lexicale 'transgressive' en français et en hongrois. E. Oszetzky & Z. Simonffy (Eds.), *Du lexique au style* (pp. 195–203). Pécs: Université de Pécs.

Szende, T. (2012a). Nyelvtanulás – nyelvhasználat – szociokulturális elvárások. *Modern Nyelvoktatás, 3*, 7–21.

Szende, T. (2012b). *Compétence(s) – Progression(s) – Professionalisation(s)* Paper presented at the PLIDAM Conference "Les compétences partielles en débat: Quelles langues? Quelles cultures? Quelles compétences?". Paris: Inalco.

Szende, T. (2013a). Mot, politique et mémoire: le paysage linguistique hongrois. In B. Gautier (Ed.) *L'Europe centrale et orientale depuis 1989. Changer le monde avec des mots* (pp. 27–38). Paris: L'Harmattan.

Szende, T. (2013b). *Le pouvoir-dire. Quels mots ? Quelles configurations de mots ?* Paper presented at the Symposium "Pouvoir des mots – mots du pouvoir". Pécs: University of Pécs.

Szende, T. & Bordier, E. (1988). Termes d'adresse et de salutation dans un dictionnaire hongroisfrançais, *Contrastes*, *17*, 92105.

Szende, T. & Laurian, A-M. (Eds.). (2000), *Les mots du rire: comment les traduire*. Bern: Peter Lang.

Szende, T. & Máté, G. (Eds.). (2003). *Frontières et passages, Actes du colloque français-hongrois sur la traduction*. Bern: Peter Lang.

Szende, T. & Radanyi, D. (1995). Lexicographie bilingue informatisée au quotidien: témoignage du rédacteur face à l'écran. In A. Clas, P. Thoiron & H. Béjoint (Eds.), *Lexicomatique et dictionnairiques* (pp. 105–115).Réseau LTT, Aupelf-Uref.

Szili, K. (2004). *Tetté vált szavak. A beszédaktusok elmélete és gyakorlata*. Budapest: Tinta.

Szirmai, M. (2010). On Teaching and Learning Culture in Japan: the Case of English. In G. Alao, H. Medhat-Lecocq, S. Yun-Roger & T. Szende (Eds.), *Implicites, stéréotypes, imaginaires. La composante culturelle en langue étrangère* (pp. 115–122). Paris: Editions des archives contemporaines.

Szirmai, M. (2012). Raising Multicultural Awareness by Teaching Humour in Foreign Language Classes. In G. Alao, M. Derivry-Plard, E. Suzuki & S. Yun-Roger (Eds.), *Didactique plurilingue et pluriculturelle: l'acteur en contexte mondialisé* (pp. 193–202). Paris: Editions des archives contemporaines

Tabouret-Keller, A. (2004). Les représentations métalinguistiques ordinaires face à la nomination, l'institution et la normalisation des langues. Un micro-sondage. *Langages, 154*, 20–33.

Therrien, M. (1987). *Le corps inuit*. Paris: Selaf/Pub.

Thom, F. (1984). *La langue de bois*. Paris: Julliard.

Todorov, T. (1986). Le croisement des cultures. *Communications, 43*, 5–26.

Tomalin, B. & Stempleski, S. (1993). Cultural Awareness. Oxford: Oxford University Press.

Tomalin, B. (2010). The five C's of culture and how to use them. In B. Beaven (Ed.) IATELF 2009, Cardiff Conference Selections (pp. 25–27). Canterbury: IATELF.

Tost Planet, M. A. (2002). Statut, objectifs et caractéristiques actuelles de l'interculturel en didactique des langues. *Les langues modernes, 3*, 42–54.

Tóth, S. (2011). *Nyelv, kép, hatalom*. Szeged: Szegedi Egyetemi Kiadó.

Touraine, A. (2007). *Penser autrement*. Paris: Fayard.

Traverso, V. (1993). Les routines: lieux communs de la conversation. In C. Plantin (Ed.), *Lieux communs, topoi, stéréotypes, clichés* (pp. 111–122). Paris: Editions Kimé.

Traverso, V. (2000). La politesse et les usages dans les interactions: quelques aspects interculturels. *Les langues modernes, 1*, 8–19.

Traverso, V. (2001). Quelques aspects de la négociation dans une boutique damascène. In Cicurel & M. Doury (Eds.), *Interactions et discours professionnels. Usages et transmission* (pp. 135–155). Paris: Presses de la Sorbonne Nouvelle.

Traverso, V. (2006). Repères pour la comparaison d'interactions dans une perspective interculturelle. In P. von Münchow & F. Rakotonoelina (Eds), *Discours, cultures, comparaisons, Les carnets du Cediscor 9* (pp. 39–55). Paris: Presses Sorbonne Nouvelle.

Tréfault, T. (2007). Tsiganes et culture tsigane: dénominations, représentations et stéréotypes. In E. Boyer (Ed.), *Stéréotypage, stéréotypes: fonctionnements ordinaires et mises en scène, Actes du Colloque International de Montpellier, Université de Montpellier III, Tome 1, MEDIA(TISATION)S* (pp. 281–292). Paris: L'Harmattan.

Tricás Preckler, M. (2007). Représentations euphoriques et dysphoriques et construction de sens dans la perspective de la traduction français-espagnol: le cas du mot 'goût'. In A.-M. Laurian (Ed.), *Les cinq sens et les sensations* (pp. 265–284). Bern: Peter Lang.

Trouillon, J.-L. (2006). Introduction au langage des forces armées anglophones. *ASp, 49–50.* Retrieved from <http://asp.revues.org/635>.

Trubetzkoy, N. S. (1930): Proposition 16. über den Sprachbund. In *Actes du premier congrès international de linguistes à la Haye, 1928* (pp.17–18). Leiden: Sijthoff.

Truc, G. (2011). Analyser un corpus illisible ? Le logiciel Alceste confronté à des registres de condoléances. *Langage et Société, 135*, 29–45.
Tsitsa, M. & Anastassiadi, M.-C. (2001). Accéder à la traduction de la culture par l'entremise des palimpsestes verbo-culturels (PVC). *Cahiers de Lexicologie*, 78, 147–176.
Tsui, B.M. (2011). Globalization and linguistic paradoxes: the role of English. In G. Zarate, D. Lévy & C. Kramsch (Eds.), *Handbook of Multilingualism and Multiculturalism* (pp. 335–338). Paris: Editions des archives contemporaines.
Tudini, V. (2010). *Online Second Language Acquisition. Conversation Analysis of Online Chat*. Ville: Continuum.
Un Niveau-Seuil (1976). Conseil de l'Europe, Paris: Hatier.
Valette, M. & Rastier, F. (2006). Prévenir le racisme et la xénophobie. *Les Langues Modernes, 2*, 68–77.
Vandeloise, C. (1986). *L'espace en français*. Paris: Editions du Seuil.
Verdelhan-Bourgade, M. (1986). Compétence de communication et communication de cette compétence. *Langue française, 70*, 72–86.
Верещагин, Е.М. & Костомаров, В.Г. (1983). *Язык и культура*. Москва: Русский язык.
Véronique, D. (1994). Linguistique de l'acquisition et didactique des langues étrangères. In D. Flament-Boistrancourt (Ed.), *Théories, données et pratiques en français langue étrangère* (pp. 297–317). Lille: Presses Universitaire de Lille.
Véronique, G. (2005). Les interrelations entre la recherche sur l'acquisition du français langue étrangère et la didactique du français langue étrangère. *Acquisition et interaction en langue étrangère, 23*. Retrieved from <http://aile.revues.org/1707>.
Verschueren, J. (2004). The Semantics of Forgotten Routines. In F. Coulmas (Ed.), *Conversational Routine. Explorations in Standardized Communication Situations and Prepatterned Speech* (pp. 133–153). The Hague-Paris-New York: Mouton Publishers.
Viallon, V. (2004). Télévision et apprentissage d'une compétence interculturelle. *Les langues modernes, 3*, 48–59.
Vignaux, G. (2004). Une approche cognitive de l'argumentation. In M. Doury & S. Moirand (Eds.), *L'argumentation aujourd'hui. Positions théoriques en confrontation* (pp. 103–124). Paris: Presses Sorbonne Nouvelle.

Vinay, J.-P. & Darbelnet, J. (1968). *Stylistique comparée du français et de l'anglais*. Paris-Bruxelles-Montréal: Didier.

Vion, R. (2000). *La communication verbale. Analyse des interactions*. Paris: Hachette.

Volkmann, L. (2010). *Fachdidaktik Englisch: Kultur und Sprache*. Tübingen: Gunter Narr Verlag.

Vygotski, L. (1997). *Pensée et langage*. Paris: La Dispute.

Walter, H. (2005). Ondoyant et divers, le français d'ici et d'ailleurs. *Le français, défi de la diversité, FIPF*, 96–100.

Walter, H. (2010). L'anglais domine et réhabilite le latin. L'atlas des mondialisations. *Le Monde, Hors-Série*, 76–77.

Wandruszka, M. (1979). *Die Mehrsprachigkeit des Menschen*. München: Piper Verlag.

Watzlawick, P., Helmick Beavin, J. & Jackson, D.D. (1972). *Une logique de la communication*. Paris: Editions du Seuil.

Weber, F. (2007). Vers une ethnographie des prestations sans marché. Préface. In M. Mauss (Ed.), *Quadrige, Essai sur le don. Forme et raison de l'échange dans les sociétés archaïques* (pp. 7–62). Paris: Presses Universitaires de France.

Weinrich, H. (1986). Petite xénologie des langues étrangères. *Communications, 43*, 187–203.

Weinrich, H. (1986). *Lügt man im Deutschen, wenn man höflich ist?* Mannheim: Duden.

Wenger, E. (1988). *Communities of Practice. Learning, Meaning, and Identity*. New York: Cambridge University Press.

Whittaker, S. (2001). La correspondance commerciale: apprentissage de stratégies discursives en langue étrangère. *Revue française de linguistique appliquée, 6*(2), 95–102.

Whorf, B.L. (1969). *Linguistique et anthropologie*. Paris: Denoël/Gonthier.

Wierzbicka, A. (1988). L'amour, la colère, la joie, l'ennui: la sémantique des émotions dans une perspective transculturelle. *Langages, 89*, 97–107.

Wierzbicka, A. (1997). *Understanding Cultures through their Key Words*. New York: Oxford University Press.

Wierzbicka, A. (1999). *Emotions across Languages and Cultures: Diversity and Universals*. New York: Cambridge University Press.

Wierzbicka, A. (2006). Sens et grammaire universelle. *Cahiers Ferdinand de Saussure, 59*, 151–172.

Wierzbicka, A. (2006). *English. Meaning and Culture.* New York: Oxford University Press.

Wierzbicka, A. (2010). *Experience, Evidence, and Sense. The Hidden Cultural Legacy of English.* New York: Oxford University Press.

Wieviorka, M. (2008). *Neuf leçons de sociologie.* Paris: Robert Laffont.

Wilczynska, W., Liskova, L., Eđvarđsdóttir, S. & Speitz, H. (2003). L'hospitalité dans la formation interculturelle des enseignants. In G. Zarate, A. Gohard-Radenkovic, D. Lussier & H. Penz (Eds.), *Médiation culturelle et didactique des langues* (pp. 143–163). Graz: CELV

Williams, P. (2011). Une ethnologie des Tsiganes est-elle possible ? *L'Homme, 197*, 7–24.

Windmüller, F. (2011). *Français langue étrangère. L'approche culturelle et interculturelle.* Paris: Belin.

Witte, A. (2009). Reflexionen zu einer (inter)kulturellen Progression.In A.Hu & M. Byram (Eds.), *Interkulturelle Kompetenz und fremdsprachliches Lernen. Modelle, Empirie, Evaluation / Intercultural competence and foreign language teaching. Models, empiricism, assessment* (pp. 49–66). Tübingen: Gunter Narr Verlag.

Witte, A. & Harden, T. (Eds.) (2011). *Intercultural Competence: Concepts, Challenges, Evaluations.* Bern: Peter Lang.

Wodak, R. (2009). Pragmatique et Critical Discourse Analysis: un exemple d'une analyse à la croisée des disciplines. *Semen, 27*, 97–125.

Wodak, R., de Cillia, R., Reisigl, M. & Liebhart, K. (2009). *The Discursive Construction of National Identity.* Edinburgh: Edinburgh University Press.

Yamamoto, S. (2010). Implicites et échelles de valeurs dans un manuel de japonais langue étrangère. In G. Alao, H. Medhat-Lecocq, S. Yun-Roger & T. Szende (Eds.), *Implicites, stéréotypes, imaginaires. La composante culturelle en langue étrangère* (pp. 171–182). Paris: Editions des archives contemporaines.

Yeught, M. Van der (2004). La langue de Wall Street entre le milieu professionnel et le grand public. *ASp, 43–44*. Retrieved from <http://asp.revues.org/995>.

Young, M. & Wilmott, P. (1957). *Family and Kinship in East London.* London: Routledge & Kegan Paul.

Young, R. F. (2007). Language learning and teaching as discursive practice. In Z. Hua, P. Seedhouse, L. Wei & V. Cook (Eds.), *Language learning and teaching as social inter-action* (pp. 251–271). Basingstoke, UK & New York: Palgrave Macmillan.

Young, R. F. (2008). Discursive Practice in Language Learning and Teaching. *Language Learning, 58* (Supplement 2).
Yule, G. (1996). *Pragmatics*. Oxford: Oxford University Press.
Yun-Roger, S. (2010). Langue et implicites culturels: les termes d'adresse en coréen. In G. Alao, H. Medhat-Lecocq, S. Yun-Roger & T. Szende (Eds.), *Implicites, stéréotypes, imaginaires. La composante culturelle en langue étrangère* (pp. 159–169). Paris: Editions des archives contemporaines.
Zarate, G. (1986). *Enseigner une culture étrangère.* Paris: Hachette.
Zarate, G. (1988). Le journal d'observation ou la mise en question de l'évidence immédiate. *Etudes de Linguistique Appliquée, 69*, 111–120.
Zarate, G. (1990). L'immersion en contexte étranger: dispositifs de formation et d'évaluation. *Etudes de Linguistique Appliquée, 80*, 49–61.
Zarate, G. (1993). *Représentations de l'étranger et didactique des langues.* Paris: Didier.
Zarate, G. (1994). Objectifs et progression pour décrire la relation à l'altérité à niveau européen: une partition en cours d'élaboration. *Etudes de Linguistique Appliquée, 94*, 38–48.
Zarate, G. (1998). Pourquoi faut-il expliciter les frontières culturelles ? *Les langues modernes, 1*, 8–15.
Zarate, G. (2001). Les non-dits de la didactique des langues. In G. Zarate (Ed.), *Langues, xénophobie, xénophilie dans une Europe multiculturelle (*pp. 7–9). Caen: CRDP de Basse Normandie.
Zarate, G. (Ed.). (2001). *Langues, xénophobie, xénophilie dans une Europe multiculturelle.* Caen: CRDP de Basse Normandie.
Zarate, G. (2010a). L'évaluation des compétences culturelles et interculturelles à travers le débat des institutions européennes. In G. Alao, H. Medhat-Lecocq, S. Yun-Roger & T. Szende (Eds.), *Implicites, stéréotypes, imaginaires. La composante culturelle en langue étrangère* (pp. 7–17). Paris: Editions des archives contemporaines.
Zarate, G. (2010b). La politique linguistique de la France, pays européen, puissance internationale. Identité nationale et pluralité. In L.-J. Calvet & M. Bozdémir (Eds.), *Politiques linguistiques en Méditerranée* (pp. 71–84). Paris: Champion – Slatkine.
Zarate, G. (2011a). Introduction: social affiliations and relations. In G. Zarate, D. Lévy & C. Kramsch (Eds.), *Handbook of Multilingualism and Multiculturalism* (pp. 167–174). Paris: Editions des archives contemporaines.

Zarate, G. (2011b). Language Biography and International Mobility: On the Position of Multilingual and Multicultural Capital in the Academy. In J. Fenoulhet & C. Ros i Solé (Eds.) *Mobility and Localisation in Language Learning: A View from Languages of the Wider World* (pp. 29–49). Bern: Peter Lang, pp. 29–49, 20.

Zarate, G., Gohard-Radenkovic, A., Lussier, D. & Penz, H. (Eds.). (2003). *Médiation culturelle et didactique des langues*. Graz: CELV.

Zarate, G. & Gohard-Radenkovic, A. (Eds.). (2004). *La reconnaissance des compétences interculturelles: De la grille à la carte*. Paris: Didier.

Zarate, G., Lévy, D. & Kramsch, C. (Eds.). (2008). *Précis du plurilinguisme et du pluriculturalisme*. Paris: Éditions des archives contemporaines.

Zarate, G., Lévy, D. & Kramsch, C. (Eds.) (2011a), *Handbook of Multilingualism and Multiculturalism*. Paris: Editions des archives contemporaines.

Zarate, G., Lévy D. & Kramsch, C. (2011b). General conclusion. In G. Zarate, D. Lévy & C. Kramsch (Eds.), *Handbook of Multilingualism and Multiculturalism* (pp. 413–417). Paris: Editions des archives contemporaines.

Zumthor, P. (1963). *Langues et techniques poétiques à l'époque romane (XIe- XIIIe siècles)*. Paris: Klincksieck.

Zweig, S. (1981). *Drei Dichter ihres Lebens. Casanova-Stendhal-Tolstoi*. Frankfurt am Main: S. Fischer Verlag.